DAMALS
1954

Köpfe des Jahres

Alcide de Gasperi

Hermann Ehlers

Ho Chi Minh

Zhou Enlai

Pierre Mendès-France

Henri Matisse

Thomas Mann

Simone de Beauvoir

Ernest Hemingway

Françoise Sagan

Friedrich Meinecke

Walter Bothe

Linus Pauling

Max Born

Wilhelm Furtwängler

Audrey Hepburn

Marlon Brando

Giulietta Masina

O.W. Fischer

Liselotte Pulver

Gundi Busch

Juan Manuel Fangio

Emil Zátopek

Sepp Herberger

Hans Günter Winkler

DAMALS 1954

Das Jahr des Aufschwungs

Guido Knopp

in Zusammenarbeit mit

Stefan Brauburger
Christian Deick
Peter Hartl
Holger Hillesheim
Ursula Nellessen
Klaus-K. Sondermann
Gabriella Toth

Deutsche Verlags-Anstalt
Stuttgart

Die Deutsche Bibliothek – CIP-Einheitsaufnahme

Damals . . . /
Guido Knopp.–
Stuttgart: Deutsche Verlags-Anstalt
NE: Knopp, Guido [Hrsg.]

1954. Das Jahr des Aufschwungs. [Hauptw.]./
In Zusammenarbeit mit Stefan Brauburger . . . –1993
ISBN 3-421-06754-6
NE: Brauburger, Stefan

Typographische Gestaltung:
Brigitte Müller und Edgar Schill
Satz: Fotosatz Sauter GmbH, Donzdorf
Reproduktionen:
Reprotechnik Herzog GmbH, Stuttgart
Druck und Bindearbeit:
Friedrich Pustet, Regensburg
Printed in Germany

Inhalt

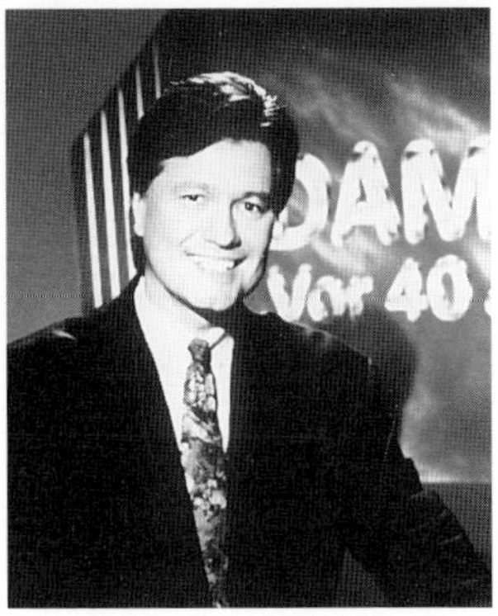

Das Jahr des Aufschwungs

War es ein Jahr des Aufschwungs? Ja, für die alte Bundesrepublik gewiß. Erstens überschritt die Stimmung vieler ihrer Bürger 1954 endgültig den Rubikon der Zuversicht, wie uns Frau Noelle-Neumann – damals schon die »Pythia der Nation« – belegt: 54 Prozent der West-Deutschen sahen zu Weihnachten dem neuen Jahr mit Optimismus entgegen. Zweitens zeigen auch die Wirtschaftsdaten, daß der Wohlstand offenkundig unaufhaltsam wuchs. Der Export schwoll mächtig an, Exportgut Nummer eins war eindeutig das Auto. Kraftwagen aus Wolfsburg, Untertürkheim, München, Neckarsulm – sie waren die starken Zugpferde der neuen Wirtschaftsblüte. Bezeichnenderweise fiel 1954 auch zum erstenmal das Wort vom »Wirtschaftswunder«. Doch ein Wunder war das nicht. Die Marktwirtschaft des Ludwig Erhard reüssierte, weil es einen allumfassenden Nachholbedarf gab. Westdeutschlands Wirtschaft konnte produzieren, was sie wollte: Alles wurde gebraucht.

Apropos Erhard: Der beleibte Franke, der so gern Zigarren rauchte, war das fleischgewordene Symbol des neuen Optimismus. Er strahlte nicht nur pflichtgemäß Vertrauen aus, er verkörperte es geradezu. Die Menschen nahmen es ihm ab.

Nein, ein Wunder war es nicht. Der Aufschwung war Ergebnis harter, oft entbehrungsreicher Arbeit: 48-Stunden-Woche, Samstagsarbeit waren üblich. War es da ein Wunder, daß Millionen Arbeitnehmer, die für das erstrebte Wachstum schwer malochten, auch ein Stück vom frischgebackenen Wohlstandskuchen haben wollten? Sie forderten mehr Geld und mehr Zeit, es auszugeben. 1954 war das Jahr, in dem sich die Gewerkschaften zum erstenmal nach dem Krieg die Forderung nach einer 40-Stunden-Woche an die Fahnen hefteten.

Wenn es ein Wunder gab in diesem Jahr, dann nur ein Fußball-Wunder – das »Wunder von Bern«. Als David gegen Goliath, den erklärten Favoriten Ungarn, schossen elf wackere deutsche Kicker die Nation in einen wahren Freudentaumel. Nur neun Jahre nach dem Weltkrieg waren die Besiegten und Verfemten »Weltmeister« – das erste kollektive Glücksgefühl nach der bedingungslosen Kapitulation. Der sportliche Triumph geriet so zum Politikum, und zwar gesamtdeutsch. Das war freilich nötig, denn politisch war es ein Jahr der Spaltung. Hoffnungen, die deutsche Einheit doch noch zu erlangen, blieben unerfüllt. Zwar hatte es zum Jahresanfang wieder einmal eine Konferenz gegeben, ein Vierertreffen aller Siegermächte in Berlin. Die Betroffenen saßen nicht einmal am Katzentisch. Die Konferenz verlief ergebnislos, und das beflügelte all jene, die für eine rasche Einbindung der Bundesrepublik ins Westbündnis plädierten – und auch jene, die im Osten eine souveräne DDR verlangten.

Und so richteten sich die Deutschen ein im Jahre 1954: Hüben an den Nierentischen eines neuen Wohlstands; drüben in den Nischen einer Diktatur. Das Ulbricht-Regime erprobte eine neue Strategie: mehr Konsum für das frustrierte Volk und Daumenschrauben für die Gegner – Zuckerbrot und Peitsche für den Machterhalt.

Derweil setzte Adenauer im Bewußtsein, Pflicht und Schuldigkeit getan zu haben, seinen Kurs nach Westen unbeirrbar fort. Bringschuld für die angestrebte Souveränität der Bundesrepublik war deren Streitmacht: »Wehrbeitrag« hieß das im Bonner Nachkriegsdeutsch. Doch die Entscheidung hierfür blieb umstritten – innerhalb und außerhalb des Parlaments. Noch lagen Städte in Ruinen, noch waren Tausende von Kriegsgefangenen nicht heimgekehrt. »Ohne mich« hieß die Parole von Millionen Wehrdienstgegnern.

Gleichwohl stand die Mehrheit der Bevölkerung hinter Adenauer. Ihre Angst vor einem »Angriff aus dem Osten« ließ die Schatten der Vergangenheit verblassen. Doch der erste Anlauf, Deutsche wieder ans Gewehr zu holen, scheiterte mit der Europäischen Verteidigungsgemeinschaft.

Was nun, Herr Adenauer? Die Enttäuschung hielt nicht lange an. Das große Do-ut-des-Geschäft: die Souveränität als Austausch für den Wehrbeitrag, fand nun nicht europäisch, sondern transatlantisch statt. Auf einmal war die Bundesrepublik auch für die NATO akzeptabel. So wurde wenig später, im Oktober 1954, in Paris das neue Bündnis zwischen Siegern und Besiegten feierlich besiegelt. »Wir sind wieder wer!« war das Fazit für viele Deutsche.

Eine Devise, die allerdings auch auf das Rollenverständnis der Männer zutraf. Der Zeitgeist 1954 verbannte Millionen Frauen, die noch in der Trümmerzeit allein ihren Mann stehen mußten, wieder an den heimischen Herd – doch dieser Zeitgeist suhlte sich zugleich im Grundgefühl, daß alles möglich, alles machbar sei. Restauration und Aufbruch, darum ging es damals, 1954. *Guido Knopp*

Einzellos und Weltschicksal

Rückblick und Ausblick: Neujahrsansprache 1954 von Bundespräsident Theodor Heuss

Liebe Hörerinnen und Hörer, hat dieses Jahr, das in ein paar Stunden zur Geschichte absinken wird, die zögernden oder die stürmischen Erwartungen erfüllt, die vor zwölf Monaten ihm entgegenblickten? Die Antwort wird aus dem millionenfachen Schicksal millionenfach verschieden sein: Der, dem es die ersehnte Wohnung, den lange gesuchten Arbeitsplatz geschenkt hat, wird ein Gefühl der Dankbarkeit haben können; der, den es in das Flüchtlingslager getrieben, den es dort oder im bösen Bunkerquartier noch festhält, bleibt unfroh, gedrückt, verzweifelt. [...] Und ganze Gruppen der Kriegsopfer sind von dem wirtschaftlichen Aufschwung nicht miterfaßt und in ihrer Lebenssicherheit vorangetragen worden. Auch in einem Augenblick, da viele Menschen dem alten Bedürfnis nach wehmütig-fröhlichem Abschied, nach heiterer, doch verhaltener Begrüßung des neuen Jahres sich überlassen, dürfen wir diese Sorgen nicht aus dem Sinn streichen.

Volksaufstand in der DDR am 17. Juni 1953: sowjetische Panzer am Leipziger Platz

Würde jemand fragen, welche Erlebnisse mich selber menschlich am meisten in diesem Jahr berührt haben, so würde ich drei Begegnungen nennen: die Gespräche in einem Flüchtlingsdurchgangslager mit Bauern, Handwerkern, Arbeitern; der ganz nüchterne Bericht eines Mannes, der den 17. Juni in einer mitteldeutschen Großstadt der Sowjetzone erlebt hatte; der dunkelnde Abend, da ich den 700 Rußlandheimkehrern in Friedland gegenüberstand. Indem ich, stellvertretend für uns alle, an sie das Grußwort des Vaterlandes richtete, empfand ich bis zum Zerbrechen das Ineinander von Einzellos und Weltschicksal. Ich glaube, daß es anderen auch so ging. In allen drei Situationen, die vom Leid so vollgepackt waren, ging durch den Gram das Gefühl, daß die Kraft des Leben-Willens und des Leben-Wollens in der Freiheit, zur Eigengestaltung, sei sie noch so bescheiden, und zur Eigenverantwortung in der Substanz unseres Volkes erhalten blieb. [...]

Niemand erwartet heute abend eine breitere Auseinandersetzung mit dem Vorspiel, dem Ergebnis und dem Nachspiel der Wahl vom 6. September. Ihr historischer Sinn ist ganz einfach; sie war ein Sieg der Demokratie. Die völlige Erfolglosigkeit der extremistischen Gruppen, ob rechts, ob links, war der entscheidende Vorgang. Und zwar nicht deshalb, weil er jenem Typus ausländischer Korrespondenten, die auf banale Anlässe zu Sensationsberichten über den Neo-Nazismus lauerten oder noch lauern, die Pointe verdarb, auch das war Gewinn, sondern weil er den Bundestag von seinen Krachmachern, die den Spektakel als ihre Sonderaufgabe betrachteten, befreite. [...]

Der Wahlausgang brachte unzweideutig eine starke Bestätigung der in den letzten vier Jahren durchgeführten Außen- und Wirtschaftspolitik, in die auch die Bemühungen der Sozialpolitik eingeschlossen sind. Daß gerade diese Forderungen und Wünsche unerfüllt ließen, war nach solcher Volkskatastrophe unvermeidlich. Doch der deutsche Mensch, in vielen Dingen bereit, zu vergessen, hat dies nicht vergessen, in welcher oft genug bettelnden oder schon verzagenden Verzweiflung er sein eigenes oder gar das deutsche Gesamtschicksal vor sich sah. Die Wendung kam nicht allein, weil die Gegner des Krieges zum Teil einzusehen begannen, daß in den frühen Planungen die geographischen, die geschichtlichen, die ökonomischen und die seelischen Gegebenheiten verkannt waren, ebenso wichtig wurde, daß in der Führung der deutschen Politik Nüchternheit und Phantasie sich begegneten. Dies half, auch im Bewußtsein und in der Einsicht der anderen – bei

Bundespräsident Theodor Heuss. Ölgemälde von Oskar Kokoschka, 1950.

den Staatsmännern, wie gefühlsmäßig auch bei den Nationen – das Weltbild zu wandeln und in ihm Deutschlands Stellung. Der Prozeß ist noch nicht abgeschlossen – die Geduld bleibt die uns Deutschen auferlegte, von nicht allen begriffene Tugend oder Haltung. In dieser Wandlung spiegelt sich die nationalgeschichtliche Leistung des Bundeskanzlers. Er ist – ich verrate damit kein Geheimnis – in seinem Verfahren für seine Freunde im Parlament oft genug genauso unbequem wie für seine Gegner. Aber ich meine, der dankbare Respekt vor einer Leistung, die Deutschland aus der Mißachtung in die seinem inneren Sein und seinem geschichtlichen Gewicht entsprechende Stellung zurückführt, darf, ja muß an diesem Abend ausgesprochen werden.

Ernst Reuter

Dies geschieht nun in einem Augenblick, da Hoffnungen oder Sorgen einem kommenden Weltgespräch entgegenwarten. Ich kann nicht den Versuch machen, in knappen Minuten das internationale Kräftefeld beschreiben zu wollen – es ist in seinen Strebungen und Strömungen schwer zu deuten [...]

Ich persönlich halte dafür, daß die anständige und einsichtige Regelung der deutsch-französischen Beziehungen die Kernfrage ist, um ein europäisches Bewußtsein mit seinen religiösen und geistigen Kräften neu zu entwickeln – das ist nicht die Aussage eines zeitgebundenen Zweckes, sondern altes Bekenntnis und zu den guten Dingen dieser verwirrten Gegenwart gehört dies, daß man gerade bei jungen deutschen Menschen in solchem Denken ein klares Echo findet. In meiner eigenen Jugend war das nicht so – es wurde viel Blut neu vergossen, um ererbte Zwangsvorstellungen zu überdecken. Meine Hoffnung ist in diesen Fragen auch die französische Jugend.

[...] Das auslaufende Jahr hat manches Tröstliche gebracht: die Spareinlagen wachsen und wachsen, das schönste Zeichen des nationalen wie des persönlichen Selbstvertrauens, wir blieben auch, dank der Einsicht der Gewerkschaften, von beschwerlichen Arbeitskämpfen verschont, Sozialprodukt und Ausfuhr konnten trotz aller Schwierigkeiten sich heben, Gott lohnte die Mühen des Landwirts mit einer guten Ernte – für all dies danken wir. Die Summe dieser Leistungen, den Eindruck ihres Ergebnisses nennt die Welt, hier anerkennend, dort unbehaglich-mißtrauisch, das »deutsche Wunder«. Ich hasse dieses Wort und halte den Deutschen für töricht, der es nachredet, indem er sich selber ein bißchen für einen Wundertäter hält. Der Deutsche weiß, oder doch der, den das Schicksal nüchtern gemacht hat, daß er sein Leben und den Rückgewinn einer nationalen Freiheit dem Fleiß, der guten Arbeit, der sachlichen Betrachtung der Weltlage verdankt. Deshalb hat er, politisch, den sentimental verstimmten Romantikern wie den lärmenden Demagogen bei den Wahlen eine Absage erteilt. Aber er weiß auch, daß die tragende Kraft, in deren Obhut er sein und seiner Kinder Schicksal geborgen weiß und fürderhin geborgen wissen will, der Frieden und die Freiheit ist.

Sein Wissen ist beschattet von der Trauer der Gedanken, die die deutschen Menschen in Mittel- und Ostdeutschland aufsuchen. Der Deutsche Bundestag hat in seiner letzten Sitzung vor Weihnachten einstimmig eine Entschließung zur deutschen Wiedervereinigung angenommen, die Empfindung und Erwartung des weit, weit überwiegenden Teils der Menschen in der Bundesrepublik aussprach. [...]

Das seelische Einheitsgefühl ist im Elementaren nie zerrissen gewesen. Das ist der eigentliche geschichtliche Sinn des 17. Juni. Dieser Tag hat ganz einfach dargetan, daß die anspruchslos dumme Propagandamaschine, die schon in der Hitler-Zeit über diese Menschen gegangen, überdreht und ausgeleiert war. Von jenem ewigen Gerede, das aus Adenauer und Schumacher, aus Heuss und Reuter die bezahlten Agenten eines kriegslüsternen amerikanischen Monopolkapitalismus machte – von solchen Albernheiten hatte und hat der »Mann auf der Straße« in der Sowjetzone einfach genug. [...]

Bei solchen Überlegungen denke ich an das gequälte Berlin und an den Mann, dessen Namen ich vorhin erwähnte, Ernst Reuter. Er hatte nicht nur, wie kein anderer, in Berlins härtesten Notzeiten durch die Führung des seelischen Widerstandes dem Ansehen Deutschlands in jener Welt, wo die Freiheit ein Wert, *der* Wert ist, unschätzbare Dienste geleistet, sondern war über Berlin hinaus für die ganze sowjetische Zone durch die Strahlkraft seiner geistigen Energie, seine Weltkenntnis und seine unmittelbare und unbefangen tapfere Menschlichkeit ein geschichtlicher Faktor geworden. [...]

Ernst Reuter in dieser Stunde zu gedenken, ist für mich nicht nur das Bedürfnis einer über Jahrzehnte zurückgehenden Beziehung von wachsender menschlicher Vertrautheit, sondern auch ein Mahnwort, das an das Grab in Zehlendorf denkt.

Nun sagt man wohl: »Über Gräber vorwärts!« Ach, über wieviel Gräber sind unsere Generationen weiter geschritten! »Vorwärts?« Das ist ein seltsam doppelsinniges Wort. Es meint einmal den Raum, einmal die Zeit. Darf ich in dieser Stunde, bevor hier ein heiterer Lärm die Fröhlichen oder dort eine bedrückte Stille die Trauernden in das neue Jahr entläßt, dies Wort sagen: »Suchet und findet, über Euere, über unsere Gräber hinweg, den Weg zu Euch selbst und in christlicher Verantwortung den Weg zu den Nächsten.«

(*Bulletin* des Presse- und Informationsamtes der Bundesregierung, Nr. 1. Bonn, 5. Januar 1954.)

Auszug aus der Silvesterrede des Bundespräsidenten von Österreich

Theodor Körner

Wenn wir Österreicher in dieser Silvesterstunde Rückschau halten auf das abgelaufene Jahr, so haben wir zwar keinen Anlaß, es als ein Jahr der voll erfüllten Hoffnungen zu bezeichnen, aber ebensowenig dürfen wir übersehen, daß es mit Österreich vorwärts und aufwärts gegangen ist.

Die große bittere Enttäuschung besteht darin, daß der Staatsvertrag für Österreich abermals unter den unerledigten Akten der Weltpolitik liegen geblieben ist, obwohl kaum noch etwas anderes fehlt als die Unterschriften. Zum neuntenmal seit dem Ende des Krieges geht der Jahreswechsel vor sich, und wieder vertrösten uns die Großen der Welt [...] auf die Zukunft. [...] Es bleibt uns nichts übrig, als daß wir diese Beschwerden [...] immer wiederholen. Denn unsere mahnende Stimme darf niemals verstummen, wenn wir nicht den Anschein erwecken wollen, als hätten wir uns im Ablauf der Zeit an das Unrecht gewöhnt.

Theodor Körner

Seinen Trost kann das österreichische Volk in den unverkennbaren Fortschritten seiner Wirtschaft finden. Der feste Wille zur Selbstbehauptung, das Bekenntnis zur Heimat, zum Staat hat Früchte getragen. [...] Trotz des Zustandes halber Freiheit leisten die Österreicher ganze Arbeit. Denn der unverkennbare überraschende Aufschwung und Fortschritt, den manche unserer ausländischen Freunde staunend als das »Österreichische Wunder« bezeichnen, ist ja nichts als die Summe der Leistung, die österreichische Hände und österreichische Köpfe dank dem Willen zur Erhaltung der gemeinsamen Heimat vollbracht haben. [...]

(Österreichisches Staatsarchiv)

Auszug aus der Neujahrsansprache des Bundespräsidenten der Schweiz

Rodolphe Rubattel

[...] Das verflossene Jahr war, gesamthaft betrachtet, ein glückliches. Unsere Stellung war und ist heute noch eine bevorzugte. Während anderswo unzählige Familien unter den langandauernden Auswirkungen des Krieges furchtbar leiden, ist bei uns niemand entwurzelt worden, und keiner wurde gegen seinen Willen in jenen tiefen Abgrund des Ungewissen, des tiefsten Elends und verzweifelter Verlassenheit gestoßen. Diese Bevorzugung verpflichtet. Wir sind es unserer Menschenwürde, unserer Devise, deren Sinn sich gerade in diesen Tagen aufs schönste entfaltet,

Rodolphe Rubattel

schuldig, Herz und Hand dem Unglück unserer Mitmenschen weit zu öffnen. [...]

Sieben Kantone haben mit Jubel und Begeisterung den Jahrestag ihres Eintritts in den Bund der Eidgenossen gefeiert. [...] Unsere Werke der gegenseitigen Hilfe sind erweitert und ausgebaut worden; der soziale Friede, diese entscheidende Voraussetzung des Glückes der Gemeinschaft, wurde nicht gestört. Gewiß, wir sind noch weit entfernt von jener Vollkommenheit, deren Grad jeder mit der ihm eigenen, seinen persönlichen Sorgen und Interessen entsprechenden Elle zu messen geneigt ist. Alle Kreise [...] müssen jedoch anerkennen, daß keines der Probleme unserer Zeit vernachlässigt wurde. Wenn sich die Lösungen nicht von heute auf morgen, gleichsam automatisch einstellen, so entspricht dies einem Gebot der Klugheit. [...]

Auszug aus der Neujahrsbotschaft des Präsidenten der DDR

Wilhelm Pieck

[...] In der Deutschen Demokratischen Republik begrüßen wir das Jahr 1954 in der Gewißheit, daß es uns weitere große Erfolge in der Verwirklichung des neuen Kurses bringen wird. Dafür bürgen die Leistungen unserer Arbeiter und Angestellten, Bauern und Handwerker, Techniker und Ingenieure, Wissenschaftler und Künstler im Jahre 1953. Sie ermöglichten es der Regierung, durch Preis- und Steuersenkungen, vermehrte Versorgung und erhöhte Löhne sowie durch andere Maßnahmen die Lebenshaltung aller Schaffenden zu verbessern.

Wilhelm Pieck

[...] Ein Sieg des Friedens war es auch, als die Mehrheit der Werktätigen und die Sicherheitsorgane unserer Deutschen Demokratischen Republik mit der rechtzeitigen und besonnenen Hilfe der Sowjettruppen den faschistischen Putsch vom 17. Juni niederschlugen. Die Agenten des amerikanischen und westdeutschen Imperialismus wollten im Herzen Europas einen neuen Brandherd des Krieges entzünden. Ihre rasche Niederlage war zugleich der Beweis, daß die von Adenauer verkündete »Politik der Stärke« und der gewaltsamen Eroberung der Deutschen Demokratischen Republik zum schmählichen Bankrott verurteilt ist. [...]

Keine Einigung in der Deutschlandfrage

25. Januar
In Berlin beginnt eine von großen Erwartungen begleitete Vier-Mächte-Konferenz über die Deutschlandfrage. Sie endet ohne Ergebnis. Schon zu Beginn des Außenministertreffens prallen die Standpunkte von Ost und West unvereinbar aufeinander. Zu groß ist die Kluft zwischen den Positionen, zu gering aber auch das Interesse beider Seiten an der deutschen Wiedervereinigung. »Keine Einigung ist besser als eine falsche Einigung«, kommentiert der französische Außenminister Georges Bidault das Scheitern der Verhandlungen lakonisch.

Marilyn Monroe in Südkorea

16. Februar
100 000 GIs jubeln, trampeln, pfeifen: Marilyn Monroe singt vor den in Südkorea stationierten amerikanischen Truppen.

Für einen kurzen Moment ist der Alltag fern der Heimat vergessen. Trotz eisiger Kälte tritt der Filmstar unter freiem Himmel im tief ausgeschnittenen Cocktailkleid auf. »Es war wunderbar. Noch nie habe ich so viele Männer auf einmal gesehen und noch nie so viel Jubel gehört«, erinnert sich die »MM« nach ihrer Rückkehr.

Die Superbombe

1. März
Auf dem Bikini-Atoll im Südpazifik zünden die USA die bis dahin stärkste Wasserstoffbombe. Die Gewalt der Explosion übertrifft die Erwartungen der US-Wissenschaftler um das Doppelte. Ihre »Superbombe« ist 600mal stärker als die Atombombe, die 1945 Hiroshima zerstörte. Hunderte Bewohner kleiner westpazifischer Atolle und die Besatzung des japanischen Fischdampfers »Fukuryu Maru« werden von der radioaktiven Wolke verseucht. Trotz weltweiter Proteste setzen die Vereinigten Staaten ihre thermonuklearen Tests auf den Marshall-Inseln fort. Lediglich der Radius der Sperrzone wird bei den folgenden Versuchen verzehnfacht.

Oppenheimer suspendiert

13. April
Robert Oppenheimer, der »Vater der Atombombe«, gerät in die Fänge der antikommunistischen Hexenjagd in den USA. Am Ende eines Verwaltungsverfahrens, das zum öffentlichen Tribunal gerät, erklärt ihn die amerikanische Atomenergiekommission zum Sicherheitsrisiko und beschließt seine Suspendierung von allen Kernwaffenprojekten der Vereinigten Staaten. Zur Last gelegt werden dem Atomphysiker frühere Kontakte zu Kommunisten – eine Todsünde auf dem Höhepunkt des Kalten Krieges. Zuvor hatte Oppenheimer öffentlich Kritik am Bau der amerikanischen Wasserstoffbombe geübt.

Entscheidung in Dien Bien Phu

7. Mai
Im nordvietnamesischen Dschungel fällt nach 56tägiger Belagerung die französische Festung Dien Bien Phu. In erbittertem Nahkampf dringen die kommunistischen Vietminh-Kämpfer zum Kern der Festung vor. Auf französischer Seite sind 16000 Mann gefallen oder geraten in Gefangenschaft. Das französische Oberkommando bemüht sich zwar, den Verlust der Festung als »strategischen Durchhalteerfolg« hinzustellen, doch ist das Selbstvertrauen der Kolonialmacht nachhaltig erschüttert. Die Nation sehnt jetzt ein Ende des »schmutzigen Krieges« herbei. Wegen ihrer kompromißlosen Kriegspolitik wird die Regierung Laniel gestürzt. Am 21. Juli unterzeichnet der neue Ministerpräsident Pierre Mendès-France in Genf einen Waffenstillstand.

CE SOIR COURSES
VINCENNES

France-soir

TOUTE DERNIÈRE SPÉCIALE

DIEN-BIEN-PHU EST TOMBÉ

submergé par le furieux assaut des Viets

M. Laniel a annoncé la dramatique nouvelle à l'Assemblée qui l'a écoutée debout

Le sort des défenseurs et du général de Castries n'est pas encore connu

LE CENTRE DE RÉSISTANCE SUD (ISABELLE) TIENT ENCORE

Dien Bien Phu ist gefallen. Überrollt vom wütenden Angriff der Vietminh.

Das Wunder von Bern

4. Juli
Die ganze Nation steht kopf – Deutschland ist zum erstenmal Fußball-Weltmeister. Völlig überraschend schlägt die Elf um Kapitän Fritz Walter (oben im Bild) die ungarische »Wundermannschaft« im Berner Wankdorfstadion mit 3:2. Spieler des Tages ist der zweifache Torschütze Helmut Rahn. Sein umjubelter Siegtreffer in der 84. Minute besiegelt die sportliche Sensation des Jahres. Die »Helden von Bern«, allen voran Bundestrainer Sepp Herberger, werden begeistert gefeiert. Schlüssel zum Erfolg ist der besondere Kameradschaftsgeist, den Herberger bei seinen Spielern geweckt hatte. Unter dem Motto »Alle für einen, einer für alle« wächst die Elf um Fritz Walter besonders im Halbfinale (6:1 gegen die favorisierten Österreicher) und im Endspiel geradezu über sich hinaus. Der sportliche Triumph, der überschwengliche Freude in ganz Deutschland auslöst (in der DDR hinter vorgehaltener Hand), beflügelt das Selbstbewußtsein der Nation: »Wir sind wieder wer!«

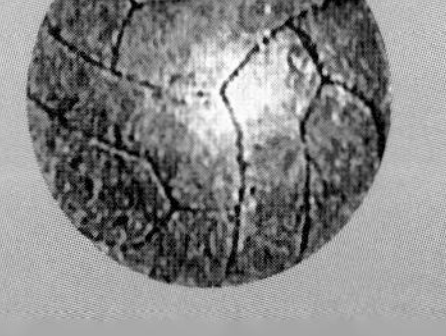

Die Affäre John

20. Juli
Ein Skandal erschüttert die junge Republik: Otto John, der Präsident des Bundesamtes für Verfassungsschutz, taucht plötzlich in Ost-Berlin auf. Zunächst hatten die westdeutschen Behörden bekanntgegeben, der Verfassungsschützer sei entführt worden, doch am 23. Juli meldet sich John im DDR-Rundfunk zu Wort und attackiert Adenauers Politik der Westintegration. Bis heute bleiben die Hintergründe dieses spektakulären »Frontwechsels« eines der ungelösten Geheimnisse des Kalten Krieges.

Scheitern der EVG

30. August
Die französische Nationalversammlung lehnt die Ratifizierung des Vertrages über die Europäische Verteidigungsgemeinschaft (EVG) mit 319 zu 264 Stimmen ab. Diese Abstimmungsniederlage ist für Bundeskanzler Adenauer ein Debakel – zwei Jahre lang hatte er sich für den Vertrag stark gemacht, der im Tausch gegen die Europaarmee mit deutscher Beteiligung der Bundesrepublik weitgehende Souveränitätsrechte einräumen sollte. Doch das Scheitern der EVG eröffnet nun der Bundesrepublik den Weg in die NATO.

Frankfurter Allgemeine

ZEITUNG FÜR DEUTSCHLAND

Die Europa-Armee abgelehnt

Die Nationalversammlung nimmt einen Antrag auf Absetzung der Debatte mit 319 gegen 264 Stimmen an

Drahtbericht unseres Korrespondenten

Neuer Abschnitt

Ist Adenauers Politik gescheitert?

Der französische Ministerpräsident Pierre Mendès-France unterzeichnet am 23. Oktober 1954 die Dokumente über die Aufnahme der Bundesrepublik in die NATO.

Kriegsgefahr in Fernost

2. September
Ein Eiland sieben Kilometer vor der chinesischen Küste droht zum Brandherd für einen dritten Weltkrieg zu werden. Als rotchinesische Einheiten die von Taiwan besetzte Insel Quemoy bombardieren, greifen auch US-Verbände in die Gefechte ein. Hintergrund des Konflikts ist die propagandistische Drohung der Volksrepublik China, Taiwan zu »befreien«. Demgegenüber bekräftigen die Vereinigten Staaten ihre Bereitschaft, Chiang Kai-Sheks nationalchinesische Bastion auch mit massiven militärischen Mitteln zu verteidigen.

Westintegration perfekt

23.Oktober
Vom besiegten Besatzungsland zum anerkannten Bündnispartner: In Paris stellen die Außenminister von 14 Nationen die Weichen für Westintegration und Wiederbewaffnung der Bundesrepublik. Dieses Vertragswerk ist für Bundeskanzler Adenauer ein größerer Erfolg, als es die gescheiterte EVG je hätte werden können. Souveränität und NATO-Beitritt vollenden seine Politik der Westbindung. Der Preis, den Bonn zu zahlen hat, ist vergleichsweise gering: der Verzicht auf Atomwaffen und ein Vertrag mit Frankreich über die Europäisierung des Saargebiets.

Eskalation in Algerien

1. November
Mit einer Serie von mehr als 40 Terroranschlägen durch die »Front der Nationalen Befreiung« (FLN) im Raum Algier und Oran entbrennt der Algerienkrieg. Paris reagiert hart: »Algerien bleibt ein Teil Frankreichs«, bekräftigt Ministerpräsident Pierre Mendès-France und schickt Fallschirmjäger, um den Aufstand niederzuschlagen. Trotz des Einsatzes schwerer Waffen gelingt den Franzosen jedoch kein entscheidender Sieg gegen die im Aurès-Gebirge verschanzten Freiheitskämpfer. Erst 1962 endet der Konflikt mit der Unabhängigkeit des nordafrikanischen Landes.

Französische Soldaten zu Beginn des Algerienkriegs im Aurès-Gebirge.

Nobelpreis für Hemingway

10. Dezember
Für seinen Roman »Der alte Mann und das Meer« und seine »kraftvolle Erzählkunst« erhält der amerikanische Schriftsteller Ernest Hemingway den Literaturnobelpreis. Auch zwei Deutsche gehören zu den Preisträgern in Stockholm: Max Born und Walter Bothe teilen sich den Nobelpreis für Physik.

Januar 1954

Aus Trümmern zu Rekorden

Das deutsche »Wirtschaftswunder«

Nur neun Jahre nach dem totalen Zusammenbruch setzte sich der galoppierende Aufschwung der Zweiten Republik mit unvermindertem Tempo fort. Allenthalben standen die Zeichen auf Konsolidierung – politisch, gesellschaftlich und vor allem wirtschaftlich. Nicht nur im Inland, sondern auch im Ausland registrierten Beobachter die Geschwindigkeit des deutschen Wiederaufbaus mit Erstaunen. Ein Schlagwort kam auf, das das scheinbar Unerklärliche auf einen Nenner bringen sollte: »Wirtschaftswunder«. Die Formel war griffig und klang schmeichelhaft – doch sie blieb umstritten. Der »Vater« des sogenannten »Wunders«, Bundeswirtschaftsminister Ludwig Erhard höchstpersönlich, erhob Einspruch: das »Wirtschaftswunder« sei in erster Linie die »Konsequenz ehrlicher Anstrengung eines ganzen Volkes«.

Doch nicht nur Arbeit, Ordnung, Disziplin oder andere »typisch deutsch« genannte Tugenden beflügelten den Aufschwung. Günstige Umstände kamen hinzu: Der Westen wollte eine stabile Bundesrepublik als Partner; der Korea-Boom heizte die internationale Konjunktur an; aus dem Marshall-Plan-Topf floß reichlich Finanzhilfe nach Westdeutschland; der freie Zugang zu den Weltmärkten ließ bei deutschen Unternehmern die Kassen klingeln – und bei alledem stand der Kalte Krieg Pate.

Die alte und die neue Liebe: Der Ehemann führt seiner Frau stolz das gerade erworbene Auto vor.

Symbol des deutschen Aufschwungs: Ludwig Erhard, der »Vater« der Sozialen Marktwirtschaft.

Der Schlüssel zum Erfolg lag im Wirtschaftssystem. Die Soziale Marktwirtschaft löste ein, was ihr Name versprach. Was neoliberale Wirtschaftstheoretiker an ihren Schreibtischen ausgeheckt hatten, bewährte sich nun auch in der Realität: ein Ausgleich zwischen den rauhen Gesetzen des freien Marktes und der Forderung nach sozialer Gerechtigkeit. Die Ziele waren hoch gesteckt: Vollbeschäftigung, stabile Preise, Wachstum, gerechte Einkommensverteilung und soziale Sicherheit für jedermann. Die Bilanz konnte sich sehen lassen.

Schon auf den Gehaltszetteln schlug sich der Aufschwung nieder. Seit der Währungsreform im Jahr 1948 waren die Reallöhne um rund 50 Prozent gestiegen, einige Lohngruppen lagen sogar weit über dieser Quote. Gleichzeitig füllten sich die Regale in den Geschäften, und nicht nur das Warenangebot stieg, sondern auch die Kaufkraft. Die Inflation ging auf ein Minimum zurück und bei vielen Konsumgütern purzelten die Preise.

Knapp fünfhundert Mark pro Monat standen 1954 einem Arbeiterhaushalt im Durchschnitt zur Verfügung. Das klingt nach wenig, doch nach den entbehrungsreichen Nachkriegsjahren genügte das immerhin schon für ein kleines bißchen Wohlstand. Zweihundert Mark schluckte in der Regel allein schon der Einkauf fürs Essen: Jeder wollte satt werden nach der Erfahrung des Hungers. Die erste Freßwelle war bereits über das Land hinweggeschwappt: Hähnchen, Bockwurst, Schweinebraten, Kuchen mit Sahne – viele Deutsche begannen wieder Fett anzusetzen. Gegessen wurde nach Herzenslust, aber meistens am heimischen Tisch; der Geldbeutel erlaubte nur selten einen Gang ins Restaurant. Auch sonst bot das Einkommen wenig Spielraum für Luxus. In der Mode hatte lange Zeit der Zwang zum Sparen den Trend diktiert. Nun machte Konfektionsware aus Kunstfaser modischen Schick für fast jedermann erschwinglich. Auch hier überraschte der Boom. 1946 hatten Statistiker noch schwarzmalerisch vorhergesagt, daß sich jeder Deutsche künftig nur alle vierzig Jahre einen Anzug, alle zehn Jahre ein Oberhemd und alle fünf Jahre eine neue Zahnbürste leisten könne. Doch 1954 hatte der Durchschnittsbürger seine Garderobe schon im Schrank und träumte von schicken Autos, neuen Möbeln und Reisen in ferne Weiten – Träume, die gar nicht mehr so abwegig waren.

Von Massenwohlstand konnte allerdings noch nicht die Rede sein. Fast ein Fünftel der Bevölkerung lebte mit 250 Mark Monatseinkommen am Rande des Existenzminimums. Nur jeder zehnte Bundesbürger besaß einen Kühlschrank oder eine Waschmaschine. Das Geld war meist knapp und die Zeit, es auszugeben, sowieso. Es gab noch keine 40-Stunden-Woche. Nur wenige kamen in den Genuß eines freien Samstags. Radio, Illustrierte und gelegentliche Kinobesuche am Feierabend oder an den kurzen Wochenenden mußten zur Un-

Europas größte Handwerksmesse wird am 12. Mai 1954 in München von Bundesminister Ludwig Erhard eröffnet.

terhaltung genügen. Nur wenige Bundesbürger besaßen einen Fernseher, was sich allerdings bald ändern sollte – denn was 1954 noch als Luxus galt, war wenige Jahre später in fast jedem Haushalt selbstverständlich.

Garant für aufblühenden Wohlstand war das Wirtschaftswachstum. Bis 1950 hatte die Bundesrepublik den Stand der Vorkriegsproduktion erreicht, 1952 lag die Steigerungsrate schon im westeuropäischen Durchschnitt. Von diesem Zeitpunkt an schnellte die Wachstumskurve jedoch weit über die der anderen Länder Westeuropas hinaus. Das durfte eigentlich niemanden überraschen; nach all den mageren Jahren war der Bedarf riesengroß.

Ironie des Schicksals: Weil die meisten Industrieanlagen in Deutschland während des Zweiten Weltkriegs völlig zerstört wurden, zogen die Westdeutschen nun mit einem von Grund auf erneuerten Maschinenpark an der internationalen Konkurrenz vorbei. Kein Wunder, daß die Produktion in den meisten Branchen um zehn Prozent jährlich wuchs – bei einer allgemeinen Wachstumsrate von acht Prozent. Selbst das Sorgenkind Stahlindustrie boomte und produzierte 1954 mehr als 17 Millionen Tonnen Rohstahl – soviel wie 1938 im gesamten Deutschen Reich. Produktionsrekorde waren überall zu vermelden. In den Großunternehmen wurden Spitzenleistungen geradezu zelebriert und mitunter fast schon zum Kult erhoben: der hunderttausendste Kühlschrank, der fünfhunderttausendste Volkswagen – kein Zweifel: der Zeitgeist trug den Namen »Optimismus«.

Die Autoindustrie war der Motor der Konjunktur. Allein im Wolfsburger Volkswagenwerk rollten täglich rund 800 Fahrzeuge vom Band. Die Belegschaft war auf über 70 000 Mitarbeiter angewachsen. Das Auto war Exportgut Nummer eins. Und die Bundesrepublik mauserte sich zu Europas Exportmacht Nummer eins. Ohne ihre frühzeitige Einbeziehung in die Weltwirtschaft hätte der rasche Aufstieg jedoch nie stattfinden können. Gern war die Bundesregierung der Einladung der Westmächte gefolgt, dem »Allgemeinen Zoll- und Handelsabkommen« (GATT) beizutreten, und das zu einem Zeitpunkt, als die Souveränität noch in weiter Ferne lag. Doch nicht nur deshalb standen die Zeichen in Sachen Außenhandel günstig. Amerikanische Kapitalhilfe im Rahmen des Marshall-Plans half Engpässe auf dem Devisensektor zu vermeiden. Rohstoffe, moderne Technik und Nahrungsmittel konnten in ausreichender Menge importiert werden. Jedoch nicht nur die Bundesrepublik profitierte davon; der deutsche Markt war auch für die westlichen Partner attraktiv.

Kein Wunder, daß die D-Mark bald zu den härtesten Währungen Europas zählte. Der Wirtschaftsstandort Westdeutschland war beliebt. Als Drehscheibe für den internationalen Handel gewann die Bundesrepublik immer

Gemeinsame Verantwortung und Sozialpartnerschaft: Erhard wirbt bei Arbeitgebern wie Gewerkschaften für sein Modell der Sozialen Marktwirtschaft.

mehr Profil. Auf den internationalen Messen wurde »Made in Germany« wieder zum weltweit anerkannten Markenzeichen. Die Auftragsbücher deutscher Firmen füllten sich zusehends. »Schaufenster der Welt« wurde die Frankfurter Messe genannt. Dreiviertel der 4000 Aussteller in Hannover sprachen 1954 von guten und sehr guten Abschlüssen.

Die Erfolge im Export wirkten auch auf die anderen Wirtschaftsbereiche stimulierend. Ein großer Teil der Gewinne konnte sofort wieder investiert werden. Dadurch wurde der Arbeitsmarkt praktisch leergefegt. Die Arbeitslosenzahl sank innerhalb von vier Jahren um rund die Hälfte, von zwei Millionen auf weniger als eine Million; die Quote betrug nur noch etwa fünf Prozent. Die »Gründungskrise« der Sozialen Marktwirtschaft war endgültig Geschichte.

Was die Lage auf dem Arbeitsmarkt zunächst dramatisch verschlimmert hatte, erwies sich nun als großer Vorteil: der Zustrom von insgesamt rund zwölf Millionen Vertriebenen und Flüchtlingen. Es zeigte sich, daß die Wirtschaft bei anhaltendem Wachstum nicht ohne eine große Zahl zusätzlicher Arbeitskräfte auskommen konnte. Schon herrschte in einigen Branchen Mangel an geeigneten Facharbeitern. Zum Glück hatte ein großer Teil der Vertriebenen eine gute Ausbildung, so konnten sie ihre Qualifikation gewinnbringend einsetzen. Ihre Tüchtigkeit und Mobilität trugen wesentlich zum Wirtschaftsaufschwung bei.

Die Eingliederung der Vertriebenen geschah auf der Grundlage eines umfassenden Gesetzes: des sogenannten Lastenausgleichsgesetzes. Zwischen den Deutschen, die im Krieg ihr Hab und Gut verloren hatten und denen, die verhältnismäßig viel besaßen, sollte ein finanzieller Ausgleich geschaffen werden. Seit 1952 flossen jährlich rund vier Milliarden Mark von der Seite der Besitzenden auf die Seite der Opfer.

Hermann Josef Abs, Leiter der deutschen Delegation auf der Londoner Schuldenkonferenz.

Ein weiterer Notstand, unter dem nicht nur die Vertriebenen zu leiden hatten, war die allgemeine Wohnungsknappheit.

Trotz der regen Bautätigkeit war diese Folge des Bombenkrieges fast überall noch spürbar. Seit 1950 förderte das Wohnungsbaugesetz im großen Maßstab den Bau von Sozialwohnungen. Allein 1954 konnten mehr als eine halbe Million »Wohneinheiten« fertiggestellt werden. Für viele Familien hieß das: endlich heraus aus Baracken und Behelfswohnungen.

Dennoch ließ die Unterbringung oft zu wünschen übrig. Mehr als 70 Prozent der Bevölkerung lebten nach wie vor in Ein- bis Zweieinhalbzimmer-Wohnungen; oft fehlten Bad und WC; Zentralheizungen waren meistens reiner Luxus. »Alles eine Frage der Zeit«, lautete auch hier die Parole – denn in Sachen Bauwirtschaft war die Bundesrepublik längst Spitzenreiter im europäischen Vergleich. Das Sozialsystem dagegen hinkte dem Aufschwung hinterher.

Die Maßnahmen der Regierung beschränkten sich während der ersten Legislaturperiode weitgehend auf die Linderung der größten Not. Eine grundlegende Neugestaltung der sozialen Sicherung stand noch aus. Adenauer hatte nicht viel übrig für den totalen »Versorgungsstaat«, aber auch das herkömmliche System, das eher einer Armenfürsorge gleichkam, war völlig unzureichend. Die Regierung erkannte bald, daß Notprogramme allein den sozialen Frieden auf Dauer nicht aufrechterhalten können. Sozialleistungen und Renten sollten sich künftig nicht mehr am Existenzminimum orientieren, sondern am Einkommen der Arbeitnehmer.

Das sahen auch die Gewerkschaften so. Um die Investitionskraft der Unternehmen nicht zu gefährden, hatten sie sich in ihren Forderungen nach höheren Sozialleistungen und mehr Lohn bislang

Werner Wollenberg

Das Wirtschaftswunderkind

Es war einmal im Monat Mai,
der Mai war grau und flau,
da tat ich meinen ersten Schrei
und zwar am Tage V.
Ich lag so arm und hilflos da
und schien so schwach und klein,
und wer mich in dem Zustand sah,
sprach leise, das geht ein.
Ich aber lag und lachte sacht
und grinste: Seid nur blind!
Aus mir wird, ehe ihr's gedacht
einmal ein Wunderkind!

Tralala
bevor man es für möglich hält
bin ich schon groß und da!
Denn ich bin nicht beim Storch bestellt
I'm made in USA
Tralalala…

Und nun, im neunten Lebensjahr,
da gleich ich schon genau,
da gleiche ich mit Haut und Haar
schon einer echten Frau.
Ich trage einen Nylonstrumpf
und trage ein Korsett,
denn an dem Po und an dem Rumpf
da trag ich zu viel Fett.
Und in den Taschen trag ich Geld
und Mark, die Gold wert sind,
und staunend ruft die ganze Welt:
»Das Wirtschaftswunderkind!«

»Die kleine Freiheit« 1954
gesungen von Helen Vita

Grüß Gott, Madame, da bin ich wieder!

Das Rückgrat des Aufschwungs: Weit über eine halbe Million »Käfer« liefen seit Kriegsende in Wolfsburg vom Band.

zurückgehalten. Dadurch trugen sie entscheidend zum »Wirtschaftswunder« bei. Das Hauptaugenmerk gewerkschaftlicher Arbeit zielte auf die Mitbestimmung in den Betrieben. Die alten Forderungen nach der Verstaatlichung von Schlüsselindustrien standen nur noch pro forma auf dem Programm. Politisch lehnten sich die Gewerkschaften immer enger an die SPD an. Die Opposition aber war wirtschaftspolitisch hoffnungslos in die Defensive geraten. Sie mußte anerkennen, daß die Soziale Marktwirtschaft längst ihre Bewährungsprobe bestanden hatte. So nahm die Sozialdemokratie allmählich Abschied von ihren lang gehegten Vorstellungen. Eingriffe ins Privateigentum und zentral gelenkte Wirtschaft – das schreckte die Wähler ab. Die SPD plädierte nunmehr für ein ausgewogenes Mischsystem aus »Plan« und »Markt«.

Was reine Planwirtschaft im »real existierenden Sozialismus« bedeutete, bekamen die Deutschen in der DDR zu spüren. Der Blick über den Eisernen Vorhang weckte bei den DDR-Bürgern das Gefühl, daß der Aufschwung nur im Westen stattfand. Der politische Terror im Jahr nach dem Aufstand ließ sie die Lage doppelt unerträglich empfinden. Zigtausende kehrten dem Regime für immer den Rücken. Die Flüchtlingszahlen stiegen weiter rapide. Ein Teufelskreis – flohen doch in erster Linie diejenigen, die für den wirtschaftlichen Aufbau der DDR dringend benötigt wurden: die Fachkräfte.

Die Grundlagen für den Wiederaufbau in der DDR waren ohnehin ungünstiger als in der Bundesrepublik – nicht nur wegen der Beschaffenheit des Wirtschaftssystems. Demontagen und Reparationsleistungen an die Sowjetunion bremsten die Konjunktur; im Westen dagegen half der Marshall-Plan. Doch trotz der erschwerten Ausgangslage nahm die Volkswirtschaft der DDR eine Spitzenstellung unter den sozialistischen Systemen ein: höhere Produktivität, höhere Erträge und höhere Reallöhne; nirgendwo im Ostblock war der Lebensstandard so hoch wie in der DDR – ein »kleines« Wirtschaftswunder Ost?

Die Menschen jenseits der Blockgrenze empfanden das nicht so. Die Bundesrepublik blieb, was Wohlstand und Aufschwung anbetraf, strahlendes Vorbild. Und auch die Bundesbürger hatten nur ihr eigenes »Wirtschaftswunder« im Blick. Sie waren erfaßt von einem neuen »Wir-sind-wieder-wer«-Gefühl: Deshalb glaubten sie, daß es immer weiter aufwärtsgehen würde – notfalls auch im Alleingang. (SB)

Der Minister vor Ort: Höchstpersönlich informiert sich Erhard in den Betrieben nach dem Stand von Produktion und Beschäftigung.

Mauerblümchen und Dornröschen

Zwischen Sex und Sehnsucht

Es war kein leichtes Unterfangen, von der verbotenen Frucht zu kosten. Die Insel der Glückseligkeit war von Geboten und Konventionen umzäunt. Zarte Gefühle erblühten im Verborgenen. »Die Öffentlichkeit ist nun einmal kein Schauplatz für Zärtlichkeiten«, mahnte ein Benimmbuch jener Zeit. »Auch der Handkuß auf der Straße ist fehl am Platz, meine Herren, selbst wenn er einmal wöchentlich auf der Filmleinwand vorexerziert wird. Handküsse gehören nicht unter den freien Himmel.«

Doch auch in der privaten Geborgenheit mußte der Verehrer sich lange gedulden, bis die Umworbene ihm solch bescheidenen Gunsterweis gewährte. »Wetten, daß er Sie sofort küssen will?«, unterrichtete die Frauenzeitschrift *Constanze* ihre Leserinnen über das ungestüme Wesen des Hausfreundes – und wußte Rat: »In dem Augenblick aber, wo er es wirklich riskiert, erstarren Sie zu Eis. Empört wenden Sie sich von diesem Frechling ab. Sie erheben die Hand, als wollten Sie ihm eine Ohrfeige geben. Aber nur als ob. Und Sie blicken ihn so an, daß er sich sofort entschuldigt. Hat er sich entschuldigt, so tun Sie, als wollten Sie ihm diesmal verzeihen - und strecken ihm beide Hände - verstehen Sie, beide Hände, nicht nur eine - zum Kuß hin. Mit dem charmantesten Lächeln, das Sie fertig bekommen. Aber damit muß es dann auch für diesen Nachmittag genug sein. Jedes Mehr ist zuviel.«

Zuviel der Annäherung geziemte sich nicht in den züchtigen fünfziger Jahren. Das heranwachsende Fräulein mußte davor behütet werden, allzufrüh mit jungen Männern in engeren Kontakt zu treten. Ließ sich, zum Tanztee oder im Studierzimmer, ein Zusammentreffen beider Geschlechter nicht vermeiden, so wachte oft genug eine erwachsene »Aufsichtsperson« über das moralische Wohl ihrer Anvertrauten. Andere gemeinsame Unternehmungen, besonders wenn sie auf das Terrain des »seichten Vergnügens« führten, gerieten schnell in den Ruch der Unmoral und bedurften mühsamer Überredungskunst. Bei Kaffee und Kuchen überzeugten sich die Eltern von der ordentlichen Herkunft und den »ernsten Absichten« des jungen Kavaliers. Erst wenn sich der Verehrer allen Anfechtungen zum Trotz als würdiger Geleitschutz für die Tochter erwies, erhielt sie die Erlaubnis zum abendlichen Kinobesuch.

Auf dem soliden Parkett der Tanzstunde war die Begegnung der Geschlechter gesellschaftlich akzeptiert. Hier lernte man nicht nur Gewandtheit in Schritt und Tritt, sondern auch korrekte Manieren.

»Wenn wir uns dem Platz der aufzufordernden Dame nähern, verzichten wir auf letzte korrigierende Griffe zur Smokingschleife«, lehrte das »Buch der Etikette«. »Wir verneigen uns lächelnd, wobei wir ein ›Darf ich bitten?‹ murmeln können, aber nicht müssen. Verbindliches Lächeln allein genügt. Wir sind der Dame beim Erheben behilflich, nehmen ihr eventuell ein Cape ab, rücken ihren Stuhl fort und bieten ihr den Arm.«

Erst wenn sie ihm auch offiziell den Arm zur Verlobung reichte, durfte der

Gefährlich ist die Konkurrenz, zumal im Lenz: Frühlingsgefühle zwischen Werbe-Ideal und Alltagswirklichkeit.

Traumprinz seine Angebetete aus dem Dornröschenschlaf holder Ahnungslosigkeit wachküssen. Verflüchtigte sich dabei allerdings der makellose Eindruck des »idealen« Lebensgefährten, mußte die Verlobung umgehend gelöst werden. Spätestens die zweite Entlobung war ein Skandal. Die entehrte Braut konnte sogar – wegen »Wertminderung« – ein »Kranzgeld« einklagen.

Diese wohlbehütete Welt des Anstands nötigte die Verliebten zu kleinen Fluchten; Heimlichkeiten, Ausreden und Notlügen waren die Fluchthelfer. Zuflucht boten dunkle Kinosäle, Partykeller oder die freie Natur – reicher Stoff für Romane und Erzählungen über jene Jahre:

»Doris hieß das Mädchen, blond, mit blauer Bluse, und sie kam aus Bremen, Vater Fabrikant. (. . .) Schon am Tage drauf trafen wir uns an einer kompliziert gelegenen Stelle, oberhalb des Sees. Da rührten wir uns nicht vom Fleck, damit uns nicht womöglich Pastor Säckle erwischte, wie wir da nebeneinander sitzen und uns was erzählen.« (Walter Kempowski: »Herzlich willkommen«).

»Daß die Mädchen von einem Jungen abgeholt und wieder nach Hause gebracht wurden, gehörte immer dazu, das war bei mir auch so. Na, und dann standen wir abends noch eine Stunde im Hausflur und knutschten. Auch im Winter. Autos hatte ja keiner. Es war manchmal schrecklich kalt. Und wenn ein Hausbewohner kam, fuhren wir sofort auseinander und taten ganz harmlos, trotz zerwühlter Haare und erhitzter Gesichter.« (Ingrid Schmidt-Harzbach: »Rock'n'Roll in Hanau«).

Doch auch unbehelligte Zweisamkeit beschränkte sich meist auf innige Liebkosungen. Vor der Hochzeitsnacht war Sexualität offiziell tabu. Als Hafen jeder Liebe galt die Ehe. Doch auch hier stellten Werte wie Solidarität, Sparsamkeit und Fleiß den Wunsch nach Liebe oder gar Erotik deutlich in den Schatten, wie eine Emnid-Umfrage 1954 ergab.

»Wenn ein Mann und eine Frau sich so lieb haben, daß sie Kinder haben wollen, dann wollen sie auch fürs ganze Leben zusammenbleiben. Sie lassen sich trauen«, lehrte ein Aufklärungsbuch im Ton der Zeit. »Es kommt manchmal vor, daß ein Mann und eine Frau sich das vorher nicht richtig überlegen. Sie finden sich zusammen und es entsteht ein Kind, ehe sie verheiratet sind. Danach sagt der eine Teil: Nein, ich mag nicht, ich will dich nicht heiraten. Das ist aber niemals in Ordnung.«

Dankesbrief nach Flensburg: Beate Uhse versorgte Ehepaare in ganz Deutschland mit hilfreichen Liebes-Utensilien aus ihrem Sortiment.

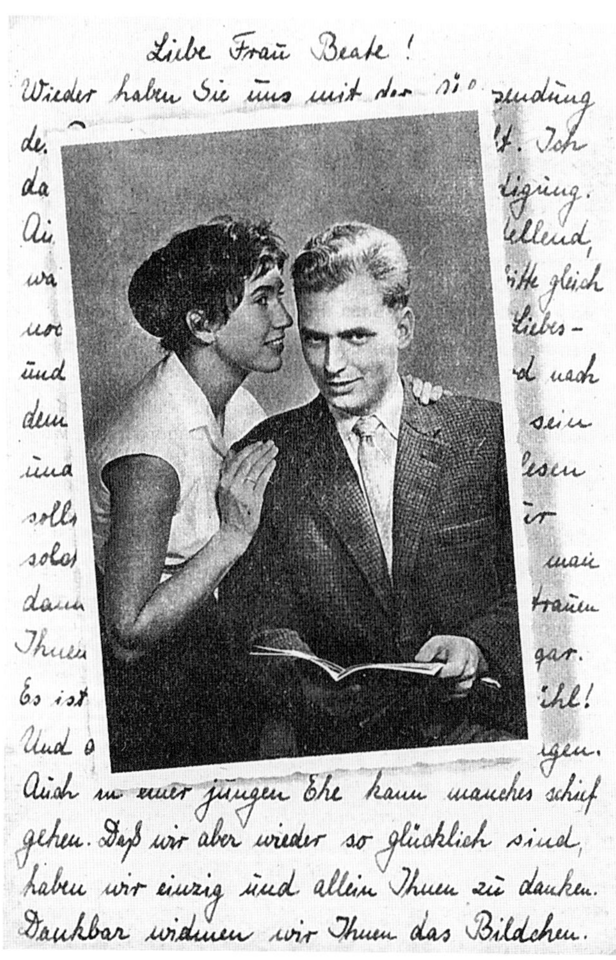

Und die Hüter der Ordnung wachten streng über die Einhaltung der restaurativen Moral. So zog Familienminister Franz-Josef Wuermeling gegen das »Ärgernis« öffentlicher Kondomautomaten zu Felde. Denn die waren ja auch ledigen Liebhabern zugänglich. Ähnlicher Unbill sah sich eine umtriebige Flensburger Versandhändlerin ausgesetzt, die reichen Gewinn aus Lust und Liebe zog. Beate Uhse handelte oft am Rande des Gesetzes: »Wenn ich Kondome verschickte, verlangte der Staatsanwalt, daß ich in jedem einzelnen Fall nachweisen konnte, daß diese beiden Leute verheiratet waren. Wenn nicht, hätte ich der Unzucht Vorschub geleistet. Das muß man sich mal vorstellen.«

Ungeachtet der gesetzlichen Hürden florierte der Absatz ihres »Instituts für Ehehygiene«. Ein diskreter Katalog, dessen Abbildungen heute jeder Parfümwerbung zur Ehre gereichen würden, offerierte eine breite Palette von Präservativen unterschiedlichster Prägung, Stärkungsmitteln (»Müssen starke Männer schwach sein?«), Gleitcremes und Aufklärungsbüchern. Die flotten Werbesprüche bekundeten, daß sich auch die selbsternannte Vorkämpferin der Aufklärung nicht von der biederen Moral der Geschlechterrollen freimachen konnte: »Durch den Gebrauch der Spezialpräservative erhält heute jeder Mann die Möglichkeit, seine Ehepartnerin durch eine vollkommene Begattungstechnik an sich zu fesseln und glücklich zu machen.«

Doch die große Nachfrage nach Beate Uhses Sex-Nachhilfe war zugleich ein Indiz dafür, daß sich unter der Decke des prüden Nachkriegsdeutschlands sehr wohl lustvoll die Liebe regte. Man liebte sich, aber man redete nicht darüber. (PH)

Hauptsache fett und kräftig

Die Folgen der »Freßwelle«

Kalorien willkommen: Üppige Kost ist keineswegs verpönt. Nach Jahren des Mangels zeugt Körperfülle von Wohlstand.

Hungerleiden – das war endgültig vorbei: Im Jahre 1954 hatten die Bundesbürger wieder den Ernährungsstand der Vorkriegszeit erreicht. Doch die Erinnerung an die schrecklichen Hungerjahre der Nachkriegszeit war allenthalben noch lebendig. Heinrich Böll schrieb in einem seiner frühen Romane: »Der Hunger lehrte mich die Preise; der Gedanke an frischgebackenes Brot machte mich ganz dumm im Kopf, und ich streifte oft abends durch die Stadt und dachte nichts anderes als: Brot. Meine Augen brannten, meine Knie waren schwach, und ich spürte, daß etwas Wölfisches in mir war. Brot. Ich war brotsüchtig, wie man morphiumsüchtig ist. Ich hatte Angst vor mir selbst [. . .] Noch jetzt oft [. . .] überkommt mich die Erinnerung an die wölfische Angst jener Tage, und ich kaufe Brot, wie es frisch in den Fenstern der Bäckereien liegt.«

Ende 1946 mußten die Deutschen im Durchschnitt mit 60 Prozent der »Vorkriegskalorien« auskommen. Doch diese nüchterne Bilanz kaschierte wirkliche Not. Denn mehr als ein Drittel der Menschen, besonders die in die Städte zurückflutenden Ausgebombten, die Kriegsheimkehrer, die zwölf Millionen Flüchtlinge und Vertriebenen, die Besitzlosen – sie erhielten gerade 1000 bis 1700 Kalorien pro Tag, also nur 30 bis 45 Prozent des Vorkriegssatzes. In den Jahren 1946, 1947 und 1948 sank die Ration für die städtische Bevölkerung jeweils zum Jahresbeginn auf 1000, im Ruhrgebiet sogar auf 800 Kalorien. Fleisch und Fett waren Mangelware. Eine typische Normalverbraucherzuteilung sah im Jahr 1948 so aus: Es gab pro Tag 321,4 g Brot, 35,7 g Nährmittel, 4,4 g Kaffee-Ersatz, 17,8 g Fleisch, 2,2 g Käse, 8,9 g Zucker und 16,1 g Marmelade.

Mehr als alle anderen Fragen bestimmte die Sorge um den Lebensunterhalt, die Sorge um Kartoffeln und Brot das Denken und Handeln der Menschen. Der Tauschhandel und auch der Schwarzmarkt blühten. Die Not machte erfinderisch. Frauen, die die Hauptlast bei der Versorgung ihrer Familien trugen, waren besonders einfallsreich, wenn es darum ging, die Eintönigkeit des Speiseplans ein wenig zu bereichern und vor allem den Vitaminbedarf zumindest halbwegs zu decken. Feldfrüchte und Wildgemüse, die man in »guten« Zeiten keines Blickes gewürdigt hätte, fanden nun häufig Verwendung. So galt Löwenzahn als ordentlicher Ersatz für grünen Salat. Phantasievolle Rezepte machten rasch die Runde.

Am 21. Juni 1948 wurde die Währung in den drei westlichen Besatzungszonen umgestellt. Mit 40 D-Mark pro Kopf, später kamen weitere 20 D-Mark dazu, begann eine neue Zeit. Über Nacht füllten sich die Regale in den Geschäften. Fassungslos standen die Menschen vor prall gefüllten Schaufenstern; das neue Geld schwemmte bislang heimlich gehortete Waren in die Läden. Die Lebensmittelrationierung endete am 30. April 1950; die Ernährungsämter konnten ihre Pforten wieder schließen.

Nach den Entbehrungen der frühen Nachkriegszeit und den traumatischen Erfahrungen des Hungers wurde Essen nun zur Lieblingsbeschäftigung der Deutschen; die »Freßwelle« begann zu wogen. Der Autor Kurt Blauhorn schreibt: »Wer wollte es den kleinen Genießern verargen, daß sie sich nach all den Hungerjahren wie die Schlemmer auf Pieter Brueghels Bauernbildern den Magen füllten. Endlich gab es genügend Butter, Schweinebraten, Schinken und langentbehrte Delikatessen.« Aus den ausgemergelten Otto-Normalverbraucher-Gestalten mit eingefallenen Wangen wurden allmählich rundliche Wohlstandsfiguren à la Ludwig Erhard.

Essen geriet zum Statussymbol und mit ihm sein Resultat, die Leibesfülle.

Ein beleibter Mensch galt in den fünfziger Jahren nicht unbedingt als bedauernswertes Opfer seiner ungezügelten Leidenschaft, sondern als jemand, der nach außen hin sichtbar dokumentierte, wie weit er es wieder gebracht hatte.

Gourmets waren sie nicht gerade, die Deutschen jener Tage; denn sie bevorzugten möglichst große Mengen sättigender Speisen. Fettes Fleisch, Suppen und viele jener alten, kalorienreichen Gerichte aus der deutschen Vorkriegsküche standen ganz oben auf dem Speiseplan. Nach einer Zeit der Hungerödeme galt »viel essen« als gesund, mochte die Kost auch noch so einfach und einfallslos sein. Doch zur Verteidigung all jener, die damals für den Küchenplan verantwortlich waren, sei gesagt, daß die meisten Lebensmittel im Verhältnis zum Einkommen nicht gerade preiswert waren. Anfang der fünfziger Jahre kostete ein Pfund Kaffee 14,35 D-Mark, ein Kilo Butter 5,39 D-Mark, während ein vierköpfiger Haushalt im Durchschnitt mit 350 D-Mark monatlich auskommen mußte.

Doch der allgemeine Lebensstandard stieg stetig; die Einkaufstaschen füllten sich zusehends. Nun rückte auch die Möglichkeit näher, hochwertige, sogar exotische Nahrungsmittel zu kaufen. Südfrüchte waren 1954 der Renner unter den kulinarischen Leckerbissen; seit der Vorkriegszeit war der Verzehr um 55 Prozent gestiegen. Auch Frischobst sammelte sich nun pfundweise in den Speisekammern. Das Butterfach dagegen blieb oft leer; Butter war nach wie vor zu teuer, als Ersatz diente Margarine. Bei Bratfetten bewogen auch gesundheitliche Gründe den Umstieg von Schweineschmalz auf Kokosfett. Fette Wurst sorgte allerdings ausreichend dafür, daß der Bedarf an tierischem Fett gedeckt wurde. Fleisch galt noch immer als Luxusgut. Im April 1954 erklärten 54 Prozent der Bevölkerung, daß sie mehr

» Endlich gab es genügend Butter, Schweinebraten, Schinken und langersehnte Delikatessen. «

Kurt Blauhorn

He, hinter Ihnen steht einer!

Fleisch essen würden, wenn es nicht so teuer wäre. Bundesernährungsminister Heinrich Lübke forderte die Metzger daher auf, die Fleischpreise zu senken.

Kondensmilch galt als ganz besondere Delikatesse. Vor allem Kinder waren so versessen darauf, daß sie diese direkt aus der Dose tranken. An der Frischmilch störte den Verbraucher nun auf einmal das Sammeln und der Transport der leeren Flaschen. In Essen begann man daraufhin, Milch in Tüten abzufüllen.

Eine besondere Würze der neuen weiten Welt erreichte die Küche in Form von Ketchup, Mixed Pickles und allerlei vorgefertigten scharfen und sauren Saucen – für deutsche Geschmacksnerven bis dahin weitgehend unbekannt. Doch die begannen sich schnell an fremde Speisen und Gewürze zu gewöhnen. Zum einen orientierten sich die Bundesbürger nun auch in ihren Ernährungsgewohnheiten am Vorbild Amerikas, zum anderen machte sie der aufkommende Massentourismus mit den Spezialitäten der südlichen Küche bekannt. Pizza, Spaghetti, Artischocken, Auberginen und italienische Rotweine hielten Einzug in deutsche Küchenpläne. Doch im allgemeinen bevorzugten viele deutsche Touristen auch auswärts eher die gewohnte heimische Kost; so waren in manchen Restaurants der beliebtesten südlichen Urlaubsziele bald Rippchen mit Kraut und Wiener Schnitzel auf den Speisekarten zu finden.

Das Gros der Hausfrauen orientierte sich nach wie vor an den Ernährungsgepflogenheiten und Kochsitten ihrer Mütter und Großmütter. Als Quelle ihrer eigenen Kochkunst nannten 1954 in einer Umfrage 54 Prozent der Frauen das mütterliche und großmütterliche Vorbild. Fettreiche Kost blieb also weiterhin das Leitbild für gesundheitliche Stärkung und körperliche Kräftigung.

Doch gleichzeitig gab es 1954 auch schon erste zarte Ansätze, einen Damm gegen die Folgen der Freßwelle zu errichten. Stets besorgt um die Schönheit der Frauen, fühlten sich Zeitschriften wie *Brigitte* und *Constanze* berufen, Diäten anzupreisen und die neuesten Erfindungen vorzustellen, mit deren Hilfe man die überflüssigen Pfunde der fetten Jahre wieder loswerden könne. »Rolle und strecke dich schlank und gesund« lautete der Schlachtruf für den Clou unter diesen Erfindungen – die »Schönheitstonne«. In ein motorgetriebenes Faß – einem mittelalterlichen Marterinstrument nicht unähnlich – wurde die mit ihrer Statur unzufriedene Kundin hineingelegt, in gestrecktem Zustand langsam gerollt und gleichzeitig von einer Höhensonne bestrahlt. Die Bewegungen der schaumgummigepolsterten Tonne sollten Blutkreislauf und Hautatmung stimulieren und das Fett dadurch abbauen.

Ähnliche Absichten verfolgte die Fett(!)-Fleisch-Wasser-Diät, bei der man nach dem Vorbild der Eskimos soviel fettes Fleisch essen konnte wie man wollte – und trotzdem schlank wie eine Tanne bleiben sollte. Eine Diät also, die dem Zeitgeist folgte. (UN)

Zugpferd für das »Wirtschaftswunder«

Der Deutschen liebstes Kind: das Auto

Er lief und lief, von der Küste Helgolands bis zur roten Sonne von Capri, genügsam und zuverlässig, einfach, aber emsig, schmucklos in der Form, aber turmhoch in der Gunst seiner Besitzer.

Am laufenden Band werden wieder Autos montiert. Allein in Wolfsburg verlassen jeden Tag 800 fabrikneue Fahrzeuge das Werk. Bis Anfang 1954 rollten über 600 000 Volkswagen auf den Straßen.

Am 12. Januar 1954 lief der 600 000. Volkswagen Marke »Käfer«, das erfolgreichste Nachkriegsauto der Bundesrepublik, in Wolfsburg vom Band. Der Volkswagen machte die Deutschen mobil. Wie kein anderes Produkt des »Wirtschaftswunders« wurde er zum Vehikel der wiedererwachten Wohlstandsgesellschaft, zum Symbol für den Aufstieg aus Ruinen – und der Kontinuität über die Zeitenwende hinweg.

Genau zwanzig Jahre zuvor, im Januar 1934, war der erste Käfer aus dem Kokon geschlüpft. Ferdinand Porsche präsentierte auf Hitlers persönliche Weisung hin das Modell eines käferförmigen Fahrzeugs, für vier Personen, mit Hinterradantrieb, luftgekühltem Motor, 100 Kilometern Höchstgeschwindigkeit pro Stunde, acht Litern Verbrauch, zu einem Preis von 1000 Reichsmark – das richtige Auto für den »Volksgenossen«. Mit großem Propagandaaufwand sammelte die NS-Freizeitorganisation »Kraft durch Freude« (KdF) vorab Anzahlungen von 336 000 Interessenten ein (»5 Mark die Woche mußt du sparen, willst du im eigenen Wagen fahren!«) – und die »Deutsche Arbeitsfront« stampfte 1938 die »Stadt des KdF-Autos«, das heutige Wolfsburg, aus dem Boden. Doch die »Volksgenossen« gingen leer aus, ihre Einlagen erwiesen sich als verkappte Rüstungsanleihe.

Statt Volkswagen rollten Kübelwagen für die Wehrmacht vom Band. Alle Räder rollten für den Krieg.

Nach der Zäsur der Kapitulation begannen sie sich bald wieder zu drehen – diesmal im Namen des Fortschritts. 1948 montierten 7000 Arbeiter nach dem Muster des »KdF-Autos« schon wieder 6000 Käfer auf dem zerbombten Wolfsburger Fabrikgelände. Sechs Jahre später verließen allein pro Tag 800 Fahrzeuge das Werk. Die Produktionszahlen schnellten in einem solch rasanten Tempo in die Höhe, wie man es diesem VW nie zugetraut hätte. In ihren Werbeanzeigen konnte sich die Wolfsburger Firma damit begnügen, die steil aufwärtsstrebenden Verkaufszuwächse des Käfers grafisch darzustellen.

Schmucklos, aber praktisch: Der »Käfer« war das Symbol der bundesdeutschen Nachkriegsgesellschaft.

»Man ist doch erst richtig Mensch, wenn man so ein Auto besitzt – nicht?«

Der Erfolg des Volkswagens war Folge eines enormen Nachholbedarfs der West-Deutschen, nach all den Jahren der betrogenen Hoffnungen und bitteren Entbehrungen. »Beinahe ebenso groß wie der Wunsch nach den eigenen vier Wänden ist die heimliche Sehnsucht nach den eigenen vier Rädern«, beobachtete die Frauenzeitschrift *Brigitte*. Das erste eigene Auto galt als Lohn für die Mühsal des Wiederaufbaus und zu-

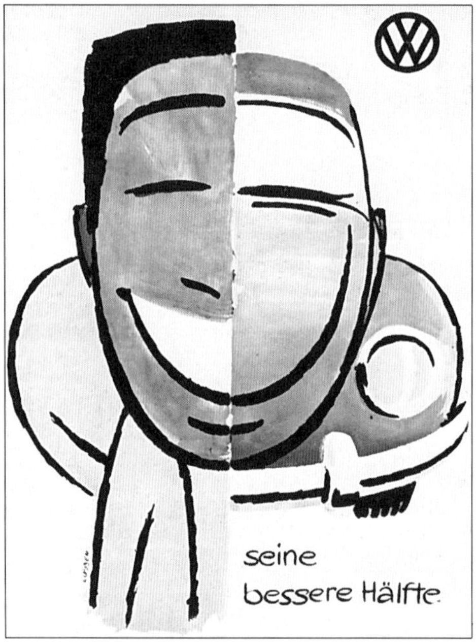

Fahrer und Fahrzeug, in einträchtiger Gemeinschaft miteinander verbunden. Die neue Auto-Mobilmachung bescherte Deutschland eine Blechflut von 1,25 Millionen Fahrzeugen.

gleich als vorzeigbarer Beleg für die eigene Tüchtigkeit.

»Wir haben es geschafft: Das neue Auto steht vor der Tür«, verkündete ein Werbebild, das einen stolzen Familienvater in Nyltest-Hemd und Krawatte vor seinem nagelneuen Ford-Taunus zeigt, wohlgefällig betrachtet von seiner Gattin im Pepitakostüm und dem Sohnemann mit gebügelter Hose und Fliege am Hals (während im Hintergrund die neidischen Nachbarn ihre Hälse rekken). »Alle Nachbarn liegen im Fenster und können sehen, wie wir uns für eine kleine Wochenendfahrt rüsten. Jawohl, wir leisten uns etwas, wir wollen etwas haben vom Leben; dafür arbeiten wir schließlich zu zweit, mein Mann im Werk und ich als Sekretärin wieder in meiner alten Firma.«

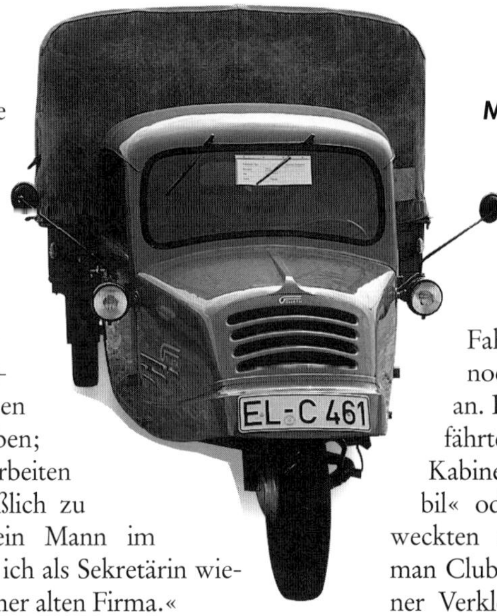

Miniatur-Transporter mit klangvollem Namen: Der Dreirad-Lastkraftwagen »Goliath« kam durch die engsten Gassen.

Die Ausflugsfahrt per Pkw wurde zum beliebten Freizeitspaß und stempelte das Spazierengehen, so Erich Dombrowski in der *Frankfurter Allgemeinen Zeitung*, »zunehmend zum prähistorischen Vorgang«. Autofahren machte frei, und die freie Fahrt führte richtungweisend in die Konsumgesellschaft. Jeder ersparte Groschen wurde zur Seite gelegt, um für die neue Bewegungsfreiheit zu sparen – auch wenn diese im Inneren des Gefährts anfangs eher noch ziemlich beschränkt war.

»5 Mark die Woche mußt du sparen, willst du im eigenen Wagen fahren!«

Werbung für Volkswagensparer durch KdF

Denn die Massenmotorisierung begann im kleinen Format. Eine wahre Welle von Klein- und Kleinstwagen überflutete Deutschlands Straßen. Die Formate des begehrten Fahrzeugs paßten sich dem noch mageren Geldbeutel an. Drei- oder vierrädrige Gefährte wie der »Messerschmitt-Kabinenroller«, das »Fuldamobil« oder der »Champion« erweckten den Eindruck, als hätte man Clubsessel mit Rädern und einer Verkleidung versehen. Als erfolgreichster deutscher Kleinwagen erwies sich der »Lloyd LP 300« aus dem Borgward-Werk, der wegen seines sperrholz- und kunstlederverkleideten Hartholzgerippes als »Leukoplast-Bomber« verpottet wurde. »Lloyd fahren, bedeutet rentabel sein«, lautete die wirksame sparsinnige Werbephilosophie. Verkaufserfolge erzielte Borgward aber auch mit seinen prestigeträchtigeren Modellen wie dem »Hansa 1500« und der in 130 Länder exportierten »Isabella«.

Wer seinen frisch erworbenen Wohlstand gut sichtbar spazierenfahren wollte, fand im »Ford Taunus« oder im »Opel Rekord« ein adäquates Ausdrucksmittel. Wie diesen Modellen haftete auch dem »Kapitän« (im Volksmund »Haifischmaul« genannt), der zweiten Neuerscheinung von Opel 1954, der Glanz amerikanischer Straßenkreuzer an: Verchromte Kühlergesichter, überdachte Scheinwerfer, Panoramascheiben, Heckflossen und blitzgezackte Chromleisten. Die Automobile der deutschen Oberklasse, Mercedes und BMW, behielten demgegenüber ihre klassischen Linien gediegener Eleganz bei. Insgesamt bescherte die deutsche

Markenzeichen Flügeltüren: Das Mercedes-Coupé 300 SL war das Luxusmodell des Jahres 1954.

Automobilindustrie 1954 dem Straßenverkehr über eine halbe Million fabrikneuer Fahrzeuge; das bedeutete eine Zuwachsrate von 45 Prozent in diesem Jahr. Viele Fahrzeuge gingen ins Ausland und erbrachten einen Exporterlös

Kleintransporter und Zweisitzer im Wettrennen um die Gunst der Autofreunde: »Atlas« und »Superior« von Gutbrod.

von 1,25 Milliarden Mark. Das Auto war Motor des »Wirtschaftswunders«.

Im anderen Teil Deutschlands ließ der Autoboom noch auf sich warten. Die Kfz-Kombinate beschränkten sich zunächst darauf, einzelne Vorkriegsmodelle der Marke DKW (nun IFA) und BMW (nun EMW) neu aufzulegen. Wem das Privileg zukam, solch ein Fahrzeug bestellen zu dürfen, mußte in der Regel eine lange, geduldige Wartezeit absolvieren. Der Duroplast-Zweitakter »Trabant«, der das Autofahren schließlich auch in der DDR zum Breitensport befördern sollte, stand 1954 noch vor der Serienreife.

In der Bundesrepublik hingegen erhob sich ein motorisierter Massenansturm, dem das noch kriegslädierte Straßennetz kaum gewachsen war. Anfang 1954 knatterten schon 1,25 Millionen Pkws und 2,12 Millionen Motorräder über West-Deutschlands Asphalt. 11 000 Unfallopfer mußten für die neue Mobilität mit ihrem Leben bezahlen. Mit der Zunahme des Autoverkehrs auf den Autobahnen häuften sich auch die Pannen. Der ADAC (Allgemeiner Deutscher Automobilclub) und der AvD (Automobilclub von Deutschland) richteten vom 1. Mai 1954 ab auf den Hauptverkehrsstrecken einen Pannendienst ein. Als Rezept gegen die sich häufenden Unfälle setzten die Verkehrsplaner hauptsächlich darauf, die Straßen zügig auszubauen und die Kraftfahrzeuge von den übrigen Verkehrsteilnehmern zu trennen. Beim Wiederaufbau hatte die »autogerechte Stadt« in den meisten Fällen Vorfahrt vor einer Rekonstruktion des historischen Stadtbildes. Immerhin führte die Unfallhäufigkeit die Verkehrspolitiker zu der Erkenntnis, daß die Aufhebung der Geschwindigkeitsbegrenzung auf den Straßen wohl doch nicht der Weisheit letzter Schluß gewesen war. Auch die Motorradfahrer zeigten sich lernfähig. Wer einen Sturzhelm trug, wurde nicht mehr unbedingt ausgelacht; der Helm wandelte sich gar, wie *Die Welt* bemerkte, zu einem »Attribut des Schneids«. Die Anschnallpflicht für Autofahrer hingegen, so konstatierte die Zeitschrift *Revue*, stoße auf »psychologischen Widerstand« und sei »deshalb undurchführbar«.

Der »Kapitän«, Opels exklusive Neuerscheinung mit dem »Haifischmaul«, verbreitete den Glanz amerikanischer Straßenkreuzer.

Doch selbst Gurtmuffel mußten einem Unfall nicht schutzlos ausgeliefert sein. Denn *Revue* wußte vorbeugend Rat: »Entscheidend für die Rettung bei einem schweren Zusammenstoß ist, daß beide Fahrer sich hinwerfen. Beide müssen nicht nur mit dem Körper, sondern auch mit dem Kopf unter der Höhe des Armaturenbrettes liegen. Der Fahrer soll seinen Fuß zwar auf der Bremse halten, aber er muß vor allem seinen Kopf unter das Lenkrad bringen. Dazu muß ihm die Beifahrerin Platz machen, indem sie zwischen Spritzwand und Sitz rutscht.« Wohl dem, der vor seinem ersten Unfall ausreichend trainiert hatte! (PH)

Die Motorisierung begann im Kleinformat. Der Messerschmitt Kabinenroller (oben) und der »Lloyd« von Borgward (rechts) gehörten zu den gebräuchlichsten Gefährten.

Januar 1954

1 · Freitag

In seiner Neujahrsansprache bringt Bundespräsident Theodor Heuss die Hoffnung auf eine Stabilisierung des deutsch-französischen Verhältnisses zum Ausdruck.

In Tokio werden bei der traditionellen Neujahrskundgebung zu Ehren der japanischen Kaiserfamilie 17 Menschen zu Tode getrampelt.

2 · Samstag

Im niedersächsischen Durchgangslager Friedland begrüßt Bundeskanzler Konrad Adenauer Hunderte Heimkehrer aus sowjetischer Kriegsgefangenschaft. Die Sowjetunion hatte in den letzten Tagen des alten Jahres insgesamt 4400 ehemalige Kriegsgefangene entlassen.

3 · Sonntag

Der amerikanische NATO-General Lawton Collins fordert die Aufstellung westdeutscher Truppen zur Verteidigung Europas und die Aufnahme der Bundesrepublik in die NATO.

4 · Montag

In Bonn legt die Bundesregierung Sofortmaßnahmen für den Tag der Wiedervereinigung vor. Danach ist geplant, die Zwangswirtschaft und die hohe Besteuerung von Konsumgütern in der Sowjetzone unverzüglich aufzuheben.

Die Stadt Duisburg stellt die ersten Parkuhren der Bundesrepublik auf.

5 · Dienstag

Die Sowjetunion erklärt, daß sie im Falle eines amerikanisch-pakistanischen Bündnisses gezwungen sei, in Afghanistan Luftstützpunkte einzurichten. Die USA vertagen daraufhin den Abschluß des Abkommens mit Pakistan.

6 · Mittwoch

Das Zentralorgan der SED »Neues Deutschland« fordert die Bildung einer gesamtdeutschen provisorischen Regierung, die bereits auf der Berliner Außenministerkonferenz am 25. Januar die Vertretung der deutschen Interessen übernehmen soll.

Ein Stuttgarter Gericht läßt zum erstenmal in der Justizgeschichte der Bundesrepublik Tonbandaufzeichnungen als Beweismittel zu.

7 · Donnerstag

In seiner traditionellen Rede »Zur Lage der Nation« erklärt der amerikanische Präsident Dwight D. Eisenhower, die freie Welt gewinne gegenüber der »Tyrannei« des Ostblocks beständig an Stärke.

Erster DDR-Minister für Kultur wird der expressionistische Dichter Johannes Robert Becher. In der Bundesrepublik stößt die Ernennung Bechers, des Verfassers der DDR-Nationalhymne, auf Kritik.

8 · Freitag

Amerikanische Fernsehstationen beginnen mit der Ausstrahlung von Programmen in Farbe. Entsprechende Fernsehapparate sind noch nicht auf dem Markt.

Johannes R. Becher

In Memphis (USA) nimmt der 19jährige Lastwagenfahrer Elvis Presley seine erste Schallplatte auf.

9 · Samstag

In München erklärt Bundesminister Franz Josef Strauß (CSU) die Anerkennung der Oder-Neiße-Grenze durch die DDR-Regierung für völkerrechtlich ungültig.

10 · Sonntag

In Peking fordert der chinesische Ministerpräsident Zhou Enlai eine unverzügliche Wiederaufnahme der Friedensverhandlungen für Korea. Seit 1953 herrscht in dem geteilten Land ein Waffenstillstand.

11 · Montag

Bei einer Serie schwerer Lawinenunglücke sterben in Österreich und der Schweiz 200 Menschen. Das Dorf Blons im Großen Walsertal wird völlig zerstört.

Die antibritische Nationale Kongreßpartei gewinnt bei Wahlen in der britischen Kolonie Nigeria 72 von insgesamt 91 Parlamentssitzen.

12 · Dienstag

In Washington verkündet Außenminister John Foster Dulles die Strategie der »massiven Vergeltung«. Danach muß jeder Angreifer auf ein NATO-Land mit einem atomaren Gegenschlag rechnen.

13 · Mittwoch

Die ägyptischen Behörden verhaften 450 Mitglieder der fundamentalistischen Moslem-Bruderschaft.

14 · Donnerstag

In Dortmund nimmt das erste Sozialgericht der Bundesrepublik seine Arbeit auf. Laut Bundesgesetz vom 29. Juli 1953 sollen die Sozialgerichte die Versicherungen und Krankenkassen kontrollieren.

Die amerikanische Filmschauspielerin Marilyn Monroe heiratet den ehemaligen Baseball-Spieler Joe DiMaggio. Für beide ist es die zweite Ehe.

15 · Freitag

Die Fraktion der CSU schlägt in Bonn ein Amnestiegesetz vor, nach dem auch untergetauchte Nationalsozialisten straffrei bleiben sollen.

In München protestiert der bayerische Innenminister Wilhelm Hoegner (SPD) in scharfer Form gegen eine Faschingsrede, die zum Verzicht auf alle ehelichen Fesseln aufgerufen hatte.

16 · Samstag

Bundespräsident Theodor Heuss verleiht das Bundesverdienstkreuz an Otmar Kohler, den »Arzt von Stalingrad«. Kohler war Weihnachten 1942 freiwillig in den Kessel von Stalingrad zurückgekehrt und hatte während elfjähriger Kriegsgefangenschaft in verschiedenen Lagern die medizinische Versorgung aufrechterhalten.

Die DDR amnestiert 6143 politische Gefangene, die von sowjetischen Militärtribunalen zu langjährigen Haftstrafen verurteilt worden waren.

17 · Sonntag

Milovan Djilas, designierter Nachfolger des jugoslawischen Staatspräsidenten Tito, wird wegen systemkritischer Äußerungen seiner Ämter enthoben.

In Göteborg wird Gastgeber Schweden erster Nachkriegs-Weltmeister im Hallenhandball. Die Mannschaft der Bundesrepublik unterliegt den Skandinaviern im Finale mit 17:14.

18 · Montag

In Rom bildet nach zweiwöchiger Regierungskrise der bisherige Innenminister Amintore Fanfani eine neue italienische Regierung.

19 · Dienstag

Die Westmächte geben der Stadt Berlin (West) den kompletten Bestand der zu den ehemals Staatlichen Museen zählenden Kunstbibliothek zurück.

20 · Mittwoch

Im französisch-spanischen Konflikt um die Regierung Marokkos sendet Frankreich Kriegsschiffe in den Golf von Oran. Spanisch-Marokko weigert sich, den im französischen Teil des Landes eingesetzten Sultan Moulay Arafa anzuerkennen.

Die sowjetische Parteizeitung *Iswestija* wirft der österreichischen Regierung Anschlußbestrebungen an die Bundesrepublik vor.

21 · Donnerstag

In den USA läuft das erste atomgetriebene U-Boot der Welt, die »Nautilus«, vom Stapel. Das 55 Millionen US-Dollar teure Schiff kann mit einer maximalen Tauchzeit von 60 Tagen erheblich länger unter Wasser bleiben als herkömmliche U-Boote.

22 · Freitag

Bundeskanzler Konrad Adenauer ruft die vier Siegermächte vor der am 25. Januar beginnenden Berliner Außenministerkonferenz dazu auf, den Deutschen Einheit, Freiheit und Frieden zu gewähren.

In Korea entlassen die UN-Truppen rund 22 000 chinesische und nordkoreanische Kriegsgefangene, die nicht in ihre kommunistischen Heimatländer zurückkehren wollen.

23 · Samstag

Der amerikanische Schriftsteller Ernest Hemingway stürzt in Uganda an zwei aufeinanderfolgenden Tagen mit dem Flugzeug ab. Er übersteht beide Unglücke mit nur leichten Verletzungen.

24 · Sonntag

Der österreichische Bundeskanzler Julius Raab weist sowjetische Vorwürfe zurück, seine Regierung erstrebe den Anschluß an die Bundesrepublik. »Wir wollen keine Provinz sein«, erklärt Raab in Wien.

25 · Montag

In Berlin beginnt eine Außenministerkonferenz der vier Siegermächte über die politische Zukunft Deutschlands und Österreichs. Die Delegationen tagen abwechselnd im West- und Ostsektor der Stadt.

In Israel bildet der bisherige Außenminister Moshe Sharett eine neue Regierung. Der erste Ministerpräsident Israels, David Ben Gurion, hatte aus gesundheitlichen Gründen seinen Rücktritt erklärt.

26 · Dienstag

Die hessische Regierung ändert die Aufnahmebedingungen für höhere Schulen. Nach dem neuen »Sextaner-Erlaß« entscheidet nicht mehr die Note, sondern die Einschätzung der Begabung über den weiteren Bildungsweg.

27 · Mittwoch

Wegen Vereisung der Nordsee werden die Inseln Wangerooge und Juist aus der Luft versorgt.

28 · Donnerstag

In Bonn beschließt die erste Länderkonferenz über Verkehrssicherheit einen umfangreichen Maßnahmenkatalog. 1953 war die Zahl der Verkehrstoten auf über 10 000 gestiegen.

29 · Freitag

Auf der Berliner Vier-Mächte-Konferenz legt der britische Außenminister Anthony Eden einen Plan zur deutschen Wiedervereinigung vor. Der »Eden-Plan«, der zur Grundlage der westlichen Deutschland-Politik wird, sieht als ersten Schritt freie gesamtdeutsche Wahlen vor.

30 · Samstag

Nach nur elftägiger Amtszeit wird in Italien der christdemokratische Ministerpräsident Amintore Fanfani gestürzt.

31 · Sonntag

In Bonn fordert Familienminister Franz-Josef Wuermeling wegen »destruktiver Tendenzen« deutscher Filmproduktionen die Einführung einer »Volkszensur«.

Die 18jährige Kölnerin Gundi Busch wird in Bozen Europameisterin im Eiskunstlauf.

Februar 1954

Scheingefecht um Deutschlands Einheit

Die Berliner Vier-Mächte-Konferenz

Als die Außenminister der drei Westmächte aus ihren Flugzeugen stiegen, wehte ihnen ein kalter Ostwind um die Nase. John Foster Dulles aus den USA, Anthony Eden aus Großbritannien und Georges Bidault aus Frankreich waren einen Tag früher als der sowjetische Außenminister Wjatscheslaw Molotow in die geteilte Stadt gereist, um noch vor der Konferenz über gemeinsame Standpunkte zu beraten.

Die Schlagzeilen der deutschen Tagespresse führten ihnen vor Augen, welche hohen Erwartungen die Öffentlichkeit an die Konferenz der »großen Vier« knüpfte. Einige Blätter nannten das Treffen den bisher verheißungsvollsten Schritt auf dem Weg zur Wiedervereinigung Deutschlands; andere sprachen von einem zweiten »Berliner Kongreß«: *Welt*-Chefredakteur Hans Zehrer schrieb, wie ein dreiviertel Jahrhundert zuvor blicke die ganze Welt auf die Stadt an der Spree: Das Schicksal des gesamten deutschen Volkes liege auf der Waagschale der Weltpolitik.

Im Gegensatz zu 1878 fehlte aber diesmal nicht nur ein vermittelnder Makler wie ein Otto von Bismarck, der mit vier Bällen und mehr hätte jonglieren können; es saß überhaupt kein Deutscher mit am Verhandlungstisch.

Wie üblich, steckten bei Beginn der Konferenz die »großen Vier« kurz ihre Positionen ab. Am deutlichsten brachte US-Außenminister Dulles sein Ziel auf den Punkt: »Eine Beseitigung der Teilung Deutschlands ist das Hauptanliegen, das mich als amerikanischen Außenminister zu dieser Konferenz nach Berlin führt.« Sein britischer Kollege Anthony Eden klang etwas verhaltener. Er hoffe, daß wenigstens kleine Fortschritte in der deutschen Frage erzielt werden könnten. Frankreichs Außenminister Bidault antwortete globaler: »Ich hoffe, daß die Konferenz die Spannungen der Welt beseitigen wird.« Und Molotow machte deutlich, daß er für eine lange Verhandlungsdauer gerüstet sei: Falls notwendig, gelte es, die Besprechungen ungelöster Probleme so lange fortzusetzen, bis eine Einigung erzielt werde. Welche Lösungen ihm konkret vorschwebten, damit hielt er vorläufig noch hinter dem Berg.

Konrad Adenauer wandte sich getreu dem Alleinvertretungsanspruch der Bundesrepublik als »Sprecher der Deutschen in West und Ost« an die Siegermächte und forderte sie auf, die Teilung Deutschlands zu beenden. Es sei an der Zeit, dem deutschen Volk die Möglichkeit zu geben, frei über sich selbst zu bestimmen.

Ost-Berlin wollte seine altbekannte Parole »Deutsche an einen Tisch« international ausspielen und mahnte an, daß »Vertreter beider Teile Deutschlands« an den Beratungen teilnehmen müßten. Der »große Bruder« Sowjetunion bot

Nicht nur der Deutsche Bundestag, auch die westdeutschen Medien erinnerten daran, daß das Schicksal einer dreigeteilten Nation auf der Waagschale lag.

Startschuß zum »Berliner Kongreß«. Die erste Konferenz der »großen Vier« seit der Gründung beider deutscher Staaten wurde im West-Berliner Kontrollratsgebäude eröffnet. Eine Woche später zog die Konferenzrunde nach Ost-Berlin um – in die neue sowjetische Botschaft Unter den Linden.

Rückendeckung. Doch weil die Teilnahme der DDR einer Anerkennung des SED-Regimes gleichgekommen wäre, lehnte der Westen kategorisch ab.

Die Menschen auf der Straße schienen sich nicht viel von der Konferenz zu versprechen. Laut einer Umfrage erwarteten nur 28 von 100 ein positives Ergebnis, 44 erwarteten gar nichts, und 19 hatten keine Meinung. Kein Wunder, die Geschichte der Außenminister-Treffen zur »deutschen Frage« hatte stets einem Trauerspiel in vielen Akten geglichen.

Uraufgeführt wurde das Stück 1945 in Potsdam. Der sogenannte Rat der Außenminister erhielt bei der Potsdamer Konferenz den Auftrag, für die Einheitlichkeit der demokratischen Entwicklung in Deutschland Sorge zu tragen und einen Friedensvertrag zwischen Deutschland und den Siegermächten auszuarbeiten. Doch trotz etlicher Proben fiel das Außenminister-Ensemble auf der internationalen Bühne mit Pauken und Trompeten durch. Eine gemeinsame Deutschlandpolitik fand nicht statt, im Gegenteil: Die Teilung Deutschlands und Europas verfestigte sich. Bis 1949 blieb aber wenigstens noch der Schein des guten Willens gewahrt. Das Schauspiel wurde in verschiedenen Varianten wiederholt. Zu einem ernstzunehmenden Anlauf, den Eisernen Vorhang wieder von der Weltbühne zu liften, kam es allerdings nicht mehr.

Die Forderung nach einer internationalen Konferenz kam diesmal nicht aus Moskau, sondern aus Bonn. Anlaß war der Volksaufstand des 17. Juni 1953. Dieses Schicksalsdatum rüttelte die Deutschen in Ost und West noch einmal auf. Die SPD-Opposition übte heftige Kritik an der Bundesregierung: Sie tue nicht genug für Deutschlands Einheit. Die Bundestagswahlen standen bevor, Adenauer reagierte prompt. Schon vier Tage nach dem Aufstand richtete der Kanzler einen Appell an die Westmächte, erneut Anstrengungen zu machen, die Deutschlandfrage zu lösen. Die Westmächte stimmten nach längeren Beratungen zu und schlugen der Sowjetunion vor, aufs neue eine Vier-Mächte-Konferenz einzuberufen.

Einige Monate drehte sich das internationale Notenkarussell. Dabei versäumten es die Sowjets nicht, noch einmal heftig über den Volksaufstand in Ost-Berlin herzuziehen und ihn als »faschistisches Abenteuer« und »Akt ausländischer Söldner« zu brandmarken. Gleichzeitig schraubte der Kreml die Bedingungen für eine Konferenz immer höher.

Daß die Konferenz von Berlin dennoch zustande kam, lag letztlich an der Einigkeit über die Uneinigkeit. Beide Seiten erklärten sich schließlich bereit, ohne festgelegtes Programm in die Verhandlungen zu gehen.

Doch schon die Auseinandersetzung über den Tagungsort glich einem Possenspiel, bis eine Einigung zustande kam. Es wurde vereinbart, im wöchentlichen Wechsel zunächst im ehemaligen Gebäude des Alliierten Kontrollrats in West-Berlin und dann in der neuen sowjetischen Botschaft Unter den Linden in Ost-Berlin zu tagen.

Eine weitere Hürde war die offizielle Tagesordnung. Das Treffen von 1949 in Paris war schon in der Vorberatung an der Uneinigkeit über das Programm gescheitert. Diesmal aber, so schien es, waren alle Teilnehmer darauf bedacht, nicht in den peinlichen Ruf des Konferenzbremsers zu geraten. Sowohl Molotow als auch Dulles huldigten der Devise »hart in der Sache, aber gemäßigt in der Form«. Der US-Außenminister akzeptierte schon am zweiten Konferenztag den Tagesordnungsvorschlag seines sowjetischen Kollegen.

Der Debatte über Deutschland stand somit nichts mehr im Wege. Die Vorstellungen des Westens bündelten sich im britischen »Plan über die Wiedervereinigung Deutschlands in Freiheit« (Eden-Plan). Eden bekräftigte die alte westliche Forderung, als Voraussetzung für die Wiedervereinigung der Deutschen freie Wahlen durchzuführen – unter Aufsicht der Vier Mächte und auf der Grundlage eines Wahlgesetzes, das die »echte Freiheit der Wahlen« gewährleisten könne. Die demokratisch gewählte gesamtdeutsche Nationalversammlung solle nach ihrer Konstituierung so schnell wie möglich mit der Ausarbeitung einer Verfassung beginnen. Zwischenzeitlich könnten vorläufige ge-

Würde Moskau von seiner bisherigen Position abrücken? – Diese Frage bewegte nicht nur Karikaturisten.

Kommt Molotow nach Berlin…

… als Friedensengel … als starker Mann … anpassungsfähig … kompromißbereit … oder so, wie er immer war? Zeichnung Mussil

Die Deutschen waren nur Zaungäste bei der Vier-Mächte-Konferenz – selbst die offiziellen »Beobachter« der Bundesregierung.

samtdeutsche Behörden mit den Vier Mächten Friedensverhandlungen aufnehmen. Nach Annahme der Verfassung durch die Nationalversammlung sei die gesamtdeutsche Regierung zu bilden. Die Regierung müsse frei entscheiden können, ob sie die von Bonn und Ost-Berlin geschlossenen Abkommen übernimmt oder nicht. Dann sei der Friedensvertrag zu schließen.

Ein Hintertürchen ließ der Eden-Plan allerdings offen. Bis zum Friedensvertrag sollten die Vier Mächte mit Stimmenmehrheit jeden Beschluß der Nationalversammlung oder der gesamtdeutschen Regierung aufheben können. Daran war besonders Frankreich gelegen.

Der sowjetische Außenminister verwarf Edens Konzept. Grundsätzlich lehnte er freie Wahlen zwar nicht ab, doch hatten sie in Molotows Rangfolge einen völlig anderen Stellenwert. Während die Westmächte den sofortigen Urnengang aller Deutschen forderten, schlug die Sowjetunion als ersten Schritt die Bildung einer gesamtdeutschen provisorischen Regierung durch die Parlamente der beiden deutschen Staaten vor. Das hätte die Anerkennung des SED-Regimes als legitime Vertretung eines Teils der Deutschen vorausgesetzt, und die DDR wäre mit der sehr viel größeren und besser legitimierten Bundesrepublik auf eine Stufe gestellt worden. Das war unannehmbar für den Westen.

Allen westlichen Beobachtern war klar, was Moskau wollte: ein geeintes Deutschland nach volksdemokratischem Muster, wie es die Satellitenstaaten des Ostblocks seit Kriegsende vorlebten. Die Durchsetzung ihrer Pläne hätte den Sowjets nicht nur jede Art von politischer Einwirkung ermöglicht, sie hätten die gesamtdeutschen Wahlen doch noch platzen lassen können.

Eines stand fest: In den altbekannten Konfliktpunkten zwischen Ost und West gab es keine Annäherung. Die Sowjetunion wollte die sozialistischen Errungenschaften ins vereinte Deutschland hinüberretten; der Westen wollte demokratische Wahlen in beiden deutschen Staaten, in der begründeten Hoffnung, dadurch das Ende des SED-Regimes einzuleiten.

Angesichts der unvereinbaren Gegensätze kühlte das Verhandlungsklima deutlich ab. Groteskerweise trug auch der Wechsel der Tagungsorte dazu bei: Ein empfindlich kalter Luftstrom zog durch den stuckverzierten Prachtsaal der neuerbauten Berliner Sowjetbotschaft Unter den Linden. Und waren die Debatten noch so hitzig – die Franzosen froren und schlugen ihre Jackenkragen hoch. Nach dem ersten Sitzungsabend in Ost-Berlin übermittelten die drei Westmächte den Organisatoren die dringende Bitte, am nächsten Tage doch mehr einzuheizen. Das britische Außenministerium in London erhielt ein chiffriertes Telegramm, in dem »drei Garnituren wollene Unterwäsche mit langen Unterhosen« für Außenminister Eden angefordert wurden. Doch nicht nur seitens der Westmächte gab es Klagen. Schon eine Woche vorher hatte sich auch der sowjetische Außenminister beschwert: Im Kontrollratsgebäude in West-Berlin sei es zu heiß, bemängelte Molotow.

Den klimatischen Schwankungen zum Trotz wurden die Verhandlungen fortgesetzt. Immer mehr zeigte sich, daß

Stimmen zur Berliner Konferenz

»Man muß die Frage der Sicherheit mit einer Hose vergleichen und die des Friedensvertrags mit der dazugehörigen Jacke. Ohne Jacke kann man eine Zeitlang auskommen, ohne Hose aber nicht.«
(Wjatscheslaw M. Molotow, sowjetischer Außenminister)

»Es wird möglich sein, Deutschland wieder zu vereinigen und Österreich seine Unabhängigkeit zu geben, wenn die Sowjetunion erst einmal begriffen hat, daß man die Freiheit gar nicht so sehr fürchten muß.«
(John Foster Dulles)

»Molotow kam nicht nach Deutschland, um das gespaltene Deutschland zu einen, sondern um die freie Welt zu spalten. Daß ihm das nicht gelungen ist, ist ein Erfolg, der geeignet ist, die Enttäuschung zu mildern.«
(Heinrich von Brentano, Fraktionsvorsitzender der CDU/CSU)

»Die Wiedervereinigung Deutschlands hätte den Westen vor die verteufeltsten Probleme gestellt, aber man muß sich auch bewußt machen, was es für die 18 Millionen Menschen in Sowjetdeutschland heißt, die Hoffnung auf Befreiung in absehbarer Zeit begraben zu müssen.«
(*Weltwoche*/Zürich)

»Das in Berlin zur Verhandlung anstehende deutsche Problem ist selbstverständlich in erster Linie eine Frage der nationalen Belange der vier Verhandlungspartner. Erst dann stehen die Ansprüche der voneinander getrennten 49 Millionen Deutschen links und 18 Millionen Deutschen rechts der Elbe zur Debatte.«
(*Der Spiegel*)

»Die Konferenz war hinsichtlich ihres wichtigsten Zwecks, Wege zur Vereinigung Deutschlands zu finden, ein völliger Fehlschlag. Aber die Eindeutigkeit dieses Fehlschlags ist vielleicht ihr größter Gewinn.«
(*Times*/London)

deutsche Einheit und europäische Sicherheit zwei Seiten einer Medaille waren. Molotow schlug im Rückgriff auf die Märznote 1952 ein weiteres Mal die Neutralisierung Deutschlands vor; zur Landesverteidigung sollten Truppen in begrenztem Umfang zugelassen werden. Deutschland dürfe aber keine Koalitionen oder Militärbündnisse eingehen, die sich gegen einen der ehemaligen Gegner Hitler-Deutschlands richten. Die Vorschläge des sowjetischen Außenministers gipfelten in dem Vertragsentwurf über die »kollektive Sicherheit Europas«. So lapidar und einfach die Punkte dieses Katalogs klangen, so absurd waren sie vor dem Hintergrund der damaligen internationalen Lage.

Alle Anzeichen deuteten darauf hin, daß es der Sowjetunion in erster Linie darum ging, die Fortentwicklung des westlichen Sicherheitssystems zu torpedieren und die Bundesrepublik aus dem Westen herauszulösen. Denn nach Molotows Vorstellungen hätte die Bundesrepublik zwar mit der Sowjetunion einen Pakt abgeschlossen, mit Amerika aber keinen. Wenn beide deutsche Staaten dem Pakt als gleichberechtigte Partner beigetreten wären, hätten sie ihre Teilung vielleicht auf ewig festgeschrieben. Ein solches Abkommen hätte zudem nicht nur die Bildung der Westeuropäischen Verteidigungsgemeinschaft verhindert – diese kam später ohnehin nicht zustande –, sondern auch die NATO ausgehebelt. Der Sowjetunion wäre das entscheidende Übergewicht in Europa zugekommen. Die USA hätten vom Kontinent verschwinden müssen und in europäischen Belangen allenfalls noch eine Nebenrolle gespielt.

Im »Hotel am Zoo« am Kurfürstendamm gastierte derweil die Beobachter-Delegation aus Bonn: Botschafter Herbert Blankenhorn, der Chef der Rechtsabteilung des Auswärtigen Amtes Wilhelm Grewe und Bundespressechef Felix von Eckardt. Sie versorgten Bundeskanzler Adenauer mit frischen Informationen über den Konferenzverlauf. Die Delegation wurde turnusgemäß vom jeweiligen Vorsitzenden des Rates der Hohen Kommissare informiert, seit dem 1. Februar war André François-Poncet der »Postillon d'Amour«.

Im Boxring präsentierte ein Berliner Kaffeegeschäft die Außenminister der Deutschland-Mächte während der Viererkonferenz.

Ansonsten funktionierte die Nachrichtenübermittlung in Berlin keineswegs so reibungslos. Die Presse wurde auf eine Art und Weise informiert, daß es den Hunderten von Journalisten und Korrespondenten schwerfiel, ausgewogen über den jeweiligen Stand der Tagungen zu berichten. Abends nach Sitzungsschluß fanden gleichzeitig fünf Pressekonferenzen statt: vier der teilnehmenden Mächte und eine des Bundespresseamtes. So waren täglich fünf verschiedene Interpretationen des Konferenzverlaufs möglich.

Eine Meldung aber war eindeutig: die vom Ende des sogenannten »Berliner Kongresses«. Der britische Außenminister Anthony Eden regte im Sitzungssaal als erster an, das Scheitern im Punkt Deutschland festzustellen. Und so geschah es. Nach 23 Konferenztagen endete die Viererkonferenz, ohne eine Einigung über die Wiedervereinigung. Auch in europäischen Sicherheitsfragen gab es keine Annäherung. Die letzten Versuche zur Überwindung des sowjetischen Widerstands gegen den österreichischen Staatsvertrag scheiterten ebenso. Das einzige greifbare Ergebnis war eine am letzten Tag vereinbarte Ostasien-Konferenz, die sich mit den Konfliktherden Korea und Indochina befassen sollte. Der britische Außenminister Eden machte noch einige Vorschläge zu Erleichterungen im innerdeutschen Verkehr und mehr Freizügigkeit zwischen beiden Teilen Deutschlands. Er kündigte an, daß die drei westlichen Hohen Kommissare mit ihren sowjetischen Kollegen darüber verhandeln wollten.

Auch wenn die Konferenz im wesentlichen als gescheitert galt, so waren sich die Teilnehmer doch einig, daß sich der Graben zwischen Ost und West dadurch nicht vertiefen dürfe. Die Bereitschaft war erkennbar, sich auf der Grundlage des gegebenen Status quo in Europa zu arrangieren.

In der westdeutschen Öffentlichkeit herrschte bei jenen, die sich viel von Berlin erhofft hatten, beträchtlicher Katzenjammer. In Bonn und in beiden Teilen Berlins fanden Demonstrationen statt; Kirchen, Verbände, Parteien und Medien formulierten ihre tiefe Enttäuschung. Die Regierungen der Vier Mächte und der beiden deutschen Staaten gewannen der Konferenz dennoch etwas Positives ab: Beide Seiten waren überzeugt, der jeweils anderen nun besser denn je den Schwarzen Peter zuschieben zu können. Vor aller Welt habe sich nun gezeigt, daß allein die Gegenseite für die Spaltung Deutschlands und Europas verantwortlich sei. All jene im Westen, die für die Westintegration der Bundesrepublik plädierten, fühlten sich nach der Konferenz bestätigt; all jene, die östlich des Eisernen Vorhangs für den Erhalt der DDR und ihre Einbindung in den Ostblock eintraten, ebenso. Es war also nur ein Scheingefecht um Deutschlands Einheit. (SB)

Kranich ohne Schwingen

Die Lufthansa bleibt noch am Boden

Damals, im Jahr 1954, beherrschten noch viermotorige Propellermaschinen den Himmel der zivilen Luftfahrt. Doch die Zeit der Düsen-Passagierjets hatte schon begonnen. Der Sparpreis für einen Flug Hamburg – New York und zurück betrug DM 2481,– und somit das Sechsfache des durchschnittlichen Monatsgehalts eines Bundesbürgers. Hubschrauber sollten die Taxis der Zukunft sein – so lautete die populäre Verheißung der Luftfahrtindustrie.

Auf der Jahreshauptversammlung der Luftag (Aktiengesellschaft für Luftverkehrsbedarf) wurde die Lufthansa unter ihrem alten Namen wiedergeboren. Fliegen konnte der Lufthansa-Kranich allerdings noch nicht, da die Bundesrepublik als nichtsouveräner Staat keine Lufthoheit besaß. Man vergaß es als Verbündeter der Westmächte zwar gerne, aber es galt noch das Besatzungsstatut, und dieses verbot den Deutschen auch die zivile Fliegerei.

Voraussetzung für die Souveränität – und damit auch für die Lufthoheit – war die Zustimmung der Westmächte zum Generalvertrag, der seinerseits an den EVG-Vertrag gekoppelt war, dem Frankreich ablehnend gegenüberstand.

Also mußte die Alliierte Hohe Kommission ein Machtwort sprechen. Ein entsprechender Antrag wurde durch die Bundesregierung gestellt – doch auch diesem stimmte die französische Regierung nicht zu, deshalb blieb der Kranich vorerst auf dem Boden.

Geübt wurde trotzdem schon. Die ersten 120 Mann des fliegenden Personals – Piloten, Bordfunker und Bordmechaniker – erhielten in den USA und Großbritannien eine Ausbildung auf zweimotorigen Convairs und viermotorigen Super-Constellations – eben jenen Typen, mit denen die Lufthansa auch starten sollte. Im November schließlich wurden die ersten vier Maschinen aus den USA mit einer Sondergenehmigung überführt. Doch am Steuerknüppel durften die deutschen Piloten, allesamt »Luft-Millionäre« der Vorkriegs-Lufthansa, nicht sitzen. Sie blieben vorerst Co-Piloten. Als Science-fiction erwies sich somit ein Kinofilm, der im September anlief und die Lufthansa zum Thema hatte. Heiß umstritten war dabei die Schlußszene, die mehrmals umgeschnitten wurde: Ein ehemaliger Hauptmann der Luftwaffe steigt unter den Klängen des Deutschlandliedes, intoniert von einer Kapelle des Bundesgrenzschutzes, zum ersten Flug ins Cockpit. Als PR-Gag zeitgleich mit dem realen Start der Lufthansa gedacht, geriet die Schlußsequenz zum Politikum. Bonn befürchtete durch die Kombination von Bundesgrenzschutz, Nationalhymne und ehemaligem Luftwaffenhauptmann Nachteile bei der Alliierten Hohen Kommission – nicht ganz zu Unrecht.

Weil die Besatzungsmächte der Lufthansa noch immer die Starterlaubnis verweigerten, trainierten Stewardessen und Piloten am Boden.

Das Image einer Fluglinie steht und fällt mit den Stewardessen. Und wie eine deutsche Stewardeß auszusehen hatte, wußte man 1951 genau: »Sie muß so etwas wie die Dame des Hauses sein. Sie muß ihre Gäste bedienen können, ohne Serviererin zu sein, sie muß den Passagieren die Wünsche von den Augen ablesen, ohne Dienstbotin zu sein, sie soll

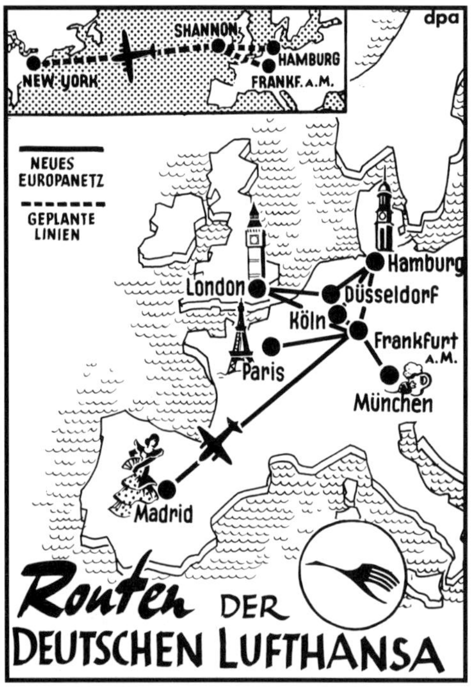

Bescheidener Anfang: Neun Ziele sah der erste Lufthansa-Flugplan vor.

die Fluggäste unterhalten ohne aufdringlich zu sein, anziehend und gepflegt aussehen, ohne Pin-up-Girl zu sein. Und bei der Landung soll der Fluggast ›Danke schön, es war nett bei Ihnen‹ sagen, sich aber nicht getrauen, ein Trinkgeld zu geben.« Dazu kamen noch weitere Anforderungen. Zwischen 22 und 28 Jahre alt sollte sie sein, 1,58 bis 1,72 groß, unter 65 Kilo leicht, keine Brillenträgerin, fremdsprachenkundig, mit abgeschlossener Berufsausbildung, vertraut mit Säuglings- und Kinderpflege, sympathisch und gepflegt – und unverheiratet.

Da bei diesen Qualitäten nicht lange auf die letztgenannte Qualifikation zu bauen war, rechneten die Planer lediglich mit einer durchschnittlichen Dienstzeit von 12 bis 16 Monaten. Die männlichen Kollegen, Stewards, durften übrigens älter und verheiratet sein. Trotz aller Bemühungen blieb die Lufthansa 1954 also noch am Boden – aber sie war startbereit. Der erste Linienflug fand 1955 statt.

Wieder am Boden – nach einem kurzen Höhenflug – war die »Comet«, das erste Passagierflugzeug mit Düsenantrieb. Die britische Flugzeugfirma De Havilland hatte mit der »Comet« schon 1949 das erste viermotorige Düsenflugzeug für den Passagierverkehr vorgestellt. Die Amerikaner, Marktführer bei den großen Propellermaschinen, glaubten, daß die Zeit der düsengetriebenen Passagierflugzeuge frühestens 1960 kommen werde. Als die »Comet« im Mai 1952 jedoch den Liniendienst aufnahm, verkürzte sie die Flugzeit von London nach Singapur von 60 auf 26 Stunden. Zunächst ging alles gut. Die neue Technik hatte zwar auch ihre Nachteile – hoher Spritverbrauch, geringere Reichweite – doch die Flughöhe über »dem Wetter« und die hohe Geschwindigkeit boten einen Standard, den die Propellerflugzeuge nicht bieten konnten.

Dann geschah das Unglück: Zunächst hatte es schon eine Serie von kleineren Unfällen gegeben, doch am 10. Januar 1954 stürzte eine »Comet« nach einer Explosion als Feuerball vom wolkenlosen blauen Himmel vor Elba ins Meer. Kaum war der Schock abgeklungen, kam es bei Neapel am 4. April zu einem weiteren Unglück. Der »Comet« wurde die Starterlaubnis entzogen. Für die britische Flugzeugindustrie war das eine absolute Hiobsbotschaft. Nach einer Serie von Pleiten und Pannen bei anderen Flugzeugtypen war die »Comet« ihr Aushängeschild gewesen.

Der nächste Schlag ließ nicht auf sich warten: Im Juli 1954 startete die amerikanische düsengetriebene Boeing 707 zum Erstflug, womit der technologische Vorsprung der Briten zu schmelzen begann. Als schließlich die staatliche britische Luftgesellschaft für die Überseestrecken, BOAC, Ende des Jahres beschloß, die »Comet« und andere britische Typen durch amerikanische Modelle zu ersetzen, brach für die britische Flugzeugindustrie eine Welt zusammen. Im Exportgeschäft blieben die Amerikaner eindeutig Sieger.

Ein Siegertyp war nach Meinung von Technikpropheten auch der Hubschrauber. Eingesetzt wurde er bereits auf einer Strecke von Köln über Bonn nach Brüssel. Weitere Linien waren im Gespräch. Die Betriebsfirma kündigte optimistisch Preise wie bei »zweiter Klasse in der Eisenbahn« an. Voraussetzung seien Hubschrauber mit mehr als den bisherigen sieben Plätzen. Für Verkehrsplaner galt der Helikopter zudem als mögliches Nahverkehrsmittel. Städte ohne Großflughafen bereiteten sich ernsthaft auf Hubschrauber-Landeplätze vor und dachten an die Einrichtung von Hubschrauber-Verkehrslinien. Architekten planten Hochhäuser mit entsprechenden Landeplätzen auf dem Dach, während sich begüterte Besitzer von Eigenheimen und großen Grundstücken überlegten, wo wohl eine Ecke für den Ein-Mann-Hubschrauber frei sei. Einen solchen Ein-Mann-Drehflügler hatte die US-Army schon im Einsatz. Nun sollte der Typ auch für den privaten Einsatz zur Verfügung stehen: zum Preis eines schweren Motorrads und 125 Stundenkilometer schnell. Aber das blieb pure Zukunftsmusik. Doch die skurrilste Idee war sicher der »Hubschrauber im Rucksack«. Mit 30 Kilogramm Gewicht, die Beine des Piloten ersetzten das Fahrwerk, sollte er das »Volksflugzeug« von morgen werden. Ähnlich wie Porsche beim Volkswagen Pate stand, unterstützte diese Idee der »Vater des Hubschraubers«, Heinrich Focke. Er hatte 1936 den ersten Drehflügler der Welt starten lassen. Das Urteil der Experten lautete: Wer mit 30 Kilogramm Gepäck auf dem Rücken vom Küchentisch springen kann ohne sich zu verletzen, der sei auch flugfähig für den Rucksack-Hubschrauber. Unbegrenzter Zukunftsoptimismus war das vorherrschende Gefühl in jenen Tagen – auch in der Luftfahrt. (HH)

Das Märchen vom Nierentisch

Von der Unvergänglichkeit des »Gelsenkirchener Barock«

Vor dem Krieg hatten auf dem Gebiet der Bundesrepublik 39 Millionen Menschen in 10,8 Millionen Wohnungen gelebt. Im Krieg wurden rund 2,3 Millionen Wohnungen zerstört. Durch Flüchtlinge und Vertriebene stieg die Einwohnerzahl bis 1950 auf 47 Millionen. Die Wohnsituation der meisten Bürger war äußerst bedrückend. Über 700 000 Menschen lebten in Notunterkünften, über 2,7 Millionen suchten eine eigene Wohnung. Im Bundesdurchschnitt lebten 1,2 Personen in jedem Wohnraum.

In den meisten deutschen Städten war die Lage noch prekär. Der »kleinbürgerliche Mief«, den viele Intellektuelle zu geißeln pflegten, war nur allzuoft wörtlich zu verstehen – und ganz und gar nicht im Sinne der Lästerer.

In fast allen Wohnungen herrschte nach dem Krieg ein wahres Gedränge. Vor den Amtsräumen der Wohnungsämter drängten sich täglich die Wohnungssuchenden in Warteschlangen. Der ständige Zustrom aus der DDR – über 200 000 Menschen flohen pro Jahr – verschärfte zusätzlich die Lage am Wohnungsmarkt.

Doch immerhin wurden jetzt jährlich schon 500 000 neue Wohnungen gebaut, die alle eingerichtet werden mußten. Jährlich entstand ein zusätzlicher Bedarf durch neugegründete Haushalte von über 200 000 Wohnungen.

Und so strömte ein Heer von potentiellen Käufern in die Möbelhäuser – es waren Menschen, die jetzt nicht mehr hausen, sondern wirklich wohnen wollten. Das »gepflegte Heim« sollte kultiviert und geschmackvoll sein. Aber bei aller Beschränktheit durch kleine Wohnungen wollte man auf Komfort nicht verzichten.

Vorbild der deutschen Möbel-Designer, die jetzt mit neuen Formen den Stil der Nachkriegszeit zu überwinden suchten, waren die skandinavischen Designer. Sie bemühten sich um runde Oberflächen, Linienspiel, Kontraste, Spannungen, und man nutzte die freie Verformbarkeit der neuen Kunststoffe. Kreis, Ei und Kegel waren die klassischen Grundformen. Diesem Stil verdanken die Möbel der fünfziger Jahre ihre amüsantesten Formen – vom Nierentisch bis hin zur Stehlampe mit spitzen Tüten-Schirmen, Sideboards und Tischen mit zu »dünnen« Beinen. Schreibtische und Sofas waren oft keil- oder kelchförmig, aber immer angerundet. Schick war, was keine geraden Linien hatte. Beschwingt und heiter sollte es sein – nach all den Entbehrungen.

Die Diagonale feierte Triumphe: auf Textil-, Teppich- und Tapetenmustern. Dazu kamen bunte, oft grelle Farben mit Streifen in harten Kontrasten. Die Materialien waren vielfältig, die Designs der Bezüge, Gardinen und Tapeten prallten aufeinander. Als das erklärte Zeichen höchster Eleganz präsentierte sich der Nierentisch. Der Schwung des Wiederaufbaus und des Aufschwungs fand sich in ihm wieder. Doch so sehr der Nierentisch auch zum Klischee der Fünfziger gehört, der Wahrheit anno 1954 entsprach er nur bedingt. Er mochte repräsentativ für die Zeit sein, doch die typische Hausfrau wollte ihn nicht im Wohnzimmer. Bei einer repräsentativen Umfrage wählten nur 7 Prozent der Befragten das Wohnzimmer mit dem Nierentisch, 60 Prozent waren für das klassische (»Gelsenkirchener Barock«) und 29 Prozent für ein modernes Wohnzimmer im Stile des »Konstruktivismus-Funktionalismus«.

Hier waren klare Linien gefragt, man konnte je nach Bedarf um- und

Neue Materialien prägten den Wohnstil der Fünfziger: Stehlampe und Lesesessel ohne Ecken und Kanten galten als der letzte Schrei.

anbauen, viele Möbel erfüllten mehrere Funktionen. Dabei trug man vor allem auch den kleinen Räumen Rechnung. Und überdies stand ein Design-Prinzip dahinter: Durch helle und leichte Möbel sollten die notorisch kleinen Wohnungen »geweitet« werden.

Als absolute Neuheit wurde den Deutschen im Jahr 1954 die sogenannte »Schlafwand« vorgestellt. Sie sollte, so verkündeten die Produzenten vollmundig, »das Leben leichter machen«. Die

Das »klassische« Wohnzimmer entsprach dem Zeitgeist: harte Kontraste und im Zentrum der Nierentisch.

Wand entsprach den Grundmaßen des sozialen Wohnungsbaus und paßte daher selbst in kleinste Gemächer. Sie konnte in einzelnen Teilen beliebig kombiniert werden und diente als Trennwand zwischen zwei Räumen, auf der Rückseite gestrichen oder tapeziert. Bei nur 27 Zentimetern Tiefe gab es einen Kleiderschrank mit zwei Türen, einen Einlegeboden und Patentbügel für das Aufhängen der Kleidung; für Wäsche oder Geschirr waren Schrankfächer vorhanden. Einlegeböden konnten durch Schubladen ersetzt werden. Außerdem war da noch ein wichtiges Element, das der Wand den Namen gab: das eingebaute Klappbett.

Diese Schlaf-/Wohnwand stand für Funktionalität und Kombinierbarkeit. Das gleiche galt für die neuen Regalwände. Die patentierten Regale ließen sich miteinander zur Bücherwand verbinden, hatten Elemente mit Schiebe- und Glastüren, Schrankteilen und Schubladen.

Der neue Wohnstil änderte das Kaufverhalten. Es wurden weniger komplette Zimmer gekauft, dafür mehr Einzelmöbel – und diese, im Gegensatz zur Vorkriegszeit, vermehrt auf Raten. Das entsprach dem Geldbeutel der meisten Bundesbürger.

Das Schlafzimmer bildete dabei eine

Bescheidener Anfang: Das »Traumhaus« anno 1954 bot kleine Zimmer für große Familien.

Ausnahme. In den ersten Nachkriegsjahren hatten die meisten Deutschen kein eigenes Schlafzimmer. Oft diente der Raum tagsüber als Wohnzimmer, je nach Möglichkeit wurden die Betten zur Seite geräumt, oder es gab nur Notbetten sowie Sofas. Jetzt aber wollten die Bürger wieder richtige Schlafzimmer, die tagsüber nicht abgeräumt werden mußten. Zwar waren die klassischen Spiegelschränke meist verschwunden, und die Nachttische wurden nach amerikanischem Vorbild direkt ans Bett gebaut, aber viele Ehepaare wollten auch in einer Zwei-Zimmer-Wohnung Schlafzimmer und Wohnzimmer in getrennten Räumen.

Dafür war das Büfett aus der guten Stube früherer Zeiten völlig verpönt. »Das Büfett ist tot – aber der kombinierte Schrank lebt«, las man damals; in kaum einer Wohnung fehlte er. Wer verfügte noch über soviel Silber und Kristall, die man in einem Büfett zur Schau stellen konnte. Bombenkrieg und Schwarzmarkt hatten ihre Spuren hinterlassen. Doch was konnte man dagegen in einem kombinierten Schrank alles verstauen! Neben dem Kaffeeservice, den Wein- und Cognacgläsern auch Wäsche, Kleider, Akten und Papiere – der neue Schranktyp war ein echtes Vielzweckmöbel; er erschien gleichsam als praktisches, bequemes und modernes Gesamtkunstwerk der neuen Zeit.

Modern war es damals auch, zu Hause zu bleiben, man machte sich's dann »gemütlich«. Und Gemütlichkeit bedeutete moderne Herzlichkeit. Das hieß: viele Sessel, wenig Stühle, wenig Schränke, keine Büfetts, mehr Couches und auch herz- oder palettenförmige Tische, womöglich in leuchtenden Farben wie grün, gelb oder rot. Die Wohnung sollte hell sein. »Licht macht froh und bringt die Farben zur Geltung«, verhieß eine populäre Wohnzeitschrift.

Die Küche zeichnete sich durch klare und zweckmäßige Formgebung aus. Man bevorzugte Pastellfarben für die Möbelfronten; reichte der Raum, wurde sie zur Wohnküche. Jeder Quadratmeter mußte genutzt werden, das galt auch für die »Häuslebauer«. Ein eigenes Haus war für die meisten freilich noch ein fast unerfüllbarer Traum. Das Durchschnittseinkommen lag bei 320 Mark im Monat. Wie sollte man sich da ein Haus für 65 000 Mark leisten können – ein »Traumhaus« anno 1954?

Doch gerade dieses Traumhaus zeigt die unterschiedlichen Ansprüche von damals und heute. Auf 120 Quadratmetern lebten drei Generationen einer Familie zusammen. Man war damals noch bescheiden: Die Zimmer der Kinder waren jeweils nur etwa 7 Quadratmeter groß, das Elternschlafzimmer maß ungefähr 13 Quadratmeter. (HH)

Die Schatten der Vergangenheit

Vom Umgang mit dem Dritten Reich

»Ich bin ein einfacher guter Bürger«, gab der Angeklagte in aller Bescheidenheit zu Protokoll. Sein treuherziger Blick hinter den dicken Brillengläsern und seine militärisch knappe Sprache schienen diesen Eindruck zu bekräftigen. Doch die Ankläger im überfüllten Verhandlungssaal des Pariser Gefängnisses Cherche Midi, wo am 22.Februar 1954 der Prozeß begann, waren davon keineswegs überzeugt – mit gutem Recht: Auf das Konto des 67jährigen Deutschen gingen nach ihren Ermittlungen die Deportation von 114 000 Juden und 80 000 Oppositionellen, 1000 Geiselerschießungen und ungezählte Folterungen. Der höhere SS-Führer und Polizeigeneral Carl-Albrecht Oberg hatte von Mai 1942 bis Dezember 1944 als Himmlers höchster Repräsentant und Repressor in Frankreich fungiert.

Mit auf der Anklagebank saß sein engster Mitarbeiter, der ehemalige SS-Standartenführer Helmut Knochen, Chef der Gestapo, Sicherheitspolizei und des Sicherheitsdienstes während der Besatzungszeit. Beide hatten bei Kriegsende versucht, unterzutauchen, waren jedoch von der Militärpolizei aufgegriffen und schließlich nach Frankreich ausgeliefert worden. Am 9. Oktober 1954 verhängte das französische Militärtribunal über beide Angeklagte für ihre Vergehen das Todesurteil. Später wurde es per Gnadenerlaß in Zuchthausstrafen umgewandelt.

In der deutschen Öffentlichkeit wurde der Prozeß gegen die beiden Schergen des Dritten Reichs nur beiläufig zur Kenntnis genommen. Das war durchaus symptomatisch. Knapp zehn Jahre nach dem Ende der Nazi-Diktatur war die Mehrheit der Bundesbürger überzeugt, daß die begangenen Verbrechen nun weitgehend gesühnt seien. Ihre ganze Tatkraft galt dem Aufbau und nicht der Rückschau. Von einer öffentlichen Auseinandersetzung mit den ungeheuerlichen Untaten der jüngsten Vergangenheit konnte keine Rede sein.

»Die Ursache, die hier namentlich eine Rolle gespielt haben mag«, schrieb der spätere Bundesjustizminister Fritz Schäffer, »ist wohl auch die, daß die überlebenden Opfer der nationalsozialistischen Gewaltherrschaft in alle Welt verstreut waren, daß der Wiederaufbau der deutschen Wirtschaft damals die Kräfte stark in Anspruch genommen hat und daß manche von ihnen den begreiflichen Wunsch gehabt haben, von der Vergangenheit nichts mehr zu hören und an der Vergangenheit nicht mehr zu rühren.« Dieser Wunsch schien namentlich die Strafverfolgungsbehörden geleitet zu haben, wie ein Vertreter des Justizministeriums gegenüber dem Bundestagsabgeordneten Walter Menzel offen einräumte: »Aufgrund der Erörterungen über eine Generalamnestie für alle in der Hitler-Zeit begangenen Verbrechen hatten die Länder an eine Art Trend in der Öffentlichkeit geglaubt, auf die Verfolgung jener Delikte nicht mehr so Wert legen zu müssen. Sie hatten darum auf eine systematische Durchforschung der Vorgänge verzichtet.«

Todesurteil für Himmlers Schergen in Frankreich: Die SS-Führer Carl-Albrecht Oberg (links) und Helmut Knochen auf der Anklagebank des französischen Militärgerichts Cherche Midi, wo ihnen neben Folter und Terror die Deportation von 200 000 Menschen zur Last gelegt wurde.

Die Saat einer unbewältigten Vergangenheit. Nach Ansicht von Kritikern trieb die weitgehende Verdrängung der nationalsozialistischen Verbrechen unheilvolle Blüten in den fünfziger Jahren.

In der Tat verebbte die Prozeßwelle, die nach Kriegsende unter der Regie der Alliierten angerollt war, nun fast vollständig. Bereits 1950 war die Entnazifizierung rasch und verlegen abgeschlossen worden. 1954 fällten die bundesdeutschen Gerichte gerade noch 44 Urteile wegen nationalsozialistischer Verbrechen. Und auch diese waren in den meisten Fällen von verzeihender Nachsicht bestimmt. In der Gesamtbilanz wurde nur etwa jeder zwanzigste Verurteilte wegen NS-typischer Kapitalverbrechen wie Mord und Totschlag zur Rechenschaft gezogen. Freisprüche und Verfahrenseinstellungen waren die Regel. So durfte der frühere Münchner Gestapo-Chef Oswald Schäfer am 30. September 1954 das Schwurgericht als freier Mann verlassen: Freispruch mangels Beweisen.

Milde Barmherzigkeit bestimmte auch den Strafvollzug. Gnadenerlasse und Amnestien ließen in den meisten Fällen die ursprünglich verhängte Haftzeit gehörig zusammenschmelzen. Von den mehr als 5000 NS-Tätern, die die westalliierten Gerichte nach 1945 verurteilt hatten, büßten 1954 gerade noch 174 ihre Strafe ab. Die vereinzelten Gerichtsprozesse kamen eher durch Zufall oder hartnäckige Nachfragen ehemaliger Opfer ins Rollen als durch systematische Nachforschungen der Staatsanwaltschaft. Beinahe zehn Jahre konnte der SS-Oberscharführer der Politischen Abteilung im KZ Auschwitz, Wilhelm Boger, ganz ordentlich unter seinem Namen gemeldet, in Stuttgart leben, bis er nach massiven Protesten schließlich verhaftet wurde. Das Verfahren gegen den früheren SS-Oberführer Walter Stein, mitverantwortlich für die Zerstörung der Konstanzer Synagoge, war längst eingestellt, als er 1954 aus polnischer Haft nach Deutschland zurückkehrte. Bis schließlich erneut ein Haftbefehl gegen ihn erging, war der Fall schon verjährt.

Im Reinwaschgang »entsorgte« eine gnadenreiche Justiz die braune Vergangenheit der Unmenschen von einst. Ein Freispruch vor Gericht oder die Einstellung der Ermittlungen hatten die Wirkung einer nachträglichen Rehabilitation. So wurde gegen den ehemaligen SS-Brigadeführer und Polizeichef Wilhelm Karster, der die Judendeportationen in Holland maßgeblich mitorganisiert hatte, nach seiner Entlassung aus niederländischer Haft in Deutschland kein neues Verfahren eröffnet. Damit war für ihn der Weg frei zu einer zukunftsträchtigen Karriere: als Oberregierungsrat im bayerischen Innenministerium.

Solch kontinuierliche Berufslaufbahn war keineswegs die Ausnahme. Spätestens mit Beginn der fünfziger Jahre war die große Mehrheit der Beamten, die schon unter dem Hakenkreuz ihren Dienst versehen hatten, wieder in ihre Amtsstuben zurückgekehrt.

Warnung vor der Wiederbelebung eines unseligen Geistes. Die Rückkehr ehemaliger NS-Funktionäre in staatliche Ämter weckte die Sorge vor einem neuen Erwachen des braunen Gedankenguts.

Eine makellose politische Vergangenheit galt nicht unbedingt als Grundvoraussetzung für Diener und Repräsentanten des Staates, selbst in den höchsten Ämtern der Republik.

In den restaurativen fünfziger Jahren war Konrad Adenauers Deutschland entschlossen, einen Schlußstrich unter die unheilvolle Vergangenheit zu ziehen. Obwohl die Öffentlichkeit heftig opponierte, sah der Kanzler sogar bei einem seiner engsten Mitarbeiter großzügig über die braunen Schatten im Lebensweg hinweg: Hans Globke, 1953 bis 1963 Staatssekretär im Bundeskanzleramt, hatte schon zwei Jahrzehnte zuvor als Mitarbeiter im Reichsinnenministerium einige Bekanntheit erlangt – mit einem juristischen Kommentar der Nürnberger Rassengesetze von 1935, die die Ausgrenzung der jüdischen Bevölkerung legalistisch verbrämten. Bis zum Kriegsende war Globke daran mitbeteiligt, Rechtsgrundlagen für die Judenverfolgung zu verfassen. So zeichnete er 1944 persönlich einen Erlaß, der die staatliche Einziehung des Vermögens jüdischer Bürger nach ihrer Ermordung regelte.

Zehn Jahre später störte seine Verstrikkung in den NS-Staat zumindest die Regierung ebensowenig wie die eines ehedem getreuen Vasallen Hitlers, dem nun der Sprung an die Spitze eines Ministeriums gelungen war: Theodor Oberländer, seit 1953 Bundesvertriebenenminister, war 1923 mit dem putschenden Hitler zur Münchner Feldherrnhalle gezogen, 1933 der NSDAP beigetreten und hatte im Krieg nach Kräften bei der gewünschten »rücksichtslosen Germanisierung« der östlichen Nachbarländer mitgewirkt. »Die Eindeutschung der Ostgebiete muß in jedem Fall eine restlose sein«, schrieb Oberländer 1940 als »Reichsführer des Bundes Deutscher Osten«. Als Kommandeur des deutsch-ukrainischen Sonderbataillons »Nachtigall« rückte Oberländer am 29. Juni 1941 in Lemberg ein. Nach zahlreichen Zeugenaussagen soll er in den Tagen danach für die Erschießung von mehr als 5000 Juden und Polen verantwortlich gewesen sein. Oberländer selbst hat diese Vorwürfe stets bestritten, nahm sie jedoch schließlich 1960 zum Anlaß für seinen Rücktritt als Minister. Im Jahr 1954 stellte seine NS-Vergangenheit kein Hindernis dar. Die Zeit schien noch nicht reif für einen aufrichtigen Umgang mit der düsteren deutschen Geschichte.

» Man darf nicht von der Rückkehr (in den Osten) träumen, man muß sie planen. «

Theodor Oberländer, Bundesvertriebenenminister, 1954

Im sowjetisch besetzten Teil Deutschlands wurden durch verschiedene SMAD-Befehle, die der »Entmilitarisierung und Entnazifizierung« dienen sollten, »Offiziere der Wehrmacht oder Mitglieder der SA, SS, NSDAP und Gestapo« aus ihren Ämtern entlassen. Viele wurden sofort verhaftet und in die Sowjetunion deportiert.

Es waren auch »alle Richter, Staatsanwälte und sonstigen Justizbediensteten, die zu irgendeinem Zeitpunkt der NSDAP oder einer ihrer Gliederungen angehört haben... sofort aus dem Dienst zu entfernen«. Sie sollten durch linientreue Mitarbeiter ersetzt werden. 1952 wurden alle bisherigen »Einschränkungen der Rechte der früheren Offiziere der faschistischen Wehrmacht und für ehemalige Mitglieder der NSDAP« wieder aufgehoben. Jetzt brauchte man die Wehrmachtsoffiziere und Beamten wieder in der Verwaltung, bei der Volkspolizei und für die zukünftige Volksarmee. (PH)

Eine makellose politische Vergangenheit war in der Adenauer-Ära keine zwingende Voraussetzung für eine staatstragende Karriere. Hans Globke (oben links), seit 1953 Staatssekretär im Bundeskanzleramt, hatte im Dritten Reich Rechtsgrundlagen für die Judenverfolgung mitverfaßt. Der Bundesvertriebenenminister Theodor Oberländer gehörte zu Hitlers ältesten Vasallen und trat später in Worten und Taten für die »rücksichtslose Germanisierung« Osteuropas ein.

Februar 1954

1 · Montag

In Riad beenden die Königshäuser von Saudi-Arabien und Jordanien ihre jahrzehntelange Feindschaft und vereinbaren gegenseitigen militärischen Beistand.

Der österreichische Dirigent Karl Böhm wird zum ersten Nachkriegsdirektor der Wiener Staatsoper ernannt.

2 · Dienstag

Der Präsident der Vereinigten Staaten, Dwight D. Eisenhower, bestätigt offiziell die Zündung der ersten amerikanischen Wasserstoffbombe auf dem Eniwetok-Atoll im Pazifik. Die Bombe hatte eine Insel des Atolls vollständig verschwinden lassen.

In Kairo spricht ein Gericht die Scheidung der Ehe zwischen dem ägyptischen Ex-König Faruk und seiner Frau Narriman aus.

3 · Mittwoch

Die rheinland-pfälzische CDU wendet sich gegen die schematische Rückerstattung jüdischen Eigentums, das während des Dritten Reiches in den Besitz von Deutschen gelangt war.

Beim traditionellen Baderitual der indischen Hindus am Zusammenfluß der heiligen Ströme Ganges und Dschamna kommen im Gedränge 300 Menschen ums Leben.

4 · Donnerstag

Das US-Verteidigungsministerium gibt die Stationierung von Atomgeschützen in der Bundesrepublik bekannt.

Rund 300 Menschen fallen im Februar einer Kältewelle zum Opfer, unter der ganz Europa leidet. Die Schiffahrt auf dem Rhein muß wegen Vereisung eingestellt werden.

5 · Freitag

Als erster der sechs Mitgliedstaaten der geplanten Europäischen Verteidigungsgemeinschaft (EVG) ratifizieren die Niederlande den 1952 geschlossenen Vertrag.

Daimler-Benz bringt die ersten Sportwagen nach dem Krieg auf den Markt. Besonderes Merkmal des 240 PS starken 300 SL sind die nach oben aufklappbaren Flügeltüren.

6 · Samstag

In Berlin stirbt im Alter von 91 Jahren der bekannteste deutsche Historiker, Friedrich Meinecke. Er war nach Kriegsende zum ersten Rektor der Freien Universität in West-Berlin ernannt worden.

7 · Sonntag

In Kenia fällt einer der höchsten Führer der Unabhängigkeitsbewegung Mau-Mau, »General Batu-Batu«, bei einem Gefecht mit britischen Einheiten.

Zwei Spieltage vor Abschluß der Meisterschaftsspiele sichert sich der EV Füssen durch ein 8 : 2 über den VFL Bad Nauheim die Deutsche Eishockeymeisterschaft.

8 · Montag

Nach einer Entscheidung des Landgerichts Köln hat ein Atlas einen »objektiven Mangel«, wenn er die Oder-Neiße-Grenze nicht als vorläufig kennzeichnet. Käufer eines derartigen Kartenwerks können Umtausch oder Rückerstattung des Kaufpreises verlangen.

9 · Dienstag

In West-Berlin trifft der österreichische Außenminister Leopold Figl ein. Die Delegierten der vier Siegermächte hatten ihn zu ihren Gesprächen über den österreichischen Staatsvertrag eingeladen.

10 · Mittwoch

In Washington lehnt der amerikanische Präsident Dwight D. Eisenhower ein aktives Eingreifen der USA in den Indochina-Konflikt ab.

Im West-Berliner Kant-Kino demonstrieren Jugendliche gegen den Film »Sterne über Colombo« von Veit Harlan. Harlan hatte während der NS-Zeit antisemitische Propagandafilme gedreht (»Jud Süß«).

11 · Donnerstag

In Berlin wird der Spielfilm »Die letzte Brücke« von Regisseur Helmut Käutner uraufgeführt, der die schweizerische Schauspielerin Maria Schell über Nacht zum Star macht.

12 · Freitag

Der Bundestag debattiert über die im Grundgesetz vorgeschriebene Gleichberechtigung von Mann und Frau. Einem Gesetzentwurf der Bundesregierung, der bei Ehestreitigkeiten das letzte Wort dem Mann zuspricht, stehen Entwürfe von SPD und FDP gegenüber.

Wissenschaftler der Universität Heidelberg messen über Süddeutschland erhöhte radioaktive Strahlung, die von Atombombentests in den USA herrühren soll.

13 · Samstag

In Seoul bietet die südkoreanische Regierung die Entsendung von Truppen nach Indochina an, um den Vormarsch der kommunistischen Vietminh zu stoppen.

14 · Sonntag

Die italienischen Bischöfe wenden sich in einem Hirtenbrief scharf gegen die protestantische Missionstätigkeit in Italien und bezichtigen die protestantische Werbung, dem Kommunismus Vorschub zu leisten.

15 · Montag

In Laos überschreiten Verbände des Vietminh den Mekong und stehen am Stadtrand der laotischen Hauptstadt Luang Prabang.

16 · Dienstag

Eine Schadensersatzklage des ehemaligen US-Soldaten Rudolf Waxmann gegen den Chemiekonzern I.G.Farben endet in Mannheim mit einem Vergleich. Waxmann hatte während seiner Kriegsgefangenschaft in einer Fabrik der I.G.Farben Zwangsarbeit geleistet.

Der Bundesgerichtshof in Karlsruhe erklärt den Einsatz von Lügendetektoren in Strafverfahren für unzulässig.

17 · Mittwoch

Die Verbreitung des Nachrichtenmagazins *Der Spiegel* wird im Saarland für drei Monate verboten, weil in einem Artikel der saarländische Justizminister mit Gold- und Devisenschmuggel in Verbindung gebracht worden war.

18 · Donnerstag

In Berlin endet die Vier-Mächte-Konferenz über die Deutschlandfrage ohne Ergebnis.

Frankfurter Allgemeine

ZEITUNG FÜR DEUTSCHLAND

S-Ausgabe / Freitag, 19. Februar 1954 — Herausgegeben von Hans Baumgarten, Erich Dombrowski, Karl Korn, Paul Sethe, Erich Welter — Preis: 25 Pfennig / Nr. 42

Die Berliner Viermächte-Konferenz beendet

Keine Ergebnisse in der Deutschlandfrage / Die Westmächte schlagen Erleichterungen vor

Drahtbericht unseres Korrespondenten

a.o. Berlin, 18. Februar. Die Berliner Viermächte-Außenministerkonferenz ist am Donnerstag ohne irgendein konkretes Ergebnis in der Deutschland- und der Oesterreichfrage zu Ende gegangen. Die Außenminister Großbritanniens, Frankreichs, Amerikas und der Sowjetunion sind lediglich übereingekommen, daß am 26. April in Genf eine Asienkonferenz mit Beteiligung Chinas und anderer interessierter Staaten zur Lösung der Korea- und der Indochinafrage beginnen solle.

Um wenige Stimmen

Worüber soll man sich mehr wundern?

Von Erich Dombrowski

Senator Joseph McCarthy, der Vorsitzende des Senatsausschusses zur Untersuchung »unamerikanischer Umtriebe«, löst eine innenpolitische Krise aus, als er General Zwicker beleidigt und die Armeeführung gegen sich aufbringt.

19 · Freitag

Die britische Regierung gibt ein Weißbuch heraus, das die Ausrüstung der Royal Air Force mit Atombomben bestätigt.

Die Europameisterin Gundi Busch aus Köln gewinnt in Oslo auch den Titel der Eiskunstlaufweltmeisterin.

20 · Samstag

In der Münchner Innenstadt blockieren rund 1000 Gewerkschafter die Eingänge von zahlreichen Kaufhäusern. Bei der Aktion, die sich gegen verlängerte Öffnungszeiten an Samstagen richtet, kommt es zu Handgreiflichkeiten zwischen Kunden und Demonstranten.

Ein 19jähriger Elektriker zündet auf einer Faschingsveranstaltung in Nürnberg eine alte Wehrmachtsgranate. Drei Menschen, unter ihnen der Täter, kommen bei der Explosion ums Leben.

21 · Sonntag

Bei einer Volksabstimmung im schweizerischen Kanton Basel sprechen sich 59 Prozent der befragten Frauen für ein allgemeines Frauenwahlrecht aus. Ob das Wahlrecht für Frauen in Basel eingeführt wird, entscheiden allerdings die Männer, die zuletzt 1946 dagegen gestimmt hatten.

22 · Montag

In Berlin (West) sprechen sich die drei Stadtkommandanten der Westmächte gegen die Kontrollen an den Sektorengrenzen aus.

Die 29jährige Christa Lehmann legt ein Geständnis ab, ihren Ehemann, ihren Schwiegervater und ihre Freundin mit dem Pflanzenschutzmittel E 605 vergiftet zu haben.

23 · Dienstag

Bundeskanzler Konrad Adenauer kündigt in West-Berlin eine verstärkte Förderung der Stadt mit Bundesmitteln an.

24 · Mittwoch

In Bonn wendet sich der Bundesverband der deutschen Studentenschaften gegen die Anerkennung von Reifezeugnissen, die nach 1951 in der DDR erworben wurden.

25 · Donnerstag

Der ägyptische Staats- und Ministerpräsident Ali Muhammad Nagib wird in Kairo gestürzt. Neuer Staatschef wird Gamal Abd el Nasser.

26 · Freitag

Der Bundestag verabschiedet mit den Stimmen der Regierungskoalition eine Grundgesetzänderung zur Frage der Wehrhoheit. Gegen das Wehrergänzungsgesetz, das dem Bund die Gesetzgebungskompetenz für eine deutsche Wiederbewaffnung verleiht, stimmen die Abgeordneten der SPD.

27 · Samstag

In Ägypten wird der vor zwei Tagen gestürzte Staatspräsident Muhammad Nagib nach schweren Unruhen in verschiedenen Städten des Landes wieder in sein Amt eingesetzt.

28 · Sonntag

Der Kongreß der Sozialistischen Internationale in Brüssel spricht sich mehrheitlich für die Bildung der Europäischen Verteidigungsgemeinschaft (EVG) aus. Nur die deutschen Sozialdemokraten stimmen dagegen.

Nach dem Sturz von Staatschef General Adib Shishakly übernimmt in Syrien der ehemalige Präsident Hashem Atassi bis zu Neuwahlen die Regierungsgeschäfte.

Fries aus der ägyptischen Geschichte

Die Superbombe: das entfesselte Atom

Die Detonation von Bikini eröffnet eine neue Runde des Wettrüstens

Sanft glitt das japanische Fischerboot »Fukuruyu Maru« über die ruhige See. Der »Glückliche Drache« trieb nach Westen, rund 100 Kilometer vom Bikini-Atoll entfernt. Es war in den frühen Morgenstunden des 1. März 1954. Misaki, der Bootsmann, war gerade dabei, den Kurs zu bestimmen. Die meisten anderen Mitglieder der Mannschaft lagen in den Kojen, schliefen oder bereiteten sich auf das Frühstück vor. Der Matrose Shinzo Suzuki kam an Deck, lehnte sich auf das Dach der Achterkabine und starrte in den diesigen Himmel, Richtung Westen.

Plötzlich erhellte ein gleißender Schein den Horizont. Ein gewaltiger Blitz durchbrach die bizarren Konturen der Wolken – zunächst in einem gelblichen Rot, dann in einem flammenden Orange. Das faszinierende Spiel der Farben, das sich im Meer widerspiegelte, hielt noch eine Weile an; nur langsam wurde der Lichterschein wieder schwächer und wich der Morgendämmerung. Mit offenen Mündern standen die Besatzungsmitglieder des »Glücklichen Drachen« an der Reling und trauten ihren Augen nicht.

Sofort raste Suzuki unter Deck. »Die Sonne geht im Westen auf«, schrie er seinen Kameraden entgegen. Zuerst erntete er nur verständnislose Blicke.

Am 1. März 1954 detonierte auf dem Bikini-Atoll die bisher schwerste Wasserstoffbombe mit der 600fachen Kraft der Atombombe von Hiroshima. Der Versuch geriet außer Kontrolle. Hunderte von Menschen wurden Opfer der radioaktiven Strahlung.

Doch dann wurden auch die anderen Zeugen des ungewöhnlichen Spektakels. Das Schauspiel war eine Nuklearexplosion, die schwerste, die bis dahin die Erdoberfläche erschüttert hatte, hervorgerufen von einer amerikanischen Wasserstoffbombe mit einer bisher nicht erreichten Sprengkraft: 15 Megatonnen, das bedeutete 600mal Hiroshima. Für die Besatzung des kleinen japanischen Fischkutters begann an jenem Morgen eine Tragödie. Kurze Zeit nach der Explosion geriet das Boot in eine Art »Schneegestöber«. Wie sich nach der Rückkehr in den Heimathafen Yaizu herausstellte, war der »Schnee« in Wirklichkeit radioaktive Asche – »Fallout« der H-Bomben-Detonation, der auf den »Glücklichen Drachen« herabregnete und alle, die sich auf ihm befanden.

Der Regen brachte Tod und Siechtum; einer der Matrosen starb; die anderen sollten ein Leben lang unter ihrer radioaktiven Verseuchung leiden. Dreihundert weitere Menschen gerieten in den atomaren Fallout. Noch Hunderte Kilometer vom »Epizentrum« der Detonation entfernt kam es zu atomaren Niederschlägen. Auch die Bewohner einiger kleiner Atolle im Westpazifik gerieten in den Aschenregen. Das Schicksal der 23 Seeleute des »Glücklichen Drachen« bewegte die Öffentlichkeit in Japan stärker als irgendein anderes Nachkriegsereignis. Die Überlebenden von Hiroshima und Nagasaki wurden an ihr eigenes Schicksal erinnert.

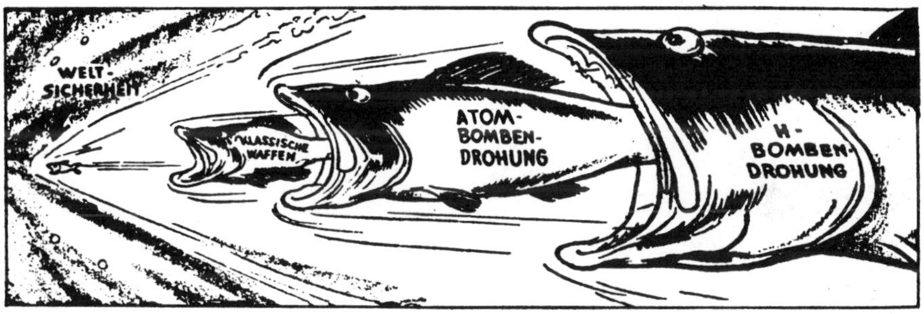

»Massive Vergeltung« hieß die neue Militärdoktrin der USA; die H-Bombe war Trumpf der nuklearen Abschreckung. Kritiker warnten schon damals vor den Gefahren des Rüstungswettlaufs.

Die internationale Öffentlichkeit reagierte aufgebracht. Weltweit hagelte es heftige Proteste gegen die Wasserstoff-Bomben-Tests der USA. Präsident Eisenhower mußte drei Wochen nach der Explosion eingestehen, daß der H-Bomben-Versuch vom 1. März zeitweise außer Kontrolle geraten war. Die »Superbombe« mit dem bezeichnenden Namen »Bravo« entwickelte das Zweifache der vorher berechneten Sprengkraft. Der Vorsitzende der amerikanischen Atomenergiekommission, Konteradmiral Strauss, bemerkte dazu lakonisch, dies sei bei Versuchen mit völlig neuen Waffen »nicht ungewöhnlich«.

Die Diskussion über Sinn und Unsinn der Wasserstoff-Bomben-Produktion entbrannte aufs neue. Doch das Pentagon blieb stur, rüttelten die Proteste doch an den Grundfesten der neuen US-amerikanischen Verteidigungsdok-

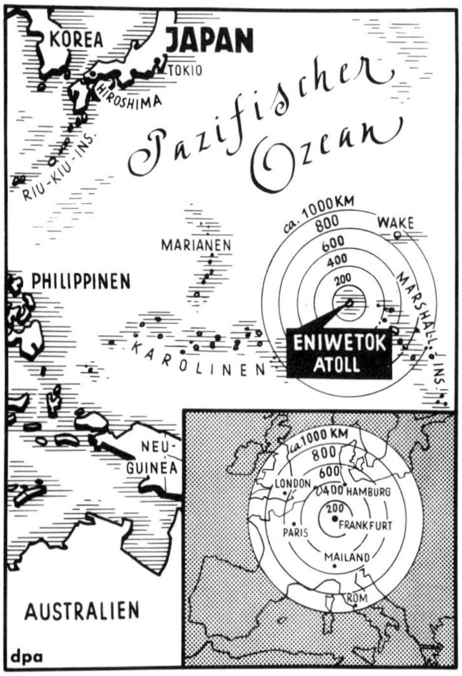

Mit ungeheurer Wucht detonierte die Superbombe auf dem Eniwetok-Atoll. Der Radius des atomaren Schreckens im Vergleich.

trin: diese hieß »Massive Vergeltung«. Die H-Bomben-Versuchsreihe wurde planmäßig fortgesetzt. Am 26. März detonierte ein weiterer thermo-nuklearer Sprengkörper. Die Sperrzone wurde allerdings von 150 auf 1400 Kilometer erweitert. Auch wenn es diesmal nicht zu einer »Panne« kam: die Diskussion über die Superbombe ebbte nicht ab.

Schon drei Jahre vorher, als es darum ging, die »Höllenbombe« zu bauen – »H« wie Hölle, formulierte *Newsweek* – hatten sich die Geister bei den US-Politikern und Wissenschaftlern geschieden. Es gab politische, moralische und technische Vorbehalte. Doch diese zerstreuten sich – oder besser, wurden zerstreut: Seit August 1949 hatten die Sowjets ihre eigene A-Bombe. Die USA bangten um ihren atomaren Vorsprung. Nach spektakulären Spionagefällen bestand Anlaß zur Furcht, die Sowjetunion könnte den Amerikanern beim Bau der H-Bombe zuvorkommen. Der Korea-Krieg beseitigte die letzten Skrupel mancher Wissenschaftler.

Der Physiker Edward Teller, der schon maßgeblich am Bau der Atombombe beteiligt war, erhielt 1950 von Präsident Truman den Auftrag, das »Baby«, so der Scherzname der H-Bombe, zur Welt zu bringen. Sein Rivale war Robert Oppenheimer, der als »Vater der A-Bombe« galt. Dieser erhob Einspruch gegen das Projekt. Er riet davon ab, die Rüstungsspirale weiterzudrehen. Das wurde ihm zum Verhängnis. Seine moralischen Bedenken legte man ihm als Verrat aus. Eine Hetzkampagne mitten in der Hoch-Zeit antikommunistischer Hysterie in den USA setzte seiner Karriere ein jähes Ende.

Nach einem zweijährigen Crash-Programm war das Team der Atomfabrik Los Alamos am Ziel. Am 1. November 1952 zündeten die USA auf dem Eniwetok-Atoll im Pazifik ihre erste H-Bombe. Mit einem gewaltigen Schlag wurde die nächste Runde des Rüstungswettlaufs eingeläutet – im Zenit des Kalten Krieges. Das Eiland Elugelab, einen Kilometer lang und fünf Kilometer breit, war pulverisiert, aufgelöst, verschwunden, Fische kochten im Ozean, die Palmen der Nachbarinseln zerfielen zu Asche. Ein offizieller Bericht stellte später einmal lakonisch fest: »Alles und jeder auf den nördlichen Marshall-Inseln ist radioaktiv verseucht.«

Nicht mehr die Zertrümmerung von Atomkernen, sondern deren Fusion heizte nun den Ost-West-Konflikt an. Im Prinzip geht es bei der Explosion einer Wasserstoffbombe zu wie im Innern der Sonne. In einer verwickelten Kette von Reaktionen »verschmelzen« Wasserstoff-Atomkerne zu Helium-Atomkernen und geben dabei eine ungeheure Menge Energie frei. Als Initialzündung dient ein Atomsprengkörper »alten Typs«.

Die H-Bombe sei »Energiequelle für die Verteidigung der freien Welt«: hieß es von US-Seite amtlich. Die Sowjets dachten im Hinblick auf die kommunistische Hemisphäre genauso. Edward Tellers Pendant auf sowjetischer Seite war Andrej Sacharow. Seine H-Bombe wurde ein Dreivierteljahr nach dem ersten amerikanischen Versuch gezündet. Sacharow distanzierte sich später von dem Regime, für das er die Bombe schuf.

Die Sowjets verfügten allerdings nicht über Trägersysteme, die eine Wasserstoffbombe bis zum amerikanischen Festland hätten transportieren können. Das war erst 1957 der Fall. So behielten die USA vorerst ihre atomare Vormachtstellung. Darauf stützte sich die von John Foster Dulles propagierte Strategie der »Massiven Vergeltung«. Die USA meinten, einen Angriff der konventionell weit überlegenen Sowjetunion in Europa durch die Androhung eines nuklearen Angriffs verhindern zu können. Auch begrenzte konventionelle Aggressionen sollten künftig mit massiven atomaren Gegenschlägen beantwortet werden.

Höchste Trumpfkarte der Amerikaner blieb die Wasserstoffbombe. Das gewichtigste Argument Washingtons war, daß auch die Sowjets sie besaßen und eines Tages in der Lage sein könnten, sie über amerikanischen Städten abzuwerfen. Ansonsten zeigte das Konzept der massiven Abschreckung schon damals Risse. Die Erfahrungen der zurückliegenden Jahre hatten gezeigt, wie wenig das amerikanische Atombomben-Monopol die Konfliktparteien regionaler Kriege beeindruckte. Hätten die USA im Fall eines neuen Korea tatsächlich

» Jede Nation, die zuerst auf das Knöpfchen drückt, um die Atombombe auszulösen, begeht praktisch Selbstmord. «

General Alfred Gruenther

Mirko Szewczuk (1954)

»Energiequelle für die Verteidigung der freien Welt«, nannten Befürworter der atomaren Abschreckung die H-Bombe; manche Karikaturisten sahen das anders.

»massive Vergeltung« geübt und die Superbombe geworfen? Kritiker warnten davor, die H-Bombe als Drohpotential zu überschätzen. Sie sei im Grunde so gewaltig, daß dem potentiellen Gegner eine Vielzahl von gemäßigteren Möglichkeiten zur Auswahl stünden, das eigene Einflußgebiet auszudehnen, ohne daß man es wagen könnte, mit massiven nuklearen Mitteln zurückzuschlagen. Folglich sei die gesamte H-Bomben-Produktion mitsamt ihren Versuchsreihen nicht nur überflüssig, sondern sogar abwegig. In dieser Kritik war im Kern schon das Konzept der abgestuften Abschreckung vorformuliert, das einige Jahre später die Nuklearstrategie der NATO bestimmen sollte. Für die Gegner der Nuklearwaffen war aber auch diese Strategie wenig tröstlich. Das atomare Horrorarsenal wurde nach »unten« ausgeweitet – um Bomben und Granaten mit Sprengköpfen, deren Wirkung man genau berechnen und auf dem Gefechtsfeld einsetzen konnte.

Um die Bevölkerung mit der Bombe vertraut zu machen, veranstaltete die Nuklearindustrie der USA regelrechte Werbekampagnen. Schauplatz war Nevada. Zurückgelehnt in Campingstühle konnten Hundertschaften von Journalisten manches makabre Atom-Spektakel miterleben. Schafe, Schweine und andere Versuchstiere wurden auf das Versuchsgelände gekarrt, künstliche Häuser gebaut, mit Vater, Mutter, Kind – lebensecht aus Plastik, um die Wirkung der Waffe zu demonstrieren. Das Fernsehen übertrug die Show in Amerikas Wohnstuben. US-Soldaten, die als Freiwillige die Detonation aus der Nähe erlebten, machten keinen Hehl aus ihrer Begeisterung. Ein Schutz gegen die Strahlen der Bombe sei möglich, hieß es fortschrittsgläubig. Wie viele dieser ahnungslosen Versuchspersonen bei diesem und den vielen Tests in Nevada, im Pazifik oder anderswo Schäden erlitten, ist nicht mehr zu ermessen. Mehr als die Hälfte der Soldaten starb an Krebs. Prozesse über einen finanziellen Ausgleich für die betroffenen Familien dauerten jahrzehntelang. Mit welch verheerenden Folgen erst die Sowjetunion ihre Nukleartests durchführte, erfuhr damals weder die sowjetische noch die westliche Öffentlichkeit.

Den Bürgern in den Ländern des Westens wurde weisgemacht, daß Selbstschutz im Nuklearkrieg möglich sei. In New York führte der Zivilschutz exemplarisch Probealarme durch, um Regeln für das Verhalten nach einem Atombomben-Abwurf einzustudieren. Schutzanzüge und Notausrüstungen wurden empfohlen, Bauanleitungen für unterirdische Bunker veröffentlicht. Im Ernstfall hätte kaum eine der Vorkehrungen wirklichen Schutz vor den Folgen einer Nuklearexplosion geboten.

Zu einem besonders grotesken Spektakel, einem regelrechten »Luftschutzkrieg«, kam es ausgerechnet im britischen Coventry, das während des Zweiten Weltkrieges von deutschen Bombern zerstört worden war. Der Stadtrat beschloß, den Luftschutz abzuschaffen. Im Zeitalter von A- und H-Bomben seien Ausgaben hierfür überflüssig; zudem müßte man die Wasserstoffbombe verbieten. Das britische Innenministerium – als übergeordnete Behörde – konterte: Ausgerechnet in Coventry sollte nun der erste Wasserstoffbomben-

Die Superbombe

Edward Teller

amerikanischer Atomphysiker
»Vater« der Wasserstoffbombe

»Mein Hauptmotiv, die Wasserstoffbombe zu bauen, gründete auf der Annahme, daß auch die Sowjetunion die Nuklearwaffenproduktion vorantreiben würde. Als die Sowjets 1949 ihre erste Atombombe zündeten, waren wir überrascht. Sie waren schneller, als wir dachten…

Viele Kritiker hatten ja geglaubt, wenn wir mit der Nuklearwaffenentwicklung aufhörten, täten das auch die Sowjets. Ich glaubte nicht daran, und ich hatte recht. Hätten wir der anderen Seite das Feld überlassen, würde man heute vielleicht nicht von der ehemaligen Sowjetunion sprechen, sondern von den ehemaligen Vereinigten Staaten.

Ich glaube, es ist uns gelungen, mit Hilfe der Wasserstoffbombe 400 Millionen Menschen die Freiheit zu sichern und einen Krieg zu vermeiden… Ich bin froh, daß auch ich vielleicht einen kleinen Anteil daran hatte.«

Hans-Peter Dürr

deutscher Atomphysiker
Schüler von Edward Teller

»Ich kam gerade aus dem zerstörten Deutschland und für mich war Krieg etwas Fürchterliches. Ich war gar nicht damit einverstanden, daß man nun schon wieder darüber nachdachte, die große Freiheit mit neuen schrecklichen Waffen zu verteidigen…

Ich kann auch heute nicht der Meinung beipflichten, daß sich das Prinzip der nuklearen Abschreckung im Ost-West-Konflikt bewährt hat. Man kann den Gegenbeweis nicht führen, ob der Krieg ohne Atomwaffen nicht auch verhindert worden wäre …

Wenn man mich zur Mitwirkung beim Bau von Nuklearwaffen aufgefordert hätte, wäre meine Antwort ein klares ›Nein‹ gewesen. Ich hatte eine echte ›Ohne-mich‹-Einstellung!«

Probealarm in Großbritannien stattfinden. Der Rat der Stadt fühlte sich herausgefordert. Am Tag des Probealarms kam es zu einem »Duell der Lautsprecher«. Beamte des Innenministeriums und Stadträte schrien um die Wette und versuchten, sich gegenseitig zu übertönen. Die Vorbereitungen für die Luftschutzübung mündeten in einen allgemeinen Tumult.

Bändigung des Atoms auf engstem Raum: das erste Atom-U-Boot der Welt, die »Nautilus«, läuft in Croton (USA) vom Stapel.

Schlagzeilen machten aber auch Erfolge der friedlichen Nutzung der Kernenergie. Was den Einsatz in der Medizin betraf, gab es eine Reihe spektakulärer Fortschritte. Röntgen-Bestrahlung galt in den USA als Wunderwaffe gegen Krebs, und auch bei der Diagnose eröffnete die Radioaktivität revolutionäre Möglichkeiten.

Ansonsten steckten die Bemühungen zur Bändigung des Atoms für friedliche Zwecke noch in den Kinderschuhen. Die US-Industrie wartete schon seit Jahren vergeblich auf billigen Atomstrom. Von staatlicher Seite wurde lange behauptet, dieser sei zu teuer. Außerdem war Washington keineswegs darauf aus, den Aufbau einer friedlichen Atomindustrie zu fördern, solange die Uranvorkommen in der westlichen Welt gerade groß genug waren, die Herstellung der eigenen Nuklearwaffen zu sichern.

Allerdings wollte man den Sowjets nicht den Triumph gönnen, als erste Macht mit einem Atomkraftwerk aufzuwarten, das sich dann womöglich auch noch als Exportschlager hätte entpuppen können. Und so besann man sich darauf, daß bei der Plutonium-Herstellung für Atombomben ein sehr aufwendiges Kühlsystem erforderlich war – wo man doch freigewordene Hitze gut zur Erzeugung von Elektrizität nutzen konnte. Deshalb beschloß die amerikanische Industrie, sogenannte »Zweizwecke-Atom-Meiler« zu errichten, die zugleich Nutzstrom und Plutonium erzeugen sollten. Ferngelenkt wie durch einen Zauberstab vollzog US-Präsident Eisenhower im September 1954 den symbolischen ersten Spatenstich zum Bau des ersten Atomkraftwerks der amerikanischen Privatwirtschaft. Insgesamt 27 US-Firmen planten nukleare Kraftwerke.

Moskau hatte kurz zuvor die Inbetriebnahme des ersten sowjetischen Atommeilers, des »ersten Atomkraftwerks der Welt« überhaupt, bekanntgegeben – eine Sensation, die Washington aufrüttelte. Grund genug für die USA, ihr Programm zu forcieren. Richtungweisend für Fortschritte bei der zivilen Nutzung der Kernenergie blieben Prototypen aus dem militärischen Bereich.

Am 21. Januar 1954 lief das erste Atom-U-Boot der Welt, die »Nautilus« vom Stapel. »Mamie Eisenhower«, die Ehefrau des US-Präsidenten, taufte das 55 Millionen US-Dollar teure Unterwasserfahrzeug. Da der Antrieb unabhängig von Sauerstoffzufuhr arbeitete, brauchte das Boot rund 60 Tage lang nicht aufzutauchen. An Reichweite und Geschwindigkeit übertraf die »Nautilus« alle konventionellen U-Boote. Als Brennstoff diente Uran 235. Die Kernreaktionsanlage erhitzte Wasser für eine Dampfturbine, deren Kraft auf die Schiffsschraube übertragen wurde.

Alle Appelle in der westlichen Öffentlichkeit, die Kernenergie ausschließlich friedlich zu nutzen, wurden von der Sowjetunion dankbar registriert. Das war kein Wunder, denn die konventionelle Übermacht der Roten Armee war gewaltig. Moskau sparte nicht mit Angeboten, Schritte zur nuklearen Abrüstung vertraglich zu regeln. Unter Ausschluß der Öffentlichkeit endeten im Juni 1954 die Londoner Verhandlungen des sogenannten »Subkomitees der Abrüstungskommission« der Vereinten Nationen – ohne Erfolg. Die Westmächte lehnten den von der Sowjetunion vorgelegten Plan für das »Verbot von Atomwaffen und anderen Waffen der Massenvernichtung« ab, weil er sich ausschließlich auf die atomare Rüstung beschränkte. Der Gegenvorschlag des Westens sah nukleare *und* konventionelle Abrüstung vor. Das wiederum lehnte Moskau ab. Es bestand auch Uneinigkeit darüber, ob man atomare und konventionelle Waffenbestände überhaupt miteinander vergleichen könne. Alle Bemühungen um Rüstungskontrolle mißlangen in dieser durch starke Ungleichgewichte gekennzeichneten Periode.

Die Weltöffentlichkeit aber war durch den großen Knall im Pazifik aufgeschreckt worden. Wer nach Hiroshima und Nagasaki immer noch nicht glauben wollte, daß der Mensch in der Lage ist, die Erde zu vernichten, wurde spätestens am 1. März 1954 eines schlechteren belehrt. Weltweit verlangten prominente Stimmen, das entfesselte Atom wieder zu bändigen. Nicht nur die UNO, auch andere internationale Organisationen, Schriftsteller, Intellektuelle, die Kirchen – Papst Pius XII. persönlich – verlangten Rüstungskontrolle.

Trotz aller Belege, daß Kernenergie friedlich genutzt werden konnte, trotz aller Prophezeiungen fortschrittsgläubiger US-Wissenschaftler, die ein »goldenes Zeitalter« im Zeichen des Atoms heraufdämmern sahen – der größere Teil der Menschheit sah diesem neuen Zeitalter eher mit gemischten Gefühlen entgegen. (SB)

Die DDR wird souverän

Gleichberechtigung von Moskaus Gnaden

»Die Deutsche Demokratische Republik wird die Freiheit besitzen, nach eigenem Ermessen über ihre inneren und äußeren Angelegenheiten, einschließlich der Frage der Beziehungen zu Westdeutschland, zu entscheiden.« Moskaus Entschluß, den bisher streng behüteten Satelliten in die »Souveränität« zu entlassen, markierte eine deutschlandpolitische Wende: lieber Zweistaatlichkeit in Kauf nehmen, als Vereinigung der Deutschen mit unsicherem Ausgang. Während der Berliner Vier-Mächte-Konferenz im Februar hatte sich noch einmal gezeigt, daß ein Konsens über die deutsche Einheit auf absehbare Zeit nicht zu erzielen war; so ging es der Sowjetunion zunächst einmal darum, den Status quo im eigenen Machtbereich zu festigen. In seiner offiziellen Erklärung vom 25. März verkündete der Kreml, daß die Sowjetunion mit der DDR Beziehungen aufnehmen werde »wie mit anderen souveränen Staaten«.

Die SED-Führung nahm die Botschaft dankbar auf und handelte prompt. Zwei Tage nach der sowjetischen Offerte proklamierte der DDR-Ministerrat die »Souveränität der Deutschen Demokratischen Republik«. Die Propaganda feierte die Aufwertung des DDR-Regimes als generösen Akt des großen Bruders und beweihräucherte die Machthaber in Moskau und Ost-Berlin. Tatsächlich aber herrschte in weiten Teilen der Bevölkerung noch immer Verbitterung über das Scheitern des Aufstands vom 17. Juni, der von sowjetischen Panzern niedergewalzt worden war.

Voller Genugtuung darüber, der Bundesrepublik etwas vorauszuhaben, brüstete sich die SED-Führung: Westdeutschland befände sich »durch die Politik der drei Westmächte und der Adenauer-Regierung in einer abhängigen und erniedrigenden Lage«; das widerspreche »den nationalen Interessen des deutschen Volkes und ebenso den Erfordernissen der Sicherheit der europäischen Völker«.

Ost-Berlin wußte, daß der Vorsprung kein echter war. Zwar stand die Ratifizierung der Westverträge noch aus, aber die wichtigsten Entscheidungen zur Souveränität der Bundesrepublik waren längst gefallen. Die SED wollte sich jedoch die Gelegenheit nicht entgehen lassen, Westdeutschland als willfährigen Handlanger kapitalistischer Großmächte anzuprangern.

Über eines aber konnte die DDR-Propaganda nicht hinwegtäuschen. Im Westen gaben letztlich Parlamente den Ausschlag über Sein oder Nichtsein deutscher Souveränität. Bevor das »Do-ut-des-Geschäft«, Gleichberechtigung gegen Wehrbeitrag, zwischen der Bundesrepublik und den Westmächten zustande kommen konnte, mußten die Volksvertretungen der an den Verträgen beteiligten Staaten zustimmen. Jenseits des Eisernen Vorhangs erfolgte die Entscheidung nach dem Kalkül eines zen-

Schulterschluß mit dem »großen Bruder«. Der sowjetische Außenminister Molotow besucht den Präsidenten der DDR, Wilhelm Pieck. Von links: Gromyko, Ulbricht, Pieck, Molotow, Grotewohl, Semjonow.

traIistischen Machtapparats. Die Souveränität der DDR war nicht Ausdruck echter Volkssouveränität, sondern eine Souveränität von Moskaus Gnaden.

Ansonsten glichen sich die Entwicklungen in Ost und West oder bedingten

Zäune und Stacheldraht – Symbol der deutschen Teilung. Die Anerkennung der DDR als souveräner Staat vertiefte die Spaltung Deutschlands.

einander: Wie die DDR sollte auch die Bundesrepublik ihre Souveränität vor allem deshalb erhalten, damit sie als stabiler und zuverlässiger Bündnispartner dazu beitragen konnte, dem großen Antagonisten auf der anderen Seite Paroli zu bieten. Durch eine »Politik der Stärke« sollte der Einfluß der Sowjetunion auf Deutschland und Europa eingedämmt werden; die DDR wiederum galt im Osten als Bollwerk gegen den Westen.

Die Ausrufung der DDR-Souveränität vertiefte die deutsche Spaltung. Daran änderten auch die Verlautbarungen des IV. Parteitags der SED (April) nichts, die den »Kampf für die Wiedervereinigung Deutschlands« zum »antifaschistisch-demokratischen Staat« zur wichtigsten Zukunftsaufgabe erklärten. Statt dessen mehrten sich die Anzeichen, daß Moskau und Ost-Berlin eine Wende in der Deutschlandpolitik anstrebten. Gründe dafür gab es zur Genüge: Die Vision vom sozialistischen Gesamtdeutschland war in absehbarer Zukunft nicht zu verwirklichen. Realistischer war die Option von einer »Koexistenz« der beiden Staaten in Deutschland auf der Basis gegenseitiger Anerkennung.

Eine andere Möglichkeit, das SED-System am Leben zu erhalten, gab es nicht. Der 17. Juni hatte aller Welt vor Augen geführt, wie brüchig das Fundament der DDR war. Eine Wiedervereinigung nach der Erfahrung des Aufstands hätte den Todesstoß für das Regime bedeutet. Da die Regierungen in Ost-Berlin und Moskau zudem davon ausgehen mußten, daß auch ein neutrales Deutschland eher zum Westen als zum Osten hin tendieren würde, galt es, die gesamtdeutsche Karte künftig vorsichtiger auszuspielen. Deshalb stand zunächst die innere und äußere Konsolidierung der DDR auf dem Programm.

Die Souveränität der DDR wurde zwar erst im September 1955 vertraglich besiegelt, doch der »Anerkennungskonflikt« zwischen Bonn und Ost-Berlin entbrannte sofort nach dem Ministerratsbeschluß. Für Adenauer blieb die DDR auch weiterhin die »Soffjetzone«. Im Deutschen Bundestag stellte er unter starkem Beifall den westdeutschen Standpunkt klar: »daß es nur einen deutschen Staat gibt, gegeben hat und geben wird und daß es allein die Organe der Bundesrepublik Deutschland sind, die heute diesen niemals untergegangenen Staat vertreten«. Die »sogenannte Souveränität des Sowjetzonenregimes« werde ebenso vergehen wie »die sowjetische Fremdherrschaft und der kommunistische Terror«.

Bonns Doktrin in Sachen Deutschland lautete schon seit der Gründung beider deutscher Staaten: »Alleinvertretungsanspruch«.

Konrad Adenauer hob hervor, daß allein die westdeutsche Regierung aus demokratischen Wahlen hervorgegangen sei. Solange den Deutschen jenseits des Eisernen Vorhangs das Recht auf freie Selbstbestimmung vorenthalten bleibe, sei die Bundesregierung legitimiert, nicht nur für die Westdeutschen, sondern für alle Deutschen zu sprechen.

Die Westmächte unterstützten ihn. »Da die Wiedervereinigung noch in der Schwebe ist, betrachten die drei Regierungen die Regierung der Bundesrepublik als die einzige frei und gesetzlich konstituierte deutsche Regierung, die infolgedessen das Recht hat, in internationalen Angelegenheiten als Vertreterin des deutschen Volkes für Deutschland zu sprechen«, so der Wortlaut im New Yorker Kommuniqué vom September 1950.

Die westdeutsche Position fand später ihren Ausdruck in der sogenannten Hallstein-Doktrin, die grundsätzlich Abbruch oder Nichtaufnahme diplomatischer Beziehungen mit Staaten vorsah, die die DDR offiziell anerkannten. Ost-Berlin hatte es während der fünfziger und sechziger Jahre schwer, aus der internationalen Isolierung auszubrechen.

Noch in ihrer Gründungsphase erhob die DDR selbst gesamtdeutschen Anspruch; die Bundesrepublik galt als westdeutscher Separatstaat. Fernziel war die Ausdehnung des kommunistischen Systems auf ganz Deutschland. Je demonstrativer sie an der deutschen Einheit festhielt, desto mehr Pluspunkte konnte sie bei der Bevölkerung sammeln. Auch als sich durch den »planmäßigen Aufbau des Sozialismus« seit 1952 der Eigenweg der DDR immer deutlicher abzuzeichnen begann, richtete sich die Propaganda ausdrücklich an die gesamte Nation – unter dem Motto »Deutsche an einen Tisch«.

Nachdem die DDR ihre Souveränität erlangt hatte, stellte sich das SED-Regime auch offiziell auf die Zukunft in Zweistaatlichkeit ein. Die größte Herausforderung bestand darin, das Image von der »Zone« abzustreifen, und auch außerhalb des Ostblocks als deutscher Staat anerkannt zu werden. Die Wiedervereinigung wurde mehr und mehr als Angelegenheit beider deutscher Staaten ausgegeben. (SB)

Der Pralinenmord

Die »Gifthexe« von Worms

Die letzte Praline, die Anni Hamann in ihrem Leben verzehrte, lockte verführerisch, aber sie hatte einen bitteren Nachgeschmack. Das Pflanzenschutzmittel E 605 ist weniger für seinen erlesenen Geschmack bekannt, als für seine Wirkung. Wenige Minuten nach dem Genuß des süßen Giftes, im Februar 1954, war Anni Hamann tot. Dabei war das Gift gar nicht für sie bestimmt gewesen, sondern für ihre Mutter. Was war geschehen?

Die Vorgeschichte des Falls reicht zehn Jahre zurück. Dienstverpflichtet im I.G. Farbenwerk in Höchst lernt Christa Lehmann als junge Frau 1944 auf der Fahrt zwischen Arbeitsstätte und ihrem Wohnort Worms den Plattenleger Karl Lehmann kennen. Als das junge Paar 1944 heiratet, ziehen Bombengeschwader über der Stadt auf, ertönen statt Hochzeitsglocken heulende Sirenen. Von Anbeginn steht die Ehe unter schlechten Vorzeichen. Noch in der Hochzeitsnacht verläßt Christa ihren angetrunkenen Karl. Sie übernachtet lieber bei ihrer Schwester.

Im Leben des Ehemanns spielt Alkohol die Hauptrolle. Karl Lehmann trinkt täglich, und wenn er betrunken ist, schlägt er seine Frau. Acht Jahre lang erträgt Christa Lehmann dieses Elend. Doch ein Ausweg scheint ihr immer dringlicher. Da kommt ihr eines Tages der Zufall entgegen. Beim Einkaufen sieht sie im Schaufenster einer Drogerie eine Schachtel mit einem Totenkopf und der Aufschrift »Gift«. Das Pflanzenschutzmittel E 605 ist frei über die Ladentheke erhältlich. Kurz entschlossen greift sie zu. Zu Hause angekommen, versteckt sie das Gift zwischen den Wäschestapeln im Kleiderschrank. Schon am nächsten Tag weiß sie, daß sie ihren Mann umbringen wird – und wie sie es bewerkstelligen kann. Vier Wochen lang bereitet sie die Tat in Ruhe vor. Eines Tages, im September 1952, ist es soweit. Wie gewohnt greift Karl Lehmann nach dem Aufwachen zu dem Glas Milch auf seinem Nachttisch, das der Arzt für seinen alkoholzerfressenen Magen als allmorgendliche Kur verordnet hat. Ahnungslos trinkt er das Glas; zunächst spürt er nichts von der todbringenden Zutat. Er macht sich auf den Weg zum Friseur, um anschließend einen Geschäftsfreund zu besuchen. Doch schon im Frisierstuhl wird ihm übel. Von Schmerzen gepeinigt, kann er sich gerade noch nach Hause schleppen. Dort befiehlt er seiner Frau, den Arzt zu holen. Äußerlich ungerührt geht Christa Lehmann in die Nachbarschaft zum Telefonieren. Sie ruft den Arzt an; als dieser eintrifft, ist Karl Lehmann schon bewußtlos. Jede Hilfe kommt zu spät. Der Arzt stellt den Totenschein aus: Magenblutung. Christa Lehmann atmet auf. Jetzt ist sie »frei«.

Erst nach dreitägigem Verhör gesteht Christa Lehmann ihre Taten.

Ein Vierteljahr trägt sie Trauer, dann beginnt sie endlich das Leben, das sie sich immer gewünscht hat: ausgehen, tanzen, sich vergnügen. Eines Tages trifft sie eine alte Schulfreundin, Anni Hamann. Jahrelang haben sie sich nicht mehr gesehen. Aber nun haben sie gemeinsame Berührungspunkte: Beide sind Witwen, Anni Hamanns Mann ist im Krieg gefallen. Zusammen gehen sie aus, in Kneipen und Boogie-Woogie-Lokale, in denen amerikanische Soldaten deutsche »Fräuleins« umgarnen und heiße Rhythmen aus den Musikautomaten tönen. Christa Lehmann macht zahllose Männerbekanntschaften. Nicht gerade wählerisch, nimmt sie viele mit nach Hause.

Kritisch beargwöhnt Valentin Lehmann das Treiben seiner Schwiegertochter. Als im Herbst 1953 ein uneheliches Kind unterwegs ist, wird es dem braven Mann zuviel. Er droht Christa mit einer Anzeige bei der Sittenpolizei.

Die Vorliebe für Milchprodukte wird den Männern der Familie Lehmann zum Verhängnis. Joghurt ist des Schwiegervaters morgendliche Leibspeise; bald ist das gewohnte Frühstück seine Henkersmahlzeit. Eine Prise E 605, von der Schwiegertochter in den Joghurt gerührt, soll den lästigen Mahner aus dem Weg räumen. Nach seinem Morgenmahl setzt sich Valentin Lehmann aufs Rad, um in die Stadt zu fahren. Doch er kommt nicht weit. Wie vom Blitz getroffen stürzt er vom Rad, als das Gift seine Nerven lähmt und seinen Kreislauf unterbricht. Niemand schöpft Verdacht bei dem alten Mann. Der Arzt diagnostiziert: Herzkollaps.

Schwiegervater Valentin Lehmann

Wieder trägt Christa Lehmann ein Vierteljahr Trauer. Im Dezember 1953 kommt das uneheliche Kind zur Welt, und im Januar 1954 beginnt das bewegte Leben von neuem. Anni Hamanns Mutter sieht den Umgang ihrer Tochter mit Christa Lehmann nicht gern. In dieser Gesellschaft, das weiß die alte Frau, wird ihre Tochter Männer mit Heiratsabsichten keinesfalls kennenlernen. Als diese Vorbehalte an Christas Ohr dringen, ist ihr Entschluß schnell gefaßt. Was zweimal unentdeckt blieb, wird es auch ein drittes Mal bleiben. Wieder jemand, der sich in ihr Leben einmischen will? – Ein tödlicher Fehler!

Gemeinsam mit ihrer Freundin Anni kauft sie in einem Wormser Kaufhaus fünf Pralinen in Form von Pilzen. Dann geht sie nach Hause und wendet an, was sie einst im Höchster Farbwerk im Umgang mit Chemikalien gelernt hat. Sie schneidet den Pilz auf, saugt die Likörfüllung heraus und spritzt das Pflanzenschutzmittel mit einer Ampulle in den Hohlraum.

Ehemann Karl Lehmann

Als Christa Lehmann das nächste Mal zum Nachmittagskaffee bei Familie Hamann eingeladen ist, verteilt sie das mitgebrachte Konfekt. Die präparierte Praline bietet sie Mutter Hamann an. Doch die alte Frau, die von der ungeliebten Freundin ihrer Tochter nichts geschenkt haben will, lehnt das Konfekt ab. Christa aber bleibt hartnäckig. Sie drängt der alten Frau den Schokoladenpilz so lange auf, bis sich Mutter Hamann schließlich nicht mehr länger sträuben kann. Aber sie ißt die Schokolade nicht, sondern legt sie in den Küchenschrank. Am nächsten Tag findet Anni Hamann, die Freundin, dort das Konfekt. Sie steckt die Praline in den Mund, zerbeißt die dünne Schokoladenhülle – und spuckt den Inhalt, der schauderhaft schmeckt, sofort wieder aus. Mit einer Tasse Tee versucht sie den Geschmack hinunterzuspülen. Unterdessen leckt der kleine Hund der Familie das ausgespiene Konfekt auf. Nur wenige Minuten vergehen, da windet sich Anni Hamann vor Schmerzen, bis sie besinnungslos zusammenbricht und kurze Zeit später unter entsetzlichen Qualen stirbt. Den Hund ereilt das gleiche Schicksal. Ein Arzt wird gerufen – doch diesmal wird nicht gleich bedenkenlos der Totenschein ausgestellt. Hier handelt es sich nicht um einen kranken oder alten Menschen, sondern um eine junge Frau und ein bis dahin quicklebendiges Tier. Der zeitgleiche Tod des Hundes führt zu der Annahme: Mit der Praline war etwas nicht in Ordnung. Eine Untersuchung der Mageninhalte bestätigt den Verdacht.

Freundin Anni Hamann

Man findet das bekannte Schädlingsmittel – die Kriminalpolizei nimmt ihre Arbeit auf.

Am 18. Februar 1954 findet Anni Hamanns Beerdigung statt. Als Christa Lehmann den Friedhof verläßt, wird sie verhaftet. Auf dem Präsidium wird sie von den Kommissaren stundenlang verhört. Doch die Befragung bleibt ohne Ergebnis, Christa Lehmann legt kein Geständnis ab. Ungerührt, gefühlskalt, nahezu teilnahmslos begegnet sie den Fragen der Polizei. Erst nach drei Tagen bricht die Fassade des Schweigens zusammen. Zunächst gesteht sie den unabsichtlichen Mord an Anni Hamann, dann den an ihrem Schwiegervater, schließlich gibt sie zu, die Mörderin ihres Mannes zu sein. Im Untersuchungsgefängnis bittet sie ihren Vater in einem Kassiber um das gleiche Gift, mit dem sie ihre Opfer umgebracht hat. Aber der Zettel erreicht sein Ziel nicht. Christa Lehmann bleibt am Leben. Sie sieht ihrem Prozeß entgegen. Am 22. September wird sie zu lebenslanger Gefängnisstrafe verurteilt.

In der Öffentlichkeit wird nun erstmals die tödliche Wirkung des Pflanzenschutzmittels E 605 auf Menschen bekannt. Das Gift gilt bereits seit Jahren als unverzichtbares Mittel zur Schädlingsbekämpfung. In den Monaten nach dem aufsehenerregenden Geständnis kommt es zu einer regelrechten Suizidwelle. Zahlreiche Selbstmörder greifen zu dem rezeptfreien Gift, um ihrem Leben ein Ende zu bereiten. Allein am ersten Wochenende nach der Enthüllung des Pralinenmords bringen sich acht Menschen mit dem Gift um. Und das, obwohl die Presse ausführlich beschreibt, wie qualvoll dieser Tod ist.

Als Reaktion auf die Giftmorde von Worms und die tragische Selbstmordwelle gibt Bundesinnenminister Gerhard Schröder schließlich die Anweisung, den freien Verkauf von E 605 einzuschränken. (UN)

West-Deutsche ans Gewehr

Der Streit um die Wiederbewaffnung spaltet Parlament und Bevölkerung

»Damit ändern Sie nicht eine Wand des Hauses ab, sondern Sie nehmen damit dem Fundament einen tragenden Eckstein.« Mit »Haus« meinte Carlo Schmid das Grundgesetz, zu dessen Vätern er selbst zählte. In der Bundestagsdebatte zum sogenannten Wehrergänzungsgesetz nahm der SPD-Rechtsexperte nicht nur den westdeutschen Verteidigungsbeitrag aufs Korn, sondern auch das Verfahren der Bundesregierung, diesen durchzusetzen. Lange hatte die SPD auf ein Urteil des Bundesverfassungsgerichts gewartet, das klären sollte, ob die Regierung überhaupt befugt war, die Verträge zur Europäischen Verteidigungsgemeinschaft (EVG) zu unterzeichnen und so die Basis für den westdeutschen Wehrbeitrag zu schaffen. Doch dann kam die Bundestagswahl vom September 1953 dazwischen. Konrad Adenauer erweiterte seine Koalition und konnte sich nunmehr auf eine Zweidrittelmehrheit im Parlament stützen. Die verfassungsändernde Mehrheit und nicht das oberste Gericht nahm nun das Heft in die Hand, und sie entschied für die Wehrpolitik des Kanzlers; ein »kalter Staatsstreich« aus der Sicht der SPD-Opposition, denn sie hatte gehofft, in Karlsruhe Verbündete zu finden.

Mit mehr als zwei Dritteln seiner Stimmen verabschiedete der Deutsche Bundestag am 26. Februar ein Ergänzungsgesetz zum Grundgesetz, das die Wehrhoheit des Bundes herstellte. Der Bund war nun kraft Verfassung ermächtigt, eine rechtliche Grundlage für die Landesverteidigung sowie die Einführung der allgemeinen Wehrpflicht zu schaffen. Ein Zusatzartikel bescheinigte, daß das Grundgesetz dem Deutschland- und dem EVG-Vertrag nicht entgegenstehe. Das stieß bei der SPD auf besonders heftigen Widerstand; entstand doch der Eindruck, als sei die Verfassung dem Vertrag angepaßt worden und nicht – wie es sich gehöre – der Vertrag der Verfassung.

Der Groll der Opposition war verständlich, hatte sie doch ihre rechtliche Handhabe im Kampf gegen die Bündnispolitik Konrad Adenauers verloren – eine schwere Schlappe in einer Schicksalsfrage, die in der deutschen Öffentlichkeit seit vier Jahren mit Leidenschaft diskutiert wurde. Keineswegs sträubte sich die Opposition grundsätzlich gegen den Verteidigungsbeitrag; nur der Rahmen, den der Kanzler setzte, gefiel ihr nicht.

Geteilte Meinung bei den ersten Rekruten: Nur die Hälfte einer Münchner Schulklasse des voraussichtlich ersten Einberufungsjahrgangs (1937) stimmte bei einer Umfrage für die Bundeswehr.

Zwei grundlegend verschiedene Konzepte trafen im Konflikt zwischen Regierung und Opposition aufeinander. Adenauer verfocht eine konsequente Westpolitik. Wehrbeitrag und Westbündnis galten ihm als Schlüssel zur westdeutschen Souveränität und auf lange Sicht auch zur Wiedervereinigung: nur ein starker Westen vermöge der Sowjetunion Paroli zu bieten und dem Kreml in der deutschen Frage Zugeständnisse abzuringen. Der SPD erschien das wie blanker Hohn – Westbindung, Aufrüstung, alles das treibe einen Keil zwischen die Blöcke und komme einer Preisgabe der deutschen Einheit gleich.

Doch auch ohne das Reizwort »Wiedervereinigung« bot das Thema Wiederbewaffnung genügend Zündstoff. Im Oktober 1950 war zum erstenmal offiziell von einem deutschen Wehrbeitrag im Rahmen einer Europäischen Verteidigungsgemeinschaft die Rede. Nach dem Ausbruch des Korea-Kriegs wich der Westen vom Prinzip der strikten Entmilitarisierung Deutschlands ab, und Konrad Adenauer, der sich bisher »prinzipiell gegen eine Wiederaufrüstung« ausgesprochen hatte, machte den Schwenk mit – unter einer Bedingung: Die Bundesrepublik sollte als »gleichberechtigter Partner« zur Sicherheit des Westens beitragen.

Der Bundeskanzler ernannte den CDU-Abgeordneten Theodor Blank zum Beauftragten der Bundesregierung für alle Fragen, die mit der »Verstärkung der Alliierten Besatzungstruppen« zusammenhängen. Bewußt wurden vorsichtige Formulierungen gewählt; es sollte vermieden werden, das Kind allzufrüh beim Namen zu nennen. Fast niemand wollte nur fünf Jahre nach dem Ende des Zweiten Weltkrieges etwas von einem westdeutschen Wehrbeitrag hören. Legal waren die vorbereitenden Arbeiten dafür ohnehin erst ab Anfang 1951. Offiziere, die Konrad Adenauer schon vorher zu Beratungen herangezogen hatte, liefen sogar Gefahr, zu lebenslänglicher Freiheitsstrafe verurteilt zu werden; ein alliiertes Gesetz untersagte damals nämlich jede geheime militärische Betätigung.

Die Bundesregierung pochte auch nach der Legalisierung der Wehrvorbereitungen auf ein behutsames Vorgehen. Bis zur endgültigen Ratifizierung der Westverträge Ende Februar 1955 unterblieben alle militärischen Maßnahmen, die über das reine Planungsstadium hinausgingen. Bonn wollte nicht den Eindruck erwecken, als könne es die Bundesrepublik gar nicht erwarten, eine westdeutsche Streitmacht aufzustellen.

» Die deutsche Wiederbewaffnung ist der erste Schritt zur Abrüstung. «

Konrad Adenauer

In der DDR gab es schon Mitte 1953 starke paramilitärische Verbände. Die sogenannte Kasernierte Volkspolizei (KVP) war über 100 000 Mann stark und verfügte über eigene Panzer und Geschütze. Der Deutsche Bundestag beschloß 1951 die Bildung des Bundesgrenzschutzes. Dabei handelte es sich nicht um paramilitärische Einheiten; der Grenzschutz war mit zunächst 10 000, später 20 000 Mann zahlenmäßig weitaus schwächer als die Kasernierten der DDR und außerdem nur mit leichten Infanteriewaffen und Panzerspähwagen ausgerüstet.

Die sogenannte »Dienststelle Blank«, Keimzelle des künftigen Verteidigungsministeriums hatte sich mit allen organisatorischen Fragen des westdeutschen Wehrbeitrags zu befassen. Gemeinsam mit dem Bundestagsausschuß für Fragen der europäischen Sicherheit erstellte sie das soziale und militärische Konzept der neuen Armee.

Adenauers Wehrberater wollten aus der Vergangenheit Lehren ziehen. Die Reichswehr in der Weimarer Republik, die »Staat im Staate« war und später willfähriges Instrument des Nazi-Regimes, galt als abschreckendes Beispiel. Das künftige Bundesheer sollte auf die freiheitlich-demokratische Grundordnung eingeschworen werden und einer

»Ohne mich!« – Tausende demonstrierten unter diesem Motto gegen die Wiederbewaffnung. Noch waren die Wunden des Krieges nicht vernarbt, noch lagen viele Städte in Ruinen. In den Augen der Bundeswehrgegner sollte es nie wieder eine deutsche Armee geben.

Sie setzten sich entschieden für den Aufbau der Bundeswehr ein: Theodor Blank (links), Verteidigungsbeauftragter der Bundesregierung und General Hans Speidel, militärischer Berater bei den Verhandlungen über EVG und den NATO-Beitritt der Bundesrepublik.

strikten parlamentarischen Kontrolle unterliegen. Wolf Graf Baudissin prägte das Leitbild vom »Staatsbürger in Uniform«: ein Soldat, der freiwillig und mit voller Überzeugung der Demokratie dient. Human sollte es künftig in den Kasernen zugehen – sturer Drill »moderner Menschenführung« weichen, die »soldatische Ordnung« der »Gesamtordnung« als getreues Abbild alle Ehre machen.

Skeptiker im In- und Ausland befürchteten dennoch eine Neuauflage der alten Wehrmacht: immerhin könne man ja die militärische Führung nicht Achtzehnjährigen anvertrauen. Theodor Blank stellte klar, daß »alle für eine höhere Stellung in Frage kommenden Offiziere von einem Personalgutachterausschuß ausgesucht werden«; niemand wolle »Nazi-Generale« in der neuen Armee.

Absage an alte Traditionen bei der neuen Armee: Verantwortung statt unbedingtem Gehorsam. Wolf Graf Baudissin prägte dafür den Begriff »Staatsbürger in Uniform«.

Der schärfste Wind aber wehte der Bundesregierung von seiten der westdeutschen Aufrüstungsgegner entgegen. »Ohne mich!« hieß eine populäre Zeitparole. Der schreckliche Weltkrieg war vielen Deutschen noch lebhaft in Erinnerung. Noch lagen viele Städte in Ruinen, noch waren Tausende von Kriegsgefangenen nicht heimgekehrt, noch suchten Hunderttausende nach ihren Angehörigen. Die Uniform als Ehrenkleid, das Militär als »Schule der Nation«, Befehl und Gehorsam – alles das schien passé.

Während der Verhandlungen zum EVG-Vertrag kam es in vielen Großstädten zu Demonstrationen. Vertreter vor allem der evangelischen Kirche und Gewerkschaften riefen zum Protest auf. Zeitweise ging der Riß mitten durch die Parteien. Der Bundeskanzler aber hielt die Regierungskoalition auf Kurs; auch führende SPD-Politiker gelangten nach und nach zur Einsicht in die offenkundige Unvermeidlichkeit des deutschen Verteidigungsbeitrags. Langsam stieg auch die Bereitschaft in der Bevölkerung, einer Wiederbewaffnung zuzustimmen. Laut Umfragen sprachen sich 1950 nur etwa 45 Prozent, 1954 schon rund 55 Prozent der Bürger dafür aus.

Als die französische Nationalversammlung Ende August 1954 den EVG-Vertrag platzen ließ, war damit zwar das Konzept der Europaarmee gescheitert, die NATO-Lösung mit deutscher Beteiligung aber ließ nicht lange auf sich warten. Mit dem Abschluß der Pariser Verträge im Oktober 1954 erging die Einladung an die Bundesrepublik, dem Atlantikpakt beizutreten. Ein Jahr danach paradierten in Andernach die ersten Bundeswehrsoldaten vor dem Kanzler. Die Wehrhoheit der Bundesrepublik war seitdem praktisch hergestellt. (SB)

Wehrdebatte im Bundestag am 25. Februar 1954

Heinrich von Brentano (CDU/CSU): »Wie soll ein Sicherheitssystem beschaffen sein, das Deutschland, dem gesamten deutschen Volk, die Freiheit garantieren würde, ohne daß Deutschland selbst an der Erhaltung der Freiheit und ihrer Sicherung beteiligt wird?«

Erich Ollenhauer (SPD): »Die Sozialdemokratische Partei Deutschlands ist bereit, für die Erfüllung der Verpflichtungen einzutreten, die sich aus der Mitgliedschaft eines vereinigten Deutschlands in einem… internationalen Sicherheitssystem ergeben.«

Thomas Dehler (FDP): »Mir will es als ein schweres Versagen erscheinen, daß ein Volk in der Lage des deutschen, zerrissen, bedroht von einer ungeheuerlichen Macht im Osten, es nicht fertiggebracht hat, sich außenpolitisch auf eine Linie zu bringen, daß der erste Bundestag die Pflicht zur nationalen Solidarität nicht erfüllt hat.«

Hans-Joachim von Merkatz (DP): »Es gibt nur einen deutschen Staat, und der trägt Verantwortung für alle.«

Eugen Gerstenmaier (CDU/CSU): »Wir reden heute nur von dem, wozu wir nach langer, gewissenhafter Prüfung entschlossen sind: von unserer Freiheit und Einheit, der Einheit Deutschlands im geeinten Europa und der Freiheit, die uns so ans Herz gewachsen ist, daß wir willens sind, dafür auch die Opfer zu tragen, die man vom deutschen Volk gerechterweise verlangen kann.«

Fritz Erler (SPD): »Es handelt sich bei dieser Vorlage eben nicht um eine in ordentlicher, sachkundiger Beratung erarbeitete Wehrverfassung, sondern um einen Blankoscheck, den Sie in Wahrheit der einfachen Mehrheit dieses Hauses und damit praktisch einer einzigen Partei geben, die Wehrverfassung nach ihren Vorstellungen auszugestalten … Unser Nein zu dieser Mißgeburt schließt ein Ja zur Gestaltung einer vernünftigen, demokratischen Wehrverfassung ein.«

März 1954

1 · Montag

Fünf Abgeordnete des amerikanischen Repräsentantenhauses werden bei einem Anschlag puertoricanischer Nationalisten zum Teil schwer verletzt. Während einer Sitzung feuern die vier jungen Attentäter 25 Pistolenschüsse auf die Parlamentarier.

Der indische Präsident Jawaharlal Nehru wendet sich vor dem Parlament in Neu-Delhi scharf gegen die geplante amerikanische Militärhilfe für Pakistan. Gleichzeitig lehnt er jede militärische Unterstützung der USA für Indien ab.

2 · Dienstag

Die Zahl der Selbstmordfälle mit dem Pflanzenschutzmittel E 605 steigt in der Bundesrepublik auf elf. Die tödliche Wirkung der Chemikalie ist durch die Giftmord-Affäre um die Wormser »Pralinenmörderin« bekanntgeworden.

3 · Mittwoch

Der amerikanische Flugzeughersteller Boeing stellt sein erstes düsengetriebenes Passagierflugzeug vor. Die mit vier Strahltriebwerken ausgerüstete Boeing 707 soll sich gegen die Marktführer der Branche aus Großbritannien durchsetzen.

4 · Donnerstag

Der österreichische Ministerrat hebt den Visumzwang für Staatsangehörige der Bundesrepublik Deutschland auf. Die Regierung in Wien erhofft sich dadurch eine Steigerung des Fremdenverkehrs.

5 · Freitag

US-Präsident Dwight D. Eisenhower ernennt den Anwalt Ernest Wilkins zum stellvertretenden Arbeitsminister. Wilkins ist der erste Farbige in einer Regierung der Vereinigten Staaten.

Im Südwesten Alaskas starten die amerikanischen Behörden eine großangelegte Hilfsaktion für Tausende von einer Hungersnot bedrohte Eskimos. Ursache der Hungersnot sind die von Jägern stark dezimierten Lachs-, Wal-, und Rentierbestände.

6 · Samstag

Die DDR und Bulgarien schließen ein Handelsabkommen über den Austausch von landwirtschaftlichen Produkten und Industriegütern ab.

7 · Sonntag

Mit großer Mehrheit wählt der Parteitag der FDP Thomas Dehler zum neuen Bundesvorsitzenden. Dehler, der bereits Fraktionsvorsitzender seiner Partei ist, löst Franz Blücher ab.

Auf einem Schweigemarsch durch Hannover protestieren etwa 50000 Katholiken gegen den neuen Schulgesetzentwurf der niedersächsischen Landesregierung. Die Kritik der Demonstranten, die der Papst in einem Telegramm unterstützt hat, richtet sich gegen die Aufhebung konfessioneller Schulen.

Die Mannschaft der Sowjetunion wird in Stockholm durch einen 7:2-Erfolg über Kanada Eishockey-Weltmeister.

8 · Montag

Erster Botschafter der Bundesrepublik Deutschland beim Vatikan wird der bisherige Geschäftsträger in Pakistan, Wolfgang Jaenicke. Die Ernennung des Protestanten Jaenicke ist in der deutschen Öffentlichkeit umstritten.

Überraschend wird in Kairo der ägyptische Ministerpräsident Gamal Abd el Nasser abgesetzt. Sein Nachfolger wird der ehemalige Staatschef General Ali Muhammad Nagib, der elf Tage zuvor von Nasser gestürzt worden war.

Ali Muhammad Nagib (links) und Gamal Abd el Nasser.

9 · Dienstag

In der französischen Nationalversammlung endet eine fünftägige Debatte über den Indochina-Konflikt. Einen Antrag auf sofortige Einstellung der Kampfhandlungen lehnen die Abgeordneten mit knapper Mehrheit ab.

10 · Mittwoch

Die Bundesregierung beendet den Streit um die Neuregelung der Ehegesetze, indem sie ihren Gesetzentwurf vorläufig zurückzieht. Bundesinnenminister Gerhard Schröder (CDU) verlangt vor einer erneuten Gesetzesvorlage die Anerkennung der obligatorischen Zivilehe durch die Kirchen.

11 · Donnerstag

Der Bundesminister für gesamtdeutsche Fragen, Jakob Kaiser, wendet sich in Bonn gegen die Bezeichnung »Ostzone« für das Gebiet der DDR. Der deutsche Osten liege jenseits von Oder und Neiße, erklärte Kaiser in der Fragestunde des Bundestages.

In Genf wird der 24. Internationale Automobilsalon eröffnet. Im Mittelpunkt des Interesses stehen deutsche Wagen der gehobenen Preisklasse.

12 · Freitag

Die britische Regierung kündigt Manöver mit bakteriologischen Kampfstoffen auf den Bahamas an. Der Einsatz derartiger Waffen ist durch das Genfer Protokoll von 1925 verboten.

Das Berliner Abgeordnetenhaus beschließt den Wiederaufbau der Kaiser-Wilhelm-Gedächtniskirche. Die Ruine des Glockenturms soll als Mahnmal gegen Nationalsozialismus und Krieg unverändert bleiben.

13 · Samstag

Die zehnte panamerikanische Konferenz in Caracas nimmt einen Antrag der USA zur Eindämmung des Kommunismus an. Gegen die Resolution stimmt der Vertreter Guatemalas.

14 · Sonntag

In Budapest wird der ehemalige Chef des ungarischen Staatssicherheitsdienstes, Gabor Peter, wegen »Verbrechen gegen Staat und Volk« zu lebenslanger Haft verurteilt. In einem weiteren Schauprozeß erhält der frühere Justizminister Gyula Desci eine Haftstrafe von neun Jahren.

15 · Montag

23 japanische Fischer kehren radioaktiv verseucht in ihre Heimathäfen zurück. Sie waren nach der Zündung einer amerikanischen Wasserstoffbombe 130 Kilometer vom Explosionsort entfernt in radioaktiven Aschenregen geraten.

16 · Dienstag

Die sowjetische Nachrichtenagentur TASS bezichtigt den amerikanischen Senator Joseph McCarthy faschistischer Tendenzen. McCarthy leitet den Ausschuß des amerikanischen Senats gegen kommunistische Unterwanderung der amerikanischen Gesellschaft.

17 · Mittwoch

Bei einem Überfall bewaffneter Araber werden elf Israelis getötet. Die Attentäter hatten einen Autobus in der Wüste Negev gestoppt und auf die Insassen gefeuert.

18 · Donnerstag

Bundespräsident Theodor Heuss fordert auf einer Kundgebung der Deutschen Angestelltengewerkschaft größere Anerkennung und Hilfe für geistige Berufe. Besonders setzt sich Heuss für Ärzte und Journalisten ein.

Bei den Wahlen zum Obersten Sowjet der UdSSR stimmen nach Angaben der Nachrichtenagentur TASS 99,6 Prozent der Wahlberechtigten für kommunistische Kandidaten.

19 · Freitag

In Bonn nimmt der Bundesrat die Wehrergänzungsvorlage an. Die Alliierten Hochkommissare weisen darauf hin, daß Ergänzungen des Grundgesetzes der Zustimmung der Besatzungsmächte bedürfen.

20 · Samstag

Der Deutsche Leichtathletik-Verband veranstaltet in Frankfurt am Main die ersten deutschen Hallenmeisterschaften.

21 · Sonntag

In Paris endet eine internationale Konferenz der Gegner einer europäischen Verteidigungsgemeinschaft. Thomas Mann und Pastor Martin Niemöller senden den Parlamentariern aus sieben europäischen Ländern Glückwunschtelegramme.

22 · Montag

General Chiang Kai-shek wird in Taiwan für weitere sechs Jahre zum Staatspräsidenten gewählt.

Der Kantonsrat von Zürich lehnt eine Abstimmung über das Frauenwahlrecht ab.

23 · Dienstag

Als letztes Bundesland beschließt Bayern das Ende der Entnazifizierung.

24 · Mittwoch

Der Kultusminister der DDR, Johannes R. Becher, schlägt in Ost-Berlin eine engere kulturelle Zusammenarbeit zwischen der Bundesrepublik und der DDR vor. Ein Zehn-Punkte-Katalog Bechers sieht unter anderem den Austausch von Orchestern und ein gesamtdeutsches Urheberrecht vor.

25 · Donnerstag

Die Sowjetunion erklärt die DDR zu einem souveränen Staat. Über die Beziehungen zur Bundesrepublik soll die Regierung der Sowjetzone künftig nach eigenem Ermessen entscheiden.

»Mach hübsch souverän!«

Acht »Oscars« erhält in Hollywood der amerikanische Film »Verdammt in alle Ewigkeit«.

26 · Freitag

Bundespräsident Theodor Heuss schafft mit der Unterzeichnung des Wehrgesetzes die Grundlage für den Aufbau der Bundeswehr. Zuvor hatte die Alliierte Hohe Kommission der Verfassungsänderung zugestimmt.

Eine englische Modezeitschrift wählt den fünfjährigen Prinzen Charles zum bestgekleideten Mann Englands.

27 · Samstag

Demonstrationen in verschiedenen griechischen Städten fordern die Wiedervereinigung der britischen Kronkolonie Zypern mit Griechenland. Großbritannien will Zypern langfristig Autonomie gewähren.

28 · Sonntag

Durch einen 3:1-Erfolg über das Saarland qualifiziert sich die Nationalmannschaft der Bundesrepublik für die Fußball-Weltmeisterschaft in der Schweiz.

Im Irak müssen 500000 Menschen wegen Hochwassers des Tigris evakuiert werden.

29 · Montag

Bundespräsident Theodor Heuss unterzeichnet in Bonn den Deutschland-Vertrag und das Abkommen zur europäischen Verteidigungsgemeinschaft (EVG).

Bei einem nächtlichen Überfall auf das jordanische Dorf Nahalin töten israelische Soldaten neun Araber.

30 · Dienstag

US-Außenminister Dulles ruft in New York die westliche Welt zum gemeinsamen Vorgehen gegen die Ausdehnung des kommunistischen Machtbereichs in Südostasien auf.

31 · Mittwoch

Die Sowjetunion schlägt den Westmächten ein gemeinsames europäisches Sicherheitssystem vor und bietet ihren Beitritt zur NATO an.

DO NOT ERASE

Der Fall Oppenheimer

Der »Vater der Atombombe« vor dem Tribunal

Es war kein Prozeß, der am 12. April 1954 im zweiten Stock eines Washingtoner Amtsgebäudes seinen Anfang nahm, und dennoch erinnerten alle Einzelheiten dieses »Verwaltungsverfahrens« hinter den verschlossenen Türen der amerikanischen Atomenergiekommission (AEC) an ein Tribunal. Wie ein Staatsanwalt nahm der AEC-Repräsentant Roger Robb die Zeugen ins Kreuzverhör. Wie Richter leiteten die Vertreter des »Personalsicherheitsausschusses«, Gordon Gray, Thomas Morgan und Ward Evans, die Verhandlung.

Der »Zeuge in eigener Sache« schließlich, dem das Verfahren galt, wirkte wie ein Angeklagter, den man des Hochverrats bezichtigte: Robert Oppenheimer, der weltberühmte »Vater der Atombombe«. Als verantwortlicher Leiter des Atom-Forschungszentrums Los Alamos hatte der Physiker sein Können und Wissen in den Dienst der amerikanischen »Sicherheitspolitik« gestellt. Nun galt er selbst als »Sicherheitsrisiko«. Die Anhörung vor der Kommission sollte klären, ob Oppenheimer der Zugang zu den laufenden Atombombenprojekten der USA verwehrt werden sollte.

Vom Elfenbeinturm der reinen Wissenschaft in das Glashaus der Tagespolitik. Robert Oppenheimer wandelte sich zum entschiedenen Gegner der amerikanischen Rüstungspolitik.

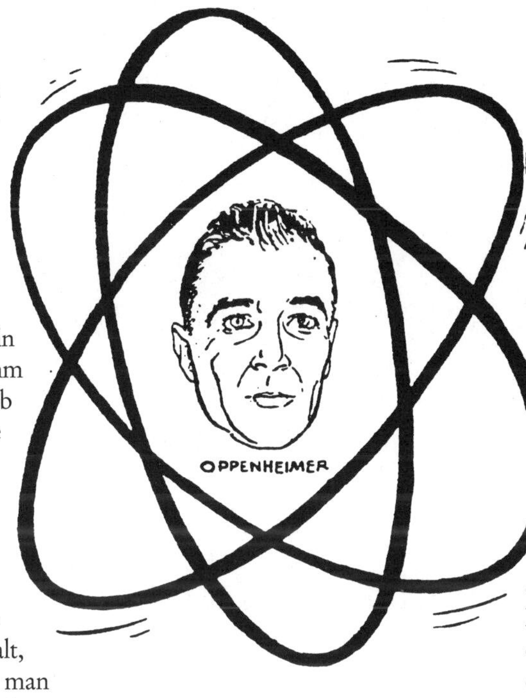

Der Erfinder der Atombombe galt nun selbst als Sicherheitsrisiko.

Zur Last gelegt wurde ihm im wesentlichen eine »Verfehlung«, die in der heißen Phase des Kalten Kriegs einer Todsünde gleichkam: seine angebliche Sympathie für den Kommunismus in jungen Jahren. Alle meist weit zurückliegenden »Vergehen«, die die Geheimdienste in den langen Jahren der Beschattung zusammengetragen hatten, kamen nun auf den Tisch der Inquisition: Oppenheimer habe in den vierziger Jahren Kontakt mit Kommunisten gepflegt, sei mit der Ex-Frau eines Kommunisten verheiratet gewesen, sein Bruder und dessen Frau seien ehemalige Mitglieder der KP. Er habe Anhänger dieser Partei als Mitarbeiter in Los Alamos eingestellt. Dem FBI habe er widersprüchliche Angaben über seine Teilnahme an Veranstaltungen der KP vermittelt und einen Verdacht auf Geheimnisverrat erst nach Monaten gemeldet.

Schließlich folgte ein Anklagepunkt, der deutlicher in die Gegenwart wies: Oppenheimer habe sich als einflußreicher Wissenschaftler dem Bau der Wasserstoffbombe widersetzt. Oder, wie es der Abschlußbericht des Ausschusses später in Worte faßte: »Nach der Entscheidung des Präsidenten zeigte er nicht die freudige und begeisterte Unterstützung des Programms, die man vom Chefberater der Regierung unter diesen Umständen erwarten konnte.«

Damit war der eigentliche Kern des Verfahrens offengelegt. Hier saß kein Verräter auf der Anklagebank, sondern ein Zweifler: ein Wissenschaftler, den die von ihm entfesselte Zerstörungskraft das Fürchten lehrte; ein Prometheus, der den Weltenbrand einzudämmen suchte; ein Zauberlehrling, heftig darum bemüht, dem tobenden Besen Einhalt zu gebieten.

Während der ganzen ersten Woche seines Verfahrens wurde Robert Oppenheimer täglich von morgens bis abends verhört. Eindringlich wie selten ein Mensch im Zeugenstand gab er seine Hoffnungen und Zweifel, seine Leistungen und Irrtümer zu Protokoll. Die 992 Seiten starke Niederschrift der Befragung ist das beeindruckende Zeugnis eines widerspruchsvollen Geistes.

Robert Oppenheimer, 1904 in New York geboren, war nicht nur begabt, er war ein »Wunderkind«. Schon in der Schule übersetzte er lateinische und griechische Klassiker ohne Lexikon, verfaßte französische Sonette und schrieb eine Arbeit über die Polarität des Lichtes. Als der Direktor ihn einmal tadelte, weil ein Ball über die Mauer des Schulhofs auf die Straße geflogen war, rechnete er im Nu die Aufprallgeschwindigkeit aus, um zu beweisen, daß der Ball niemanden hätte verletzen können. Mit 18 Jahren bezog er einen Studienplatz an der renommierten Harvard-Universität, mit 21 wechselte er nach Cambridge, mit 23 promovierte er bei dem Kernphysiker Max Born in Göttingen. Er las Dante auf italienisch, Racine auf französisch, beschäftigte sich mit Sanskrit und vertiefte sich in komplizierte Fragen der Physik und Philosophie – nur eines lernte er nicht kennen: die Wirklichkeit des sozialen Lebens.

» Wir wollen die Bombe bauen, um die universale Vernichtung der Menschheit durch Hitler abzuwenden.«

Robert Oppenheimer

»Meine Jugend hatte mich nicht auf die Tatsache vorbereitet, daß es bittere und grausame Dinge gibt«, räsonierte Oppenheimer später. »Ich besaß kein Empfinden für menschliche Wesen und sehr wenig Respekt vor den Realitäten der Welt. Ich war von meiner zeitgenössischen Umgebung völlig isoliert. Ich las keine Zeitung, hatte weder Radio noch Telefon, Politik und Wirtschaft interessierten mich nicht. Vom Börsenkrach im Herbst 1929 hörte ich erst lange nachdem er sich ereignet hatte.«

Um so heftiger erschütterte ihn der Zusammenprall mit der politischen Realität, die sich in Europa im Zeichen des Hakenkreuzes von ihrer finstersten Seite zeigte. Eine »kochende Wut« empfand der Sohn jüdischer Einwanderer aus Hanau nach eigenem Bekunden über die Behandlung der Juden in Deutschland. Für die republikanischen Kämpfer im Spanischen Bürgerkrieg machte er beträchtliche Summen locker. Daß dieses Geld häufig durch kommunistische Kanäle geleitet wurde, schien für Oppenheimer kein Problem zu sein – zumal er selber keinen Draht zur KP hatte. Seine zeitweilige Verlobte Jean Tatlock, seine Ehefrau Katherine Püning (Witwe des in Spanien erschossenen KP-Funktionärs Joe Dallet), sein Bruder Frank und dessen Frau hatten freilich allesamt ein kommunistisches Parteibuch. Bei Oppenheimers Freunden und Bekannten war es »in«, rechts zu leben, aber links zu denken. Der Marxismus, einzige politische Theorie mit »wissenschaftlichem« Anspruch, faszinierte damals viele Intellektuelle in den USA: nicht zuletzt als vermeintlich rationale Bastion gegen das irrationale Wüten des Faschismus.

Der Zweite Weltkrieg verstärkte diese Frontstellung. Die Sorge, Hitlers Reich könne wissenschaftliche Erkenntnisse für seinen Wahn vom Lebensraum nicht nur im Osten nutzbar machen, trieb Amerikas Physiker in die Vorzimmer der Politiker. Die Emigranten Albert Einstein und Leo Szilard beschworen Präsident Roosevelt, den verhaßten Nazis mit der Atombombe zuvorzukommen – und fanden Gehör: 1943 wurde in Los Alamos, in der Wüste New Mexicos, ein Atomlaboratorium aus dem Boden gestampft.

Unter Leitung Robert Oppenheimers nahm ein Team hochmotivierter Atomforscher in streng geheimer Mission ihre Arbeit auf. Die Wissenschaftler, unter ihnen viele Flüchtlinge aus Europa, wähnten sich als letzte Bastion der Zivilisation gegen die Barbarei. Die Macht des Atoms, so glaubten viele, werde den Weltkonflikt für die Vernunft entscheiden. Oppenheimer vertraute damals einem Kollegen an: »Die äußere Gewalt unserer Waffe wird jede zukünftige Gewaltanwendung verhindern und einen universalen Frieden sichern.«

Atombomben, die den Rüstungswettlauf entzündeten. »Little Boy« und »Fat-Man« aus Oppenheimers Forschungslabor verwüsteten Hiroshima und Nagasaki.

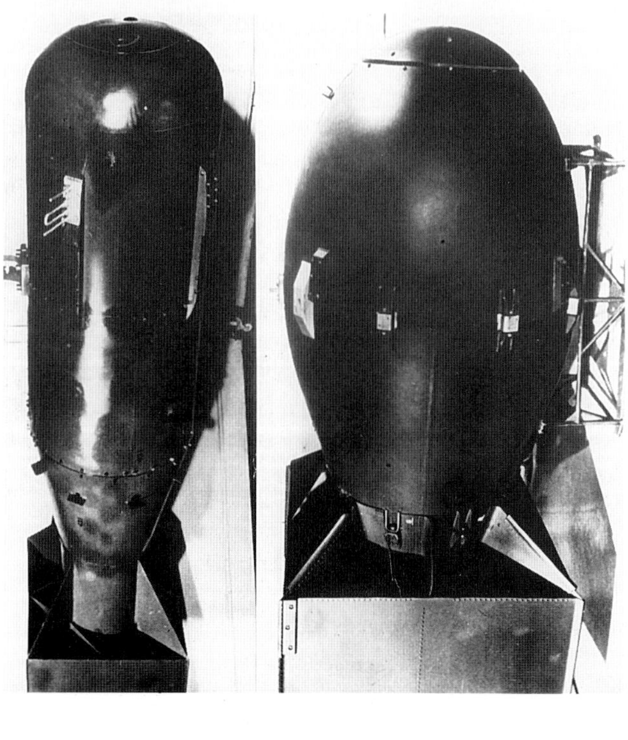

Unversehens hatten die Physiker den Elfenbeinturm der reinen Wissenschaft verlassen und waren in das Glashaus der Weltpolitik übergewechselt. Für die Kriegsherrn war ihr Wissen Macht. Auch Oppenheimer wurde mit dem Vordringen der Politik ins Reich des Wissens konfrontiert, als er von einem befreundeten Kollegen eines Abends auf die Möglichkeit angesprochen wurde, technische Informationen an sowjetische Wissenschaftler weiterzugeben. Er schien davon so verwirrt, daß er dieses Ansinnen zwar umgehend zurückwies, den Vorfall jedoch erst Monate später den Behörden meldete.

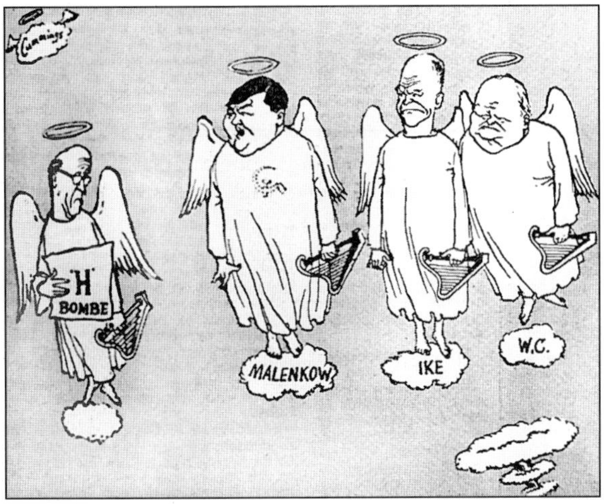

»Wir sagten Ihnen doch, Professor, Sie sollten nicht so viel mit der Bombe spielen!«

Am 16. Juli 1945 hatten die Forscher von Los Alamos ihr Ziel erreicht. Der Augenblick ihres Triumphes wurde für sie zugleich zu einer Stunde bitterer Wahrheit. Beeindruckt vom gelungenen Urknall der Atombombe in der Wüste bei Alamogordo, hatte Oppenheimer den kühl kalkulierten Bombenabwürfen auf Hiroshima und Nagasaki noch zugestimmt. Doch als er vom entsetzlichen Massentod im Schatten des Atompilzes erfuhr, gestand der »Vater der Bombe« vor seinen Mitarbeitern betroffen ein: »Unsere Waffe hat die Unmenschlichkeit und Gnadenlosigkeit des modernen Krieges unbarmherzig zugespitzt.«

Für Robert Oppenheimer hieß die Konsequenz aus diesem Eingeständnis allerdings nicht Rückzug. Seine Bombe konnte nun nicht mehr aus der Welt geschafft werden. Folglich setzte er alles daran, die zerstörerische Kraft wenigstens unter Kontrolle zu behalten. In den USA war der erste Schritt 1946 damit getan, daß die Atomkraft der direkten Verfügung durch die Militärs entzogen und unter die Aufsicht der AEC gestellt wurde. Vorsitzender des wissenschaftlichen Beratungsausschusses dieser Kommission war Robert Oppenheimer selbst.

Für einen kurzen Moment schien die Utopie greifbar, daß der Schrecken der verheerenden Vernichtungskraft die Regierungen zur Zusammenarbeit und einer gemeinsamen Atomaufsicht zwingen würde. Doch spätestens im August 1949, als die erste sowjetische Atombombe detonierte, stand fest, daß der Atompilz über Hiroshima nur das Fanal für eine neue Phase des Rüstungswettlaufs gewesen war. In den Vereinigten Staaten bekamen damit die Verfechter einer noch gewaltigeren Waffe Aufwind. Besonders Edward Teller, ein Physiker aus Oppenheimers Los-Alamos-Crew, wollte die Abkehr seines früheren Mentors aus der Rüstungsentwicklung nicht mitvollziehen. Der gebürtige Ungar, empört über die kommunistische Diktatur in seiner Heimat und beseelt vom Forscherdrang, warb vehement für seinen Plan einer Wasserstoffbombe, um den nuklearen Vorsprung vor der Sowjetunion wieder zu vergrößern. Zunächst erteilte die Atomenergiekommission dem Projekt eine klare Absage. Doch als mit dem Korea-Krieg der Ost-West-Konflikt eskalierte, fand Teller für sein Vorhaben in Washington offene Türen und Ohren. Präsident Truman empfahl Anfang 1950 den Bau der Wasserstoffbombe, und Teller gelang es in kurzer Zeit, die technischen Schwierigkeiten aus dem Weg zu räumen. Damit geriet Oppenheimer, der einen demonstrativen Verzicht auf jeden H-Bomben-Test gefordert hatte, zunehmend ins Hintertreffen. Seinen Vorsitz im AEC-Beirat mußte er abgeben. Teller ging nun in die Offensive und warf der Oppenheimer-Fraktion vor, mit passivem Widerstand eine frühere Entwicklung der Wasserstoffbombe verzögert zu haben.

Im Herbst 1952 explodierte das erste

Aus dem Verhandlungsprotokoll:

Robb: »Widersetzten Sie sich dem Abwurf einer Atombombe auf Hiroshima aus moralischen Skrupeln?«
Oppenheimer: »Wir äußerten . . .«
Robb: »Ich frage, was *Sie* taten, nicht *wir*!«
Oppenheimer: »Ich gab meinen Ängsten Ausdruck und nannte Gründe, die dagegen sprachen.«
Robb: »Sie argumentierten gegen den Abwurf der Bombe?«
Oppenheimer: »Ich brachte Gründe vor gegen den Abwurf.«
Robb: »Gegen den Abwurf der Atombombe?«
Oppenheimer: »Ja, aber ich unterstützte diese Argumente nicht.«
Robb: »Sie meinen, daß Sie – nachdem Sie, wie Sie es selbst gesagt haben, Tag und Nacht drei oder vier Jahre lang an der Fertigstellung der Atombombe gearbeitet hatten – das Argument vorbrachten, sie solle nicht verwendet werden?«
Oppenheimer: »Nein, ich trat nicht dafür ein, daß sie nicht verwendet werden solle. Der Kriegsminister fragte, was die Ansichten der Wissenschaftler wären. Ich gab ihm Argumente, die dagegen und solche, die dafür sprachen.«
Robb: »Aber Sie sind doch für den Abwurf der Atombombe auf Japan eingetreten?«
Oppenheimer: »Ich tat nur meine Arbeit, die ich tun sollte. Ich war in Los Alamos nicht in der Lage, politische Entscheidungen zu treffen.
Ich hätte alles gemacht, was man von mir verlangt hätte, einschließlich Bomben aller verschiedener Formen, wenn ich sie nur für technisch herstellbar gehalten hätte.«
Robb: »Sie hätten also auch eine thermonukleare Bombe hergestellt.«
Oppenheimer: »Ich konnte es damals nicht.«
Robb: »Danach habe ich Sie nicht gefragt, Doktor.«
Oppenheimer: »Ich hätte daran gearbeitet.«

Ungetüm mit elementarer Wucht und stampfte ein komplettes Südsee-Atoll in einen 50 Meter tiefen Meeresbodenkrater; der Atompilz erreichte einen Durchmesser von 45 Kilometern.

Der Vernichtungswettlauf war nun nicht mehr aufzuhalten. Schon ein Jahr später antworteten die Sowjets mit einer Lithiumhydrid-Bombe, die das amerikanische Modell noch an Unberechenbarkeit überbot. Teller und seine Leute zogen am 1. März 1954 mit der Zündung einer ähnlichen thermonuklearen Superbombe nach. Die Eskalation des Gigantenduells führte die eigene Abschreckungslogik ad absurdum. Denn in letzter Konsequenz beschwor die Drohung mit dem nuklearen Bombenarsenal den Untergang der Menschheit herauf.

Edward Teller setzte sich für den Bau der Wasserstoffbombe ein.

Robert Oppenheimer sah seine Aufgabe darin, diese Schreckensvision schon im Ansatz zu verhindern. Er plädierte für den Bau begrenzt einsetzbarer Atomwaffen und die Sicherung des löchrigen Luftschirms über Nordamerika. Gleichzeitig schlug er vor, die USA sollten vorbeugend bekanntgeben, im Ernstfall auf den Einsatz ihrer Langstrecken-Atombomber zu verzichten, um die Sowjets zu einer entsprechenden Gegengarantie zu bewegen.

Oppenheimers Mahnungen fanden öffentlich Beachtung, aber kein Gehör. In der heißen Phase des nuklearen Kräftemessens wirkte er wie ein anachronistischer Mahner, ein Relikt vergangener Tage, dem man durchaus Achtung zollte, aber Mitsprache verwehrte. Mehr noch: Mit Tellers Erfolg sahen sich die Kritiker der Wasserstoffbombe unvermittelt in die Nähe von Staatsfeinden gerückt.

So konnte es, angeheizt durch McCarthys hysterische Hexenjagd, nicht ausbleiben, daß gezielte Indiskretionen über Oppenheimers angebliche kommunistische Vergangenheit in Washington bald die Runde machten. Aufgeschreckt durch den Verdacht, der Physiker sei ein verkappter »Sowjetagent«, ordnete Präsident Eisenhower an, es möge sofort »eine fugenlose Wand zwischen Oppenheimer und allen Regierungsgeheimnissen errichtet werden«. Seit Weihnachten 1953 wurde dem Wissenschaftler der Zugang zu allen Geheimdokumenten gesperrt. Sicherheitsbeamte räumten alle Akten mit dem »Secret«- oder »Top-secret«-Vermerk aus seinem Safe. Doch Oppenheimer wollte sich der Suspendierung nicht fügen. Er fühlte sich im Recht und konnte zudem auf sein ungebrochenes Ansehen in der Öffentlichkeit setzen. Noch ehe das Verfahren vor dem Untersuchungsausschuß richtig begann, umgab ihn die Gloriole eines Märtyrers.

Am 12. April 1954 begann unter Ausschluß der Öffentlichkeit die Verhandlung »in Sachen J. Robert Oppenheimer«. Als Ankläger bestellte der Vorsitzende der Atomenergiekommission, Lewis Strauss, den Anwalt Roger Robb, der – so der *Atlantic Monthly* – darauf »erpicht war, nicht zu verstehen, sondern zu beschuldigen«. Mit ebenso raffinierten wie rücksichtslosen Fragen drängte er die Zeugen, denen oft der Einblick in selbstverfaßte Dokumente verwehrt war, komplizierte Fragen mit Ja oder Nein zu beantworten. Die Befragung Oppenheimers erinnerte stellenweise an die Inquisition, der es weniger um die Klärung des Sachverhalts als um ein Schuldbekenntnis ging.

» Wir haben die Arbeit des Teufels getan, aber nun kehren wir zu unseren wirklichen Aufgaben zurück. «

Robert Oppenheimer

Allerdings machte der Befragte es seinen Gegnern leicht. Der sonst so geschliffen formulierende Denker wirkte unsicher, widersprüchlich, halbherzig. Dem forschen »Staatsanwalt« Roger Robb mit dem festgefügten Weltbild fiel es nicht schwer, den mit sich selbst hadernden »Angeklagten« in Widersprüche zu verwickeln und in die Enge zu treiben.

Während der drei Wochen währenden Verhandlung nahm der Ausschuß 40 Zeugen ins Verhör und wälzte über 6000 Seiten Aussageprotokolle und Beweismaterial. Fast einhellig bestätigten Oppenheimers Kollegen dessen Integrität. Doch den Ausschlag dürfte das Zeugnis seines Gegenspielers Edward Teller gegeben haben, der als einziger Wissenschaftler von Rang gegen Oppenheimer aussagte. Zwar bezweifelte auch der Erfinder der Wasserstoffbombe Oppenheimers guten Willen zur Loyalität nicht, riet aber, ihm den Zugang zu nationalen Atomgeheimnissen zu entziehen. So lautete am 7. Juni 1954 der Mehrheitsentscheid der Untersuchungskommission: Die Suspendierung des Wissenschaftlers blieb bestehen.

Am 29. Juni schloß sich die Atomenergiekommission unter Vorsitz von Lewis Strauss diesem Urteil an. Damit war Oppenheimer endgültig aus dem Allerheiligsten der Atomstreitmacht verbannt. Dem Urheber der militärischen Atomnutzung war jeder Einfluß auf die Folgen seiner Arbeit entzogen. Zugleich bedeutete der Spruch für ihn aber auch eine Befreiung von der Last der Verantwortung. Oppenheimer konnte sich wieder ganz ins Reich der »reinen Lehre« zurückziehen.

Nicht zuletzt bewahrte der aufsehenerregende Urteilsspruch den Physiker davor, als gewissenloser Urvater der Atomrüstung in die Geschichte einzugehen. Der Bannspruch gegen Robert Oppenheimer, der erst ein Jahrzehnt später von Präsident Kennedy wieder aufgehoben wurde, legte zugleich den Grundstein für seinen legendären Nachruhm als tragische Hamlet-Figur des Atomzeitalters. (PH)

Schick in Cannes und Capri:

Die schillernde Welt der High-Society

Was ist ein Neujahrstag ohne gute Vorsätze und einen Ausblick auf die kommenden Ereignisse? Auch der Kolumnist Art Buchwald von der Pariser Redaktion der *International Herald Tribune* wollte in seinem Neujahrsartikel nicht darauf verzichten: »Das Jahr 1954 ist das Jahr der Entscheidung für uns. Wer wird die größte Party schmeißen? Werden die Herzogin und Elsa Maxwell sich vertragen? Wird sich Aga Khan verheiraten? Wird der Jacht-Hafen von Cannes vergrößert werden? Werden Barbara und Porfirio Rubirosa in Paris oder an der Riviera leben? [...] Das sind Fragen, die wir stellen müssen. Sogar wenn wir die Antwort nicht wissen, müssen wir tapfer voranschreiten, den Kopf hoch [...] und dem neuen Jahr mit Hoffnung entgegensehen – voller Hoffnung, daß es Schnee in Sankt Moritz geben wird und Sonne in Marrakesch, Kostüm-Parties in Biarritz und Feste in Venedig, Tiefsee-Fischen vor Capri und Taubenschießen in Deauville. Wir können nur auf unseren Jachten sitzen, abwarten und sehen, was geschehen wird.«

Mit seinem satirischen Rundumschlag hatte Art Buchwald freilich weniger die Ereignisse selbst als vielmehr seine Kollegen von der Klatschpresse und deren Opfer im Sinn.

Seit Beginn der fünfziger Jahre informierten auch in Deutschland zahllose Illustrierten-Klatschspalten mit Liebe zum Detail eine wachsende Leserschaft über Leben, Ehen und Affären der Mächtigen, Reichen und Schönen dieser Welt.

Unumstrittenes Vorbild für die vielen Nacheiferer in Europa war Amerikas »Königin des Klatsches«, Elsa Maxwell. 1883 in – so wird erzählt – einer Theaterloge der Kleinstadt Keokuk zur Welt gekommen, hatte sie sich in jungen Jahren in allen möglichen Metiers versucht.

Sie war Schauspielerin an Wanderbühnen, arbeitete als Varieté-Künstlerin, eine Zeitlang als Schlagertexterin und Pressesprecherin, bis sie schließlich im Journalismus landete. Ihre mit spitzer Feder geschriebenen Artikel über das Leben der »besseren« Kreise füllten bald die Klatschspalten großer internationaler Zeitungen.

Elsa Maxwell war gleichermaßen geliebt wie gefürchtet: Wußten ihre publizistischen Opfer doch nie, ob Elsa Maxwells neueste Nachrichten ihnen Publicity verschaffen oder sie auf den untersten Platz der gesellschaftlichen Beliebtheitsskala verbannen würden. Für Präsident Eisenhower war die Maxwell eine »Institution des öffentlichen Lebens«. Sie selbst bilanzierte in ihrer Autobiographie kokett: »Ich bin anerkannt als *der* Schiedsrichter der internationalen Gesellschaft.«

In der deutschen Gesellschaft war es in erster Linie Hannes Obermaier, der unter dem Pseudonym »Hunter« die neue Spalte in den Boulevard-Gazetten gesellschaftsfähig machte. Seit 1952 schrieb »Hunter«, was Stars und Sternchen, Reiche, Playboys, Playgirls – wer mit wem – Paradiesvögel und Blaublütige auf Parties, Bällen, Modeschauen, in Ateliers und Clubs so trieben und plauderten.

Manche kletterten mit seiner Hilfe auf der Erfolgsleiter nach oben, andere fielen auf Nimmerwiedersehen hinab.

Zuerst in der Münchner *Abendzeitung* veröffentlicht, wurden seine

Er machte die Klatschspalten in den Boulevardblättern gesellschaftsfähig. Johann Baptist Obermaier alias »Hunter«. Oft war er es, der entschied, wer »in« war oder nicht.

Klatschspalten bald in vierzig Zeitungen gedruckt. Nicht lange mußte »Hunter« geeigneten Nachrichten, die die Herzen bewegen, nachjagen. Bald schon konnte er sich Abend für Abend gemütlich an die Bar des »Bayerischen Hofs« in München zurückziehen; die Ruhmsüchtigen unter den oberen Zehntausend kamen freiwillig zu ihm an den Tresen, um sich bereitwillig aufs Korn nehmen zu lassen oder auszuplaudern, was sie selber in der großen weiten Welt erlebt, gesehen oder gehört hatten.

So waren es auch »Hunters« Ohren, an die die Vorboten des begehrtesten Klatschthemas 1954 drangen: die Gerüchte um die schöne und verzweifelte Soraya, Kaiserin von Persien. Obschon seit 1951 mit Schah Reza Pahlewi verheiratet, hatte sie noch immer nicht den ersehnten Stammhalter zur Welt gebracht. Die Boulevard-Presse, seit der Hochzeit auf die Schlafzimmergeheimnisse des Kaisers abonniert, griff Sorayas Kinderlosigkeit begierig auf. Frauen in aller Welt bangten mit Soraya: Würde der ausbleibende Kindersegen Unglück heraufbeschwören? Im Herbst 1954 wollten die Gerüchte über eine bevorstehende Scheidung des Herrscherpaares nicht mehr verstummen.

Zusammen mit Gina Lollobrigida auf einem Filmball: Die amerikanische »Königin des Klatsches«, Elsa Maxwell. Auch für Präsident Eisenhower war sie eine Institution des öffentlichen Lebens.

Ein weiteres Herrscherpaar, Queen Elizabeth und der deutschstämmige Prinz Philip, waren den Gazetten 1954 ebenfalls manche Reportage wert. Die *Münchner Illustrierte* versuchte in einer schier endlosen Artikelserie hartnäckig zu ergründen, »warum Elizabeth und Philip so glücklich sind«, obgleich die beiden doch schon seit 1947 verheiratet waren. Dieser Zustand des Glücks schien kaum zu fassen; war es doch für Boulevardzeitungen auf die Dauer fast tödlich, wenn nicht über Zwist und Affären berichtet werden konnte.

» Ich bin anerkannt als der Schiedsrichter der internationalen Gesellschaft. «

Elsa Maxwell

Die Queen verkörperte nicht nur in der Regenbogenpresse die Idealvorstellung von der absolut integren Persönlichkeit. Selbst der *Spiegel* forschte im Privatleben der Königin, fand nichts Ehrenrühriges und berichtete statt dessen besorgt über »Gewichtsverluste« der Queen nach einer halbjährigen Weltreise, die sie durch die Commonwealth-Staaten führte.

Die fünfte Eheschließung der Woolworth-Millionenerbin Barbara Hutton war dem Hamburger Nachrichtenmagazin gleichfalls einen ausführlichen Artikel wert. Zweifel wurden geäußert, ob ihr Gatte Porfirio Rubirosa – ein ehemaliger Diplomat, seit Jahren erklärter Liebling der Groschenzeitungen – auf lange Frist der Richtige für die begüterte Dame sei. Der gerüchteweise wohlbestückte neue Ehemann hatte allzuoft schon durch amouröse Eskapaden von sich reden gemacht.

Der märchenhafte Reichtum und die rätselhaften Romanzen des Aga Khan, indischer Fürst und Oberhaupt der Ismaeliten, waren ebenso wie das Liebesleben prominenter Filmstars Dauerthemen der Gazetten.

So durchforstete die »Yellow Press« fast minuziös das Eheleben der schwedischen Schauspielerin Ingrid Bergmann mit dem italienischen Filmregisseur Roberto Rosselini, den sie bei Dreharbeiten in Italien kennengelernt hatte. Seinetwegen hatte Ingrid Bergmann 1950 ihren ersten Mann, den Arzt P. Lindström, und ihre Tochter Pia verlassen. Für die *Münchner Illustrierte* stand 1954 »allen Prognosen zum Trotz [fest]: Roberto Rosselini und Ingrid Bergmann sind immer noch glücklich! Ihre Verbindung, die mit einem handfesten Skandal begann, steht hoch über vielen Film-Ehen, die zwar mit ›wunschlos-glücklichen‹ Tagen beginnen, aber mit einem handfesten Skandal enden.«

Durchleuchtet wurden auch die Ehen von Marilyn Monroe und Elizabeth Taylor: Bei der Monroe fand man (noch) nichts Bemerkenswertes, hatte sie doch erst im Januar 1954 geheiratet. Bei der Ehe der Taylor mit ihrem Schauspielerkollegen Michael Wilding war es der Altersunterschied von zwanzig Jahren, der kritisch beargwöhnt wurde.

Gina Lollobrigida erfreute sich nach ihrem Erfolg in »Fanfan der Husar« zwar großer Beliebtheit, doch die Gazetten stilisierten sie nicht zu einem solchen Mythos wie die knabenhaft schlanke, mandeläugige Audrey Hepburn. Die bezaubernde ehemalige Tänzerin hatte mit Billy Wilders Komödie »Sabrina« 1954 durchschlagenden Erfolg. Der Hollywood-Regisseur Billy Wilder glaubte etwas vorschnell, daß mit Audrey Hepburn »das Busenzeitalter beendet« sei.

Right or wrong – Klatsch und Glamour 1954 waren eine leicht verderbliche Nachrichtenware. Wer sich schon als lebenslanges Opfer der Gazetten wähnte, konnte sich Jahre später hoffnungslos darüber grämen, von diesen links liegengelassen zu werden. (UN)

Halbstark und angepaßt: Jugend 1954

Musterknaben und Rebellen: Zwei Gesichter einer Nachkriegsgeneration

»Frech, trotzig und herausfordernd schauen sie in die Welt«, beobachtete die Zeitschrift *Unsere Jugend* mit Schaudern, »sicher, ja überheblich und mit plumpen Stolz treten sie in der Masse auf. Respekt haben sie überhaupt nicht, ja nicht einmal Angst kennen sie und sind daher durch Strafen kaum faßbar. Das eigentliche Kennzeichen ihrer Unternehmungen ist es, daß sie gegen ›zivilisierte‹ Verhaltensnormen verstoßen, da sie die Anstands-, Peinlichkeits- oder Schamgrenze verletzen und immer ungeformt, ungezügelt und verwildert, ja geschmacklos, roh und gemein sind.«

Mit engen Röhrenhosen, kariertem Texashemd oder weißem T-Shirt, Lederjacke, Satinblouson oder Holzfällerjacke angetan, so erschienen die »Halbstarken« der fünfziger Jahre auf der Bildfläche, vor Kinos, auf Rummelplätzen, an Straßenekken; Bürgerschrecks, die weder Anstand noch Moral zu kennen schienen, dafür aber um so besser den Gestus von Marlon Brando und die Musik von Bill Haley. »Die Jugendlichen kennen keine Unterordnung unter die Autorität des Staates oder der Erwachsenen. Das gilt insbesondere für die Autorität der Polizei, der Eltern und der Lehrer, denn gerade gegen diese Erwachsenen sind sie herausfordernd frech und gerissen, ohne Achtung und trotzig«, resümierte der Sozialwissenschaftler Curt Bondy.

War diese Jugend von allen guten Geistern verlassen, gar schon »in einem beängstigenden Zustand der Verrohung«, wie *Christ und Welt* befürchtete? Drohten nun auch in Deutschland »amerikanische Verhältnisse«? Denn dort gärten unter Jugendlichen, wie die Medien berichteten, die neuen »drei R«: Rowdytum, Radau und Revolte. Halbwüchsige Halbstarke beschädigten Autos, randalierten auf Friedhöfen und warfen Gedenksteine um. Für den »Vandalismus« der Schuljugend mußte die Stadt New York 2,1 Millionen Mark im Jahr aufbringen. Ein amerikanischer Lehrer riet seinen Kollegen, erst Jiu-Jitsu und Boxen zu lernen, um für den Eintritt ins Klassenzimmer gerüstet zu sein. Selbst in den gestrengen Ostblockländern klagten die Zeitungen über die wachsende Zerstörungswut der »Hooligans«.

Doch das Protestgebaren dieser »Halbstarken« in Deutschland war mehr als eine importierte Modeerscheinung. Die »gebrannten Kinder einer vaterlosen Gesellschaft« (Alexander Mitscherlich), die in Krieg und Elend, aber – durch die Not bedingt – auch selbständig und freizügig aufgewachsen waren, rebellierten gegen wiedererstarkte autoritäre Erziehungsnormen der restaurativen fünfziger Jahre. In einem Dschungel von Jugendschutz und Jugendverbot holten sie zum Befreiungsschlag aus. »Wer war es denn, der diesen Kindern von gestern Panzerfäuste in die Hand drückte, sie Kohlen ›besorgen‹ und schwarzhandeln ließ – wer anders als wir hat denn diesen Kindern damals all das gelehrt, was nach

Die Welt stand ihnen wieder offen. Sie waren jung und ungebunden. Und die »Lambretta« war für viele Vehikel einer neuen Freiheit.

sittlichem Gesetz böse und falsch ist?«, gab der Gerichtsreporter der *Constanze* 1954 selbstkritisch zu bedenken.

Die Besorgnis wurde durch die Polizeistatistik genährt. Jede fünfte Straftat ging auf das Konto von Jugendlichen. Allein im Vorjahr hatte sich die Jugendkriminalität um 40 Prozent erhöht. Fachleute wie der Düsseldorfer Jugendstaatsanwalt Schlüter machten für die Misere das Fehlen von Millionen Vätern infolge des Krieges und die hohe Zahl von Scheidungen verantwortlich. Nur 58 Prozent der Jugendlichen wuchsen in einer »intakten« Familie mit zwei Elternteilen auf. Hinzu kam das Problem der Obdachlosigkeit: Rund 80000 junge Menschen, viele von ihnen Flüchtlinge aus dem Osten, streunten ohne festen Wohnsitz durch die Republik.

Doch auf längere Sicht sollten auch ihnen die Früchte des Aufschwungs nicht versagt bleiben. Die noch in den frühen Fünfzigern drükkende Berufsnot für Jugendliche begann sich ab 1954 allmählich zu verflüchtigen. Zwar waren noch immer hunderttausend auf der Suche nach einer Lehrstelle, aber dieser Zahl entsprach nun schon das Angebot an offenen Stellen.

Auf der Welle des frischerworbenen Wohlstands schwappte eine neue Jugendkultur von England auf den Kontinent über, die »Teds« oder »Teddy Boys«. Sie randalierten nicht, sie schrien nicht, sie diskutierten nicht. Narzißtisch ließen sie sich bewundern in ihrer Tracht, die dem Stil der Jahrhundertwende entlehnt war: enge Röhrenhosen, bunte Westen, farbige Samtjacketts, seidene Krawatten – bei dem durchschnittlichen Etat eines Lehrlings von 35 Mark im Monat mußte man lange darauf sparen.

Die modischen Trends der Jugendkultur stachen – wie zu allen Zeiten – ins Auge, aber sie waren keineswegs typisch. Die große Mehrheit der Jugendlichen hatte weder mit Halbstarken noch mit Teds etwas gemein. Sie war überaus brav und vernünftig – wie eine EMNID-Umfrage aus dem Jahre 1954 ergab. So erwarteten die jungen Mädchen in erster Linie Können, Leistung und Fleiß von ihrem künftigen Ehemann, jeder zweite Jüngling wiederum wünschte sich vor allem anderen eine »gute Hausfrau« als Gattin. Werte wie Treue, Fleiß, Ordentlichkeit, Natürlichkeit, Fröhlichkeit und Gesundheit standen ganz oben auf der Wunschliste für eine Partnerschaft; Liebe oder gar Erotik dagegen rangierten abgeschlagen am unteren Ende der Skala.

Eine neue, wilde Lebenskultur erreichte mit dem Rock 'n' Roll Europa. Doch für die meisten Jugendlichen in Deutschland blieb die Tanzstunde das profunde Parkett für die erste zarte Begegnung.

Die Häuslichkeit siegte bei den jungen Frauen auch, wenn es um Geld ging. Hausrat galt 23 Prozent der weiblichen Befragten als die vordringlichste Anschaffung, 16 Prozent wollten ihr Geld auf die Sparkasse tragen, dann erst kamen Kleider, Reisen und Bücher an die Reihe. Die Jungen hingegen hegten einen anderen Traum: Beinahe jeder vierte hätte sein Geld unverzüglich zum nächsten Motorradhändler getragen.

Ihre liebste Freizeitbeschäftigung war allerdings der Sport, während sich die Mädchen bevorzugt mit einem Buch zurückzogen. Dann folgten Tätigkeiten in der Beliebtheitsskala, wie sie sich Eltern nur wünschen konnten, vom Briefmarkensammeln bis zur Fahrradreparatur. Immerhin gingen die meisten Jugendlichen wenigstens einmal im Monat ins Kino; doch keineswegs, um Hollywood-Schnulzen, Krimis oder Kriegsfilme zu sehen, sondern vorzugsweise heimatliche Liebes-, Abenteuer- und Revuefilme. Daneben verbrachten sie ihre Freizeit gern vor dem Radiogerät, um Tanzmusik, Unterhaltung und Schlagern, aber häufig auch Hörspielen zu lauschen. Als regelmäßige Leser einer Tageszeitung entpuppten sich 70 Prozent der Befragten. Diesem publizistischen Interesse entsprach ihre politische Zuverlässigkeit: 71 Prozent hätten die bundesdeutsche Demokratie aktiv in Schutz genommen, 65 Prozent bekannten sich zur europäischen Einigung, dem Nationalsozialismus hatte die Jugend endgültig abgeschworen. Allerdings erklärte der Soziologe Helmut Schelsky die demokratischen Neigungen der »skeptischen Generation«, wie er sie skizzierte, mit ihrem Wunsch nach unumschränkter Freiheit: »Sie bejahte die Demokratie, aber sie wußte im Grunde nicht, was es mit ihr auf sich hat.«

Die Neigung zur Kritik an den bestehenden Verhältnissen war jedenfalls nicht sonderlich ausgeprägt. Selbst die Initiatoren der westdeutschen Wiederbewaffnung brauchten aus den Reihen der jungen Generation keinen allzu heftigen Widerstand zu befürchten. Über zwei Drittel der männlichen Befragten waren unter bestimmten Bedingungen – Wehrpflicht und Verteidigungsfall – durchaus damit einverstanden, die Soldatenuniform anzuziehen. (PH)

Zwischen Krieg und Träumen

Heile Welt und ramponierte Helden auf der Kinoleinwand

Nicht nur die großen Filme kamen 1954 aus den USA, auch die Schauspieler des Jahres: Audrey Hepburn, jenes zarte Mädchen mit dem besonderen Charme, das gerade den Oscar für »Ein Herz und eine Krone« erhalten hatte und nun »Sabrina« drehte zusammen mit dem alten Schwerenöter Humphrey Bogart; Burt Lancaster und Marlon Brando erzielten ihren Durchbruch – beide mit Rollenbildern, nach denen damals der Zeitgeist verlangte: den »zornigen jungen Männern«.

Da ging es im bundesdeutschen Nachkriegskino bedächtiger und bescheidener zu: Erfolg bei Publikum und Filmkritik hatten damals vor allem Kriegs- beziehungsweise Antikriegsfilme: »Canaris« von Alfred Weidenmann, »Die letzte Brücke« von Helmut Käutner und »08/15« von Paul May. Käutner beschäftigte sich in seinem Film mit dem Schicksal einer deutschen Ärztin, die von jugoslawischen Partisanen entführt wird, bei ihnen bleibt und die Verwundeten versorgt. Maria Schell, die die Hauptrolle spielte, wurde dafür in Cannes als beste Schauspielerin des Jahres ausgezeichnet: für sie der Beginn einer Weltkarriere mit großen Partnern wie Laurence Olivier, Marcello Mastroianni und Yul Brunner.

Abrechnung mit dem Kommißalltag: »08/15«, die Geschichte des Gefreiten Asch im Kampf gegen militärische Willkür auf dem Kasernenhof, wurde zum Kassenschlager des Jahres in Deutschland.

In Deutschland wurde »08/15« zum Film des Jahres. Ausgerechnet am 30. Januar hatte die *Neue Illustrierte* mit dem Abdruck des Romans von Hans Hellmut Kirst begonnen, der dann im März erschien.

Der *Spiegel* fand, »die Darstellung der klassischen Methoden des deutschen Kommiß, die Menschen zur Sau zu machen«, sei wie kein anderes Thema der Zeit dazu geeignet, »die Öffentlichkeit in Wallung zu bringen«.

Das war auch der Fall, vor allem zustimmende Briefe trafen in der Redaktion ein. Zahllose Leser, meist einfache Soldaten von gestern, fanden in der Schilderung des Kasernenhofalltags ihre eigenen Erfahrungen und Erinnerungen wieder. Nur die Interessenverbände der Berufssoldaten waren natürlich völlig anderer Meinung. Sie prangerten die »Aushöhlung der deutschen Wehrbereitschaft« an und forderten die Bundesregierung auf, Schritte gegen diesen »Untergrabungsversuch des Verteidigungswillens« zu unternehmen. Der Bundesminister für besondere Angelegenheiten, Franz Josef Strauß, später selbst Verteidigungsminister, griff in die Diskussion ein und bezichtigte den Autor Kirst, bis zuletzt als NS-Führungsoffizier tätig gewesen zu sein.

Der publizistische Streit wurde schließlich auch juristisch weitergeführt. Der Trubel nützte natürlich dem Buch: Nach zwei Monaten waren Ende Mai 1954 schon über 120000 Exemplare des Romans verkauft. Noch im gleichen Jahr kam auch der Film »08/15« heraus. Am Drehbuch hatte Kirst mitgewirkt, die Hauptrolle des Gefreiten Asch spielte Joachim Fuchsberger. Die Figur des Soldaten Asch – »Arsch ohne r« – karikiert dabei nicht das Militär an sich. Durch seine Revolte wird nicht das Verbrechen des Krieges gegeißelt, sondern nur die Schwäche des Systems aufgezeigt, das er aber nicht in Frage stellt.

Die Botschaft des Films ist lediglich die Forderung nach einer neuen, menschlicheren Form der Ausbildung. So gesehen nahm »08/15« in der damals geführten Debatte um die Wiederbewaffnung Partei: pro Remilitarisierung, aber zugunsten von »Innerer Führung«. Der Gefreite Asch war insofern auch das vorweggenommene Ideal vom »Bürger in Uniform«.

Dutzenden von Regisseuren, Drehbuchautoren und auch Schauspielern war der fast bruchlose Umstieg in den Nachkriegsfilm gelungen. Auffälligstes Beispiel war Veit Harlan, der Regisseur des antisemitischen Hetzfilms »Jud Süß«. 1954 brachte er seine »Sterne über Colombo« ins Kino. Kurz zuvor hatte er demonstrativ das Original von »Jud Süß« verbrannt – eine nutzlose Geste, da viele Kopien existierten. Bei der Aufführung der »Sterne« kam es dann zu Tumulten, als Jugendliche gegen Harlan protestierten. Doch das war eher die Ausnahme. Erleichtert wurde die fatale Kontinuität auch durch die Tatsache, daß die Machart vieler Filme noch dem Habitus der alten UFA entsprach. Es gab zwar keine Propaganda-, Kriegsverherrlichungs- und Antisemitismusfilme mehr, doch dafür hatte sich das Genre des flauen unpolitischen Unterhaltungsfilms gut gehalten. Nach wie vor wollten die meisten Zuschauer keine Problemfilme sehen. Der Film war auch damals das Medium zur Flucht aus dem Alltag, eine eineinhalbstündige Traumfahrt in ein verklärendes und verzauberndes Nirgendwo.

Unterhaltung war Trumpf im deutschen Nachkriegskino. Streifen wie Kurt Hoffmanns Pennälerkomödie »Das fliegende Klassenzimmer« nach der Romanvorlage von Erich Kästner füllten die Kinosäle.

»Audrey Hepburn hat Hollywood nicht erobert, sie hat es bezaubert.«

Billy Wilder, Regisseur

Geliefert wurde diese Droge 1954 pausenlos. So mit dem Ärzte-Melodram »Sauerbruch«, dem Historien-Drama »Ludwig II. – Glanz und Ende eines Königs«, aber auch mit Kästner-Verfilmungen wie »Emil und die Detektive« und »Das fliegende Klassenzimmer«. Insgesamt entstanden 1954 in der Bundesrepublik fast 150 neue Produktionen, ein Drittel mehr als 1953. Da nach den neuen Förderungsvorschriften die Produzenten maximal 7,5 Prozent der Herstellungskosten einbehalten durften, war das Interesse an größerem Aufwand entsprechend stark: je üppiger der Herstellungsaufwand, desto höher der persönliche Gewinn des Produzenten! Darunter litt nur allzuoft die Qualität.

Daß dies nicht zwangsläufig so sein mußte, bewies etwa der italienische Film »La Strada«. Regisseur Federico Fellini führte darin Anthony Quinn (als »Zampano«) und vor allem Giulietta Masina (als »Gelsomina«) zu Weltruhm. Die Fellinische Bildsprache und sein nachdrückliches Plädoyer dafür, daß nur das Verständnis privater Gefühle auch Verständnis der Gesellschaft bedeute, war ein kompletter Bruch mit dem bis dahin in Italien vorherrschenden Neorealismus. Zu Hause bei den Kritikern heftig umstritten, gewann »La Strada« in Hollywood einen Oscar für den besten ausländischen Film. In Fellinis Gesamtwerk nimmt er eine Schlüsselstellung ein.

Ein Welterfolg wurde 1954 auch Akira Kurozawas Epos »Die sieben Samurai«. In diesem wohl berühmtesten Film des japanischen Regisseurs schützen sieben wandernde Krieger, Samurai, ein Dorf vor Banditen. Der Stoff wurde wenige Jahre später auch zu einem Western verarbeitet – »Die glorreichen Sieben«.

Doch tonangebend war nach wie vor Hollywood. Auch 1954 war »Tingeltown« noch imstande, Klassiker zu produzieren – etwa Alfred Hitchcocks »Fenster zum Hof«. Der Großmeister der Spannung präsentierte fast den ganzen Film aus der Perspektive des Fotografen Jeff (James Steward), der nach einem Beinbruch ans Zimmer gefesselt, durch das Fenster den Hinterhof beobachtet und dabei einen Mord aufklären kann – eines der schlichtesten und doch brillantesten Werke des britischen Regisseurs. Jeffs Freundin Lisa wurde von Grace Kelly gespielt, die 1954 außerdem »Das Mädchen vom Lande«

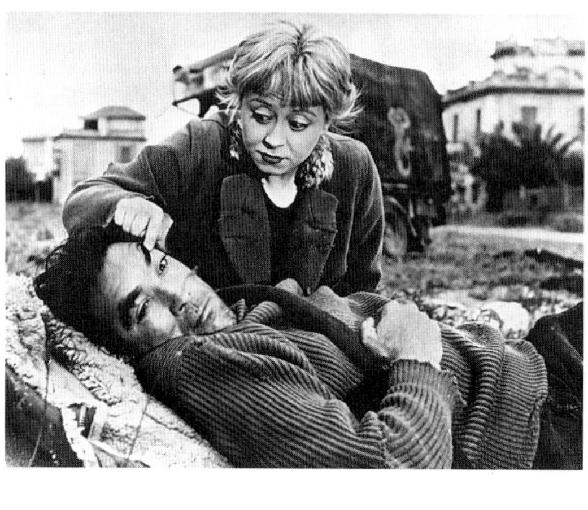

Anspruchsvolle Filme kamen aus dem Ausland: Dem italienischen Regisseur Federico Fellini gelang mit »La Strada« ein feinfühliges Porträt einfacher Menschen, das mit einem Oscar ausgezeichnet wurde.

Ein Hitchcock für Voyeure: Der Meister erzeugt mit wenigen Einstellungen höchste Spannung. In den Hauptrollen: Grace Kelly und James Stewart.

drehte – wofür sie später einen Oscar erhielt. Auch »Vera Cruz« mit Burt Lancaster und Gary Cooper, »Stadt in Angst« mit Spencer Tracy, »Fluß ohne Wiederkehr« mit Marilyn Monroe und »Die Caine war ihr Schicksal« mit Humphrey Bogart waren damals Kassenschlager.

Doch der absolute »Star« war 1954 Audrey Hepburn. Im März hatte sie einen Oscar für »Ein Herz und eine Krone« mit Gregory Peck erhalten – ihre erste Filmhauptrolle überhaupt. Audreys Ausstrahlung erlagen gleichermaßen Regisseure, Kritiker, Kollegen und Zuschauer. Die 25jährige, die aussah wie siebzehn, wurde im Handumdrehen der Liebling aller. Sie konnte zugleich hilfloses Mädchen und Dame von Welt sein. Einmütig war der Lobgesang auf das langbeinige, schlanke Geschöpf mit dem Gazellenhals. Sie hat »Augen, die man nie vergißt«, schrieb damals die *New York Times*. Die plötzliche Popularität hatte Folgen: Teenager ahmten die überschlanke Hepburn nach, die Mode kreierte den »Body-Look« mit Knabenhosen, die Haare wurden in charmantem Gestrubbel getragen, die Augen schräg geschminkt. Doch obgleich Regisseur Billy Wilder prophezeit hatte: »Dieses Mädchen wird vielleicht den Busen zu einer Sache der Vergangenheit machen«, kam es ganz so weit denn doch nicht – die Männer blieben den Marilyns, Sophias, Jaynes und Ginas treu. Doch wie sagte damals Billy Wilder? »Audrey Hepburn hat Hollywood nicht erobert, sie hat es bezaubert.«

Etwas Ähnliches konnte man vom männlichen Aufsteiger des Jahres nicht behaupten. Marlon Brando, der den Typ des zornigen jungen Mannes verkörperte, kreierte damit auch ein neues Männerbild. Dabei hatte er bis dahin schon bemerkenswerte schauspielerische Leistungen gezeigt – in so unterschiedlichen Rollen wie 1951 in »Endstation Sehnsucht« mit Vivian Leigh, 1952 in »Viva Zapata«, 1953 als Marc Anton in »Julius Cäsar« und als jugendlicher Rocker in »Der Wilde«. Doch erst seine Rolle in »Die Faust im Nacken« machte ihn nun zum Idol. Das traf offenbar den Nerv einer ganzen Generation. Dabei war Brando im Kern eher sensibler Künstler als Rebell. Doch das jugendliche, männliche Kino-Publikum favorisierte den rohen und gewaltbereiten Brando, dessen Markenzeichen damals ausgefranste Jeans und fleckige T-Shirts wurden. Er nuschelte, frotzelte und pöbelte. Sein Benehmen galt als abstoßend und war doch vorbildlich für ungezählte Jugendliche. Alles in allem prägte er den Typus des »Halbstarken« – und bereitete damit den Weg für einen neuen Vertreter dieser Richtung – James Dean.

Einen ganz anderen Angriff auf die Moral hatte die barbusige Hildegard Knef in ihrer »Sünderin« gestartet. Schon 1951 war gegen den ansonsten eher mittelmäßigen Streifen ein polizeiliches Verbot ergangen. 1954 aber hob das Bundesverwaltungsgericht dieses Urteil wieder auf. Begründung: Kunst dürfte auch Unmoral darstellen, sich nur nicht zu ihr bekennen.

Keine Probleme mit der Moral hatte dagegen der Kultfilm »Vom Winde verweht«, der 1954 beispielsweise in einem Wiesbadener Kino seine tausendste Vorführung erlebte. 1954 war für die deutschen Kinos ein gutes Jahr. Die Besucherzahlen stiegen weiter, 45 von 100 Bürgern gingen mindestens einmal, meist aber mehrmals im Monat ins Kino. Was sie dort nicht sahen, waren Filme aus dem anderen Deutschland. Die waren zwar nicht verboten, aber unterlagen in der Regel einer »freiwilligen Selbstkontrolle«: Man zeigte sie einfach nicht. Das galt unter anderem auch für Wolfgang Staudtes Heinrich-Mann-Verfilmung »Der Untertan«. Gestört hat das nur einige wenige Cineasten. Das Gros des Publikums lief derweil in »Ludwig II.« oder »Auf der Reeperbahn nachts um halb eins«. Da war man ungestört mit seinen Träumen. (HH)

Mädchenhafte Eleganz bezauberte Hollywood: Für »Ein Herz und eine Krone«, ihre erste Filmrolle überhaupt, erhielt Audrey Hepburn einen Oscar.

1 · Donnerstag

In Paris entläßt der französische Ministerrat den Oberbefehlshaber des Heeres, Marschall Alphonse Juin. Juin hatte die geplante Europäische Verteidigungsgemeinschaft (EVG) kritisiert.

Bundesinnenminister Gerhard Schröder (CDU) lehnt in einer lebhaften Debatte des Bundestages jede staatliche Zensur deutscher Filme ab. Sein Parteifreund, Familienminister Franz-Josef Wuermeling, hatte wegen der »familienzersetzenden« Wirkung einiger Filmproduktionen eine »Volkszensur« gefordert.

2 · Freitag

Der deutsche Regisseur Veit Harlan verbrennt in Zürich öffentlich das Negativ seines 1940 entstandenen NS-Films »Jud Süß«. Harlan wendet sich damit gegen Bemühungen arabischer Staaten, den Film zu erwerben, um ihn als Propagandamittel gegen Israel zu zeigen.

3 · Samstag

Auf dem Bundeskongreß des Verbands der freien Berufe in Düsseldorf wendet sich Bundeskanzler Konrad Adenauer gegen die »Vermassung« des deutschen Volkes durch Kino, Fernsehen und Rundfunk. Besonders die geistig Schaffenden fordert Adenauer auf, der »Flut des Kollektivismus« entgegenzuwirken.

4 · Sonntag

In Ost-Berlin fordert Walter Ulbricht, der Erste Sekretär des Zentralkomitees der SED, eine gemeinsame Erklärung des Bundestages und der DDR-Volkskammer gegen Bau und Einsatz von Nuklearwaffen.

5 · Montag

US-Außenminister John Foster Dulles warnt in Washington die Volksrepublik China vor einem Truppeneinsatz in Vietnam und droht mit einem Gegenschlag.

Schloß Bellevue am Tiergarten wird der Amtssitz des Bundespräsidenten in Berlin. Darauf einigen sich der Berliner Senat und die Bundesregierung.

6 · Dienstag

In den Vereinigten Staaten werden erstmals drei Kinder zur Welt gebracht, die mit konserviertem Samen gezeugt worden waren.

7 · Mittwoch

In Bonn bekräftigen Bundestag und Bundesregierung erneut den Alleinvertretungsanspruch der Bundesrepublik. Eine einstimmig gebilligte Regierungserklärung wendet sich gegen die von der Sowjetunion erklärte Souveränität der DDR.

In München muß in der Mittagszeit wegen Smogs die Straßenbeleuchtung eingeschaltet werden.

8 · Donnerstag

Der FDP-Abgeordnete Karl Georg Pfleiderer fordert im Bundestag die Aufnahme diplomatischer Beziehungen zu den Ostblockstaaten.

9 · Freitag

Nach dem erneuten Absturz eines britischen Verkehrsflugzeugs des Typs »Comet« zieht das britische Luftfahrtministerium die Betriebserlaubnis der Düsenmaschine zurück. Die Herstellerfirma De Havilland stellt daraufhin den Bau der »Comet« ein und entläßt 700 Arbeiter.

In Washington erlaubt das Repräsentantenhaus mit 377 : 10 Stimmen das Abhören von Telefongesprächen zur Strafverfolgung von Spionage und Sabotage.

10 · Samstag

Der US-Bundesstaat Texas verbietet die kommunistische Partei und stellt die Zugehörigkeit zu ihr mit zwanzig Jahren Gefängnis unter Strafe.

11 · Sonntag

In ihrem Abschlußbericht erklärt eine amerikanische Kommission, in Deutschland sei der Antisemitismus noch immer weit verbreitet. Die Kommission war mehrere Wochen lang auf Einladung der Bundesregierung durch Westdeutschland gereist.

In Bonn mahnt Bundeskanzler Konrad Adenauer die deutschen Journalisten, an Regierung und Parlament keine »übertriebene Kritik« zu üben.

Die britische Regierung erklärt, daß Verhandlungen mit der aufständischen Mau-Mau-Guerilla in Kenia zu keinem Ergebnis geführt hätten und daß deshalb erneut militärisch gegen die Unabhängigkeitskämpfer vorgegangen werden müsse.

12 · Montag

In Kopenhagen lehnt die dänische Regierung die Forderung der NATO-Verbündeten ab, Luftstreitkräfte der Bündnispartner in Dänemark zu stationieren.

13 · Dienstag

Der Atomforscher Robert Oppenheimer wird von der Mitarbeit am Atomwaffenprogramm der USA ausgeschlossen. Dem ehemaligen Leiter des Atomforschungszentrums in Los Alamos werden Kontakte zu Kommunisten vorgeworfen.

In Paris unterzeichnen Großbritannien und die sechs Staaten der geplanten Europäischen Verteidigungsgemeinschaft (EVG) einen Vertrag über militärische Zusammenarbeit.

14 · Mittwoch

In West-Berlin verschwindet der Vorsitzende der russischen Emigrantenorganisation »Nationaler Bund«, Alexander Truchnowitsch. Die West-Berliner Polizei erklärt, der Exilrusse sei in die DDR entführt worden.

In Oberägypten wird die mit 665 Metern Spannbreite längste Nilbrücke dem Verkehr übergeben. Deutsche Firmen hatten die Brücke in nur zwei Jahren Bauzeit errichtet.

15 · Donnerstag

Im österreichischen Dachstein-Gebirge werden zehn Schüler und drei Lehrer aus Heilbronn vermißt. Die Gruppe war auf einer Wanderung vom Schneesturm überrascht worden.

16 · Karfreitag

Der amerikanische Präsident Dwight D. Eisenhower spricht sich für eine rasche Bildung der Europäischen Verteidigungsgemeinschaft aus und garantiert eine weitere Stationierung von US-Truppen in Europa.

Ein Mailänder Gericht verurteilt Giovanni Guareschi, den Autor des Welterfolgs »Don Camillo und Peppone«, wegen Verleumdung zu einem Jahr Gefängnis.

17 · Samstag

Der VfB Stuttgart gewinnt durch ein 1 : 0 gegen den 1. FC Köln das Finale um den DFB-Pokal in Ludwigshafen. Für ihren Erfolg erhalten die Stuttgarter pro Spieler eine Prämie von 500 DM.

Die Regierung der Vereinigten Staaten stellt sich hinter Vizepräsident Richard Nixon, der erklärt hatte, die USA würden Bodentruppen nach Vietnam entsenden, falls Frankreich sich aus Indochina zurückziehe.

18 · Ostersonntag

In seiner Osteransprache fordert Papst Pius XII. die Ächtung aller Atomwaffen.

19 · Ostermontag

In New York erklärt der sowjetische UNO-Botschafter Andrei Wyschinski, sein Land sei im Besitz der Wasserstoffbombe.

20 · Dienstag

US-Militärflugzeuge transportieren 1000 französische Fallschirmjäger von Paris nach Vietnam.

Die SPD legt eine wirtschaftspolitische Erklärung für freie Konsumwahl und gegen jede Zwangswirtschaft vor. Damit entfernen sich die Sozialdemokraten von früheren planwirtschaftlichen Vorstellungen.

21 · Mittwoch

Das Hilfswerk der Evangelischen Kirche teilt mit, daß im Indochina-Konflikt bisher etwa 25 000 deutsche Fremdenlegionäre gefallen seien.

In Paris gibt die Organisation für Erziehung, Wissenschaft und Kultur der Vereinten Nationen (UNESCO) den Beitritt der UdSSR bekannt.

22 · Donnerstag

In Belgrad erklärt der jugoslawische Staatschef Marschall Tito, sein Land wolle der Europäischen Verteidigungsgemeinschaft (EVG) beitreten.

In Frankfurt am Main stellen sich drei Angehörige des sowjetischen Geheimdienstes den amerikanischen Behörden. Die Agenten hatten den Auftrag, den prominenten Exilrussen Georgi Okelowitsch zu liquidieren.

23 · Freitag

Die USA, Großbritannien und Frankreich verweigern der Volksrepublik China für die bevorstehende Genfer Indochina-Konferenz den Status einer gleichberechtigten Großmacht.

24 · Samstag

Österreichische Rettungsmannschaften bergen im Dachstein-Gebirge die Leichen von zehn Schülern und drei Lehrern. Die Wandergruppe aus Heilbronn war seit dem 15. April verschollen.

25 · Sonntag

Staatspräsident Juan Peron wird in Argentinien wiedergewählt.

26 · Montag

In Genf beginnt eine internationale Konferenz über die Korea-Frage und die Beendigung des Indochina-Krieges.

In der britischen Kronkolonie Kenia deportieren die Behörden rund 10 000 Angehörige des Kikuju-Stammes wegen des Verdachts, die Freiheitsbewegung Mau-Mau zu unterstützen, in Lager.

Die Sowjetunion stimmt überraschend Hafterleichterungen für die in Spandau inhaftierten deutschen Kriegsverbrecher zu.

27 · Dienstag

In Kiel beschließt der schleswig-holsteinische Landtag, die Fünf-Prozent-Klausel bei Landtagswahlen auch auf die Partei der dänischen Bevölkerungsminderheit anzuwenden.

28 · Mittwoch

In Bonn schlägt die FDP vor, die im Juli anstehende Wahl des Bundespräsidenten in Berlin abzuhalten, weil der Bundespräsident »das rechtmäßige Staatsoberhaupt für ganz Deutschland« sei.

29 · Donnerstag

Indien und die Volksrepublik China schließen ein Wirtschaftsabkommen über den Grenzverkehr in Tibet.

30 · Freitag

Wahlen in Britisch-Honduras ergeben einen überwältigenden Erfolg der antibritischen Volkspartei.

Bei einem schweren Erdbeben in der griechischen Provinz Thessalien kommen 24 Menschen ums Leben, 25 000 werden obdachlos.

Frankreichs Aus in Indochina

Von Dien Bien Phu bis Genf: der Weg zur Teilung Vietnams

»Sie sind nur noch ein paar Meter weg, sie brechen überall durch«, schrie General Christian de Castries. Es waren die letzten Worte, die das französische Oberkommando in Hanoi aus dem Befehlsbunker der heftig umkämpften Festung Dien Bien Phu über Funk empfangen konnte. Zuvor hatte de Castries dem nahegelegenen Artilleriestützpunkt »Isabelle« befohlen, ohne Rücksicht auf Verluste das Feuer auf den eigenen Standort zu eröffnen. Es war der letzte verzweifelte Versuch, den Angriffswellen der kommunistischen Vietminh Paroli zu bieten – galt es doch, Frankreichs Niederlage in Indochina so lange wie möglich hinauszuzögern.

Die Vietminh aber waren nicht mehr aufzuhalten. Seit 20 Stunden kämpften sie sich im erbitterten Nahkampf Meter um Meter zum Kern der Festung vor. Wie eine Springflut brachen sie in die französischen Unterstände ein; sie nahmen die letzten Überlebenden und den Kommandeur gefangen.

Nach 57 Tagen blutigen Schlachtens wehte auf dem Befehlsbunker von Dien Bien Phu die Rote Flagge mit dem gelben Stern, Symbol des roten Vietnam. Eine Sternstunde war es vor allem für Kommunistenführer Ho Chi Minh und seinen General Vo Nguyen Giap. Für die Besiegten war es ein Debakel. Frankreich verlor nicht nur eine Schlacht, an jenem 7. Mai 1954 wurde das Ende seiner Kolonialherrschaft besiegelt.

Die Nachricht vom Fall der Festung platzte mitten in eine Sitzung der französischen Nationalversammlung: »Die Nation muß den Fall von Dien Bien Phu wie ein Mann ertragen«, überbrachte Ministerpräsident Laniel die Hiobsbotschaft. Ganz Paris stand unter Schock. Der französische Rundfunk brach alle seine heiteren Sendungen ab und spielte Trauermusik. Doch so erschüttert auch das Selbstvertrauen der Franzosen schien, so machte sich doch zugleich Erleichterung bemerkbar; denn das Ende des »schmutzigen Krieges« in Indochina war jetzt absehbar. Dies vor allem deshalb, weil elf Tage vor dem Fall von Dien Bien Phu die Genfer Konferenz begonnen hatte, die Indochina Frieden bringen sollte. Auch hier schlug die Nachricht ein wie eine Bombe. Die Nord-Vietnamesen hatten schon jetzt eines ihrer Ziele erreicht: im entscheidenden Stadium der Gespräche wollten sie als Sieger am Verhandlungstisch sitzen.

Ho Chi Minh (zweiter von links) hält mit seinen engsten militärischen Beratern Kriegsrat. In Dien Bien Phu soll Frankreich vernichtend geschlagen werden.

Nach der Schlacht von Dien Bien Phu: In einer Sanitätssammelstelle warten verwundete französische Soldaten auf den Transport ins Lazarett.

Der Westen mußte seine Position neu ausloten. Die Partner bekundeten Paris ihr tiefes Beileid. Aber gerade an ihre Adresse richtete Ministerpräsident Laniel heftige Vorwürfe: Frankreich müsse »seinen Verbündeten jetzt sagen, daß es sieben Jahre lang bei der Verteidigung der gemeinsamen Interessen in Indochina allein gestanden hat«. Gemeint waren vor allem Großbritannien und die USA; doch mutete dieser Rundumschlag eher an wie ein Ablenkungsversuch, denn schon während des Korea-Kriegs hatte Washington Frankreich als natürlichen Verbündeten betrachtet. Die beiden Westmächte verteidigten wichtige Bastionen an der Grenze zur Volksrepublik China – laut Eisenhower ein strategisches Muß.

Indochina – dazu zählten Vietnam, Laos und Kambodscha – galt bis zum Zweiten Weltkrieg als »Perle« der französischen Kolonien, denn das Kautschuk-Paradies bescherte Frankreich beträchtliche Gewinne. Doch so alt wie die Kolonialherrschaft war auch der Widerstand in der Bevölkerung. Nationale und kommunistische Freiheitsbewegungen machten den Besatzern vielerorts zu schaffen. Französische Truppen und Fremdenlegionäre erstickten die Aufstände aber meist schon im Keim.

Während des Zweiten Weltkriegs kam es zu einem grotesken Wechselspiel verschiedener Koalitionen, 1940 besetzten die Japaner Indochina; die Franzosen wurden nur so lange geduldet, wie sie sich zum prodeutschen Vichy-Regime des Marschall Pétain bekannten. Die USA bildeten mit vietnamesischen Nationalisten und Kommunisten eine Koalition gegen den neuen Okkupanten. Ausgerechnet mit amerikanischer Unterstützung konnte der Gründer der Indochinesischen Kommunistischen Partei Nguyen Ai Quoc alias Ho Chi Minh während der japanischen Besetzung seinen politischen Einfluß beträchtlich steigern. Als die Japaner sich 1945 zurückzogen, entstand ein Machtvakuum. Ho Chi Minh ergriff die Initiative: Am 2. September 1945 rief er in Hanoi die Unabhängigkeit der »Demokratischen Republik Vietnam« (DRV) aus. Staatstragende Partei war die 1941 gegründete Vietminh, die »Front für den Kampf um die Unabhängigkeit Vietnams«. Anfangs wollte sich der Kommunistenführer noch mit Frankreich arrangieren; denn Chiang Kai-Sheks China galt als die Bedrohung Nummer eins. Ho Chi Minh stimmte der französischen Rückkehr und sogar einer Zugehörigkeit Vietnams zur sogenannten »Französischen Union«, einer Art Commonwealth zu. Frankreich aber wollte Indochina wieder zu seiner »Perle« machen. Als die Truppen unter der Trikolore wieder nach Vietnam zurückkehrten, sahen sie sich als Befreier. Sie waren überrascht, als sie fast überall auf heftige Gegenwehr stießen.

Schon 1946 mußte Frankreich feststellen, daß Indochina kein Kolonialabenteuer mehr war; längst war der Konflikt weltanschaulich aufgeladen. Im französischen Expeditionskorps dienten rund 60 000 Mutterlandsfranzosen, Freiwillige, unterstützt von rund 30 000 deutschen, 70 000 nord- und mittelafrikanischen Fremdenlegionären sowie loyalen Indochinesen. Ihnen standen General Giaps hervorragend ausgebildete und ideologisch geschulte Guerilla-Truppen gegenüber. Die Kampfmethoden waren brutal.

Das Blatt wendete sich endgültig gegen Frankreich, als Mao Zedongs Truppen die südchinesische Grenze erreichten und Nordvietnamesen und Rotchinesen Verbündete wurden. Ho Chi Minhs Streitkräfte genossen von nun an nicht nur den Schutz eines gewaltigen Hinterlandes; sie erhielten auch schwere Waffen und logistische Unterstützung vom neuen großen Bruder.

Frankreich reagierte prompt und versuchte, durch einen diplomatischen Schachzug das vietnamesische Volk auf seine Seite zu bringen. Paris ließ im Juni 1949 den »Staat Vietnam« ausrufen und setzte den ehemaligen Kaiser von Annam, Bao Dai, als Staatsoberhaupt ein. Doch der Monarch konnte die Masse der Bauern nicht für sich gewinnen. Außerdem war der Staat Vietnam als Gegenstück zur Volksrepublik Vietnam

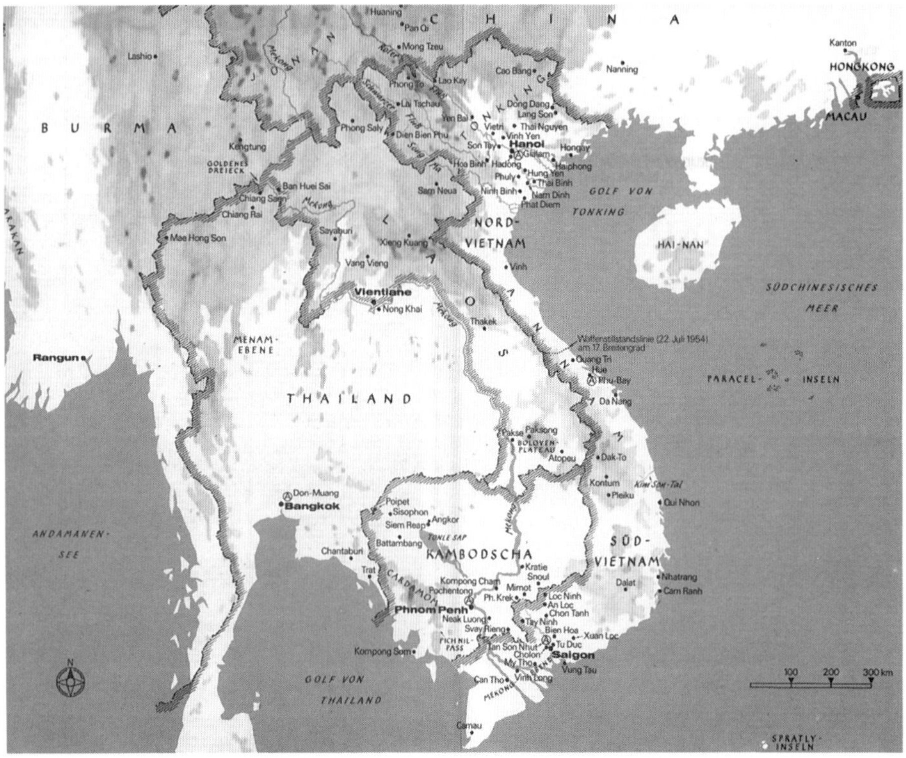

nicht glaubwürdig. Frankreich gestand ihm nur eingeschränkte Souveränität zu. Giaps Soldaten waren zu dieser Zeit fast überall in Vietnam präsent. Nur die größeren Städte und einige Befestigungsgürtel waren noch in französischer Hand.

Paris zog eine letzte Trumpfkarte und schickte seinen wohl berühmtesten Ge-

Vietnamesische Unionstruppen (oben) während einer kurzen Gefechtspause. Auf Fahrrädern transportierte der Vietminh Munition und Verpflegung.

neral, Jean de Lattre de Tassigny, nach Indochina. Es gelang, die USA zu überreden, ihre Militärhilfe für Frankreich zu erhöhen. Massive Einsätze der Luftwaffe festigten noch einmal die französische Position. Doch nicht nur Tausende von Vietminh-Kämpfern fielen den Napalm-Bomben zum Opfer, sondern auch Frauen und Kinder.

Vietnams westlicher Nachbar Laos wurde mit in den Strudel des Konflikts gerissen, auch dort gaben die Franzosen den Ton an. Ende 1953 wollte der Vietminh durch laotisches Gebiet an den Mekong-Strom vorrücken, um dort ein Sprungbrett nach Südvietnam aufzubauen. General Henri Navarre, der neue Befehlshaber des französischen Expeditionskorps, vereitelte den Plan. Die Vietminh hatten hohe Verluste, aber auch die Truppen des französischen Expeditionskorps bluteten aus.

Unterdessen wurde die Lage im Süden immer gespannter. Vietnamesische Nationalisten machten dem Regime Bao Dai schwer zu schaffen. Sie forderten von Frankreich die totale Unabhängigkeit; ein Grund mehr für Paris, so bald wie möglich Verhandlungen mit Ho Chi Minh aufzunehmen.

Nachdem es in Korea im Juli 1953 zum Waffenstillstand gekommen war, glaubten viele Franzosen, auch das Ende der Kämpfe in Indochina stünde unmittelbar bevor. Die USA warnten jedoch vor einer Teilung nach koreanischem Muster. Statt dessen erhöhte Washington noch einmal die Militärhilfe an Frankreich. Die französische Nationalversammlung aber ließ sich nicht länger hinhalten und auch Ho Chi Minh war zum Verhandeln bereit.

Doch bis zu den Verhandlungen wollten die Kriegsparteien in Vietnam ihre Position so ausbauen, daß sie der anderen Seite ihre Bedingungen aufzwingen konnten. Sowohl Navarre als auch Giap warteten auf eine Gelegenheit, dem Gegner den vernichtenden Schlag zu versetzen. Der Ort der Entscheidung sollte an der Nahtstelle zwischen Nordvietnam und Laos liegen: die Festung Dien Bien Phu. »Casser du Viêt«, dem Vietminh das Rückgrat brechen – mit diesem Auftrag im Gepäck sprangen am 20. November 1953 Tausende französischer Fallschirmspringer und Fremdenlegionäre über dem Fort ab. Sie besetzten die Festungsanlagen im Handstreich. Navarre war sich sicher,

Peter Scholl-Latour

zuerst Soldat, dann Reporter in Indochina

»Frankreichs Aus in Indochina war keine Überraschung. Die Franzosen hatten den Gang der Geschichte nicht begriffen. Sie haben nicht bemerkt, daß die Zeit der Kolonialherrschaft zu Ende war. Sie haben auch die Kraft des Nationalismus in der Dritten Welt unterschätzt und sie wurden davon überrascht, wie die Sowjetunion und die Volksrepublik China diesen Nationalismus unterstützten.

Es ist aber nicht nur Frankreich in Indochina besiegt worden, sondern jede Vorstellung einer europäischen oder westlichen Weltherrschaft ... Und schließlich ist es den Amerikanern in Vietnam genauso ergangen ... Auch die Sowjets, die sich ja auf seiten der Vietnamesen als Anti-Kolonialisten engagiert hatten, konnten ja letzten Endes ihr Großreich nicht behaupten.«

Jules Roy

französischer Schriftsteller, Soldat im Indochina-Krieg

»Frankreich war vor dem Krieg ein großes Kolonialreich und das wollte es auch bleiben. Es hätte ein schwaches Bild abgegeben, wenn wir die Kolonien verloren hätten ... Und deshalb entsandte man ein Expeditionskorps, um es zu halten. Das Problematische an der Aktion war, daß die Menschen uns dort nicht mehr duldeten. Aber die Franzosen wollten bleiben; sie hatten in Indochina vor allem wirtschaftliche Interessen ...

Als ich mich freiwillig nach Vietnam meldete, war ich davon überzeugt, dort die freie Welt zu verteidigen. Vietnam sollte auch gehalten werden, um der kommunistischen Gefahr, die aus der Sowjetunion und China drohte, zu widerstehen. Als ich sah, wie man die Dörfer mit Napalm beschoß, da begriff ich, daß ich dort fehl am Platze war. Deshalb verließ ich die Armee.

Frankreich unterlag in Dien Bien Phu, weil man nicht den Willen eines Volkes besiegen kann, so schwach es auch sei.«

den richtigen Ort gewählt zu haben. Erstens war von dort aus der Zugang nach Laos kontrollierbar, zweitens glaubte er, Giaps Truppen zu einer offenen Feldschlacht zwingen und aufreiben zu können.

Jedenfalls hat das französische Oberkommando die Entschlossenheit Ho Chi Minhs und die Kriegskunst General Giaps unterschätzt. Vietnams Kommunisten nahmen den Fehdehandschuh auf und warfen alle verfügbaren Truppen, etwa 40 000 bis 50 000 Mann, in die Schlacht. In endlos anmutenden »Ameisenzügen« schafften Trägerkolonnen und Soldaten zu Fuß und auf Fahrrädern Waffen und Verpflegung in die Nähe der Festung. Entscheidend aber war, daß es den Vietminh gelang, Artillerie auf die Höhen rings um Dien

Einigkeit über die Teilung Vietnams – zwei Hauptpersonen der Genfer Waffenstillstandskonferenz, Frankreichs Ministerpräsident Pierre Mendès-France und der chinesische Außenminister Zhou Enlai.

Bien Phu hinaufzuschleppen. Von dort aus konnten die Stellungen der Franzosen eingesehen und beschossen werden. Damit hatten die Besatzer nicht gerechnet. Am 13. März 1954 begann die Entscheidungsschlacht mit einem Trommelfeuer mittelschwerer Artillerie. Dem massiven Beschuß waren die Festungswälle nicht gewachsen. Wellen von Vietminh-Regimentern stürmten mit wildem Kriegsgeschrei in das offene MG-Feuer der rund 16 000 Verteidiger. An einem Tag wurden im Stacheldraht eines kurzen Abschnitts der Außenbefestigung tausend tote Vietminh gezählt. Die Verteidiger wurden vom bisher größten Flugzeugaufgebot des Indochinakriegs unterstützt. Wegen der hohen Verluste änderte General Giap die Taktik und befahl seinen Soldaten, sich an die Festung heranzugraben. Trotz erbitterten Widerstands wurde der Ring um die Eingeschlossenen immer enger. Fast zwei Monate tobten die Kämpfe, bis die Schlacht entschieden war. Das französische Expeditionskorps verlor 16 000 Mann an Toten und Gefangenen. 20 000 Tote und Verwundete beklagte der Vietminh: ein teuer erkaufter Sieg.

Das französische Oberkommando erwartete ein massives Eingreifen der amerikanischen Luftwaffe, doch die Gefahr, daß die USA in ein zweites Korea hätten verwickelt werden können, hielt Präsident Eisenhower davon ab. Die Briten warnten Washington mit Nachdruck: Eine Intervention könne womöglich Rotchina zum Eingreifen provozieren und die Gefahr eines dritten Weltkriegs heraufbeschwören.

Vietnams Kommunisten jedenfalls hatten ihr Ziel erreicht. Sie saßen in Genf als Sieger am Verhandlungstisch. Außer Frankreich, den USA und Großbritannien nahmen die Sowjetunion, die Volksrepublik China, die drei indochinesischen Staaten Vietnam, Kambodscha und Laos sowie die »Demokratische Republik Vietnam« (DRV) an der Konferenz teil. Wider Erwarten wirkte China mäßigend auf Nordvietnam ein; Pekings Außenminister Zhou Enlai profilierte sich als Vermittler in Genf. Selbst die Sowjets zogen mit, weil auch sie ein Demonstrationsobjekt für ihre globale Entspannungsbereitschaft brauchten und darauf hofften, daß Paris bei einem Entgegenkommen doch noch die EVG platzen lassen würde.

Mit dem Fall von Dien Bien Phu war das Schicksal der Regierung Laniel besiegelt. Der Sozialist Pierre Mendès-France bildete eine aus der »nationalen Not« geborene »Spagat-Koalition«, der sogar die Gaullisten angehörten. Der neue Ministerpräsident versprach, den Frieden binnen 30 Tagen unter Dach und Fach zu bringen; das Waffenstillstandsabkommen wurde am 21. Juli 1954 unterzeichnet. Vietnam wurde durch eine Demarkationslinie auf der Höhe des 17. Breitengrades provisorisch geteilt. Dieses Provisorium hielt 21 Jahre.

Die Franzosen hatten sich nach einem genau festgelegten Stufenplan aus dem Norden, der nun offiziell zur Einflußsphäre des Vietminh erklärt wurde, zurückzuziehen. Im Süden durfte weiterhin das von Frankreich gestützte Regime herrschen. Kambodscha und Laos wurden souverän. In der Schlußerklärung wurden für 1956 gesamtvietnamesische Wahlen zur Wiedervereinigung des Landes angekündigt. Eine internationale Kontrollkommission sollte den Urnengang überwachen. Aber Großbritannien und die USA unterschrieben nicht, sie wollten keine Abmachung unterstützen, die die Gefahr enthielt, »daß das verbleibende Gebiet unter kommunistische Herrschaft gerät«. Zwar wurden die Bestimmungen des Waffenstillstands ohne größere Schwierigkeiten umgesetzt; von Frieden aber konnte keine Rede sein.

Im Norden festigte der Vietminh seine Position. Ho Chi Minh träumte von einem geeinten Vietnam unter kommunistischen Vorzeichen. Im Süden übernahm der von den USA protegierte Ngo Dinh Diem die Regierung. Diem drängte die Franzosen – mit amerikanischer Unterstützung – aus dem Land. Saigon baute von nun an auf die Hilfe Amerikas. Frankreichs Aus in Indochina geriet zu einem Wachwechsel: US-Militärberater als Vorboten der neuen Schutzmacht warteten schon. Die Stille über den Reisfeldern Vietnams aber war trügerisch. Es war eine Waffenruhe auf Zeit. (SB)

Apartheid auf amerikanisch

Die Rassentrennung beginnt zu wanken

Eines Tages hatte Familie Brown aus Topeka im US-Staat Kansas genug. Sie mochte es nicht länger einsehen, daß ihre Tochter quasi per Naturgesetz dazu verdammt sein sollte, mit einem minderwertigen Unterricht in einer miserabel ausgestatteten Schule vorliebzunehmen. Dabei herrschte kein Mangel an geeigneten und pädagogisch wertvollen Bildungseinrichtungen für begabte Kinder in der unmittelbaren Umgebung. Wäre da nicht ein »Makel«, der dem intelligenten Mädchen den Weg in eine anspruchsvolle Schule versperrte: seine dunkle Hautfarbe. Ein rigoroser Schwarz-Weiß-Filter schied die Schüler Amerikas in zwei Klassen. Die einen hatten Aufstiegsmöglichkeiten und Zukunftschancen, den anderen blieben sie verwehrt. Und in anderen Bereichen des öffentlichen Lebens war es nicht anders.

Aber die Browns machten da nicht mehr mit. Mit Unterstützung der schwarzen Bürgerrechtsvereinigung National Association for the Advancement of Colored People (NAACP) gingen sie vor Gericht, um für ihre Tochter das Recht auf eine Ausbildung, die ihrer Begabung entsprach, zu erstreiten. Zwei Jahre lang zog sich der Prozeß durch alle Instanzen. Der Urteilsspruch, der schließlich am 17. Mai 1954 erging, war nicht nur für die Familie Brown und vier weitere, in gleicher Sache klagende Familien ein großer persönlicher Erfolg; zum erstenmal wurde das festgefügte Prinzip der Rassentrennung in der amerikanischen Gesellschaft an einer entscheidenden Stelle aufgebrochen. Einstimmig erklärte der Oberste Gerichtshof der Vereinigten Staaten die Trennung von Weißen und Schwarzen an öffentlichen Schulen für verfassungswidrig. 21 Bundesstaaten mit über zehn Millionen Schulkindern wurde damit aufgetragen, ihr Bildungssystem entsprechend umzubauen. »Kinder gleichen Alters und gleicher Qualifikation nur aus Rassegründen voneinander zu trennen, erzeugt ein Gefühl der Minderwertigkeit, das sich schwer je wieder gutmachen ließe«, hieß es wegweisend in der Urteilsbegründung. Damit nahmen die obersten Gesetzeshüter der USA Abschied von einem Rechtsgrundsatz, der den Widerspruch zwischen der alltäglichen Ausgrenzung und dem Gleichheitsgebot der Verfassung bislang juristisch bemäntelt hatte: »Getrennt, aber gleich«, hieß die Formel, die Gesetz und Alltag in den amerikanischen Südstaaten prägte. Ob Zugabteile, Krankenhäuser, Kaufhäuser, Trinkbrunnen oder Bedürfnisanstalten: das gesamte öffentliche Leben war nach Hautfarbe sortiert.

Die amerikanische Apartheid trieb mitunter bizarre Blüten. Busfahrer waren ermächtigt, dunkelhäutige Fahrgäste auf die hintersten Sitze zu verweisen, um für hellhäutige Fahrgäste Platz zu schaffen. Schimpfwörter wie »Nigger«, »schwarze Affen« oder »schwarze Kühe« waren dabei an der Tagesordnung. Nicht selten kam es vor, daß die Schwarzen an der Vordertüre ihr Fahrgeld entrichten, aussteigen und am Hintereingang wieder einsteigen mußten – wenn der Bus nicht unterdessen einfach weitergefahren war.

Weiße Taxiunternehmer durften nach dem Gesetz ausschließlich weiße Fahrgäste transportieren. Bei einer Bahnfahrt konnten Schwarze im Zugrestaurant Tisch an Tisch mit Weißen dinieren, mußten danach jedoch wieder in ihre »Negerabteile« zurückkehren. Im Flugzeug durften sie mit weißen Passagieren zusammensitzen, nicht jedoch in der Wartehalle des Flughafens. Enge Tuchfühlung zwischen Menschen verschiedener Rassen gab es im Fahrstuhl, in der U-Bahn dagegen herrschte strenge Zweiteilung.

Gleichheit im Klassenzimmer nach langem Rechtsstreit. Von 1954 an durften schwarze und weiße Kinder in den USA gemeinsam die Schulbank drücken.

Ein farbiger Mediziner wurde anstandslos in die weiße Ärztevereinigung aufgenommen, aber in Südstaaten-Krankenhäusern durfte er nicht arbeiten. Weiße Unfallärzte weigerten sich nicht selten, schwerverletzte Schwarze in den Krankenwagen aufzunehmen. Als Kunden waren schwarze Käufer in den Warenhäusern gern willkommen, aber sie wurden immer erst nach den Weißen bedient, und sie durften keine Anzüge anprobieren, die sie dann nicht kauften. In diesem Gehege der alltäglichen Diskriminierung wirkte das Gerichtsurteil wie ein Befreiungsschlag. Auf gewisse Weise hatte ein Verfechter der Rassentrennung durchaus recht, als er von einem »schwarzen Montag« sprach. »Das ist ein großer Tag für die Neger, die schönste Stunde für die Demokratie«, freute sich der schwarze Kongreßabgeordnete Adam Powell. Der konservative Senator James Eastland aus Mississippi dagegen schäumte: »Niemals wird das Volk im Süden diese ungeheuerliche Entscheidung billigen. Ich prophezeie, daß die nächsten hundert Jahre eine Prozeßwelle anrollen wird.«

» Gott will, daß die Leute getrennt erzogen werden. «

Bill Hendrix, »Groß-Drachen« des Ku-Klux-Klan

Tatsächlich erwies sich der Gerichtsentscheid als zwiespältiger Erfolg. Seine wegweisende Wirkung mußte sich erst in der Praxis bewähren. Besonders in den Südstaaten blieben, des Urteils ungeachtet, die Pforten vieler Schulen für schwarze Schüler weiter versperrt. Und wenn jemand seine Aufnahme gerichtlich durchgesetzt hatte, sah er sich nicht selten offener Feindschaft ausgesetzt. Der organisierte Rassismus, allen voran die Femeverschwörer des Ku-Klux-Klan, erhielt durch die Gerichtsentscheidung neuen Aufschwung. In Mississippi sammelte sich ein »Weißer Bürgerrat« zum »Kreuzzug für ein wirkliches Amerika«. 96 Kongreßabgeordnete sagten der Schulintegration offen den Kampf an. Denn das Urteil habe »Haß und Mißgunst geschaffen, wo vorher Freundschaft und Verständnis geherrscht« hätten. Selbst viele der 10,5 Millionen schwarzen Amerikaner registrierten nicht ohne Unbehagen, daß die festverankerte und immerhin berechenbare Konstruktion der Rassentrennung nun ins Wanken geriet. Nur 17 Prozent von ihnen befürworteten die Aufhebung der Schultrennung.

Sie waren realistisch genug vorherzusehen, daß ein Richterspruch allein die bedrückende soziale Benachteiligung nicht aufheben würde. Schwarze Familien wohnten in den heruntergekommenen Wohnbezirken, oft genug verfügten sie nicht einmal über einen Wasseranschluß. Auf dem Arbeitsmarkt mußten Schwarze in der Regel mit Hilfsarbeiter- und Dienstbotenjobs vorliebnehmen und verdienten im Schnitt gerade halb soviel wie weiße Durchschnittsamerikaner. In akademischen Berufen waren sie eine exotische Minderheit. Doch gerade auf diesem Sektor schuf der Entscheid des Obersten Gerichts die Grundlage für einen allmählichen Kurswechsel. Dunkelhäutige Oberschüler und Studenten waren in den Hörsälen bald kein ungewöhnlicher Anblick mehr. Vor allem aber hatte die gerichtlich verfügte Öffnung des Bildungswesens eine moralische Schubwirkung. Nachdem schon die Aufnahme des schwarzen Rechtsanwalts Ernest Wilkins in die Regierung der Vereinigten Staaten als Vizearbeitsminister am 5. März 1954 eine zaghafte Hinwendung zu mehr politischer Gleichberechtigung angedeutet hatte, wurde nun auch höchstrichterlich bestätigt, daß die Ungleichbehandlung der Rassen weder gottgegeben noch unantastbar war. Die Schwarzen mußten sich nicht mehr jede Einschränkung gefallen lassen. Streik und Verweigerung, wie kurz darauf beim Bus-Boykott von Montgomery, wurden zu Kampfmitteln gegen die tagtägliche Apartheid. Das Schul-Urteil war der Anstoß für den Aufbruch der schwarzen Bürgerrechtsbewegung. (PH)

Kinder als Aushängeschild des Rassismus. Besonders in den Südstaaten entzündete sich heftiger Protest am Schulurteil (Bild oben).
Bei Farbigen reagierte die Polizei unangemessen scharf: Mit großem Polizeiaufgebot und bewaffnet werden vier Schwarze an die Wand gestellt, die verdächtigt sind, auf einem Geflügelmarkt in New York gestohlen zu haben.

»Die 40-Stunden-Woche wird kommen!«

Die Gewerkschaften fordern ihren Anteil am Wohlstand

Die Weissagung war von prophetischer Zuversicht, doch hätte man sie wohl eher in einem Gewerkschafts- denn in einem Kirchenblatt vermutet: »Die 40-Stunden-Woche wird kommen, so sicher wie der Acht-Stunden-Tag gekommen ist«, schrieb die katholische Männerzeitung *Mann in der Zeit* im Mai 1954. Die Kirchenpostille ließ keinen Zweifel, worin für sie der Vorzug einer Fünf-Tage-Arbeitswoche lag: Wenn der Samstag für alle Erledigungen außerhalb der Arbeit verfügbar sei, dann werde der Sonntag frei werden für seelische Erhebung und religiös vertieftes Familienleben. Auch dem kirchlichen Gemeinschaftsleben könne die 40-Stunden-Woche sehr zustatten kommen.

So fanden die Gewerkschaften manch unverhofften Bundesgenossen für ihre Forderung nach einer Verkürzung der Arbeitszeit bei vollem Lohnausgleich, die sie während der traditionellen Mai-Kundgebungen am internationalen Tag der Arbeit vorbrachten. Das Anliegen war nicht neu. Schon 1928 hatte der Allgemeine Deutsche Gewerkschaftsbund erstmals für die 40-Stunden-Woche gefochten – fünf Jahre bevor die Diktatur des Dritten Reichs die Arbeiterbewegung zerschlug.

Nun standen die Weichen günstiger. Die Wirtschaft florierte und die Produktivität der Arbeit nahm stetig zu, das heißt, pro Kopf wurde mehr erwirtschaftet. Gleichzeitig sank die Zahl der Arbeitslosen mit knapp 880000 Ende August 1954 auf einen neuen Tiefstand.

Der rasante Aufschwung weckte bei den Arbeitnehmern die Erwartung, ihren Anteil am Wohlstandskuchen abzubekommen – in Form von höheren Löhnen und mehr Freizeit.

Immerhin mußte ein Arbeiter im Durchschnitt 48 Stunden pro Woche am Fließband oder an der Werkbank zubringen. Der Ruf nach mehr Freizeit und die Aussicht, den biblischen Ruhetag Sonntag zu einem erholsamen Wochenende zu erweitern, fanden Anklang in der Bevölkerung. 54 Prozent der Bundesbürger befürworteten nach einer Umfrage die Einführung der 40-Stunden-Woche.

Schützenhilfe kam auch von politischer Seite. Wirtschaftsminister Ludwig Erhard, der Vater der Sozialen Marktwirtschaft, warb bei den großen Wirtschaftsverbänden dafür, mit der Umverteilung der Arbeitszeit auf fünf Neun-Stunden-Tage einen Anfang zu machen. Gut erholte Arbeitskräfte leisten mehr, so sein Hauptargument. Doch die Spitzenverbände der Wirtschaft lehnten dankend ab. Sie befürchteten, daß damit durch die Hintertür die 40-Stunden-Woche über sie hereinbrechen werde, mit hohen Kosten und Wettbewerbsnachteilen auf dem Weltmarkt. Selbst Bundespräsident Theodor Heuss stellte sich hinter die Forderung nach einer schrittweisen Reduzierung der Arbeitszeit auf 40 Stunden. Heuss, der als erstes deutsches Staatsoberhaupt auf einem Gewerkschaftskongreß auftrat, befand das Anliegen als »völlig in Ordnung«, den Menschen angesichts des mechanisierten Arbeitsprozesses mehr Muße zu verschaffen. Eine Annäherung an die organisierte Arbeiterbewegung mußte der liberale Landesvater nicht scheuen. Denn die Gewerkschaften hatten einen

Unter dem Motto »Einheit – Frieden – Freiheit« standen 1954 die Mai-Kundgebungen des Deutschen Gewerkschaftsbundes – wie hier in Frankfurt am Main.

fundamentalen Kurswechsel vollzogen. Waren sie nach dem Krieg mit den Parolen »Enteignung« und »Vergesellschaftung« noch kämpferisch für einen Umbau des gesamten Wirtschaftssystems angetreten, so stand jetzt die reformerische Interessenvertretung der Arbeitnehmer im Vordergrund. Ohne den gesamtpolitischen Anspruch gänzlich aufzugeben, hatten sie doch ihren Frieden mit dem Wirtschaftssystem geschlossen. Der allgemeine Lebensstandard war in unerwartet kurzer Zeit gestiegen, die Mehrheit der Arbeiter lebte sozial abgesichert und erhoffte sich nun materielle Vorteile. Prophezeiungen von der Brüchigkeit des Kapitalismus hatten ihre Glaubwürdigkeit eingebüßt. Der Erfolg der Marktwirtschaft hatte sozialen Utopien den Boden entzogen. Zugleich bot der anhaltende Aufschwung die Chance, die große Masse der Arbeitnehmer an den Früchten der Produktivität teilhaben zu lassen.

»Sonnenblumen wachsen auch für Dich!«

»Mehr freie Zeit – mehr Muße für dein Hobby«

Gewerkschaftsparole

Ganz in diesem Sinne verabschiedete der Kongreß des Deutschen Gewerkschaftsbundes (DGB) im Oktober 1954 in Frankfurt ein Aktionsprogramm, das sich auf pragmatische Forderungen konzentrierte: Kürzere Arbeitszeit, höhere Löhne, mehr soziale Sicherheit, gesicherte Mitbestimmung und besserer Arbeitsschutz. Als Hauptziel stand die 40-Stunden-Woche auf dem Programm; als Nahziel plante man die Fünf-Tage-Woche. Parolen wie »40 Stunden sind genug« oder »Mehr freie Zeit, mehr Muße« überschwemmten bald Plakatwände und Zeitungsspalten und belebten den Meinungsstreit. Dennoch sollte es noch eine gute Weile währen, bis die 40-Stunden-Woche Wirklichkeit wurde: 1965 für die Druckindustrie, 1967 für die Metallbranche und 1975 schließlich für den öffentlichen Dienst.

In der Tarifpolitik standen die Aussichten für die Gewerkschaften günstiger. Die Wirtschaft blühte auf. Damit wuchs auch der Gewinn und das Einkommen der Arbeitnehmer – doch dies stets mit einer gewissen Verzögerung. Die Lohnentwicklung hinkte dem Produktionsanstieg hinterher. Die Gewerkschaften wollten nun den Spieß umdrehen: Erst Lohnerhöhungen, dann Produktionssteigerungen. Mit dieser »expansiven Lohnpolitik« verfolgten Wirtschaftsstrategen wie der »Chefideologe« des DGB, Viktor Agartz, ein weitreichendes Ziel. Getreu der Lehre des Ökonomen-Papstes John Maynard Keynes vertraten sie die Auffassung, daß eine kräftige Anhebung des Salärs wie eine Konjunkturspritze wirken würde: Die Gehaltsempfänger verdienen mehr, geben also mehr aus und erhöhen damit die Nachfrage, wodurch Produktion und Beschäftigung weiter steigen. »Kaufkraftförderung«, so das Zauberwort, sollte die Produktion anheizen.

»Höchste Zeit, daß man den ganzen Samstag für die Familie hat.«

Arbeitgeberpräsident Hans C. Paulssen war allerdings anderer Ansicht. Seiner Meinung nach konnte die generelle Verkürzung der Wochenarbeitszeit noch nicht verantwortet werden, da der Ausbau unserer Güterproduktion Vorrang haben müsse.

Die ungewohnt heftigen Streiks des Sommers 1954 standen ganz im Zeichen dieser Lohnoffensive. In Stuttgart, Ulm und Mannheim demonstrierten die Metallarbeiter für eine Lohnerhöhung um acht Prozent, ihre Kollegen an Rhein und Ruhr schlossen sich der Forderung an. In Bayern kam es zu Zusammenstößen zwischen Streikenden und der Polizei. In Hamburg legten die Angestellten der Hansestadt den öffentlichen Nahverkehr lahm, um einen Zuschlag von sieben Pfennig auf ihren Stundenlohn durchzusetzen, und drohten gar damit, der ganzen Stadt den Gashahn abzudrehen. Auch in München gingen Gewerkschafter auf die Straße. Aber nicht um höhere Löhne ging es ihnen, sondern um geschlossene Pforten. Mit der Blockade von Kaufhausfilialen protestierten sie gegen die Verlängerung der Ladenschlußzeiten am Samstag bis 17 Uhr. Mit Pferden und Wasserwerfern räumte die Polizei schließlich die Bahn frei für den verkaufsoffenen Samstag. (PH)

Der Kommunisten-schreck am Ende

Vom Aufstieg und Fall des Großinquisitors Joseph McCarthy

Der kleine, bullige Mann schien ganz in seinem Element. In gewohnter Manier sprang er auf, gestikulierte theatralisch, schnitt Grimassen. Wie üblich rückten die grellen Scheinwerfer der Fernsehanstalten ihn in den Mittelpunkt des Geschehens im Versammlungsraum des Washingtoner Kapitols. Doch diesmal waren die Rollen vertauscht: Der Ankläger saß auf der Anklagebank. Joseph Raymond McCarthy, der Großinquisitor der Kommunistenjagd, sah sich selbst dem Kreuzfeuer der Kritik ausgesetzt.

Jubel und Rückendeckung für den selbsternannten Saubermann. In der Beliebtheitsskala der Politiker rangierte McCarthy auch 1954 noch auf dem siebten Platz.

Ihm gegenüber saßen diesmal weder vermeintliche Sowjetagenten noch kommunistisch infizierte Beamtenanwärter, sondern versteinert vor sich hinstarrende Armeegeneräle. Und an diesem Gegenüber schien sich der notorische »Kommunistenfresser« endgültig die Zähne ausgebissen zu haben. Der Unterausschuß des amerikanischen Senats, sonst Joe McCarthys wirkungsvolles Tribunal, erwies sich nun für ihn selbst als Forum seines politischen Abgesangs. Während im Mai 1954 die Untersuchung gegen ihn im Gange war, mußte der schier allmächtige Saubermann seinen Besen ruhen lassen, mit dem er vier Jahre lang durch das Land gefegt war. In dieser Zeit war sein Name zum Inbegriff eines in der amerikanischen Geschichte beispiellosen Verfolgungswahns geworden.

Begonnen hatte McCarthys Karriere mit einem Theaterdonner. Am 9. Februar 1950 hatte der republikanische Senator aus Wisconsin behauptet, den dokumentarischen Beweis zu besitzen, daß im amerikanischen Außenministerium 205 Kommunisten beschäftigt seien. Dabei tat es McCarthys Glaubwürdigkeit keinen Abbruch, daß er die Zahl der »Verdächtigen« nach und nach auf 81, dann auf 57, schließlich nur auf einen einzigen Namen, Owen Lattimore, reduzieren mußte und auch in diesem Fall jeden stichhaltigen Beweis schuldig blieb. Im Gegenteil: Sein Name wurde auf einen Schlag zum Begriff, seine öffentlichkeitswirksame Entschlossenheit, dem »überall lauernden Kommunismus« die Stirn zu bieten, qualifizierte ihn für den Vorsitz des Senatsausschusses zur Untersuchung »unamerikanischer Umtriebe«. Schon 1938 gegründet, um vaterlandslosen Gesellen in Regierung und Industrie auf die Schliche zu kommen, erwuchs der Ausschuß unter McCarthys Regiment zu einem allgewaltigen Inquisitionsgericht.

Der geschickte Demagoge suchte sein Heil stets im Angriff. Zweiflern an seinen pauschalen Anschuldigungen hielt er Inkompetenz, Ignoranz und kommunistische Sympathien vor. Gleichzeitig suggerierte er mit dem Verweis auf geheimgehaltene Dokumente, über ausreichend Munition für seine Vorwürfe zu verfügen. Der politische Aufsteiger aus dem »wahren Amerika«, dem Mittelwesten, hatte die Macht, über Menschen den Stab zu brechen, und schon deshalb zogen seine Gegner ihren Kopf ein.

Der Zeitpunkt für seinen sensationellen Coup war geschickt gewählt. Nach

Maos Machtübernahme in China, der Zündung der ersten sowjetischen Atombombe und der Aufdeckung der Spionagefälle Klaus Fuchs, Alger Hiss, Julius und Ethel Rosenberg, mochte es am Vorabend des Korea-Krieges manchem erscheinen, als seien die USA in einem weltweiten Netz sowjetischer Konspiration gefangen.

» McCarthys Methoden sehen für mich aus wie die Hitlers. «

Eleanor Roosevelt

McCarthys Popularität – in der Beliebtheitsskala des Gallup-Instituts rangierte er 1954 auf Platz 7 – gedieh in einem Klima allgemeiner Hysterie vor kommunistischer Unterwanderung. So holte ein Passant in New York gleich die Polizei, als er zwei Männer auf dem East River mit roten Flaggen hantieren sah – Kabelleger des Elektrizitätswerks, die sich mit Seezeichen verständigten, wie sich später herausstellte. Eine Zeitung in Memphis bezichtigte die Sowjetunion, mit dem Abfangen von Regenwolken die USA austrocknen zu wollen. Mit großem Eifer ging der Senatsausschuß daran, Administration und Politik der USA nach verdächtigen Personen aller Art zu durchforsten. Über 8000 Bundesangestellte wurden nach ihrer Überprüfung wegen »politischer Unzuverlässigkeit« aus dem Staatsdienst entlassen. Doch in der Regel war es weniger die öffentliche Verurteilung, von der die Wirkung des Ausschusses ausging – dazu mangelte es oft schlicht an Beweisen –, sondern allein die Saat des Verdachts. Schon wer bei der Anhörung von seinem Recht auf Aussageverweigerung Gebrauch machte, mußte mit öffentlichem Boykott oder Verlust des Arbeitsplatzes rechnen. Neben Beamten und Politikern gerieten auch Schauspieler und Künstler auf die Abschußliste. In Hollywood kursierten schwarze Listen, mit deren Hilfe die Filmfabrik vorbeugend von jeglichem Ruch des Kommunismus desinfiziert werden sollte. Howard Koch, der Drehbuchautor von »Casablanca«, verlor seine Stellung; andere Filmleute gingen ins Ausland. Selbst Charlie Chaplins frühe Filme landeten auf dem Index. McCarthys Mitarbeiter durchkämmten öffentliche Bibliotheken und Amerikahäuser nach indizierten Büchern und räumten selbst Werke von Mailer, Salinger und Hemingway aus den Regalen. Das Wüten des Senators blieb nicht ohne Widerspruch. Prominente wie Arthur Miller, Albert Einstein und Katherine Hepburn riefen zum Protest auf.

Doch ins Wanken geriet McCarthys Position letztlich erst, als er sich mit der Armee anlegte. Der Auslöser des Streits war keineswegs besonders spektakulär: Gerard David Schine, McCarthys enger Mitarbeiter und »Schnüffelhund«, wurde zum Militärdienst einberufen und verlor dort kurz darauf alle Privilegien, die er anfangs noch besaß. »Die Armee hält Schine als Geisel, um mich zu zwingen, klein beizugeben«, empörte sich McCarthy.

Bald folgten diesen Worten Taten. Seine Spitzel im Pentagon förderten den Fall eines Armeezahnarztes mit kommunistischer Vergangenheit zutage, den die Armee aufgrund eines bürokratischen Versehens zum Major befördert hatte. McCarthy beorderte den Heeresdentisten vor den Senatsausschuß, wo dieser die Aussage über seine politischen Präferenzen verweigerte. Statt ihn deswegen vor ein Militärgericht zu stellen, wie McCarthy verlangt hatte, entließ die Armee den Zahnarzt in Ehren. McCarthy witterte ein Komplott und zitierte am 18. Februar 1954 General Ralph W. Zwicker, der die Entlassung unterzeichnet hatte, vor sein Tribunal. Dort sparte er nicht mit harschen Tönen: Als »Schande für die amerikanische Uniform« und »Ignoranten«, der sich vor kommunistische Verschwörer stelle, schmähte er den verdienten Weltkriegsveteranen. Als Reaktion darauf verbot Armee-Minister Bob Stevens dem General jeden weiteren Auftritt vor dem Ausschuß. Nach McCarthys persön-

Auch Dokumentarmaterial, angebliche Tonbänder und forsches Auftreten konnten nicht verdecken: McCarthys Vorwürfe beruhten meist auf äußerst kläglichen Beweisen.

Der beliebte Tramp war nun ein ungeliebter Gast. Charlie Chaplin, hier mit seiner Frau Oona, durfte als angeblicher »Kommunistenfreund« zeitweise nicht mehr in die USA einreisen.

Katherine Hepburn gehört zu den wenigen Prominenten, die sich der Mithilfe bei der antikommunistischen Hexenjagd verweigerten.

licher Intervention gab er jedoch noch einmal klein bei. Der Senator schien einmal mehr gesiegt zu haben. Doch das Pentagon ließ nicht locker und drängte auf eine Untersuchung der Vorfälle, der sich der Kommunistenjäger schließlich nicht mehr widersetzen konnte. So saß der Unterausschuß, dem McCarthy seinen Stempel aufgedrückt hatte, im Mai 1954 über ihn selbst zu Gericht. Den Vorsitz übernahm nun Senator Jay Jenkins.

Die Untersuchung vor dem Ausschuß bedeutete eine politische Niederlage für den fanatischen Antikommunisten, aber noch nicht das Aus. Die republikanische Mehrheit stellte im Abschlußbericht fest, daß das Heeresministerium es versäumt habe, seine Beschwerden gegen McCarthy zu begründen, und dieser wiederum seine Mitarbeiter nicht zu genügender Disziplin angehalten habe. Doch die Vernehmungen lieferten die Munition für eine offizielle Rüge, die der Senat ein halbes Jahr später, am 2. Dezember 1954, mit 67 gegen 20 Stimmen gegen McCarthy aussprach: für »sein Verhalten, das einem Senator nicht geziemt«.

Mit diesem öffentlichen Verweis war für den republikanischen Senator die Götterdämmerung angebrochen. Doch der streitbare Wadenbeißer konnte es nicht lassen. Als Antwort auf die Rüge entlud er seinen Zorn auf das Haupt des Präsidenten persönlich und sprach Dwight D. Eisenhower die Fähigkeit ab, einen kraftvollen Kampf gegen die Kommunisten in der Regierung zu führen: »Unglücklicherweise findet der Präsident es in Ordnung, in einem Atemzug denen zu gratulieren, welche die Bloßstellung des Kommunismus aufhalten und im zweiten Atemzug Geduld, Toleranz und Freundlichkeiten für diejenigen zu verlangen, welche uniformierte Amerikaner quälen.«

McCarthy hatte dennoch Erfolg mit seiner Antikommunismus-Kampagne: Im August 1954 verabschiedete der amerikanische Senat ein Gesetz, das die kommunistische Partei verbot.

Das Gesetz war ein Kompromiß zwischen Senat und Repräsentantenhaus, denn zunächst wollte der Senat allein schon die Mitgliedschaft in der kommunistischen Partei mit Gefängnis- oder Geldstrafen ahnden.

Dem Gesetzentwurf der Regierung stimmten schließlich beide Häuser des Kongresses zu: Kommunisten, die verurteilt worden waren, konnten die amerikanische Staatsbürgerschaft verlieren.

Mit der Unterzeichnung des Gesetzes durch den amerikanischen Präsidenten Dwight D. Eisenhower fand die Verfolgung echter und vermeintlicher Kommunisten, die Joseph McCarthy jahrelang betrieben hatte, ein vorläufiges Ende. (PH)

Arthur Miller verweist mit seinem Theaterstück »Hexenjagd« auf zeitgenössische Bezüge zu den Verfolgungen durch McCarthy.

Mai 1954

1 · Samstag

Der Deutsche Gewerkschaftsbund (DGB) fordert auf seinen Maikundgebungen die Verkürzung der Wochenarbeitszeit auf 40 Stunden. Bisher arbeiten die bundesdeutschen Arbeitnehmer durchschnittlich 49 Stunden pro Woche.

DGB-Kongreß 1954 während der Rede des Vorsitzenden Walter Freitag.

2 · Sonntag

In München eröffnet Bundespräsident Theodor Heuss den Deutschen Studententag. Vor 2500 Zuhörern spricht sich Heuss für mehr Kameradschaft und Demut im Studium aus.

3 · Montag

Der Amerikaner Charles Lindbergh wird für sein autobiographisches Buch »The Spirit of St. Louis« mit dem Pulitzer-Preis ausgezeichnet. Lindbergh gelang 1927 die erste Atlantik-Überquerung mit einem Flugzeug.

4 · Dienstag

Die oppositionelle britische Labour Party macht ihre Zustimmung zur deutschen Wiederbewaffnung von der Errichtung der Europäischen Verteidigungsgemeinschaft (EVG) abhängig.

5 · Mittwoch

Bei einem Grubenunglück im italienischen Grosetto werden 43 Bergleute getötet.

6 · Donnerstag

Die SED kündigt ihre Teilnahme bei den Wahlen zum West-Berliner Abgeordnetenhaus im Dezember an. Die Zulassung der SED in West-Berlin beruht auf einer Vereinbarung der Vier Mächte aus dem Jahr 1946.

Der Brite Roger Bannister läuft in Oxford als erster Mensch die Meile (1609,35m) unter vier Minuten. Er verbessert den Weltrekord des Schweden Hägg um zwei Sekunden auf 3:59,4.

7 · Freitag

Nach 56tägiger Belagerung fällt in Nordvietnam die französische Dschungelfestung Dien Bien Phu. 9000 Mann der französischen Indochina-Truppen geraten in Gefangenschaft.

Die Festung Dien Bien Phu wird monatelang aus der Luft versorgt.

8 · Samstag

In Paraguay wird die Regierung durch einen Militärputsch unter Führung von General Alfredo Stroessner gestürzt.

Zu drei und vier Jahren Haft verurteilt das Darmstädter Schwurgericht zwei ehemalige Soldaten der Deutschen Wehrmacht. Ihnen wird die Tötung von mindestens 60 Juden im russischen Smolensk während des Zweiten Weltkriegs zur Last gelegt.

9 · Sonntag

In zahlreichen französischen Städten werden nach der Niederlage von Dien Bien Phu Bombenanschläge auf kommunistische Gebäude verübt. Bei einer Kranzniederlegung von Charles de Gaulle zur Feier des Sieges über Hitler-Deutschland kommt es zu schweren Zusammenstößen zwischen Anhängern des Generals und der Polizei.

10 · Montag

In Paris verhängt die französische Regierung für das Moskauer Bolschoi-Ballett ein Auftrittsverbot. Begründet wird diese Maßnahme mit der Furcht vor antikommunistischen Krawallen.

Der Zentralverband der deutschen Friseure gibt in Dortmund ein »Mode-Kommunique« heraus, das kurze Frisuren für Damen und Herren auch weiterhin als modisch einstuft.

11 · Dienstag

Der 49. Kongreß des Internationalen Olympischen Komitees in Athen bestätigt Melbourne als Austragungsort der Olympischen Spiele 1956. Die Reiterwettbewerbe werden in Stockholm stattfinden, weil Australien sich weigert, bestehende Quarantänebestimmungen für die Einfuhr von Pferden zu ändern.

Neuer Parlamentspräsident der Montanunion wird der ehemalige italienische Ministerpräsident Alcide De Gasperi.

12 · Mittwoch

Der nordrhein-westfälische Landtag beschließt die Gründung des Westdeutschen Rundfunks (WDR). Als Sitz der neuen Rundfunkanstalt ist Köln vorgesehen.

13 · Donnerstag

In London beginnt eine Fünf-Mächte-Abrüstungskonferenz. Vertreter Frankreichs, Großbritanniens, Kanadas, der Sowjetunion und der USA verhandeln über Kontrolle und Reduzierung von Atomwaffen.

14 · Freitag

Bundeskanzler Konrad Adenauer lehnt die Aufnahme diplomatischer Beziehungen zur Sowjetunion ab. Diese Frage könne erst nach Inkrafttreten des Deutschland-Vertrages erörtert werden, hieß es in einer Presseerklärung der Bundesregierung.

15 · Samstag

In Prag bekennt sich der ehemalige Chef der tschechoslowakischen Sozialdemokraten, Bohumil Lausmann, öffentlich zur Staatsform der ČSSR. Lausmann war 1950 in den Westen geflohen und Weihnachten 1953 unter mysteriösen Umständen aus seiner Wohnung in Salzburg verschwunden.

16 · Sonntag

Tausende feiern in München den 85. Geburtstag des Kronprinzen Ruprecht von Bayern. Nach einem Festgottesdienst vor dem Nymphenburger Schloß empfangen die Münchener ihren volkstümlichen Kronprinzen mit »Heil unserem König«-Rufen.

17 · Montag

In Washington erklärt der Oberste Gerichtshof der Vereinigten Staaten die Rassentrennung an öffentlichen Schulen für verfassungswidrig. Wegen der administrativen Schwierigkeiten, die mit dem Richterspruch verbunden sind, wird die Durchführung des Beschlusses vorerst verschoben.

18 · Dienstag

Die Bundesprüfstelle für jugendgefährdende Schriften wird in Bonn eingerichtet.

19 · Mittwoch

Die bayerische Staatsregierung beschließt in München, künftig bei Feierlichkeiten neben der bayerischen auch die schwarz-rot-goldene Flagge zu hissen.

20 · Donnerstag

Bundeskanzler Konrad Adenauer erzielt in Straßburg mit dem stellvertretenden französischen Ministerpräsidenten Pierre-Henri Teitgen grundsätzliches Übereinkommen in der Saarfrage. In Frankreich stößt die Einigung auf scharfe Kritik.

Im bayerischen Schwangau wird der ehemalige Generalstabschef der deutschen Wehrmacht, Hans Guderian, beigesetzt. Vor dem mit der Reichskriegsflagge bedeckten Sarg schießt eine Hundertschaft des Bundesgrenzschutzes Ehrensalven.

21 · Freitag

Bundeswirtschaftsminister Ludwig Erhard setzt im Bundesrat seinen Entwurf für ein Kartellgesetz durch. Die Bildung von Kartellen bleibt im Grundsatz verboten.

22 · Samstag

Die Kundgebung des amerikanischen Predigers Billy Graham im Londoner Wembley-Stadion wird von 120 000 Menschen besucht.

In Luzern gewinnt die deutsche Springreiter-Mannschaft den »Preis der Nationen«.

23 · Sonntag

In Ost-Berlin kritisiert die Synode der Evangelischen Kirche von Berlin-Brandenburg das Schulwesen und die Beeinträchtigung des kirchlichen Lebens in der DDR.

Durch einen 5:1-Erfolg über Titelverteidiger Kaiserslautern sichert sich Hannover 96 überraschend die Deutsche Fußballmeisterschaft.

Lufthansa

Die bundesdeutsche »Luftverkehrsbedarfs AG« beschließt die Umbenennung des Unternehmens in »Deutsche Lufthansa« und sichert sich damit den Namen der größten deutschen Vorkriegs-Luftgesellschaft.

24 · Montag

Das US-Außenministerium kündigt Italien und Frankreich die Einstellung weiterer Finanzhilfe an, falls beide Länder die Ratifizierung des Vertrags zur Europäischen Verteidigungsgemeinschaft (EVG) weiter verzögern.

25 · Dienstag

Die Regierung der Vereinigten Staaten liefert Rüstungsmaterial an Nicaragua und Honduras, um beide Länder für eine militärische Auseinandersetzung mit Guatemala zu stärken. Nach amerikanischen Angaben hat Guatemala Waffenlieferungen im Wert von zehn Millionen Dollar aus Polen erhalten.

26 · Mittwoch

Die Amtsgerichte in Bonn und München untersagen den Verkauf der »Münchner Illustrierten«. Das Titelbild der Zeitschrift zeige die amerikanische Schauspielerin Jane Russell in einem »die Jugend gefährdenden Aufzug«.

27 · Donnerstag Christi Himmelfahrt

Nach wochenlangen Beratungen zeichnet sich auf der Genfer Indochina-Konferenz die Teilung Vietnams als Friedensbedingung ab.

28 · Freitag

Bei archäologischen Ausgrabungen in der Nähe der Cheopspyramide von Giseh wird ein über 4000 Jahre altes »Sonnenboot« des Pharao Cheops gefunden.

29 · Samstag

Papst Pius X. (Amtszeit von 1903 bis 1914) wird in Rom heiliggesprochen. In seiner feierlichen Ansprache kritisiert Papst Pius XII. die durch die Trennung von Glauben und Wissen verursachte »seelische Katastrophe« der modernen Welt.

30 · Sonntag

In seiner Eröffnungsrede zum Bundesparteitag der CDU in Köln warnt Bundeskanzler Konrad Adenauer vor kommunistischen und nationalistischen Gefahren für die Bundesrepublik.

In Paris läuft Emil Zatopek aus der ČSSR neuen Weltrekord über 5000 Meter in 13:57,2 Minuten. Zatopek, wegen seines rhythmischen Laufstils »die Lokomotive« genannt, hält auf neun Laufstrecken den Weltrekord.

31 · Montag

Auf der Genfer Indochina-Konferenz kommen die Vertreter aus Ost und West überein, eine Demarkationslinie für Vietnam von vietnamesischen und französischen Militärs ausarbeiten zu lassen.

Kapriziös von Kopf bis Fuß

Endlich wieder schön sein

Endlich wieder schön sein – das wollten die Frauen der fünfziger Jahre. Viel zu lange hatten sie unförmige und schäbige Kleider aus groben Stoffen getragen. Der Retter aus dieser tristen Eintönigkeit hieß Christian Dior, Modezeichner in Paris. Er hatte 1947 den legendären »New Look« entworfen und damit einen neuen Frauentyp kreiert: mit Wespentaille, Stöckelschuhen, romantischen Volants und hellem Teint – zart, anlehnungsbedürftig, exklusiv, zerbrechlich. An die Stelle plumper Zweckmäßigkeit trat nun urbane Eleganz.

Der New Look setzte sich sogar in Gegenden Europas durch, in denen die Frauen mit dem Enttrümmern von zerbombten Grundstücken beschäftigt waren und ihre Kleider aus den gewürfelten Einheitsstoffen ehemaliger Luftschutzkellerbetten zusammengenäht hatten. Denn viel zu lange hatten sie unförmige und schäbige Kleider getragen; sie hatten den berühmten Trümmerfrauen-Look gründlich satt. Der New Look, so hieß es, signalisiere das Ende des Krieges sichtbarer als jedes diplomatische Vertragswerk.

Bald aber löste ein New Look den anderen ab, denn die Einfälle des ungekrönten Königs der Couturiers schienen unerschöpflich: Fast jedes Jahr entwarf Christian Dior eine neue Modelinie. In rascher Folge rauschten Oval-, Wellen-, Tulpen- und Maiglöckchen-Linie, benannt nach des Meisters Lieblingsblume, über den Markt hinweg, bis Dior die Modewelt schließlich mit der legendären H-Linie der Herbstsaison 1954 überraschte.

Die beiden senkrechten Balken des Buchstabens H, die die seitliche Begrenzung der Kleider darstellten, liefen nicht geradlinig hinab, sondern in leichtem Schwung nach innen. Der Rock konnte glockig, plissiert oder bleistifteng sein, war aber immer erst in Hüfthöhe angesetzt. Die somit tiefsitzende Taille wurde durch einen Gürtel, ein Band oder eine Schärpe betont. Utensilien, die an den Querbalken des H erinnerten. Kleider und Kostüme wurden nur mäßig tailliert, die bislang starke Betonung der weiblichen Rundungen war abgeschwächt.

Die neue Kreation spaltete die Gemüter: Während Avantgardisten euphorisch Beifall zollten, empörten sich entrüstete Kritiker, vornehmlich Männer, die um ihr gewohntes Sehvergnügen fürchteten und Dior vorwarfen, die von ihm angezogenen Frauen sähen wie Bohnenstangen aus. Frauen ohne Busen und Hüften: welche Schreckensvision!

In den USA taufte man(n) die H-Linie in »No Look« um, weil er angeblich das verneinte, was Hollywood der Männerwelt gewöhnlich als Sex-Appeal offerierte. Ein amerikanischer Farmer entlud seine Entrüstung gar in einem Schreiben an den Modeschöpfer selbst: »Mit Ihrem sogenannten Genie haben Sie meine Frau völlig zu verunstalten gewußt. Was würden Sie sagen, wenn ich sie Ihnen jetzt so zuschicken würde?« Doch alle Aufregung war verfrüht, denn die neue Linie ließ die Brust nicht flacher erscheinen, wie zunächst mißverstanden wurde, sondern höher – also jugendlicher. Die H-Linie setzte sich durch.

Noch zwei weitere französische Modeschöpfer machten 1954 Schlagzeilen. Die 71jährige Gabrielle (Coco) Chanel hatte im Februar 1953 nach 15 Jahren Pause wieder ihren Modesalon eröffnet. Durch den Ausspruch einer ihrer Kollegen, nur Männer seien in der Lage, Frauen anzuziehen, fühlte sich Coco wieder in die Arena gefordert.

Doch ihr Comeback brachte keinen Konkurrenten außer Fassung, denn was Chanel zu bieten hatte, war weder Offenbarung noch Revolution. Es waren wieder die schon berühmten Chanel-Kostüme in ihrer »zeitlos-eleganten, sportlich-bequemen und weiblich-smarten« Art, die längst ein Begriff in der Modewelt geworden waren. Zu den Kostümen gehörte die typische Chanel-Bluse, die am Hals mit einer

Merkmale der H-Linie: schmale, drapierte Schultern; schlanke Ärmel; flache, hochangesetzte Büste; angedeutete Taille; enger, knielanger Rock und dazu spitze Pumps mit nicht zu hohen Absätzen.

Christian Dior schuf zur Herbst- und Wintersaison 1954 diese beiden bezaubernden Abendkleider aus Brokat und Seide im Stil seiner H-Linie.

Schleife gebunden wurde. Böse Zungen behaupteten, sie hätte dort wieder angefangen, wo sie vor 15 Jahren aufgehört habe und gaben ihr den Namen »Rokoko« Chanel. Die Zeitungen, die am Morgen nach der Modenschau erschienen, waren voller vernichtender Urteile, wie ein »Total-Fiasko« oder »Retrospektive 1930«. »Dieselben Tweed-Kostüme und ›Kleinen Schwarzen‹«, kritisierte die Modepresse. Begeisterung vieler Käuferinnen für die Chanel-Kreationen, die bei aller Eleganz immer praktisch und bequem waren, vermochten solche Verrisse nicht zu trüben.

Jacques Fath, 1954, an seinem Arbeitstisch beim Skizzieren eines seiner Modelle.
Coco Chanel, die schon in den zwanziger und dreißiger Jahren tonangebend war, eröffnete nach längerer Pause 1954 wieder ihren Modesalon.

Traurige Schlagzeilen machte in diesem Jahr Jacques Fath. Er war erst 42 Jahre alt, als er im November 1954 in Paris verstarb. Augenfang auf seiner letzten Modenschau waren riesige Schleifen aus großblumigen Stoffen gewesen, die zahlreichen Kleidern ein neues Aussehen verliehen. Zwar führte Geneviève Fath, ehemals Starmannequin des Modehauses, den Salon nach dem Tod ihres Mannes weiter, doch bald schon zeichnete sich ab, daß ohne die Ideen des Jacques Fath die Firma nicht auf dem hohen Niveau zu halten war, wie es die Kunden erwarteten – und so mußte das Modehaus Fath 1957 seine Pforten schließen. Durch den Tod von Jacques Fath verlor die Haute Couture einen ihrer genialsten Vertreter.

Doch am Pariser Modehimmel gingen schon zwei neue vielversprechende Sterne auf: Die Jury beim Wettbewerb des Internationalen Wollsekretariats 1954 verlieh dem Neuling Karl Lagerfeld den ersten Preis für den besten Mantel, der Debütant Yves Saint Laurent erhielt den Lorbeer für das beste Kleid. Für beide war dies der Beginn einer steilen Karriere.

Yves Saint-Laurent wurde nach dem Tod von Christian Dior dessen Nachfolger und führte die Tradition des Hauses weiter.

Elsa Schiaparelli, die 1945 nach der erzwungenen Pause durch den Zweiten Weltkrieg ihren Modesalon wieder eröffnet hatte, entwarf hauptsächlich Couture- und Boutique-Kollektionen. Im Jahr 1945 zog sie sich aber endgültig aus dem Geschäft zurück.

Drei Varianten der H-Linie, die 1954 das große Modeereignis war: Kleider und Kostüme waren mäßig tailliert, die Hüften durch Gürtel und Schärpen betont. Die Röcke konnten glockig oder eng sein, und die Kragen variierten – von hochgeschlossen bis zum spitzen Ausschnitt mit breitem Schulterkragen.

Die deutsche Haute Couture wollte nicht wie die Pariser extravagant sein, sondern hatte sich zum Ziel gesetzt, solide tragbare Eleganz zu entwerfen, die von einem größeren Kundenkreis geschätzt wurde. So hieß es damals, in Berlin und München werde die Pariser Mode erst kleidsam gemacht.

Vertreter dieser Richtung waren vor allem Heinz Oestergaard und Heinz Schulze-Varell.

Wo Konkurrenzkampf tobt, gedeiht auch die Begehrlichkeit. »Modespionage« war das Wort, das 1954 so manchen Couturier erzittern ließ. Das Schreckensbild vom Reporter, der als Blumenbote getarnt ins Atelier schleicht, um die neuesten Trends auszukundschaften und an die Konkurrenz zu verraten, bereitete den Modemachern schlaflose Nächte.

Die Angst war so groß, daß die fertigen Kreationen sogar im eigenen Haus nur verhüllt umhergetragen wurden. Mitzeichnen und Fotografieren bei Modenschau-Premieren war strengstens verboten, und alle Kunden mußten eine bestimmte Geldsumme als Depositum hinterlegen, mit dem sich die Modeschöpfer gegen das Kopieren ihrer Modelle absicherten. Erst wenn die Kaufverträge unter Dach und Fach waren, wurden die Modelle veröffentlicht. Christian Dior schrieb voll Wehmut: »Da das Kaufrecht eine genaue Untersuchung der

Schnitte und eine spätere Serienherstellung einschließt, werden [nach dem Kauf] die Modelle stundenlang unter die Lupe genommen, gemessen, umgewendet, ja manchmal sogar aufgetrennt, kurz: buchstäblich geschunden, damit sie ihre Geheimnisse preisgeben.«

Beinahe ebenso furchterregend wie die Spionage erschien den Pariser Modeschöpfern der Blick nach Italien. Die italienische Konkurrenz, so mußten sie besorgt feststellen, wurde von Jahr zu Jahr stärker. Das 1954 gegründete »Centro di Firenze per la Moda Italiana« organisierte im Palazzo Pitti zu Florenz zwei mal jährlich Modenschauen der italienischen »Alta Moda«. Den italienischen Couturiers, allen voran Emilio Pucci und Emilio Schuberth, gelang es besonders gut, moderne Ideen mit ruhiger Eleganz zu verbinden. Die attraktivsten Druckstoffe, die schicksten Schuhe, Handtaschen, Strickmoden, die kostbarste Wäsche und der effektvollste Modeschmuck kamen aus Rom. Besonders in Amerika war italienische Couture gefragt. Das Praktische und zugleich Elegante fand dort bei den Damen der High-Society großen Anklang.

In der eleganten Herrenmode war nach wie vor Großbritannien tonangebend. Man besann sich wieder auf Accessoires wie Krawattennadel, Einstecktuch, Hut und Schirm, die der Gentleman trug.

Allerdings überließen die italienischen Herrenschneider den Engländern das Mode-Terrain nicht allein. Konkurrenz entstand in den Ateliers von Brioni, Litrico und Piatelli, die figurbetonte Modelle zeigten.

Ob Alta Moda oder Haute Couture – damals wie heute blieb sie nur den wenigen wohlhabenden Frauen vorbehalten. Aber ihre unumstrittenen, tragbaren und vor allem auch industriell umsetzbaren Richtlinien bestimmten das Design der Konfektionsmode und erreichten irgendwann selbst den hintersten Winkel der Provinz. Bestimmte Modestile der Haute Couture wurden für die Massenherstellung verbindlich.

1954 hieß das, Frauen im bleistiftengen Rock mit der berühmten Dior-Falte oder im jugendlich-wippenden Petticoat bewundern zu können. Ein Gürtel betonte die Taille, und ohne ein Kostüm ging schon gar nichts. Zum dekolletierten Sommerkleid gehörte ein Bolero; Kleider hatten entweder einen Matrosenkragen oder einen breiten Kragen, der Dekolleté und Schultern umrahmte.

Verspielte und kokette Accessoires waren außerordentlich wichtig: Federn, Blumen oder Schleier verzierten die unverzichtbaren Hüte, die auf den neuen Wellenfrisuren mit Lockenkranz Platz fanden. Und wenn dann noch Handschuhe und Handtasche zueinander paßten, dann schien die Garderobe perfekt.

Zum Modeverteiler Nummer eins wurden die großen Kaufhäuser. Was gefiel, konnte mit modernen Mitteln in Massen auf den Markt gebracht werden. Durch die verbesserten Herstellungsmethoden und vor allem durch die neuen Kunstfasern wurden modische Kleidung und Accessoires wesentlich billiger und für jedes Einkommen erschwinglich. Die Kleiderschränke begannen sich wieder zu füllen. Allmählich erwachte bei den

Karl Lagerfeld
Modedesigner

»Das Modeideal der fünfziger Jahre hatte im Grunde schon Ende der vierziger begonnen, nämlich mit dem »New Look«. Der wurde sofort akzeptiert. Ich erinnere mich an eine Dior-Modenschau im Hotel Esplanade 1948 oder 1949 in Hamburg. Das war wirklich sehr luxuriöse, exklusive Haute Couture, die für das große Publikum allerdings unerschwinglich blieb. Das ließ die Pariser Modelle von Hausschneiderinnen nach Schnittmusterbögen aus den Zeitschriften kopieren. Und in Hamburg gab es ein Kaufhaus, in dem man Kleider kaufen konnte, die genauso aktuell waren wie das, was man in den französischen Zeitungen bestaunen konnte. Meine Schwestern hatten diese Kleider, und sie sahen sehr flott darin aus und waren zufrieden damit.

Die Leute waren damals nicht so anspruchsvoll. Drei Kleider im Jahr waren Luxus, wenn sie heute nicht zwanzig davon kriegen, meinen sie, das sei Armut.«

Heinz Oestergaard
Modedesigner

»Das Besondere in den fünfziger Jahren war, daß wir in eine neue Wirtschaftsphase eintraten. Wir spürten einen Aufschwung, die Geschäfte gingen besser, man verdiente mehr, und es entstand das Bedürfnis, sich hübsch anzuziehen, dem Partner zu gefallen. Vorher hatten doch nur die Bedarfsbedeckungswünsche das Hauptmoment gebildet.

Diesem neuen Wunsch nun folgten wir Modedesigner natürlich. Es entstand eine neue Mode, die fröhlich war, die verschiedene Tagessparten ergriff: Vormittagskleider, Sportkleider, Reisebekleidung und alles, was man nachmittags und abends trug.

Man zeigte Dekolleté, man zeigte Taille, weitschwingende Röcke und kleine Frisuren. So war es eine verführerische, aber ich möchte sagen, doch wohlanständige Mode.«

Käufern die Bereitschaft, einen wesentlichen Teil des noch geringen Einkommens für Textilien auszugeben. Perlon, die neue Kunstfaser, war der Stoff, aus dem die Modeträume waren.

Aber auch Frauen, denen schon die Folgen der »Freßwelle« zu schaffen machten, konnten, wie der *Stern* 1954 schrieb, Perlon genießen: »Die junge Frau braucht nicht mehr so viel zu flicken [...] so viel zu bügeln, das Waschen wird leichter [...] Der Kleiderwohlstand wächst. Man kann sich besser anziehen und gefällt einander.« Doch gerade beim Waschen wurde das Perlon-Glück schnell wieder getrübt. Der »Grauschleier« wurde zum Hauptfeind der Synthetik-Euphorie und erste Schatten zogen am Perlon-Himmel auf. So kam es nicht von ungefähr, daß man sich bald wieder auf natürliche Materialien besann.

Was die Frauen der fünfziger Jahre wollten, schön sein, wurde nicht in erster Linie als Ausdruck individueller Persönlichkeitsentfaltung verstanden, sondern eher als Annäherung an vorherrschende Ideale. Eigene Ideen waren nicht vorgesehen. An Modevorbildern und Idealen mangelte es gleichwohl nicht. In Frauen- und Modezeitschriften wie *Brigitte – Das Blatt der Hausfrau* oder *Constanze*, die wie Pilze aus dem Boden schossen, wurden diese Ideale propagiert. Dabei war es letzten Endes belanglos, ob man den knabenhaften Boy-Look einer Audrey Hepburn zu kopieren suchte, die Eleganz einer Grace Kelly oder das laszive Outfit einer Brigitte Bardot: Hauptsache, die Angleichung gelang. Mit wachsendem Wohlstand stieg für die Frauen auch der Stellenwert von Mode und Schönheit, bis er nahezu den gleichen Rang einnahm wie Arbeit, Haushalt und Familie. Ihre Kleidung symbolisierte ihre Einstellung zur Gesellschaft: Nur wer sich an die gültigen Regeln hielt, galt als »anständige« Person. Das Modebewußtsein wuchs; zugleich jedoch sanken Anerkennung und Bestätigung von Frauen in der Werteskala der Gesellschaft 1954. (UN)

»Der New Look signalisiert das Ende des Krieges sichtbarer als jedes diplomatische Vertragswerk.«

Karl Lagerfeld, 1954 am Anfang seiner steilen Karriere als Modeschöpfer, gewann den ersten Preis für den besten Mantel des Jahres.
Jacques Fath mit seiner Frau Geneviève, die auch sein Starmannequin war, 1954 auf dem Weg zu einem Ball.

Die alte Hauptstadt macht sich Mut

Berlin im Brennpunkt internationaler Politik

Auch nach dem Volksaufstand des 17. Juni blieb die geteilte Stadt im Brennpunkt internationaler Politik. Die Berliner Konferenz im Januar und Februar 1954 lenkte das Interesse der Weltöffentlichkeit erneut auf die ehemalige Reichshauptstadt. Schon im Vorfeld des Treffens war es zu einem Gerangel um Zeitpunkt und Konferenzort gekommen. Der Vorschlag, Berlin als Tagungsort zu wählen, kam von den Sowjets, denen es immer noch um die Verhinderung der Westverträge ging. Weder Westmächte noch Bundesregierung konnten einen solchen Vorschlag ablehnen.

Die Erwartungen in der bundesdeutschen Öffentlichkeit waren hochgesteckt. Noch hoffte man auf die deutsche Wiedervereinigung, glaubte an den guten Willen der Regierungen. Viele Berliner erwarteten zunächst wenigstens eine Verbesserung der Telefonverbindungen nach Ost-Berlin. Damals mußte jedes einfache Ortsgespräch zwischen den beiden Sektoren den Umweg über Frankfurt am Main und Leipzig nehmen.

Die Erwartungen der Politiker waren um einiges gedämpfter. US-Präsident Eisenhower schrieb später in seinen Memoiren: »Keiner von uns hatte auch nur einen Funken Hoffnung, daß diese Konferenz die Wiedervereinigung bringen könnte.« Dafür sprach auch die Art und Weise der Verhandlungen. Als sich die Außenminister der vier Siegermächte, Bidault, Dulles, Eden und Molotow, am 25. Januar erstmals trafen, war für die betreffenden Experten schon klar: Hier wurden lediglich altbekannte Positionen neu ausgetauscht. Hinzu kam, daß alle Deutschland betreffenden Sitzungen öffentlich abgehalten wurden. Die Minister versuchten, sich gegenseitig an Rhetorik und Schlagfertigkeit zu übertreffen. Die Veranstaltung war Forum, um die jeweils andere Seite als den an der Teilung eigentlich Schuldigen zu brandmarken und das eigene Lager hinter sich zu versammeln. Diese Rechnung jedenfalls ging für beide Seiten auf.

Die deutsche Öffentlichkeit, die große Hoffnungen in die Konferenz gesetzt hatte, sah sich bitter enttäuscht. Beide Supermächte waren gar nicht daran interessiert, ihren Teil von Deutschland zugunsten einer Wiedervereinigung aus der Hand zu geben. Am Ende war klar, daß ein vereintes Deutschland für absehbare Zeit nicht auf der politischen Tagesordnung stehen würde. Für die Berliner hieß das, ihr »Inseldasein« beibehalten zu müssen. Sie mußten lernen, mit der Teilung zu leben. Bald nach der Konferenz erkannte die Sowjetunion die DDR als souveränen Staat an. Im Oktober unterzeichnete die Bundesregierung die Pariser Verträge, die unter anderem den Beitritt zur NATO regelten. Somit existierten nun zwei deutsche Staaten nebeneinander.

Auf kulturellem Gebiet wahrte Berlin Hauptstadtniveau. Noch während der Konferenz wurde im Schiller-Theater Arthur Millers »Hexenjagd« uraufgeführt. Das von Bertolt Brecht gegründete Berliner Ensemble erhielt ein eigenes Haus, im Bezirk Mitte hob sich der Vorhang für die Volksbühne. Und am 1. Juni strahlte der Sender Freies Berlin (SFB) seine ersten Radiosendungen aus.

Am 17. Juli wurde Theodor Heuss als Bundespräsident wiedergewählt. Mit feinem Gespür hatten die Berliner die Bedeutung dieser Wahl erkannt. Der an sich eher schlichte Wahlakt erhielt durch den Wahlort eine ganz besondere Bedeutung: Das Staatsoberhaupt der Bundesrepublik wurde in einer Stadt gewählt, die staatsrechtlich überhaupt nicht zu ihrem Territorium gehörte. Mit einer überwältigenden Mehrheit wurde der populäre Liberale in der Ostpreußenhalle im Amt bestätigt. Die Berliner machten aus dem Akt ein Fest und bereiteten dem alten und neuen Bundes-

Der Weg in die Freiheit: Flüchtlinge aus der DDR warten erschöpft und dichtgedrängt im West-Berliner Durchgangslager Charlottenburg auf ihre Weiterreise in die Bundesrepublik.

präsidenten am nächsten Tag im Olympiastadion einen rauschenden Empfang. 90 000 begeisterte Menschen im Stadion und weitere Zehntausende auf den Straßen feierten Theodor Heuss trotz stundenlanger Regengüsse mit großer Herzlichkeit. Der Landesvater seinerseits erwies den »Helden von Bern« seine Ehre: Im Olympiastadion verlieh er ihnen die höchste nachkriegsdeutsche Sportauszeichnung, das Silberne Lorbeerblatt.

Im Juni 1954 setzte der Berliner Senat im übrigen ein zukunftorientiertes Zeichen: Er entschied sich, die Gedächtniskirche wiederaufzubauen – allerdings mit einer modernen Stahlbetonkonstruktion, in deren Mitte die Turmruine erhalten blieb. Die Kirche sollte als Mahnmal an das Unrechtregime der Nationalsozialisten, an den Krieg und dessen Folgen erinnern.

Diese Hypothek lastete noch schwer auf der geteilten Stadt. 1954 drängten pro Monat bis zu 10 000 Flüchtlinge in die drei Westsektoren. Auffallend viele Volkspolizisten waren darunter. Der folgende Zeitungsbericht war sicher reichlich dramatisch gehalten, zeigte aber deutlich, wie abenteuerlich sich viele Fluchtversuche gestalteten:

»Warschauer Brücke. Hier ist die Sektorengrenze. Sie führt mitten durch den Spreekanal. Plötzlich peitschen Schüsse vom Sowjetsektor herüber. Die sich sonnenden West-Berliner verstecken sich schnell hinter den Mauerblöcken und schauen ... Ein Kopf schwimmt auf der flirrenden Wasserfläche ... taucht unter ... jetzt ist er wieder da ... wird er es schaffen? Jetzt steigt ein Mann aus dem Wasser ... rennt keuchend und triefend hinter eine Ruine ... nestelt einen Ausweis aus der Badehose. Es ist ein Volkspolizist, der sich durch Flucht dem Zugriff des NKWD, des sowjetischen Geheimdienstes, entzogen hat.«

Daß immer mehr »Vopos« in den Westen flohen, 279 allein im August 1954, war Folge des verstärkten Drucks der SED. Viele Polizisten wollten eben keine Büttel der verhaßten Staatsmacht sein.

Und auch am Jahresende wurde die geteilte Stadt aufs neue von der Politik gebeutelt: Wahlen im Westen und im Osten. Die Ost-Berliner sollten über die Zusammensetzung der »Volkskammer der Deutschen Demokratischen Republik« und der Stadtverordnetenversammlung von Ost-Berlin befinden. Doch effektiv blieb ihnen dabei keine große Wahl. Es gab nur eine Liste – die der kommunistisch beherrschten »Nationalen Front«. Die Sozialdemokraten hatten sich im Osten der Stadt gar nicht zur Wahl gestellt, denn sie befürchteten, dies könne als Anerkennung der DDR gedeutet werden. Offiziell nannten sie die mangelnde Rechtsstaatlichkeit in der Ostzone als Grund für ihren Wahlverzicht. Und so wurde am 15.November der SED-Genosse Friedrich Ebert jun., der Sohn des früheren Reichspräsidenten, von der Stadtverordnetenversammlung zum Oberbürgermeister Ost-Berlins gewählt.

Die SED zeigte bei den Wahlen zum West-Berliner Abgeordnetenhaus weniger Berührungsängste. Sie stellte sich zur Wahl; Zweiflern in der eigenen Partei wurde beschieden: »Siegen können wir sowieso nicht, aber die Fünf-Prozent-Klausel überspringen. Eine minimale Stimmenzahl können wir immer noch Wahlterror und Wahlbehinderung zuschreiben.« Das war dann auch nötig: Mit 2,7 Prozent scheiterte der West-Berliner SED-Ableger kläglich.

Da etliche der zwölf Parteien die Fünf-Prozent-Klausel nicht übersprangen, erhielt die SPD mit 44,6 Prozent der Stimmen die absolute Mehrheit der Spitze. Dennoch bildete sie, wegen der bedrängten Lage der Stadt, eine große Koalition mit der CDU, die 30,4 Prozent erreicht hatte.

Trotz der trüben Lage, in der es keinen Silberstreif am Horizont der deutschen Einheit gab, wurde eifrig für die Zeit geplant, in der es wieder eine deutsche Regierung geben würde – natürlich in Berlin. Das neue Regierungszentrum sollte rund um den Fehrbelliner Platz entstehen. In der historischen Wilhelmstraße sollten das Auswärtige Amt und das Bundeskanzleramt unterkommen. Für die Rekonstruktion des alten Reichstages sahen die Experten allerdings keine Chance. Der ausgeschriebene Wettbewerb für den Neubau sollte spätestens 1956 abgeschlossen sein. Danach könne man dann munter an die Arbeit gehen, hofften die Berliner. Denn: »Berlin wartet auf Bonn«, wie eine Schlagzeile aus jenen Tagen verkündete. (HH)

Wahlsieger im Westen: Otto Suhr (SPD), der neue Regierende Bürgermeister, nimmt die Glückwünsche des Parteivorsitzenden der Berliner SPD, Franz Neumann (links), entgegen.

Bonn ist nicht Weimar

Macht und Ohnmacht der Parteien

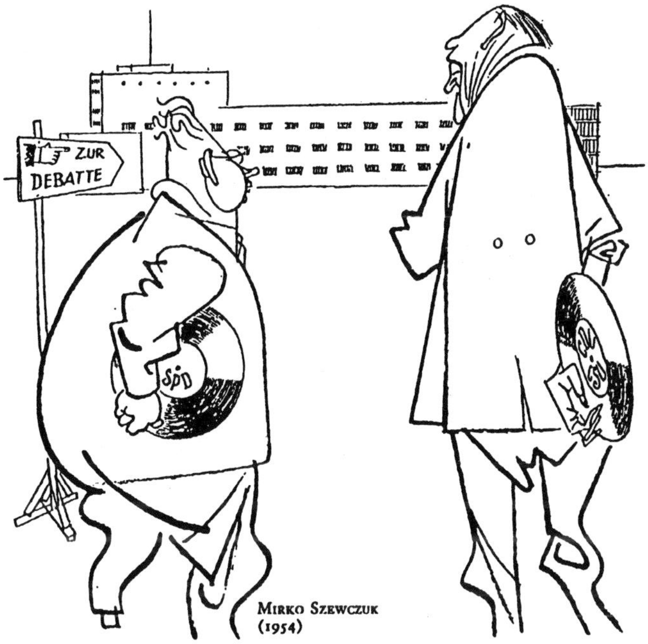

Ein gefundenes Fressen für Karikaturisten. Der obligatorische Schlagabtausch zwischen Erich Ollenhauer, dem Führer der SPD-Opposition und Bundeskanzler Konrad Adenauer wirkte wie ein Ritual.

Was Bürger über die Parteien denken, war schon im Gründungsjahr der Bundesrepublik ein Lieblingsthema der Demoskopen. Die ersten Befunde fielen wenig schmeichelhaft aus. Auf die Frage, ob die Parteien »seit Kriegsende das Notwendige und Mögliche« getan hätten, »die Entwicklung zum Guten zu wenden«, antwortete jeder zweite Befragte mit »nein«.

Allerdings verbesserte sich das Meinungsbild von Jahr zu Jahr – in zaghaften Schritten. Im Juni 1954 war laut Umfragen nur noch jeder dritte der Auffassung, die Parteien hätten »mäßig« oder »wenig« zum Wiederaufbau Westdeutschlands beigetragen. Die Bürger hatten sich an das neue Parteiensystem gewöhnt, und auch die negativen Erfahrungen aus der Weimarer Republik schienen zu verblassen. Weder war das bundesdeutsche Parlament zu einer »Schwatzbude« verkommen, noch konnten radikale Kräfte darin Fuß fassen.

Die »Väter« des Grundgesetzes hatten die Erfahrungen der totalitären Vergangenheit in der neuen Verfassung verarbeitet. Bonn sollte kein zweites Weimar werden. Die Parteien wurden ausdrücklich auf die freiheitlich-demokratische Grundordnung eingeschworen. Artikel 21 bestimmt, daß sie »an der politischen Willensbildung« mitwirken – aber nur unter der Bedingung, daß sie sich an die Spielregeln der Verfassung hielten. Das Bundesverfassungsgericht in Karlsruhe fungierte als oberste Kontrollinstanz. 1952 wurde die rechtsradikale Sozialistische Reichspartei (SRP) verboten; ein Antrag gegen die Kommunistische Partei Deutschlands (KPD) lag seit 1951 vor; 1956 sollte sie das gleiche Schicksal ereilen. Parteien von rechts- und linksaußen hatten ohnehin einen schweren Stand. Nicht nur historische, auch tagespolitische Erfahrungen waren ausschlaggebend – der Kalte Krieg zwischen Ost und West wirkte abschreckend für sozialistische Experimente. Auch eine »Parteienzersplitterung«, wie sie Weimar erlebte, blieb aus.

Mit einem neuen Wahlgesetz zur Bundestagswahl 1953 war bundesweit die Fünfprozentklausel eingeführt worden; im ersten Deutschen Bundestag teilten sich noch elf, im zweiten nur noch sechs Parteien die Sitze im Parlament. Vom Trend zur Konzentration profitierten vor allem CDU und CSU; als überkonfessionelle Neugründungen nach dem Zweiten Weltkrieg waren beide Parteien für alle Bevölkerungsschichten wählbar. Nach der Bundestagswahl vom September 1953 konnte sich die Koalitionsregierung unter Konrad Adenauer auf mehr als zwei Drittel der Abgeordneten stützen. Die Pfeiler der Zweiten Republik: Soziale Marktwirtschaft, Westbindung, Souveränität, Wiederaufrüstung, sie ruhten auf einem breiten demokratischen Fundament.

Von einer Parteiendemokratie sprach noch niemand, denn in Bonn regierte Konrad Adenauer. Ausgiebig machte der Bundeskanzler von seiner Richtlinienkompetenz Gebrauch. Die Entscheidungen zur Westpolitik setzte er nahezu im Alleingang durch. Der Wahlerfolg vom September 1953, der CDU und CSU 243 von 487 Abgeordnetensitzen eingebracht hatte, galt als sein persönlicher Triumph. So mauserte sich die Zweite Republik mehr und mehr zu einer Kanzlerdemokratie. In Ludwig Erhard, dem »Vater des Wirtschaftswunders«, besaßen sie einen weiteren Trumpf: »Freiheit«, »Sicherheit«, »Wohlstand« und »Aufschwung« diese Begriffe wurden von CDU und CSU besetzt. Da somit weitere Wahlerfolge praktisch garantiert waren, mühte sich

Groteskes Koalitionsgerangel nach der Landtagswahl in Bayern. Die CSU war zwar die stärkste Partei, doch die SPD schmiedete das stärkere Bündnis.

die CDU nicht übermäßig um den Aufbau einer wirksamen Parteiorganisation: sie zählte lediglich rund 200000 Mitglieder und blieb in erster Linie Wählerpartei. Ideologie spielte eine untergeordnete Rolle und Programm waren die Regierungserklärungen Konrad Adenauers. Als bayerische Filiale der Union machte sich die CSU für den Föderalismus stark. Zunächst vertrat sie vor allem die Interessen von Bauern, Handwerkern und Kleinunternehmern, zog aber immer häufiger auch Angestellte und Arbeiter auf ihre Seite; als Advokat der Wirtschaft und des Mittelstands gewann die CSU zunehmend an Profil.

Um sich eine stabile Mehrheit im Bundestag zu sichern, hätte sich die CDU/CSU mit einem Koalitionspartner begnügen können. Doch Adenauer erweiterte das bewährte Bündnis mit FDP und Deutscher Partei (DP) nach der zweiten Bundestagswahl um den »Block der Heimatvertriebenen und Entrechteten« (BHE). Damit verfügte die Regierung über weit mehr als die verfassungsändernde Zweidrittelmehrheit im Parlament, die sie für die Durchsetzung ihrer Wehrpolitik dringend benötigte.

Die FDP war mit 9,5 Prozent der Stimmen drittstärkste Fraktion im Bundestag und mit vier Ministern an der Regierung beteiligt. Die Gegensätze zwischen einem eher linksliberalen und einem eher nationalen Flügel der Partei wurden durch den gemeinsamen Namen überdeckt. Die FDP legte auf ihre konfessionelle Unabhängigkeit besonderen Wert und setzte sich für eine neoliberale Wirtschaftspolitik ein. Außenpolitisch war das Programm der CDU Vorbild; allerdings ging der FDP-Vorsitzende Thomas Dehler in der Deutschlandfrage auf kritische Distanz zum Kanzler. Kulturpolitisch stand die FDP links, sozialpolitisch eher rechts von der CDU/CSU. Ihre Hochburg hatten die Liberalen neben Baden-Württemberg vor allem in Hessen. Bei den Landtagswahlen im November 1954 erhielt die FDP dort 20,5 Prozent der Stimmen.

Die DP gehörte – wie die FDP – schon während der ersten Legislaturperiode zur Regierungskoalition. Zwar hatte sie bei den Wahlen 1953 nur 3,2 Prozent der Stimmen gewonnen, doch war sie mit zehn Direktmandaten im Bundestag vertreten. Sie setzte sich in erster Linie für die Interessen der Landwirtschaft ein und fühlte sich national-konservativem Gedankengut verpflichtet.

Jüngster Verbündeter der CDU/CSU war der BHE. Mit dem wegen seiner NS-Vergangenheit umstrittenen Theodor Oberländer als Vertriebenenminister und Waldemar Kraft als Finanzminister bekleidete die Partei zwei wichtige Ressorts. Der BHE war die politische Interessenvertretung der Vertriebenen und Flüchtlinge aus den ehemaligen deutschen Ostgebieten. Bei der Bundestagswahl 1953 stimmten aber nur noch knapp sechs Prozent für den nationalkonservativen Parteiverbund.

Der große Antagonist der Regierungskoalition war die SPD. Sie hatte mit 28,8 Prozent der Stimmen bei den Wahlen im Vorjahr zwar nur geringfügige Verluste hinnehmen müssen, dennoch galt sie als Verlierer – denn die CDU/CSU hatte gleichzeitig um rund 14 Prozent zugelegt. Die SPD lehnte die Außenpolitik Adenauers ebenso entschieden ab wie die Wirtschaftspolitik Erhards. 1952 hatte Erich Ollenhauer die Nachfolge des verstorbenen Kurt Schumacher als Parteichef angetreten. Trotz seiner verbindlichen Art setzte er deutschlandpolitisch noch schärfere Akzente als sein Vorgänger. Die SPD bekämpfte die Westpolitik Konrad Adenauers, weil sie fürchtete, dadurch werde die deutsche Einheit verspielt. Im Parteienstreit um einen Wehrbeitrag, den EVG-Vertrag und die Pariser Verträge kam es im Bundestag zu leidenschaftlichen Debatten.

Eine Kombination von Planung und Wettbewerb schlug die SPD als Alternative zum marktwirtschaftlichen Modell Ludwig Erhards vor; mehr Gerechtigkeit forderte sie in der Sozialpolitik. Gewisse Rückgriffe auf marxistische Terminologie in den Wahlprogrammen nahmen die politischen Gegner zum Anlaß, die SPD in die kommunistische Ecke zu rücken – angesichts der angespannten Atmosphäre des Kalten Krieges nicht ohne Erfolg. Erich Ollenhauer gelang es nicht, die SPD mehrheitsfähig zu machen, allerdings verschafften 600 000 Mitglieder in mehr als 7000 Ortsverbänden der Partei eine breite Basis.

Andere bürgerliche Parteien wie das Zentrum, die Bayernpartei oder die Gesamtdeutsche Volkspartei (GVP) fristeten ein politisches Schattendasein. Die KPD war wegen ihrer Nähe zur SED diskreditiert; nur 2,2 Prozent der Wähler hatten 1953 für sie gestimmt.

Die Konzentration der Parteienlandschaft auf die politische Mitte setzte sich 1954 fort; auch in den Landtagswahlen konnten radikale Kräfte keinen Boden gewinnen. Das westdeutsche Parteiensystem bewährte sich somit als zuverlässige Stütze der jungen Demokratie. (SB)

Ein Jahr nach dem Aufstand

Mit Zuckerbrot und Peitsche: Ulbricht auf der Flucht nach vorn

»Im vergangenen Jahr ist unser Leben schöner und reicher geworden. Das verdanken wir unserem Fünfjahresplan und dem neuen Kurs . . . Das Jahr 1954 wird uns weitere Erfolge bringen – mehr und bessere Lebensmittel . . . Wohnungen, kulturelle Einrichtungen und vieles andere.« Der Vorstand des Freien Deutschen Gewerkschaftsbundes (FDGB) tat ein Jahr nach dem Aufstand so, als hätte es den 17. Juni 1953 nie gegeben. Und was hieß schon »Aufstand«? Das Ganze war ja doch nur ein »faschistischer Putsch« gewesen. Um das Geschehene möglichst rasch vergessen zu machen, trat Ulbrichts Propaganda-Apparat die Flucht nach vorne an. Die Herolde des unseres Aufbauwillens ist unsere herrliche Stalinallee . . . Ein neues Lebensgefühl ist bei den Menschen entstanden, ein Gefühl der Sicherheit und des zukunftsfrohen Optimismus . . .«

Doch ausgerechnet in der Allee, die Stalins Namen trug, war das Faß am 17. Juni 1953 übergelaufen. Aufgebrachte Maurer ließen ihre Kellen fallen und marschierten in Richtung Regierungsviertel. Tausende Bürger schlossen sich an. Aus der Arbeitsniederlegung wurde ein Generalstreik, aus dem Arbeiterprotest ein Volksaufstand, aus der friedlichen Demonstration eine Revolte, bei der Steine gegen Panzer flogen. Die Forderung nach Rücknahme der Arbeitsnormerhöhung mündete in das Verlangen nach Abschaffung des Regimes.

Als die »Freunde«, die Soldaten der Sowjetarmee, die Volkserhebung niedergewalzt hatten, erwachte die SED-Nomenklatura nur langsam aus ihrer Erstarrung. »Das darf uns nie wieder passieren«, hieß jetzt das Gebot der Stunde. Mit Zuckerbrot und Peitsche restaurierten die Genossen ihre Macht. Ökonomisch gaben sie sich kompromißbereit – getreu dem »Neuen Kurs«, auf den Moskau schon seit Stalins Tod gepocht hatte. Steigerung des Lebensstandards war jetzt angesagt. Das hieß: Mehr Konsumgüter, mehr Wohnungen und höhere Löhne. Politisch aber wur-

Stacheldraht und Todesstreifen zur Abschreckung von Fluchtversuchen – offiziell galten die Grenzsperren allerdings dem »Klassenfeind« aus dem Westen. Die Berliner Sektorengrenzen blieben weiterhin durchlässig. Allein 1954 kehrten rund 180000 DDR-Bürger dem SED-Staat für immer den Rücken.

Sozialismus malten liebevolle Bilder einer frohen Zukunft. Zugleich taten sie so, als sei das meiste, wofür die Menschen auf die Straße gegangen waren, schon immer Anliegen der SED gewesen. Das Zentralorgan der Partei, *Neues Deutschland*, behauptete: »Symbol

den Daumenschrauben angelegt. Ulbricht wollte sein persönliches Regime nach innen und außen festigen. Die Revolte hatte vor allem ihn stürzen sollen, nun rettete sie ihn sogar. Denn Stasi-Minister Wilhelm Zaisser und der Chefredakteur des *Neuen Deutschland*,

Rudolf Herrnstadt, hatten im Frühjahr 1953 den Entschluß gefaßt, Ulbricht mit Hilfe des Kreml zu entmachten. Allzu deutlich hatte sich der »Spitzbart mit Brille« gegen den Neuen Kurs aus Moskau gesträubt. Jetzt, da der Aufstand gezeigt hatte, wie schnell die Lage im SED-Staat außer Kontrolle geraten konnte, bekamen die Sowjets Angst vor ihrer eigenen Courage; Ulbricht – so schien es – war der einzige Garant für die weitere Existenz einer sozialistischen DDR.

Es begann eine Phase der Säuberungen. Jene Kader, die der Parteiführung während der Juni-Krise durch Unzuverlässigkeit oder Unschlüssigkeit aufgefallen waren, mußten ihre Positionen räumen. 1954 wurden große Teile der SED-Bezirksleitungen nicht mehr aufgestellt. Mehr als zwei Drittel der Ersten Kreissekretäre mußten ihren Abschied nehmen; in der Spitze der Gewerkschaften kam es zu Umbesetzungen. Auch die oberste Parteiführung blieb nicht verschont. Zaisser, Herrnstadt und andere, die der sogenannten »Anti-Ulbricht-Koalition« angehörten, wurden aus dem Politbüro verbannt. Adalbert Hengst, bislang ZK-Sekretär für Wirtschaft, wurde wegen »faktischer Unterstützung von Provokateuren« aus der SED ausgeschlossen; das gleiche Schicksal traf auch Zaisser und Herrnstadt. Noch größeren Groll der Parteispitze aber hatte DDR-Justizminister Max Fechner (vormals SPD), auf sich gezogen. Er hatte eigenmächtig die Freilassung von Verhafteten des 17. Juni verfügt und öffentlich auf das in der Verfassung verbriefte Streikrecht hingewiesen. Fechner wurde verhaftet und durch die Vizepräsidentin des Obersten Gerichts, Hilde Benjamin, abgelöst. Dem früheren Außenminister Georg Dertinger und einigen seiner Mitangeklagten machte man ebenfalls den Prozeß. Anfang Juni 1954 kam es zum Urteil. Die Angeklagten erhielten wegen angeblicher Verschwörertätigkeit hohe Zuchthausstrafen.

Auch auf dem vierten SED-Parteitag Anfang April 1954 bebte der 17. Juni nach. Otto Grotewohl zog den Schluß, daß »ein neues Staatsbewußtsein . . . der werktätigen Massen . . . sich nicht spontan durchsetzt, sondern nur durch die ununterbrochene ideologische, propagandistische und agitatorische Arbeit der Partei« und durch die »brüderliche« Hilfe der Sowjetunion, die sich redlich mühte, das SED-Regime zu stabilisieren. Im März erkannte sie die DDR als »souveränen« Staat an und verzichtete weitgehend auf ihre Besatzungsrechte.

Selbst die Volkskammerwahlen wollte die SED als Vehikel zur Konsolidierung des Systems nutzen. Viele DDR-Bürger mochten gehofft haben, deutschlandpolitische Initiativen würden doch noch zu einem Erfolg führen, freie gesamtdeutsche Wahlen würden doch noch anberaumt; aber spätestens nach dem Scheitern der Berliner Konferenz waren alle Illusionen zerstoben. So kamen im Oktober 1954 wieder die verhaßten Einheitslisten in die Wahllokale.

Ausgerechnet in der Straße, die Stalins Namen trug, hatte der Volksaufstand am 17. Juni 1953 begonnen. Ein Jahr später waren die Spuren der Revolte längst verwischt. Der Neuanfang, den die SED plakativ in Aussicht stellte, kam nicht in Gang. Geschenke aus der UdSSR sollten die Erinnerung daran verdrängen, daß sowjetische Panzer den Aufstand niedergeschlagen hatten.

Ein »überwältigender Sieg« der kommunistisch beherrschten »Nationalen Front« war damit programmiert. 99,45 Prozent der Wähler stimmten für die Liste, nur 0,45 Prozent gaben ungültige oder Nein-Stimmen ab. Der Urnengang war weder frei noch geheim. Wie Hohn mußte es deshalb klingen, als Walter Ulbricht salbungsvoll verkündete: »Die Wahlen in der DDR sind wirklich demokratisch, weil bei uns solche demokratischen Bedingungen bestehen wie niemals früher in Deutschland.«

Wenn das Volk schon entmündigt wurde, mußte es wenigstens wirtschaftlich – halbwegs – befriedigt werden. Um jeden Preis war zu verhindern, daß die Massen ein weiteres Mal aufbegehrten. Also wurden die untersten Industrielöhne angehoben, die Mindestrenten erhöht, die Preise für Lebensmittel, Genußmittel und Gebrauchsgüter der staatlichen Handelsorganisationen (HO) gesenkt. Die Wachstumsziele erhielten einen anderen Namen: weniger Schwerindustrie – mehr Konsumgüterversorgung. Die Umlagerung der Investitionen aber erfolgte nur schleppend. Wo die Versorgungslücken allzu tief klafften, mußte die Sowjetunion mit Krediten und Zusatzlieferungen einspringen, schließlich hatte sie der SED-Regierung ihren »Neuen Kurs« ja eingebrockt. Schon zum 1. Januar 1954 hatte Moskau auf noch offene Reparationsforderungen von 2,5 Milliarden Dollar verzichtet. 33 der in sogenannte SAGs (Sowjetische Aktiengesellschaft) umgewandelten Großbetriebe, die immerhin rund 10 Prozent der industriellen Produktion in der DDR bestritten, wurden zurückgegeben. So war der Grundstock für die Steigerung der jetzt DDR-eigenen Wirtschaftskraft gelegt.

Zu einem echten Aufschwung kam es jedoch nicht. Die Versorgung mit hochwertigen industriellen Konsumgütern blieb weit hinter den Erwartungen zurück. Zwar prangerten namhafte Ökonomen die Überzentralisierung und den Bürokratismus der DDR-Wirtschaft an; doch die Ideologie zog überall dort Grenzen, wo »Reprivatisierung« angeregt wurde. Schon der noch verbleibende Restbestand an Privatindustrie war der Partei ein Dorn im Auge. Aber es empfahl sich nicht, gerade den Bereich zu liquidieren, der am produktivsten war. Hatte die Privatindustrie ihre Leistung gegenüber dem Vorjahr um fast 20 Prozent steigern können, hinkten die staatlich gelenkten Betriebe mit etwa 10 Prozent hinterher.

Sorgen bereitete auch die Landwirtschaft. Zwar wurden die LPGs stark subventioniert, doch blieben ihre Leistungen weit hinter dem privaten Sektor zurück. Von einer weiteren Nivellierung der Eigentumsverhältnisse mußte die SED vorläufig absehen.

Schon 1954 zeichnete sich ab, daß wesentliche Ziele des ersten Fünfjahresplanes (1950–1955) unerfüllt bleiben würden. Statt der erhofften Steigerung der industriellen Arbeitsproduktivität um 60 Prozent erreichte sie bis 1955 nur 47 Prozent. An eine Normerhöhung war nach dem Volksaufstand nicht zu denken. Das DDR-Wirtschaftssystem verwikkelte sich in seine eigenen Widersprüche.

Inzwischen formte sich das Bild vom »goldenen Westen« immer anziehender in den Köpfen der DDR-Bürger. Immer mehr faßten den Entschluß, dem Sozialismus den Rücken zu kehren. Die »Abstimmung mit den Füßen« brachte die DDR in die Nähe des Staatsbankrotts. Mehr als 86 000 Republikflüchtige wurden nach dem Volksaufstand bis Jahresende 1953 registriert; 1954 flohen weitere 180 000. (SB)

»Abstimmung mit den Füßen«, so karikierte man im Westen die Massenflucht aus der DDR. Der SED-Staat geriet angesichts der anhaltenden Fluchtwelle nicht nur wirtschaftlich, sondern auch politisch an den Rand des Staatsbankrotts. Die DDR-Propaganda machte dagegen mobil. Um die Einigkeit von Volk und Staat zu beschwören, inszenierte die SED feierliche Aufmärsche und Kundgebungen.

1 · Dienstag

Wegen »technischer Schwierigkeiten« spricht sich das Bundeskabinett gegen West-Berlin als Ort für die Wahl des Bundespräsidenten am 16. Juli aus.

In Berlin strahlt der Sender Freies Berlin sein erstes Rundfunkprogramm aus.

2 · Mittwoch

Der Stabschef der US-Streitkräfte, General Arthur Radford, spricht sich in Washington für den Einsatz von Atomwaffen in Vietnam aus, falls die USA in den Indochina-Konflikt eingreifen.

Heinrich Brüning, deutscher Reichskanzler von 1930 bis 1932, wendet sich gegen eine Politik der »dogmatischen« Westorientierung. So wie die Weimarer Republik solle auch die Bundesrepublik eine Mittlerfunktion zwischen Ost und West wahrnehmen, erklärte Brüning in Düsseldorf.

3 · Donnerstag

Das Berliner Abgeordnetenhaus spricht sich einmütig für die Wahl des Bundespräsidenten in Berlin aus.

Ein zweimotoriges belgisches Frachtflugzeug wird auf dem Flug von München nach Belgrad von einem MIG-Düsenjäger unbekannter Nationalität beschossen. Ein Besatzungsmitglied kommt ums Leben.

4 · Freitag

Wegen einer Tagesordnungsfrage kommt es im japanischen Parlament in Tokio zu handgreiflichen Auseinandersetzungen. 34 Abgeordnete werden bei der Schlägerei verletzt.

Südlich von Kairo entdecken ägyptische Archäologen ein unversehrtes Pharaonengrab, dessen Alter auf 4700 Jahre geschätzt wird.

5 · Samstag

Die Hamburger Howaldts-Werft feiert den Stapellauf des größten Tankers der Welt, der »König Saud I.«.

Im österreichischen Eisenstadt wird der vor 145 Jahren verstorbene Komponist Joseph Haydn zur letzten Ruhe gebettet. Verehrer Haydns hatten kurz nach dem ersten Begräbnis den Schädel des Komponisten aus dem Grab geraubt, der dann mehr als ein Jahrhundert lang als Reliquie von Hand zu Hand wanderte.

6 · Pfingstsonntag

Die Eurovision strahlt mit der Übertragung des Narzissenfestes aus Montreux ihr erstes gesamteuropäisches Programm aus.

7 · Pfingstmontag

In Ost-Berlin nehmen rund 500 000 Jugendliche aus der DDR und einige tausend aus der Bundesrepublik an den Pfingstkundgebungen der »Freien Deutschen Jugend« (FDJ) teil. Das Motto der zweitägigen Veranstaltung lautet: »Für Frieden, Freiheit und Einheit«.

In einer Sondernummer der »Tarantel« wurde zum Deutschlandtreffen der FDJ im Juni 1954 dieses verballhornte FDJ-Emblem abgedruckt.

8 · Dienstag

In der Bundesrepublik leben noch immer 312 000 Menschen in Auswanderer- und Durchgangslagern. Das gibt Bundesvertriebenenminister Theodor Oberländer in Bonn bekannt.

Der Oberste Gerichtshof der DDR verurteilt den ehemaligen Außenminister der DDR, Georg Dertinger, wegen »Verschwörung zum Sturz der DDR« zu 15 Jahren Zuchthaus.

9 · Mittwoch

In Paris spricht sich der außenpolitische Ausschuß des französischen Parlaments gegen die Europäische Verteidigungsgemeinschaft (EVG) aus und empfiehlt der Nationalversammlung, den EVG-Vertrag nicht zu ratifizieren.

12 · Samstag

Der französische Ministerpräsident Joseph Laniel reicht seinen Rücktritt ein. Zuvor hatte die Nationalversammlung im Zusammenhang mit der französischen Indochina-Politik Laniel das Vertrauen versagt.

13 · Sonntag

Auf dem Petersplatz in Rom spricht Papst Pius XII. vor 250 000 Menschen fünf Heiligsprechungen aus.

14 · Montag

In Bad Neuenahr gründen Vertreter aller bundesdeutschen Parteien das »Kuratorium Unteilbares Deutschland«. Ziel der Bewegung ist die persönliche und materielle Unterstützung für alle die Deutschen, »denen ein Leben in Recht und Freiheit verwehrt ist«.

HELMUT BEYER

Marianne sieht die deutsche Gefahr schon wieder riesengroß . . .

10 · Donnerstag

Im mexikanischen Cananea versuchen 2000 Demonstranten, acht Untersuchungshäftlinge aus dem Gefängnis zu befreien. Die acht landlosen Bauern hatten das Grundstück einer US-Firma besetzt.

11 · Freitag

Die SPD empfiehlt den sozialdemokratischen Vertretern der Bundesversammlung die Wiederwahl von Theodor Heuss zum Bundespräsidenten.

15 · Dienstag

Bundestagspräsident Hermann Ehlers (FDP) lädt die Bundesversammlung zur Wahl des Bundespräsidenten am 17. Juli nach Berlin ein. Ehlers entscheidet sich damit gegen die Bedenken der Bundesregierung.

16 · Mittwoch

In Saigon wird der Führer der vietnamesischen Katholiken, Ngo Dinh Diem, zum neuen Ministerpräsidenten berufen.

17 · Donnerstag
Tag der deutschen Einheit

Im Gedenken an den Volksaufstand in der DDR am 17. Juni 1953 finden im gesamten Bundesgebiet Festakte und Feierstunden statt. Zuvor hatte die Bundesregierung den 17. Juni zum gesetzlichen Feiertag erklärt.

18 · Freitag

In Paris wählt die französische Nationalversammlung den Sozialisten Pierre Mendès-France zum neuen Ministerpräsidenten. Der 47jährige Regierungschef verspricht den schnellen Abschluß eines Waffenstillstands in Indochina.

Mendès-France und Zhou Enlai treffen sich zu den Waffenstillstandsverhandlungen in Genf.

Von Honduras aus dringt der Exilguatemalteke Oberst Carlos Armas mit einer 4000 Mann starken Streitmacht in Guatemala ein. Die von den USA unterstützte Befreiungsarmee will die sozialreformerische Regierung von Präsident Arbenz Guzmán stürzen.

19 · Samstag

Bei der Genfer Indochina-Konferenz wird ein erster Verhandlungserfolg erzielt: Fragen, die Laos und Kambodscha betreffen, sollen die Oberkommandos der Franzosen und des Vietminh gesondert verhandeln.

20 · Sonntag

In Madrid wird der Warendorfer Hans Günter Winkler auf »Halla« Weltmeister der Springreiter.

Die 19jährige Bremerin Regina Ernst wird in Baden-Baden zur neuen Miss Germany gekürt.

21 · Montag

Auf einer gemeinsamen Tagung katholischer und evangelischer Christen im schwäbischen Bad Boll wendet sich Bundeskanzler Konrad Adenauer gegen die Ausnutzung konfessioneller Gegensätze in der Politik.

22 · Dienstag

Der Vietminh erklärt sich zur Freilassung von rund 3000 deutschen Fremdenlegionären bereit, die im Indochina-Krieg in nordvietnamesische Kriegsgefangenschaft geraten waren. Einzige Bedingung des Vietminh: Frankreich muß die Legionäre aus ihrem Dienstverhältnis entlassen.

Verwundete Gefangene werden nach der Schlacht von Dien Bien Phu in Auffanglager gebracht.

23 · Mittwoch

Überraschend deutlich qualifiziert sich die deutsche Fußball-Nationalmannschaft durch ein 7:2 gegen die Elf der Türkei in Zürich für das Viertelfinale der Fußball-Weltmeisterschaft.

Der Berlinerin Christel Schaack wird der Titel der »Miss Europa 1954« aberkannt, weil sie verwitwet ist.

Ein Ausschuß des Bayerischen Landtags beschließt den Einsatz von Anti-Hagel-Raketen in Bayern. Die mit Silberjod gefüllten Geschosse sollen zunächst in einem Versuchsprojekt über Rosenheim zum Einsatz kommen.

24 · Donnerstag

In Bonn kündigt Bundesinnenminister Gerhard Schröder eine Ehrenerklärung für alle in der »Aktion Vulkan« schuldlos Verhafteten an. Im April 1953 waren 39 Personen unter dem Verdacht der Spionage festgenommen worden, der sich in fast allen Fällen als haltlos erwies.

Reinhold Maier

25 · Freitag

Der ehemalige baden-württembergische Ministerpräsident Reinhold Maier wirft der Bundesregierung vor, die Verfassungsämter zu einer neuen »Geheimen Staatspolizei« aufzubauen.

26 · Samstag

In der DDR beginnt eine dreitägige Volksbefragung zum Thema »Friedensvertrag oder EVG?« Die zu erwartende Ablehnung der geplanten Europäischen Verteidigungsgemeinschaft soll die deutschlandpolitische Linie der DDR-Regierung unterstützen.

27 · Sonntag

Bei den Landtagswahlen in Nordrhein-Westfalen verliert die Regierungskoalition aus CDU und Zentrum ihre Mehrheit. Ministerpräsident Karl Arnold tritt in Koalitionsgespräche mit der FDP ein.

Der Oberbefehlshaber der US-Streitkräfte in Europa, General John Tunner, ordnet an, daß die Soldaten Unterricht in den Sprachen ihres Stationierungslandes erhalten sollten.

28 · Montag

In Washington geben der britische Premierminister Winston Churchill und US-Präsident Dwight D. Eisenhower ein gemeinsames Kommuniqué heraus, in dem sie Souveränität und Wiederbewaffnung für die Bundesrepublik sowie die unverzügliche Bildung der EVG fordern.

29 · Dienstag

Nach dem Rücktritt von Präsident Jacobo Arbenz Guzmán schließt die neue Militärregierung Guatemalas einen Waffenstillstand mit der Befreiungsarmee von Oberst Carlos Armas.

30 · Mittwoch

In Nordamerika und Europa wird eine Sonnenfinsternis beobachtet.

16 JUIN – 4 JUILLET
CHAMPIONNAT DU MONDE DE FOOTBALL 1954

Das Wunder von Bern

Die Nation steht kopf: Deutschland ist Fußball-Weltmeister

»Wunder gibt es immer wieder«, doch kaum je, wenn man sie braucht. Millionen hofften am 4. Juli 1954 auf ein Wunder, und es kam – mit einem langgezogenen Schlußpfiff.

»Aus – Auuus – Aus. Das Spiel ist aus!!! Deutschland ist Weltmeister, schlägt Ungarn mit drei zu zwo Toren im Finale in Bern.«

Selten hat ein »Originalton« so viel Begeisterung hervorgerufen: Rundfunkreporter Herbert Zimmermann hatte aus dem Finale um die Fußball-Weltmeisterschaft 1954 ein Fest der Spannung und Bewegung gemacht. Keiner kommentierte das Spiel so mitreißend wie er. Seine Stimme drang bis in die abgelegensten Wohnstuben der Bundesrepublik.

Die Sensation war perfekt. Den Westdeutschen schlug in Bern ihre erste Sternstunde. So ist das, wenn ein Außenseiter unerwartet der Gewinner eines Weltpokals wird: landauf, landab der reine Freudentaumel! Und das alles wegen eines Fußballspiels?

Für die im Aufbau befindliche Bundesrepublik war der WM-Titel viel mehr als ein sportlicher Erfolg. Es ging um internationale Anerkennung; darauf waren die Westdeutschen damals angewiesen. Sie hatten ja lange genug im Abseits gestanden, waren geächtet, weil sie Hitler und seine Verbrechen zugelassen hatten. Kein Wunder, daß da manchem Zeitgenossen der Gewinn des Worldcup wie ein Durchbruch erschien. Neuerwachtes Selbstbewußtsein gipfelte in dem Spruch: »Wir sind wieder wer.«

Am Anfang der Weltmeisterschaft hätte wohl kaum jemand auch nur einen Pfifferling auf die deutsche Mannschaft gewettet, so gering schienen die Chancen gegen die großen Favoriten. Deshalb mutete der Sieg für viele Zeitgenossen wie ein Märchen an. Für manche war es noch mehr, nämlich ein Wunder – das »Wunder von Bern«.

Der Jubel galt denen, die dieses Mirakel vollbracht haben. Da war zunächst der Bundestrainer, Sepp Herberger, auch »Bundes-Sepp« genannt. Er war der unbestrittene Vater des Erfolgs. Und dann die Nationalelf, die »elf Helden von Bern«, die die Ungarn das Fürchten lehrten – unter ihnen besonders ihr legendärer Spielführer Fritz Walter, auf dem besten Wege, neben Max Schmeling der beliebteste deutsche Sportler aller Zeiten zu werden. Sein Foto nach dem Spiel drückt wie kein anderes aus, was

Die »Helden« von Bern: Sie bezwangen im Finale der Fußball-Weltmeisterschaft den haushohen Favoriten Ungarn und weckten neues Selbstbewußtsein in der Bundesrepublik. Das Mannschaftsfoto nach dem Schlußpfiff drückt Freude und Stolz aus. Von links: Bundestrainer Sepp Herberger, Fritz Walter, Helmut Rahn, Joseph Posipal, Horst Eckel, Werner Liebrich, Ottmar Walter, Hans Schäfer, Max Morlock. Untere Reihe: Karl Mai, Toni Turek, Werner Kohlmeyer.

Mit diesem Plakat warb das Veranstalterland für die Fußball-Weltmeisterschaft 1954 in der Schweiz.

dieser Sieg für Deutschlands Fußballfans und -spieler damals bedeutete: ein glücklicher Fritz Walter auf den Schultern seiner Mannschaftskameraden.

Dabei waren die Erfolgsaussichten der deutschen Elf bei dieser WM ursprünglich eher gering gewesen. Die Mannschaft aus Ungarn galt als »unbesiegbar«; England, Brasilien, Uruguay

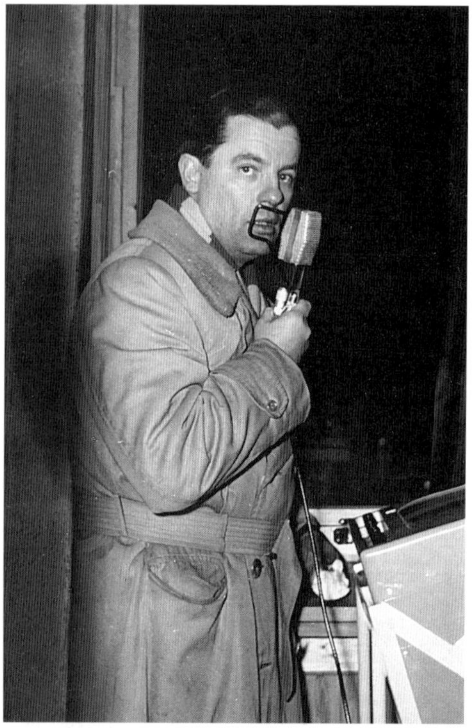

»Rahn schießt – Toooor.« Herbert Zimmermanns mitreißender Rundfunkkommentar zündete bei Millionen Fußballfans.

und Österreich zählten noch zum Kreis der Favoriten – die Deutschen jedenfalls nicht. Bei den Qualifikationsspielen im Vorjahr hatte die Herberger-Truppe nicht gerade Furore gemacht. Die ausländische Presse nahm Deutschlands Kicker gar nicht richtig wahr. Aber das störte Sepp Herberger nicht. In aller Stille ging er daran, eine Mannschaft zu formen, die es eines Tages spielerisch und kämpferisch in sich haben sollte. Fritz Walter galt als sein »verlängerter Arm auf dem Spielfeld« – obwohl er am liebsten schon 1952 das Handtuch geworfen hätte. Warum?

»Wir hatten 1952 ein wichtiges Spiel in Paris und verloren 3:1. Ich hab so schlecht gespielt, schlechter konnte man gar nicht mehr spielen. Und eine Zeitung schrieb sogar: ›Auf Halblinks stand der Wäschereibesitzer Fritz Walter‹ – meine Frau und ich hatten uns gerade 'ne Wäscherei angeschafft. Da hab ich gesagt, Herr Herberger, es hat keinen Wert mehr, lassen Sie mich weg. Und da hat er gesagt: Fritz, reden Sie kein dummes Zeug, bleiben Sie. Und ich blieb.«

Kein Wunder, daß der »alte Fritz« so gerne über seinen »Chef« spricht. Herberger war so etwas wie ein Vaterersatz für seinen Friedrich. Er war Stratege, Pädagoge und Seelentröster in einem. In Fritz Walter hatte er einen hochsensiblen, aber auch gelehrigen Schüler, mit dem er die Guerilla-Taktik Mao Zedongs auf das Spielfeld umzusetzen wußte: »Dort, wo der Ball ist, mußt du stärker als der Gegner sein.«

Nicht umsonst galt Sepp Herberger als »Fußball-Weiser von der Bergstraße«. »Ein Spiel dauert 90 Minuten«, lautete sein bis heute immer wieder (mit Augenzwinkern) zitierter Leitsatz Nr. 1. Leitsatz Nr. 2: »Das nächste Spiel ist immer das schwerste.« Leitsatz Nr. 3: »Nach dem Spiel ist vor dem Spiel.« Wer lacht da? Wahrheiten sind immer einfach.

Nicht ohne Grund verglich der Kabarettist Dieter Hildebrandt Sepp Herbergers Eigenschaften mit denen Konrad Adenauers: »Auch Herberger kam mit einem ganz geringen Wortschatz aus. Er hat sich sehr volkstümlich gegeben und aus dem Nichts wieder eine Mannschaft geformt, die plötzlich wunderbar spielte.« So gab es damals für die Deutschen also zwei wichtige Vaterfiguren: den Bundeskanzler und den Bundestrainer.

Schon in der ersten Runde trafen die Deutschen auf den haushohen Favoriten Ungarn – eine perfekt funktionierende »Maschinerie«, in mehr als 30 Spielen ungeschlagen, das »Wunderteam« Europas – bis zum Finale. Im November 1953 noch hatten die Magyaren England zum erstenmal auf der Insel bezwungen und damit Fußballgeschichte geschrieben...

60 000 Schlachtenbummler kamen ins Basler St.-Jakobs-Stadion, davon gut die Hälfte aus der Bundesrepublik. Zu Beginn gab es freilich Pfiffe wegen Herbergers Mannschaftsaufstellung. Denn auf dem Spielfeld fehlten der Stamm-Torhüter Toni Turek sowie die Stürmer Max Morlock, Ottmar Walter und Hans Schäfer.

Es kam, was viele befürchtet hatten: Das Spiel geriet zu einem Fiasko. Die Magyaren entfachten einen wahren Puszta-Sturm, eine ungarische Rhapsodie mit einem bunten Reigen von Toren: 8:3 für Ungarn, lautete das Endergebnis. Doch hinter der Katastrophe steckte Taktik. Der »Chef« wollte für diese Begegnung, die er ohnehin verloren glaubte, seine Spitzenspieler schonen. Ein Sieg im nächsten Spiel – gegen die Türkei – reichte aus, um erst einmal eine Runde weiter zu kommen.

Die Presse sah das anders und forderte Herbergers Kopf. »In die Wüste schicken«, empfahlen zahlreiche Blätter. Wie sollten die kleingläubigen Journalisten auch ahnen, daß echte »Wunder« wie das von Bern zunächst einmal Erniedrigungen, ja Opfer brauchten? Der Chef ließ sich nicht beirren, und seine Rechnung ging auf. Nach Siegen gegen die Türkei und Jugoslawien erreichte das deutsche Team das Halbfinale. Die Fußballwelt begann, den Außenseiter ernst zu nehmen. Man spürte mehr und mehr, daß hier eine eingeschworene Mannschaft Fußball spielte.

Das kam nicht von ungefähr. Das Gespann Herberger–Walter sorgte für eine Atmosphäre, der hernach ein geflügelter Name gegeben wurde: der »Geist von Spiez«. Dort, in Spiez am Thuner See, hatte Herbergers Mannschaft ein ideales Quartier gefunden. Von hier aus konnte die WM-Elf bin-

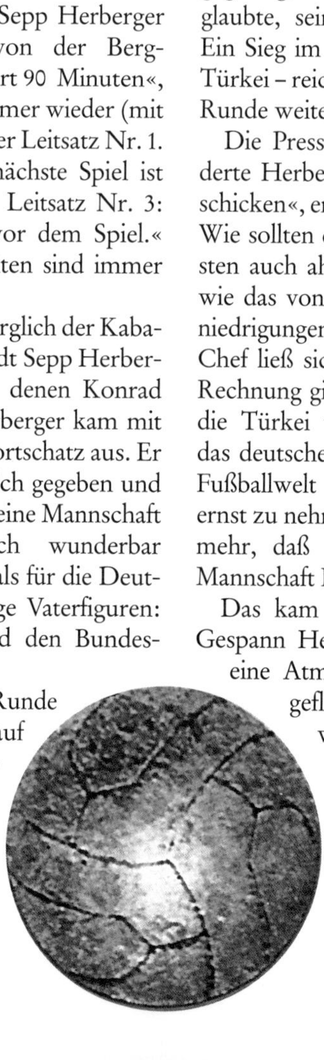

Der Weg ins Finale

Deutschland

Vorrunde
17. 6. Bern Deutschland – Türkei 4:1
20. 6. Basel Deutschland – Ungarn 3:8

Entscheidungsspiel um Gruppenplatz 2
23. 6. Zürich Deutschland – Türkei 7:2

Viertelfinale
27. 6. Genf Deutschland – Jugoslawien 2:0

Halbfinale
30. 6. Basel Deutschland – Österreich 6:1

Ungarn

Vorrunde
17. 6. Zürich Ungarn – Südkorea 9:0
20. 6. Basel Ungarn – Deutschland 8:3

Viertelfinale
27. 6. Bern Ungarn – Brasilien 4:2

Halbfinale
30. 6. Lausanne Ungarn – Uruguay 4:2 n.V.

Finale
4. 7. Bern Deutschland – Ungarn 3:2

nen kurzer Zeit zu allen Spielorten gelangen. Doch was war der »Geist von Spiez«? Fritz Walter erinnert sich: »Diesen Geist von Spiez haben wir eigentlich aus Kaiserslautern mitgebracht und auf die Nationalmannschaft übertragen. Wir bildeten vor dem Spiel einen Kreis mit allen Spielern und Betreuern, schauten uns in die Augen und riefen uns zu: ›Männer, einer für alle, alle für einen‹. Für unseren Erfolg damals war das entscheidend, weil wirklich das Wort gestimmt hat: Elf Freunde müßt ihr sein. Das stärkte unser Gemeinschaftsgefühl.«

»Elf Freunde müßt ihr sein« und »Einer für alle«: Die Parolen von damals klingen heute wie Botschaften aus einer alten Sage. Im modernen Fußballgeschäft würden solche Beschwörungsformeln wohl eher antiquiert anmuten. Doch damals war der »Geist von Spiez« der »zwölfte Mann« im Walter-Team.

Das erste, »kleine« Wunder ereignete sich bereits im Halbfinale Deutschland gegen Österreich. Herbergers Truppe überrannte Austrias Mannen nach allen Regeln der Kunst. Hans Schäfer schoß das 1:0, Max Morlock das 2:0. Ein Elfmeter von Fritz Walter, und es stand 3:1. Dann eine Ecke von Fritz und der Kopfball von Bruder Ottmar: 4:1 für Deutschland... 6:1 lautete das Endergebnis. Selbst der skeptische Sepp Herberger war an diesem Tag hochzufrieden. Kaum je zuvor hatte eine deutsche Fußball-Nationalelf besser gekickt, und auch die internationale Presse gestand prompt ein: Die Deutschen können nicht nur rennen und kämpfen, sie können sogar ein bißchen Fußballspielen.

Zwischen den Alpen und Flensburg gab es nun kein anderes Thema mehr. Die ganze Nation schien nur noch aus Fußball-Fans zu bestehen – wenigstens vorübergehend.

Und dann kam der Endspieltag, der 4. Juli 1954. Fast

Die beiden Mannschaftskapitäne, Fritz Walter und Ferenc Puskas, beim Wimpeltausch vor dem Spiel.

Die Reportage

Originalton Rundfunkreportage

»... Deutschland im Endspiel der Fußball-Weltmeisterschaft. Das ist eine Riesensensation, das ist ein echtes Fußballwunder. Ein Wunder, das allerdings auf natürliche Weise zustande kam und das wir dem Fußballverstand unserer Spieler und der Vollkommenheit ihres Spiels verdanken...

...Kinder, ist das eine Aufregung. Ihnen an den Lautsprechern wird es genauso gehen wie uns hier in der engen Rundfunkkabine. Wir sind im Endspiel! Und jetzt stürmen die Ungarn... Schlechtes Abspiel von Liebrich soeben. Kocsis müßte schießen. Nachschuß Puskas – Tor!... Was wir befürchtet haben, das ist eingetreten. Ungarn schießt nach sechs Spielminuten durch Puskas, den Spielführer, das 1:0 ...

...Ungarn führt mit 2:0. Eine unerhörte Nervenbelastung für unsere Mannschaft. Unsere Hintermannschaft ist nervös. Sie macht sich gegenseitig Vorwürfe. Das sollte sie nicht. Sie sollte ruhig versuchen, ihr Spiel aufzuziehen...
Tor! Tor für Deutschland! Tor! Es steht nur noch zwo zu eins. Im Spagatschritt warf sich Maxe Morlock aus Nürnberg in die Schußbahn, und mit allerletzter Kraft schiebt er den Ball am ungarischen Torsteher Grosics vorbei, in das äußerste linke Eck – Gott sei Dank, es steht nur noch zwo zu eins für Ungarn...«

30 000 deutsche Schlachtenbummler pilgerten in das Wankdorf-Stadion in Bern. Deutschlands Straßen waren wie leergefegt. Millionen schalteten die Radios ein – und zum erstenmal auch ein paar Fernsehgeräte. Kneipeninhaber, die über ein Gerät verfügten, machten an diesem Sonntag das Geschäft des Jahres.

Der Himmel hielt – so schien es – zu den Deutschen, denn es nieselte, und der Rasen war feucht. Das war das sogenannte »Fritz-Walter-Wetter«: »Ich hab halt lieber bei Regen gespielt. Ich war Soldat in Sardinien, Korsika und Elba, und dort bekamen wir alle Malaria. Deshalb mochte ich keine Hitze. Wenn es regnete, fühlte ich mich wohl. Außerdem konnte ich – als guter Techniker – auf nassem Rasen besser spielen.«

Was zu beweisen war.

Bei den Ungarn mischte Spitzenstürmer Ferenc Puskas wieder mit, der »Fußball-Major« der Magyaren, der sich zu Beginn der WM verletzt hatte. Herberger ließ die siegreiche Elf aus dem Halbfinale wieder aufmarschieren, also Turek, Posipal, Kohlmeyer, Eckel, Liebrich, Mai, Rahn, Morlock, Ottmar Walter, Fritz Walter und Schäfer. Kurz vor 15 Uhr liefen die beiden Mannschaften ein, angeführt vom englischen Schiedsrichter Ling. Und dann der Anpfiff.

Die Ungarn stürmten sofort los. Schon nach wenigen Minuten erzielt Puskas das 1:0. Nur zwei Minuten später – ein Mißverständnis zwischen

Brenzlige Szenen im Strafraum: Der ungarische Torwart Grosics klärt vor dem deutschen Linksaußen Hans Schäfer. Lorant und Lantos können nur zusehen (Bild links). Werner Kohlmeyer kann einen Schuß von Kocsis gerade noch abwehren. Der deutsche Torwart, Toni Turek (links hinter Kohlmeyer), liegt bereits geschlagen am Boden (Bild rechts).

Fußballbegeisterte drängen sich vor den wenigen Fernsehempfängern. Gaststätten mit TV-Geräten machten das Geschäft des Jahres.

Die Entscheidung in der 84. Minute: Torwart Grosics streckt sich vergeblich in die rechte Ecke des ungarischen Gehäuses – Helmut Rahn erzielt nach Flanke von Schäfer das 3:2 für Deutschland. Der Sturmlauf der Ungarn in den letzten Minuten änderte am Ergebnis nichts mehr. Nach dem Schlußpfiff lagen sich die deutschen Spieler überglücklich in den Armen.

Kohlmeyer und Turek, Czibor geht dazwischen, und es steht 2:0. Die deutsche Elf wirkt wie gelähmt. Jubel bei den Ungarn. Doch dann wendet sich das Blatt. Schäfer flankt, Lorant verfehlt, und Morlock grätscht den Ball ins Tor. Nur noch 2:1 für die Magyaren. Die Aufholjagd geht weiter: Rahn nimmt das Leder im Direktschuß – 2:2. Ausgleich noch vor der Halbzeit.

»Nach dem Ausgleich hatten wir zum erstenmal das Gefühl: Diese ungarische Mannschaft ist zu schlagen«, sagt Fritz Walter. Nach der Pause wurde es noch spannender. Zunächst gewannen die Ungarn wieder die Oberhand. Torhüter Turek bewährte sich mehrmals als Retter in höchster Not: »Toni, du bist ein Fußballgott«, rief Zimmermann überschwenglich ins Mikrofon.

Doch dann kam die Wende. Wir hören Zimmermann: »Kopfball, abgewehrt, – aus dem Hintergrund müßte Rahn schießen. Rahn schießt, Toooor, Toooor, Toooor, Toooor für Deutschland. Linksschuß von Rahn, Schäfer hat sich gegen Boszik durchgesetzt. 3:2 für Deutschland, fünf Minuten vor dem Spielende. Halten Sie mich für verrückt, halten Sie mich für übergeschnappt, ich meine, auch Fußballer sollten ein Herz haben.«

Herbert Zimmermanns Stimme überschlug sich mehrmals fast, als er mit wahren Wortkaskaden und einprägsamen Wiederholungen das Geschehen auf dem Spielfeld vermittelte. Das unsterbliche »Finale furioso« des rasenden Reporters nach dem Schlußpfiff des Schiedsrichters traf natürlich die Stimmungslage der Nation. Das Wunder war perfekt, die Bundesrepublik Weltmeister – und die Bevölkerung völlig aus dem Häuschen.

Leute, die sich nie zuvor gesehen hatten, umarmten und küßten sich. Fenster wurden aufgerissen, die Deutschen winkten sich mit bunten Laken und Tüchern zu. Innerhalb von wenigen Minuten waren zahllose Gasthäuser bis auf den letzten Platz gefüllt: Viele wollten diesen Augenblick der Freude mit anderen Menschen teilen.

Auch die Hauptakteure dieses Tages verwandten alle Energien, die ihnen das aufreibende Spiel noch gelassen hatte, darauf, den Rasen in einen Festplatz zu verwandeln.

Fritz Walter erinnert sich später: »Für uns alle war es der absolute Höhepunkt und die Krönung unserer Fußballaufbahn, vor allen Dingen auch für mich.

Die Reportage

»...Wieder Eckball für Deutschland. Wieder wird diese Ecke von links getreten und natürlich wieder von Fritz Walter. Heute ist es kein 3:8, heute ist es keine B-Mannschaft, heute spielt Deutschlands stärkstes Aufgebot – Tor! – Tor! Eckball von Fritz Walter, Tor von Rahn!... Ja, ist es zu glauben, wir haben ausgeglichen gegen Ungarn, die großartigste Techniker-Elf, die man kennt...

...6 Minuten noch im Wankdorf-Stadion in Bern. Keiner wankt, der Regen prasselt unaufhörlich hernieder. Es ist schwer, aber die Zuschauer harren aus. Eine Fußball-Weltmeisterschaft ist alle vier Jahre, und wann sieht man ein solches Endspiel. So ausgeglichen, so packend...

...Und die Ungarn, wie von der Tarantel gestochen, lauern die Pußta-Söhne, drehen jetzt den siebten oder zwölften Gang, und Kocsis, nein Czibor, jetzt ein Schuß: gehalten von Toni, gehalten! Es kann nur noch ein Nachspiel von einer Minute sein. Deutschland führt 3:2 im Endspiel der Fußball-Weltmeisterschaft, aber es droht Gefahr, die Ungarn auf dem rechten Flügel. Jetzt hat Fritz Walter den Ball über die Außenlinie ins Aus geschlagen. Wer will ihm das verdenken? Die Ungarn erhalten einen Einwurf zugesprochen. Der ist ausgeführt, kommt zu Boszik. Aus! Auuus! Aus! Das Spiel ist aus!!! Deutschland ist Weltmeister, schlägt Ungarn mit drei zu zwo Toren im Finale in Bern...«

Stimmen zum Ereignis von Bern

Josef Neckermann
(deutscher Fußball-Fan)
»Es läuft mir noch heute kalt den Rücken hinunter, wenn ich an diese Weltmeisterschaft und ihre Übertragung denke. Ich habe sie zu Hause im Kreise meiner Familie erlebt. Die Straßen waren wie leergefegt.«

Walter Jens
(deutscher Fußball-Fan)
»Die Begeisterung hatte ihren Grund darin, daß das Kumpels waren, ehemalige Wehrmachtsangehörige, Leute wie du und ich. Menschen, die nicht viel mehr verdienten als der Obersteiger, die sich freuen konnten. Herberger war nicht in der Lage, seinen Namen zu schreiben vor Erregung nach dem Spiel. Heute würde das eiskalt abgehandelt werden…«

Fritz Walter (deutscher Spieler)
»Ja, gerade nach diesem großartigen spielerischen Erlebnis mit dem 6:1 gegen Österreich, das hat dann unwahrscheinlich viel Auftrieb gegeben, so daß wir donnerstags gesagt haben: So, jetzt sind wir im Endspiel, jetzt kann passieren, was will. Wir haben schon mehr erreicht, als man uns zugetraut hat. Dann hat's geheißen: Nur nicht hoch verlieren! Und freitags hat's geheißen: Warum sollen wir eigentlich verlieren!? Und am Samstag hat dann der Boß die Parole ausgegeben: Männer, die putzen wir weg. Und Sonntag mittags, nach dem Essen, kam der Max Morlock noch rein und hat gerufen: Fritz, es regnet, Fritz-Walter-Wetter – und dann konnte fast nix mehr schiefgehen.«

Horst Eckel (deutscher Spieler)
»Und so war auch die Stimmung. Jeder hat zum anderen nochmal gesagt: So, jetzt, auf geht's. Wir wollen, jetzt wollen wir doch mal sehen, jetzt wollen wir's packen. Und so sind wir dann herausgegangen in die zweite Halbzeit, und es hat gereicht.«

Man hatte ja vorher geschrieben: ›Fritz Walter ist zu alt. Herr Herberger soll ihn zu Hause lassen.‹ Er hat mich Gott sei Dank mitgenommen. Ich war 34 Jahre alt. Wir hatten schon zwei Deutsche Meisterschaften mit dem 1. FC Kaiserslautern gewonnen, aber daß wir auch mal Weltmeister werden würden, damit hat niemand gerechnet. Ich auch nicht.«

Wunder von Bern erlebt und konnten es immer noch nicht ganz begreifen. Gyula Grosics, der ungarische Torwart, nach dem Spiel: »Für mich ist das ein Alptraum. Ich empfinde diese Niederlage als den Tiefpunkt meiner Laufbahn. Weder mir selbst noch das den Fußball liebende ungarische Volk werden uns diese Niederlage jemals verzeihen.«

Der »Vater« des Erfolges: Nach dem Schlußpfiff wurde Bundestrainer Sepp Herberger von seinen jubelnden Spielern auf die Schultern genommen. Der »Weise von der Bergstraße« setzte auf Kameradschaft und Teamgeist: »Elf Freunde müßt ihr sein«; nach diesem Motto schweißte er die Weltmeisterelf zusammen.

Beim Abspielen der Nationalhymne gab es dann allerdings eine unangenehme Überraschung. Die Deutschen Fans intonierten statt der offiziellen dritten Strophe des Deutschlandliedes jene Zeilen lautstark, die sie nur allzugut im Ohr hatten: »Deutschland, Deutschland über alles«. War er da wieder, der *furor teutonicus?* Die Gastgeber waren irritiert und der Schweizer Telefon-Rundspruch schaltete sich prompt aus der Live-Übertragung aus. Nur neun Jahre nach dem Krieg waren den Schweizern solche Töne mit Recht unheimlich.

Bedrückt war die Stimmung im Lager der Magyaren. Sie hatten ihr blaues

Doch das wirklich schlimme Nachspiel fand in ihrer Heimat statt: Der Mißerfolg wurde wie eine nationale Katastrophe aufgenommen; Budapest glich einer belagerten Stadt; Straßenbahnen wurden umgestürzt, Schaufenster eingeschlagen, öffentliche Gebäude gestürmt. Es kam zu Massendemonstrationen gegen das Regime. Als Ungarns Fußballer heimkehrten, wartete eine aufgebrachte Meute auf sie. »Die sind doch alle von Mercedes bestochen« – so versuchten die enttäuschten Fans das Unfaßbare zu erklären. Doch einem handgreiflichen Ausbruch des Volkszorns hatten die Organisatoren sicherheitshalber einen Riegel vorgeschoben: Die Mannschaft kletterte klammheimlich schon in einem Vorort von Budapest aus dem Zug. Das war die Kehrseite des Wunders von Bern.

Beim Empfang der deutschen Mannschaft in der Heimat überboten sich die Städte in triumphalen Empfängen. Bundespräsident Heuss gratulierte den Helden väterlich im angemessenen Rahmen eines vollbesetzten Berliner Olympiastadions und überreichte ihnen den Silberlorbeer. Von der Zigarrenkiste bis zum Motorroller lockten nach dem Fußballwunder nun die Früchte des beginnenden deutschen »Wirtschaftswunders«. Sepp Herberger wurde in seinem Heimatort zum Ehrenbürger ernannt.

Ein Bild, das um die Welt ging: FIFA-Präsident Jules Rimet überreichte den Siegespokal an den deutschen Kapitän Fritz Walter. Zwei Wochen später versammelten sich 90 000 Fußballfans zum Empfang der Weltmeisterelf im Berliner Olympiastadion (unten).

Stimmen zum Ereignis von Bern

Norbert Blüm (deutscher Fußball-Fan)
»Ich war 19, auf dem Weg in einen Betriebsrätekurs in Königswinter, fuhr Sonntag mittags ab und konnte nichts hören, aber schon in Rüdesheim am Stellwerk hat einer 'n Schild rausgehalten: 1:0 für Ungarn. Wenig später hielt jemand ein anderes Schild raus: 2:0. Es wurde still im Zug...«

Ferenc Puskas (ungarischer Spieler)
»In der Halbzeitpause, nach dem 2:2, haben wir darüber gesprochen, was in der zweiten Hälfte passieren könnte. Wir wußten, daß wir gegen Brasilien und Uruguay zwei schwere Spiele hinter uns hatten. Außerdem kam der Regen dazu, der den Deutschen und nicht uns half. Wir sprachen darüber, daß wir eventuell verlieren können, aber eingestellt waren wir darauf nicht. Wir glaubten immer, das Spiel zu gewinnen.«

Nándor Hidegkuti
(ungarischer Spieler)
»Die Lage in Budapest war chaotisch. Straßenbahnen wurden umgestürzt, Schaufenster eingeschlagen. Man ließ uns nicht in die Stadt. Erst in der Nacht hat man uns mit Pkws heimgefahren. Man hatte Angst, daß es zu Zwischenfällen kommt.«

Dieter Hildebrandt
(deutscher Fußball-Fan)
»Als das soweit war, hatten wir kein Lied parat. Heute weiß ja jeder, was man zu singen hat. Da singt man ›We are the Champions‹ oder so. Damals fiel den Fans nur das Deutschlandlied ein. Sie hatten Siegen nicht gelernt. Es war ja auch längst vergessen. Jetzt kommt noch hinzu, daß die erste Strophe so schön verboten war. Und da haben sie gesagt: Jetzt zeigen wir's ihnen mal...
Die Leute sagen ja auch immer ›*Wir* haben gewonnen‹. *Wir* haben ja nicht gewonnen. Diese tolle Mannschaft hat gewonnen.«

Das kleine Wunder: Die Österreicher

Das Weltmeisterschaftsturnier in der Schweiz war auch für den österreichischen Fußball eine Sternstunde. Im »kleinen« Finale, also im Spiel um den dritten Platz, schlugen die Österreicher den zweimaligen Weltmeister Uruguay mit 3:1.

Der Ruf des österreichischen Fußballs war damit überzeugend wiederhergestellt. Das sogenannte »Wunderteam« der dreißiger Jahre war durch den »Anschluß« im »großdeutschen« Team aufgegangen. Jetzt aber war es gelungen, an die alte Tradition anzuknüpfen. Zunächst

Das österreichische Team errang bei der WM 1954 den dritten Platz.

gewannen die Österreicher 1:0 gegen Schottland, und es folgte ein vielbeachtetes 5:0 gegen die Tschechoslowakei. Dann kam ein Spiel, das in die Fußballannalen einging: gegen den Gastgeber Schweiz lag man bereits mit 0:3 im Rückstand. Der österreichische Torhüter Schmied hatte kurz nach Spielbeginn einen Sonnenstich erlitten und wußte kaum noch, was um ihn herum vorging. Aber eine Auswechslung war nach den damaligen Regeln nicht erlaubt. Trotzdem schaffte Österreich noch ein 7:5 in einem wahrlich denkwürdigen Spiel. Im Halbfinale erwischte die Mannschaft freilich einen rabenschwarzen Tag. Sie wurde vom deutschen Team mit 6:1 vom Platz geschickt – aus der Sicht der Österreicher ein wahres Debakel. Doch im abschließenden Spiel um den dritten Platz konnten sie sich glanzvoll rehabilitieren.

Die Euphorie in Deutschland galt nicht nur den Siegern und ihrem fußballerischen Volltreffer. Der sportliche Triumph von Bern war, nach der Währungsreform, das erste große Gemeinschaftsereignis der zweiten deutschen Republik. Es war eine ausgemachte Sache: Hier hatten nicht elf Fußballer gewonnen, sondern »wir« – die Deutschen.

Norbert Blüm, schon damals Fußballfan, hat es farbig formuliert:

»Deutschland hat um seine Anerkennung in der Welt gekämpft. Man fühlte sich als Notgemeinschaft. Insofern war diese Fußballnationalmannschaft Fleisch von unserem Fleisch.«

Ein rundes Leder und elf Ballkünstler als gesellschaftliches Wunderheilmittel? Die deutsche Nachkriegsgesellschaft empfand die Anerkennung auf dem Spielfeld wie Balsam für verletztes Selbstbewußtsein.

Dahinter steckte freilich auch ein Stück Verdrängung. Denn mit Rahns Siegtreffer schien für manche Zeitgenossen die NS-Vergangenheit gleichsam »weggeschoben«.

Für die Fußballer selbst zählte damals allein der sportliche Sieg – wiewohl er finanziell kaum einen Gewinn abwarf. Es winkten weder Werbeverträge noch satte Prämien. Die Einnahmen, wie Fritz Walter vorrechnet, muten im Vergleich zum heutigen Millionengeschäft eher wie Trinkgelder an: »Wir haben 320 Mark verdient beim 1. FC Kaiserslautern, wenn wir Deutscher Meister wurden 1000, als Vizemeister 500. Als wir in die Schweiz gefahren sind, haben wir immer nur gelesen, wenn Ungarn Weltmeister wird, wenn Brasilien Weltmeister wird, wenn Uruguay Weltmeister wird – dann kriegen die Spieler 40000, 50000 oder sogar 60000 Dollar. Und plötzlich war unsere Mannschaft im Endspiel. Aber da verlor keiner ein Wort über Geld. Nicht ein einziger unserer Spieler ist zu mir gekommen und hat 'ne Andeutung gemacht.«

Reich geworden sind sie nicht durch diesen Sieg, die »Helden von Bern«. Aber sie haben den Deutschen damals etwas gegeben, das man nicht mit Geld aufwiegen kann: Selbstvertrauen. »Wir sind wieder wer« – neun Jahre nach einem verlorenen Krieg mit unbeschreiblichen Verbrechen, Millionen von Toten, Städten und Moral in Trümmern, verlorener Selbstachtung. Nun hatten die Deutschen wieder etwas, worauf sie ohne Gewissensbisse stolz sein konnten. (SB)

Begeisterter Empfang im offenen Wagen: Zehntausende feierten die Ankunft der Mannschaft um Fritz Walter (links) in München. Rechts: Bundestrainer Herberger.

»Seid fröhlich in Hoffnung!«

Gesprächsforen für die Deutschen in Ost und West: Kirchentage 1954

Es waren wohl weniger die theologischen Grundfragen des Glaubens, die die Christen beider Konfessionen im Jahre 1954 innerlich bewegten, als weltlich-politische Fragestellungen: Wie hatte die Nazi-Barbarei entstehen können? Warum haben die Kirchen nicht genügend Widerstand geleistet? Wie konnte das zerrissene Land wieder zusammenfinden? Foren dieser Diskussionen waren die Kirchentage.

Die Devise, unter der der Evangelische Kirchentag vom 7. bis 11. Juli 1954 in Leipzig zusammenkam, hieß: »Seid fröhlich in Hoffnung, geduldig in Trübsal, haltet an im Gebet!« Seit der Teilung Deutschlands fand nun erstmals ein Kirchentag in der DDR statt. Er vereinte Gläubige aus beiden Teilen des Landes. 500 000 evangelische Christen, darunter etwa 100 000 aus der Bundesrepublik, trafen in Sonderzügen aus allen Teilen des Landes in Leipzig ein. Der schier endlos strömende Regen erzwang manche Programmänderung in letzter Minute und stellte Leitung und Teilnehmer des Leipziger Treffens vor eine harte Bewährungsprobe. Doch die bewundernswerte Selbstdisziplin der Kirchentagsbesucher, die Umsicht der Leitung und das Entgegenkommen der DDR-Behörden trugen vereint zum Gelingen bei.

Das war keineswegs selbstverständlich. Zwei Jahre zuvor hatte das DDR-Regime noch versucht, den Katholikentag in Berlin zu boykottieren, indem es ein Verbot erließ, öffentliche Tagungsstätten in Ost-Berlin zu nutzen.

Der Kirchentag in Leipzig war für die Gläubigen nicht nur ein religiöses Fest, sondern auch eine politische Demonstration: In einem Klima zunehmender Konfrontation wollten sie das Zusammengehörigkeitsgefühl der Christen in beiden Teilen Deutschlands unter Beweis stellen. Dieses Anliegen kam besonders in den Ansprachen und Grußworten zahlreicher Persönlichkeiten aus Kirche und Politik in beiden Teilen des Landes zur Sprache. So bezeichnete Bundestagspräsident und Oberkirchenrat Hermann Ehlers die anwesenden Gläubigen als eine Gemeinde, deren Einheit im Glauben so deutlich sichtbar gewesen sei wie noch niemals in der Geschichte der Evangelischen Kirche. Wörtlich sagte er: »Bei diesem Kirchentag haben wir erfahren, daß es etwas Erstaunliches ist, wenn Christen durch die Kraft ihrer Gemeinschaft den Mut finden, die Abschnürung und die Furcht zu überwinden, offen zu reden, miteinander zu reden, füreinander da zu sein und füreinander und miteinander zu beten. Man muß es wohl einmal aussprechen, hier liegt das Zentrale dieser Tage.« Ähnlich euphorisch klang die Ansprache des DDR-Kultusministers Johannes R. Becher. Er wertete den Kirchentag als bedeutenden Beitrag zu einem Ziel, das den Deutschen gleichermaßen am Herzen liege: die Wiedervereinigung des Vaterlandes und die Erhaltung des Friedens. Die Leipziger Tage ließen nach seiner Darstellung erkennen, daß die überwältigende Mehrheit des deutschen Volkes den Weg des Zusammenfindens der Deutschen und der Verständigung untereinander suche.

Hoffnung für das gespaltene Land. Der evangelische Kirchentag in Leipzig vereinte erstmals Christen aus Ost und West.

Johannes R. Becher, Textdichter der DDR-Hymne »Auferstanden aus Ruinen« nahm den Refrain »Deutschland, einig Vaterland« in »seiner« Hymne ernst. Er zählte zu den eifrigsten Verfechtern der SED-Kampagne »Deutsche an einen Tisch«. Doch die Entwicklung »seines« deutschen Staates, dessen Führer nur Lippenbekenntnisse zur deutschen Einheit ablegten, tatsächlich aber immer stärker an der deutschen Teilung bastelten, befremdete ihn mehr und mehr. Als Johannes Becher 1958 starb, war er in Sachen deutscher Einheit, wie Vertraute schildern, resigniert, verbittert, illusionslos.

Damals aber, 1954, konnten abseits aller Sonntagsreden ausländische Beobachter einen spürbaren Willen der Gläubigen zur Einheit bestätigen. So schrieb

der Korrespondent der Londoner *Times:* »Die Idee der deutschen Einheit war die Grundlage des ganzen Kongresses, und viele Redner nannten die vier Tage in Leipzig einen Schritt zur Erreichung dieser Einheit.« Die *Neue Zürcher Zeitung* ließ sich sogar zu der Prophezeiung verführen, der Kirchentag habe gezeigt, daß die Spaltung des Landes von den Deutschen als etwas Vorübergehendes und Künstliches angesehen werde.

Ebenso wie die Protestanten verstanden auch die Katholiken ihren Kirchentag als Zeugnis für die deutsche Einheit. Am 31. August 1954 wurde im Dom zu Fulda der 76. Deutsche Katholikentag eröffnet, der unter dem Motto »Ihr sollt mir Zeugen sein« stand. Bundespräsident Theodor Heuss übermittelte eine Grußbotschaft an die rund 300000 versammelten Gläubigen aus Ost und West, in der es hieß: »Ich bin froh, dessen gewiß sein zu dürfen, daß im Seelischen der Katholikentag dieselbe Bestätigung eines innerlichen Einheitsbewußtseins offenbaren wird, wie vor zwei Monaten der Evangelische Kirchentag. Die religiösen Kräfte, mitbestimmend in der Formung eines geläuterten Volksbewußtseins, haben immer Vollmacht einer Bindung besessen. Diese wird sich auch in der dunklen Stunde eines nationalen Schicksals bewähren.«

Bundeskanzler Konrad Adenauer sandte aus Bonn einen Appell an die politische Verantwortung der Christen. Er erklärte, die Zeit sei durchtobt von einem politischen Orkan, der an den Grundlagen der Freiheit und des Christentums rüttele. Er, der nie einen Zweifel daran ließ, wo für ihn die Behinderer der Einheit standen, erklärte weiter, wenn die Sturmflut aus dem Osten sich über die Bundesrepublik, über Westeuropa ergießen sollte, könne man für eine lange Zeit nicht mehr von einem christlichen Europa sprechen. In solchen Zeiten gehöre der Christ mitten hinein in das politische Leben.

Zur Abschlußkundgebung auf der Leipziger Rosentalwiese versammelten sich 250000 evangelische Gläubige.
Mit Fahnen zogen die katholischen Jugendabordnungen in der Fuldaer Johannisau ein, um die Grußbotschaft des Kirchentagspräsidenten Anton Storch zu hören.

Der Höhepunkt des Katholikentages war die Marienweihe vor dem Fuldaer Dom. Kardinal Joseph Frings sprach das Weihegebet, in dem er das deutsche Volk dem Schutz der Jungfrau Maria empfahl. In seinem Gebet sagte der Kardinal: »Laß enden die Spaltung unseres Vaterlandes, laß heimkehren unsere Schwestern und Brüder, die noch in der Fremde sind.«

In den folgenden Jahrzehnten mußte man fest im Glauben sein, um unbeirrbar an der deutschen Einheit festzuhalten. Beide Kirchen mußten mit der Teilung leben, und ihr Umgang etwa mit dem DDR-Regime verlangte manchmal Kompromisse, die nicht immer einfach und nicht immer frei von Irrtum waren. Immerhin waren die beiden Kirchentage des Jahres 1954 eines der letzten verbliebenen Foren für Begegnung, Dialog und gemeinsame Bekundung der Deutschen in Ost und West. (UN)

Ein Glücksfall für die Deutschen

Theodor Heuss wird wiedergewählt

Für einige Tage sollte Berlin wieder zum Zentrum deutscher Politik werden, auf einer Insel des Kalten Krieges sollte den um ihre Symbole betrogenen Deutschen wieder Balsam auf die nationale Wunde gelegt werden: Der Wahlakt des obersten Repräsentanten der Bundesrepublik Deutschland stand an.

Natürlich war die Entscheidung, die Zeremonie in die alte Reichshauptstadt zu verlegen, nicht ohne Diskussionen erfolgt. Doch die Befürworter der »nationalen Variante« setzten sich letztlich durch. Und so kamen sie zum Funkturm, dem Wahrzeichen des freien Berliner Stadtstaates: fast tausend Delegierte der zweiten Bundesversammlung sowie das Doppelte an Ehrengästen aus dem diplomatischen Korps, den drei westlichen Hochkommissariaten, Abordnungen ehemaliger Sowjetgefangener und natürlich zahlreiche Vertreter der Presse.

Sie alle waren durch ein feierliches Rahmenprogramm auf den Festakt eingestimmt worden: die Wiederwahl des amtierenden Bundespräsidenten. Der Kandidat war unumstritten. Nach interfraktionellen Absprachen der großen im Bundestag vertretenen Parteien stand das Ergebnis schon vorher fest. Und trotzdem lag Spannung im Saal, als am 17. Juli 1954 Bundestagspräsident Hermann Ehlers kurz nach 15 Uhr die zweite deutsche Bundesversammlung eröffnete. In der mit den Insignien des westdeutschen Staates dekorierten Ostpreußenhalle, mitten in einer Stadt, die formal gar nicht zum Staatsterritorium der Bundesrepublik gehörte, begrüßte der dritthöchste Repräsentant der Westdeutschen die Bundestagsabgeordneten und Wahlmänner der Länder, um alsbald die Wahlvorschläge zu erbitten. Daraufhin trat der Fraktionsvorsitzende der CDU/CSU, Heinrich von Brentano, ans Pult und schlug unter brausendem Beifall die Wiederwahl von Theodor Heuss vor. Alles schien seinen geordneten, vorbedachten Verlauf zu nehmen – da trat der Vorsitzende der KPD, Max Reimann, ans Mikrofon und versuchte, grundgesetzwidrig, eine Schmährede auf den bisherigen Amtsinhaber zu halten. Ehlers unterbrach, entzog dem Redner das Wort, wies auf die Verfassungslage hin, die keine Aussprache vor der Wahl vorsah – doch Reimann fuhr mit seiner Rede fort, die freilich im Gejohle und Gepfeife der Versammlung längst nicht mehr zu hören war. Während Saalordner den Redner entfernten, legte dieser im Vorbeigehen dem Bundestagspräsidenten ein Blatt Papier mit dem Wahlvorschlag auf den Tisch. Wie zum Hohn hatte die KPD den allseits geachteten, von der Aktion nicht einmal informierten Heidelberger Professor Alfred Weber nominiert, der sich sofort distanzierte. »Ein schlechter Scherz« war der Kommentar Webers, der sich über den böswilligen Eklat betroffen zeigte.

Mehr als eine Routinesitzung: die Wiederwahl des Präsidenten durch die Bundesversammlung in Berlin. Der Wahlort sollte den Symbolcharakter verstärken.

Nachdem sich die Gemüter wieder

halbwegs beruhigt hatten, begann der eigentliche Wahlakt. Die Delegierten warfen ihre Stimmzettel in sechs Urnen, die Berliner Abgeordneten hatten eine eigene Urne zugewiesen bekommen. Um 16 Uhr 30 verlas Ehlers das Ergebnis: 871 von 987 Stimmen für Heuss, 12 für Weber, je eine Stimme für Bundeskanzler Adenauer, Prinz Louis Ferdinand von Preußen, Herzog Ernst August von Braunschweig, Exgroßadmiral Dönitz, Marie-Elisabeth Lüders, die Alterspräsidentin des Bundestages, und Familienminister Franz-Josef Wuermeling. 96 Delegierte enthielten sich der Stimme.

Da betrat, begleitet von Professor Carlo Schmid, Theodor Heuss die Halle. Die Anwesenden erhoben sich von ihren Sitzen. Der neue alte Bundespräsident hielt eine warme, dankbare, doch zugleich auch kritische Rede. Er zeigte darin Verständnis für diejenigen, die ihn nicht gewählt hatten, ihn, den je nach Standpunkt zu kantigen, zu neutralen oder zu engagierten Bundespräsidenten. »Neutralität« oder »Überparteilichkeit« akzeptiere er für sich, sagte Heuss, nicht aber »Meinungslosigkeit«. Wie denn auch, als jahrzehntelanger Publizist und Politiker? »Ein Mensch einer immerhin etwas farbigen Vergangenheit ist durch den Wahlakt vor fünf Jahren nicht zu einer Staatsapparatur geworden für Ordensverleihungen, Empfänge und was man sonst so ›Repräsentation‹ nennt, sondern er bleibt, der er war, weil er mit sich selber im reinen bleiben will. Er ist also nicht ›neutral‹, wenn er zu ökonomischen oder sozialpolitischen Fragen seine wissenschaftliche Meinung, zu den Dingen der akademischen Lebensformen, der künstlerischen oder literarischen Bewertung seine Auffassung ausspricht.« So definierte Heuss sich in seinem Amt. »Mein Bemühen konnte nur dies sein, auch für die Nachfolger abzustecken.«

Als Heuss 1949 mit knapper Mehrheit erstmals zum Bundespräsidenten gewählt worden war, verstand er es in den folgenden fünf Jahren, das neugeschaffene Amt mit Geist und Format auszufüllen. Er brachte das Kunststück fertig, einerseits volksnah die Interessen der Bürger zu vertreten (»Papa Heuss«), andererseits aber, gemäß der Verfassung, strikte Neutralität gegenüber Regierung, Parteien und Interessenvertretungen zu wahren. Seine Stärke lag in der geduldigen Beredsamkeit.

Schon in der unmittelbaren Nachkriegszeit waren diese Qualitäten bei den Verfassungsdiskussionen auf Länder- und Bundesebene zutage getreten. Die außerordentliche Kompromißfähigkeit von Theodor Heuss speiste sich aus dem sicheren Bewußtsein, Recht zu haben – und auch Format. Schon seine Biographie gab ihm dazu die nötige Sicherheit: der Gymnasiast, der Artikel für die Heimatzeitung verfaßte; der junge Student im Arbeitskreis von Friedrich Naumann; der Autor, der bereits 1932 ein entlarvendes Buch über die Nationalsozialisten schrieb; der Hochschullehrer, der nach der Auflösung der Deutschen Hochschule für Politik ohne Lehrauftrag ist; der Reichstagsabgeordnete, dem im Juli 1933 von den neuen Machthabern das Mandat entzogen wird; der Kultusminister und Universitätsprofessor – stets hatte der nun siebzigjährige Heuss beruflichen Fleiß, politische Geradlinigkeit und moralische Integrität zu verbinden verstanden.

Rudolf Augstein schrieb später über ihn: »Ein hohes Geheimnis liegt in dem Unterfangen, Autorität zu gewinnen, indem man peinlichst jede Gelegenheit meidet, Autorität sehen zu lassen.« Heuss selbst sah das ähnlich: »Meine Herren! Ich gebe keine Richtlinien, ich gebe Atmosphäre.« So beschrieb er gegenüber Mitarbeitern seinen Amtsanspruch. Und »Atmosphäre« ging von diesem großen alten Mann der deutschen Nachkriegspolitik tatsächlich aus. In ihm hatte Deutschland erstmals einen liberalen Humanisten und international anerkannten Gelehrten zum Präsidenten, was dem überaus lädierten deutschen Ansehen nützte. Seine Wiederwahl war Ausdruck politischer Kontinuität des jungen Staates. Die ihn wählten, konnten stolz auf ihren Präsidenten sein. Ihm nahm man seine oft zitierte Meinung ab, daß es nach dem NS-Inferno zwar keine »Kollektivschuld« gebe, aber »Kollektivscham«. Heuss und Adenauer, diese politischen Vaterfiguren der fünfziger Jahre, gaben den Deutschen das Gefühl von Sicherheit und einer gewissen Geborgenheit. So gesehen waren die beiden alten Herren in der Villa Hammerschmidt und im Palais Schaumburg für das deutsche Volk ein Himmelsgeschenk. (KS)

Heuss und Adenauer: Die beiden großen alten Männer der deutschen Nachkriegspolitik ergänzten einander.

Der neue alte Präsident an der Seite des Bundestagsvizepräsidenten Carlo Schmid: Die Wiederwahl, obwohl im Vorfeld zwischen den Parteien vereinbart, blieb trotzdem bis zuletzt spannend.

Die Affäre John

Die Flucht des Verfassungsschutzpräsidenten gibt bis heute Rätsel auf

Es ist nicht unbedingt üblich, daß der Geheimdienstchef eines Landes sich über den Rundfunk direkt an die Bevölkerung wendet. Welch politisches Erdbeben muß es aber erst hervorrufen, wenn er als Sprachrohr dafür ausgerechnet den Staatssender des Gegners nutzt! Dementsprechend schlug die Ansprache, mit der sich der Präsident des Bundesamtes für Verfassungsschutz Otto John am 23. Juli 1954 im Ost-Berliner Rundfunk zu Wort meldete, wie eine Bombe ein. »Es ist eine Schlappe im Kalten Krieg«, gestand Bundesinnenminister Gerhard Schröder (CDU) vor dem Bundestag ein. »Der bisher größte politische Skandal in der Bundesrepublik und zugleich ein Erfolg der Sowjets.«

Hochpolitisches Kaffeekränzchen: Überläufer Otto John mit dem DDR-Stararchitekten Hermann Henselmann und dem Nationalratspräsidenten Erich Correns im Café Warschau an der Stalinallee.

In seiner Rundfunkrede (»An meine deutschen Mitbürger«) beklagte John, in seinem Amt »fortgesetzt von den sich überall im politischen und auch im öffentlichen Leben sich wieder regenden Nazis angeprangert« worden zu sein. Als Hauptmotiv für seinen Frontenwechsel stellte der prominente Überläufer seine Sorge um die Einheit Deutschlands dar.

Immerhin schien auf diese Weise aufgeklärt, wohin und wieso der Verfassungsschutzpräsident drei Tage zuvor aus West-Berlin verschwunden war. Doch weit gefehlt! Bis zum heutigen Tag gibt es außer einer Vielzahl von Spekulationen keinen Aufschluß darüber, was an jenem 20. Juli 1954 wirklich geschah.

Es war der zehnte Jahrestag des gescheiterten Attentats auf Hitler. Otto John hatte einen sehr persönlichen Grund, an dem Gedenkgottesdienst für die Opfer der Verschwörung in der Dahlemer Jesus-Christus-Kirche teilzunehmen. Sein Bruder Hans war als Widerstandskämpfer des 20. Juli hingerichtet worden; er selbst, ebenfalls aktiv beteiligt, konnte dank seiner Verbindungen zur Lufthansa in letzter Minute nach Madrid entfliehen. Über Lissabon führte seine Odyssee nach London, wo ihn Sefton Delmer für die britische Auslandspropaganda anheuerte.

Nach der Kapitulation blieb der Jurist John als Berater der Anklagebehörde bei den Nürnberger Prozessen zunächst weiter in britischen Diensten. Die Engländer waren es auch, auf deren Empfehlung die Bundesregierung Otto John 1951 die Leitung des neugeschaffenen Bundesamtes für Verfassungsschutz übertrug.

Der oberste Hüter der Republik vor Links-, Rechtsradikalen und östlichen Agenten hatte von Beginn an keinen leichten Stand. Bundeskanzler Adenauer (»Der Mann jefällt mir nicht«) ließ den Chef des Kölner Amtes nie weiter als bis zu seinem Vorzimmer vordringen, die Gunst des Majordomus im Kanzleramt, des Staatssekretärs Hans Globke, galt Otto Johns größtem Rivalen: General a. D. Reinhard Gehlen, der

Süddeutsche Zeitung

Preis 30 Pfg.

Heute: SZ im Bild

MÜNCHNER NEUESTE NACHRICHTEN AUS POLITIK · KULTUR · WIRTSCHAFT · SPORT

10. Jahrgang — München, Samstag/Sonntag, 24./25. Juli 1954 — Nummer 168

Das Streiflicht

Weltweite Erregung über den Fall John

Kabinett einberufen / Verfassungsschutz-Ausschuß tagt / Bundespresseamt warnt vor voreiligen Kombinationen und hält an offizieller Version „Entführung" fest

im Auftrag der Amerikaner seine ehemalige NS-Behörde »Fremde Heere Ost« samt SD-Offizieren und Kartei zu einem neuen militärischen Geheimdienst aufgebaut hatte. Im Juli 1954 entschied das Bundeskanzleramt, die »Organisation Gehlen« (später Bundesnachrichtendienst) mit einem Etat von 26 Millionen Mark unter seine Fittiche zu nehmen.

Der dritte Nachrichtenchef im Bunde, Oberstleutnant a. D. Wilhelm Heinz, der im Amt Blank heimlich einen militärischen Abschirmdienst vorbereitet hatte, war ein Jahr zuvor über Verdachtsmomente zu Fall gekommen, die John zusammengetragen hatte. Die Rivalität der Ämter blieb bestehen.

Mit der Zeit senkte sich das Damoklesschwert über Johns Haupt. Zwar galt er, so sein Mitarbeiter Günter Nollau, als »Demokrat vom Scheitel bis zur Sohle«. Er war charmant, liebenswürdig, weltgewandt. Doch fehle ihm die nötige Härte und Entschlossenheit für dieses Amt, wie seine Dienstherren bemängelten. Außerdem wurde ihm eine Neigung zur Indiskretion und zum Alkohol nachgesagt. Unter Beschuß geraten war Johns Amt überdies wegen der sogenannten »Vulkan-Affäre«, als nach den Angaben eines Überläufers 37 Spionageverdächtige festgenommen und öffentlich bekanntgemacht wurden – obwohl sie unschuldig waren, wie sich später erwies.

So faßte Innenminister Schröder den Entschluß, den Verfassungsschutzpräsidenten spätestens nach der Abschaffung des Besatzungsstatus von seinem Amt abzulösen. John erfuhr von diesem Plan kurz vor seiner Reise nach Berlin.

Otto John wirkte während der Gedenkfeier zum 20. Juli sichtlich bewegt, schon beim Empfang am Vorabend war er den Anwesenden kaum ansprechbar erschienen. Im Hotel legte er alle seine Utensilien ab und verließ die Unterkunft mit lediglich 750 Mark und einem falschen Personalausweis in der Tasche. Zwei britische Nachrichtenoffiziere, mit denen er verabredet war, ließ er vergebens warten.

Statt dessen suchte Otto John einen Bekannten aus Widerstandstagen auf: Der Berliner Frauenarzt Wolfgang Wohlgemuth, im Krieg Assistent bei Professor Sauerbruch, war ein Wanderer zwischen den Welten. Im Westen unterhielt er eine gutgehende Praxis und ein reges Nachtleben, im Osten nach Ansicht des britischen Secret Service politische Kontakte. Fest steht, daß Wohlgemuth und John an jenem Abend kurz nach 21 Uhr in Wohlgemuths Auto die Grenze zum sowjetischen Sektor passierten. Wie es dazu kam, darüber kursieren bis heute unterschiedliche Erklärungsvarianten.

John selbst, der im Dezember 1955 wieder in die Bundesrepublik zurückkehrte und seitdem vergeblich um seine Rehabilitation kämpft, sieht sich selbst als Opfer einer Entführung im Auftrag des KGB. In Wohlgemuths Wohnung habe er eine Tasse Kaffee getrunken und dann das Bewußtsein verloren. Aufgewacht sei er erst wieder in Ost-Berlin, wo man ihn gezwungen habe, den Überläufer zu mimen. Aus Angst vor Verfolgung und Folter habe er vor der Öffentlichkeit eineinhalb Jahre lang das böse Spiel mitgespielt, bis ihm die Flucht gelungen sei.

Eine weitere Version lautet, John sei mit dem Angebot in den Osten gelockt worden, belastendes Material gegen Kanzleramtschef Hans Globke, einstmals Kommentator der Nürnberger Rassengesetze, zu erhalten. Dort sei er zum Bleiben überredet beziehungsweise mit Alkohol oder Drogen so lange außer Gefecht gesetzt worden, bis eine Rückkehr ohne Aufsehen nicht mehr denkbar war.

Als Einzelkämpfer für die Verständigung wird Otto John in einer anderen Lesart beschrieben. Mit seinem Grenzgang habe er das Ost-West-Gespräch gesucht. Dabei allerdings habe er sich durch übermäßigen Alkoholkonsum selbst außer Gefecht gesetzt, so daß er in einer Kurzschlußreaktion beschlossen habe, nicht wieder nach West-Berlin zurückzukehren.

Wieder andere vermuten, daß die Flucht in den Osten für John der einzige Ausweg aus seinen Schwierigkeiten gewesen sei. Die bevorstehende Ablösung

Porträt eines Mannes im Dunkeln: Wer ist Otto John?

DIE WELT

UNABHÄNGIGE TAGESZEITUNG

Nr. 168 — 9. Jahrgang — Ausgabe K — Freitag, 23. Juli 1954 — Preis 25 Pf

Politische Sensation ersten Ranges

Bonns Abwehrchef John nach Ost-Berlin entwichen

Rätselraten um die Motive

Von unserem Korrespondenten

W. Berlin, 22. Juli

Otto John

Die SPD entscheidet sich für einen Wehrbeitrag

Bedingung ist, daß wirksame Vereinbarungen zwischen Ost und West für die deutsche Einheit nicht erzielt werden

Dramatisches Hin und Her auf dem Bundesparteitag

aus seinem Amt, das Schattenboxen mit der Organisation Gehlen, die Abscheu vor alten Nazis und Militärs und die wehmütige Erinnerung an die Opfer des Widerstands hätten ihn bewegt, den Westen Hals über Kopf zu verlassen.

Wenige Indizien indes sprechen für die fünfte mögliche Erklärung: John habe schon vorher in Diensten des sowjetischen Geheimdienstes gestanden und sei nun abgetaucht, bevor sein Verrat aufgeflogen wäre.

Dr. Wolfgang Wohlgemuth

Neue Dokumente aus Stasi-Archiven verhelfen zwar ebenfalls nicht zur endgültigen Klärung, aber sie nähren immerhin die Vermutung, daß John nicht freiwillig in die DDR übergewechselt war und der KGB seine Hand im Spiel hatte.

Jedenfalls begann erst das große Rätselraten, als Otto John am 11. August 1954 in Ost-Berlin vor die internationale Presse trat. Fast ohne vom Manuskript aufzublicken, verlas er eine 25 Minuten lange Erklärung, in der er Adenauers Politik der Remilitarisierung sowie die Renaissance alter Nazis in der Bundesrepublik angriff und neue Verhandlungen über die Wiedervereinigung forderte.

Die Wirkung dieses Auftritts auf die Deutschen hüben wie drüben war durchschlagend: Einer der höchsten Beamten der Bundesrepublik, der Zugang zum sensiblen Sicherheitsbereich hatte, als Sprachrohr der gegnerischen Propaganda! In Bonn schlug der Fall hohe Wellen und brachte die Regierung, die zunächst die Entführungsthese stützte, in Bedrängnis. Von der nationalen Rechten wurde die Debatte um die Rolle der Emigranten während des Krieges neu angeheizt. Nach seiner Rückkehr verurteilte der Bundesgerichtshof John am 23. Dezember 1956 wegen Landesverrats zu vier Jahren Freiheitsstrafe, die ihm nach 18 Monaten erlassen wurde. Sein Grenzgang zwischen Ost und West ist weiter eines der ungelösten Geheimnisse des Kalten Krieges geblieben. (PH)

In Bonn schlug die Affäre John wie eine Bombe ein.
Auszug aus der Frankfurter Allgemeinen Zeitung vom 26. Juli 1954.

Genf Zusagen irgendwelcher Art gemacht habe, aber man äußerst unter den Anhängern des Verteidigungspaktes ernste Bedenken bezüglich der propagandistischen Auswirkungen befremdet, das eine schnelle und einfache Ablehnung vorzuschlagen gewillt scheint.

Die Vorschläge Moskaus seien, so heißt es hier, zwar die gleichen wie die, die von den dem Ende der Berliner Konferenz die Westmächte ersucht, einer ernsthaften Diskussion über die Vorschläge Molotows zur Frage der Sicherheit nicht auszuweichen.

Bonn geteilter Meinung über John

Die Erklärung im Ost-Berliner Rundfunk hat nicht überzeugt / Suggestive Hypnose?

Drahtbericht unseres Korrespondenten

R. Bonn, 25. Juli. Das Geheimnis des Falles John ist auch durch die Rundfunkerklärung Dr. Johns aus Ost-Berlin am Freitagabend nach der Auffassung in Bonner Regierungskreisen keineswegs gelöst. Es steht zwar fest, daß Dr. John selbst die Erklärung gesprochen hat — alle, die seine Stimme kannten, sind dieser Ansicht —, aber niemand weiß, unter welchen Umständen sie zustande gekommen ist. Und sie wird deshalb in den zuständigen Kreisen nicht als schlüssiger Beweis dafür bewertet, daß John freiwillig in den Osten gegangen ist. Zwar kann nach den bisherigen Wahrnehmungen keine Verschleppung „normalen Stiles" mit Betäubung oder mit Knüppelgewalt angenommen werden. Aber die Möglichkeit einer hypnotischen Suggestion, die von dem Arzt Dr. Wohlgemuth auf John ausgeübt worden sein kann, wird anscheinend im amtlichen Bonn sehr ernst genommen. Denn es hat sich jetzt her… sehr labiler … sieht man in Regierungskreisen in John einen seelisch kranken Mann, der einem Arzt, dem er vertraut habe, zum Opfer gefallen sei. Beweise dafür, daß John ein Landesverräter geworden sei, liegen nach der Auffassung dieser Regierungskreise in keiner Weise vor.

Der falsche Mann

Diese Ansicht, daß John nicht im wirklichen Sinne des Wortes freiwillig in den Osten gegangen sei, wird allerdings nicht von allen politischen Kreisen in Bonn geteilt. Einmütig ist allerdings die Feststellung, daß in jedem Falle mit John der falsche Mann an die Spitze des Verfassungsschutzamtes gestellt worden ist, der nicht die für dieses Amt notwendigen Eigenschaften hatte. Von der Deutschen Partei wurde jetzt darauf hingewiesen, daß schon bei der Berufung gegen John Bedenken geäußert worden sind, die in der Tat damals von Bundesminister Hellwege besonders stark vorgetragen worden sein dürften. Sie richteten sich, wie betont wird, keineswegs gegen die Zu…keit Johns zu den Widerstandskämp…, daß John während des … fremden Macht … hältnisse zu eigen machen. Aber es scheint übertrieben zu sein, jetzt ein „großes Reinemachen" zu fordern und den Eindruck zu erwecken, als ob der Fall John eine Art Sumpf aufgedeckt habe. Nach der Meinung der amtlichen Stellen jedenfalls ist bis zum Beweis des Gegenteiles der Fall John ein Einzelfall, in seiner Person begründet. Bei der Spitzenstellung dieser Person allerdings ein Fall von größter Tragweite.

Bundesinnenminister Dr. Schröder hat mit der vorläufigen Berufung des Präsidenten des Bundeskriminalamtes, Dr. Jeß, an die Spitze des Bundesamtes für Verfassungsschutz sehr rasch die erste Konsequenz gezogen, die auch von grundsätzlicher Bedeutung ist, denn sie unterstreicht die Anschauungen des zuständigen Bundesministers über die Leitung dieses Amtes durch anerkannte Juristen. Man kann nach dieser raschen Reaktion des Bundesinnenministers annehmen, daß die von ihm schon vor dem Bundestag angekündigte Reform auf dem Gebiet der Verfassungs… tatkräf…

Otto John

ehemaliger Verfassungsschutzchef

»Ich bin am Abend des 20. Juli 1954 von dem Arzt Dr. Wohlgemuth nach Ost-Berlin verschleppt worden. Dieser Arzt war offensichtlich – was ich nicht ahnen konnte –, Agent des sowjetischen Geheimdienstes. Er lockte mich unter einem Vorwand in seine Praxis, bot mir Kaffee an und erklärte dann, daß wir noch in seine Wohnung fahren müßten. In seinem Wagen verlor ich das Bewußtsein, vermutlich hatte er etwas in den Kaffee getan.

Danach bin ich etwa zwei Tage später bei den Russen aufgewacht, auf einem Sofa im Haus des sowjetischen Geheimdienstes in Berlin-Karlshorst. Ich erinnerte mich, wie sich mein Freund Gehre aus dem Widerstand gegen Hitler seinerzeit verhalten hatte, der der Gestapo entkam: Er hatte sich zum Schein zur Mitarbeit erklärt, um Wege zur Flucht zu suchen, ohne Geheimnisse preiszugeben. Also erklärte ich mich zur Zusammenarbeit bereit. Die Russen forderten mich auf, über den Rundfunk zu erklären, ich sei vor der ständigen Verfolgung durch die Organisation Gehlen in die DDR geflüchtet. Ich erwiderte spontan, daß das kein vernünftiger Mensch in der Bundesrepublik glauben würde. Aber eine Erklärung im Ost-Berliner Rundfunk mußte ich abgeben. In der Hoffnung, bei der Fahrt zum Sender flüchten zu können, stimmte ich also zu. Doch statt der Gehlen-Kritik schlug ich einen Aufruf zur Wiedervereinigung vor. Das fanden sie ausgezeichnet. Leider nahmen sie meine Ansprache nicht im Studio, sondern auf Tonband auf. So blieb mir die Flucht verwehrt. Wegen des überraschend großen Medienechos, auch aus dem Westen, schlugen meine Bewacher vor, mit mir eine Pressekonferenz in Ost-Berlin zu veranstalten. Ich stimmte auch dem zu, weil dies eine Gelegenheit war, aus dem sowjetischen Sperrgebiet herauszukommen. Doch auch hier war das Sicherheitsaufgebot so groß, daß sich jede Hoffnung auf eine Flucht zerschlug.«

1 · Donnerstag

In Japan werden die ersten Soldaten seit Ende des Zweiten Weltkrieges vereidigt. Nach Angaben der Regierung in Tokio soll die Truppenstärke der neuen japanischen Armee zunächst 120 000 Mann betragen.

2 · Freitag

Der ehemalige Generalfeldmarschall und Oberbefehlshaber der in Stalingrad eingeschlossenen 6. Armee, Fried-

rich Paulus, stellt sich erstmals nach seiner Entlassung aus sowjetischer Kriegsgefangenschaft der Öffentlichkeit. In Ost-Berlin wendet sich Paulus gegen die Westorientierung der Bundesregierung.

Im Prozeß gegen ehemalige Mitglieder der Lagermannschaft des KZ Struthof (Elsaß) fällt ein Militärgericht in Metz sechs Todesurteile.

3 · Samstag

In Großbritannien wird die seit 1940 bestehende Fleischrationierung aufgehoben. Die Bevölkerung feiert die Abschaffung dieses letzten Überrestes der Kriegswirtschaft mit Freudenfeuern aus Tausenden von Lebensmittelkarten.

4 · Sonntag

Im Berner Wankdorf-Stadion wird die Nationalmannschaft der Bundesrepublik Deutschland zum erstenmal Fußball-Weltmeister. Das entscheidende Tor zum 3:2-Erfolg über Ungarn erzielt Helmut Rahn (Mitte) in der 84. Minute.

Der erste Nachkriegsstart von Mercedes-Rennwagen in einem Grand-Prix-Rennen endet in Reims mit einem überlegenen Doppelsieg. Der Argentinier Manuel Fangio und Karl Kling aus Deutschland siegen auf ihren neuen »Silberpfeilen« beim Großen Preis von Frankreich.

5 · Montag

Zum erstenmal seit Menschengedenken werden in Österreich wieder Wölfe gesichtet. In Osttirol reißen die Raubtiere mehr als dreißig Schafe.

6 · Dienstag

In Tunesien bewirken die zunehmenden blutigen Auseinandersetzungen zwischen nationalistischen tunesischen und französischen Terrorgruppen eine Massenflucht französischer Siedler nach Frankreich.

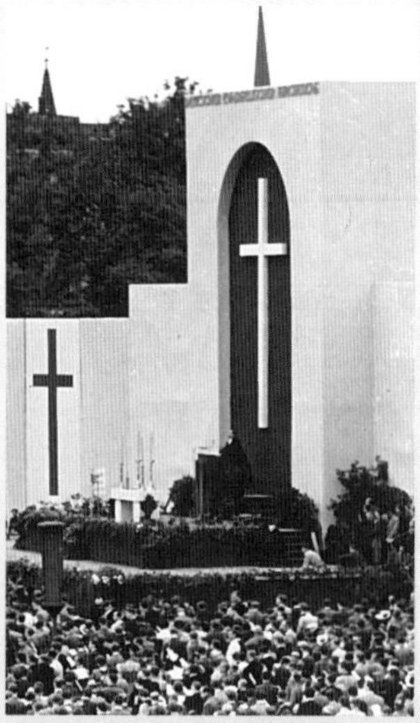

7 · Mittwoch

In Leipzig beginnt der 6. Deutsche Evangelische Kirchentag mit rund 600 000 Besuchern aus Ost und West.

8 · Donnerstag

Bundesinnenminister Gerhard Schröder verteidigt im Bundestag die Arbeit der Verfassungsschutzämter in Bund und Ländern. Ausgangspunkt der Debatte ist die Kritik des ehemaligen Ministerpräsidenten von Baden-Württemberg, Reinhold Maier (FDP), der den Verfassungsschutz mit der »Geheimen Staatspolizei« während des Dritten Reiches verglichen hatte.

Der Bundestag lehnt einen SPD-Antrag ab, wonach die Zugehörigkeit zur »Legion Condor« ehemaligen Soldaten nicht länger als doppelt ruhegehaltsfähige Dienstzeit angerechnet werden sollte. Die »Legion Condor« hatte im Spanischen Bürgerkrieg von 1936 bis 1939 auf seiten des faschistischen Generals Franco gekämpft.

9 · Freitag

Tagelange sintflutartige Regenfälle verursachen eine Hochwasserkatastrophe in Bayern, Sachsen und Österreich. Fast 30 Menschen kommen in den Fluten um; über 50 000 werden obdachlos.

10 · Samstag

Im vietnamesischen Trung Gia einigen sich Vertreter des Vietminh und der französischen Indochina-Truppen über den Austausch von Kriegsgefangenen. Gleichzeitig erklären die USA, daß sie nicht wie vorgesehen die Ausbildung vietnamesischer Truppen für Frankreich übernehmen.

11 · Sonntag

Der Führer der Putschisten in Paraguay, General Alfredo Stroessner, wird als Kandidat der einzigen zugelassenen Partei des Landes zum Staatspräsidenten gewählt.

12 · Montag

In einer Rede vor dem britischen Unterhaus in London wendet sich Winston Churchill gegen den Versuch einer Ausrottung des Kommunismus. Das Zeitalter nuklearer Massenvernichtungswaffen zwinge zu einer Politik der »friedlichen Koexistenz«, erklärte der Premierminister.

13 · Dienstag

In Bonn wendet sich der Außenpolitische Ausschuß des Bundestages gegen das Benehmen deutscher Touristen im Ausland. Ein Sprecher des Ausschusses kritisiert besonders das Verhalten von jugendlichen Reisegruppen, die dem Ansehen der Bundesrepublik im Ausland schweren Schaden zugefügt hätten.

14 · Mittwoch

Der ehemalige Versorgungsminister der DDR, Karl Hamann, wird vom Obersten Gerichtshof in Ost-Berlin wegen »verbrecherischer Beziehungen zu imperialistischen Agenten« zu zehn Jahren Zuchthaus verurteilt.

15 · Donnerstag

Der Bundestag stimmt einem Amnestiegesetz zu, das bis zum 1. Dezember 1953 begangene Straftaten mit einem Strafmaß unter drei Monaten betrifft. Schwere Verkehrsdelikte und Wirtschaftsstraftaten sind von der Amnestie ausgenommen.

16 · Freitag

Der Innenminister von Nordrhein-Westfalen verbietet allen Polizeidienststellen seines Landes den Einsatz von Hellsehern oder Wahrsagern bei polizeilichen Maßnahmen.

17 · Samstag

In West-Berlin wählt die Bundesversammlung den 70jährigen Theodor Heuss zum zweitenmal zum Bundespräsidenten. Heuss erreicht bei seiner Wiederwahl 871 von 987 Stimmen.

Im Berliner Olympiastadion bejubeln die Berliner den wiedergewählten Bundespräsidenten Theodor Heuss.

18 · Sonntag

250 000 Schlesier nehmen an einem Treffen ihrer Landsmannschaft in Frankfurt am Main teil. Delegierte sprechen sich auf zahlreichen Kundgebungen für die Wiedervereinigung und die Rückgabe der deutschen Ostgebiete aus.

19 · Montag

In einer Feierstunde an der Freien Universität Berlin ehrt Bundespräsident Theodor Heuss die Opfer des 20. Juli 1944. Anläßlich des zehnten Jahrestages des gescheiterten Hitler-Attentats würdigte Heuss den Versuch, Deutschland »der mörderischen Bosheit zu entreißen«.

20 · Dienstag

Otto John, Präsident des Amtes für Verfassungsschutz, läuft nach Ost-Berlin über. Im DDR-Rundfunk erklärt John, er habe ein Zeichen für Deutschlands Wiedervereinigung setzen wollen.

21 · Mittwoch

Die Genfer Indochina-Konferenz endet mit der Unterzeichnung eines Waffenstillstandsabkommens. Danach wird Vietnam entlang des 17. Breitengrades geteilt. Die französische Öffentlichkeit feiert die Unterzeichnung als großen Verhandlungserfolg von Ministerpräsident Pierre Mendès-France.

22 · Donnerstag

In Bayreuth werden die Wagner-Festspiele mit einer Aufführung des »Tannhäuser« unter der Leitung von Wieland Wagner eröffnet. Die Inszenierung des Enkels von Richard Wagner löst wegen ihres avantgardistischen Bühnenbildes Empörung bei zahlreichen Wagner-Anhängern aus.

23 · Freitag

Über dem südchinesischen Meer schießen Jagdflugzeuge der Volksrepublik China eine britische Verkehrsmaschine ab. Zehn der 17 Passagiere kommen ums Leben.

24 · Samstag

Die Sowjetunion schlägt den Westmächten eine gemeinsame Konferenz über ein europäisches Sicherheitssystem und die Neutralisierung Deutschlands vor. Die USA lehnen den Vorschlag sofort ab.

25 · Sonntag

Ho Chi Minh, Führer des kommunistischen Vietminh, bezeichnet die Teilung Vietnams als Provisorium. In Hanoi erklärt der Präsident Nord-Vietnams, das Ziel der vietnamesischen Kommunisten bleibe auch weiterhin die Befreiung des ganzen Landes.

26 · Montag

Amerikanische Kampfflugzeuge schießen zwei chinesische Militärmaschinen nahe der Insel Hainan über dem südchinesischen Meer ab. Nach Angaben des Außenministeriums in Washington waren die US-Maschinen an einer Rettungsaktion für das am 23. Juli von chinesischen Jägern abgeschossene britische Verkehrsflugzeug beteiligt.

27 · Dienstag

15 Abgeordnete der CDU legen im Bundestag einen Entwurf zur Wiedereinführung der Todesstrafe vor.

28 · Mittwoch

In einer Rede vor dem amerikanischen Kongreß in Washington schlägt der südkoreanische Präsident Syngman Rhee vor, die Volksrepublik China anzugreifen. Regierung und Öffentlichkeit der Vereinigten Staaten reagieren mit scharfer Kritik an Rhee.

29 · Donnerstag

Wegen »Verbrechen gegen Volk und Staat« wird der Metropolit der serbisch-orthodoxen Kirche von Montenegro, Arsenije Bradvarevic, zu elfeinhalb Jahren Zuchthaus verurteilt. Der Geistliche hatte mehrfach öffentlich die KP-Führung in Belgrad kritisiert.

Im ostfriesischen Leer wird der Leeda-Staudamm eingeweiht. Durch die Regulierung des Nebenflusses der Ems soll die jährliche Überschwemmung von 25 000 Hektar Land verhindert werden.

30 · Freitag

Der israelische Ministerpräsident Moshe Sharett entgeht nur knapp dem Tod, als wenige Meter von ihm entfernt ein Flugzeug in eine Menschenmenge stürzt.

31 · Samstag

In Tunis verkündet der französische Ministerpräsident Mendès-France einen Beschluß des Ministerrats in Paris, Tunesien »innere Autonomie« zu gewähren. Lediglich Verteidigungs- und Außenpolitik sollen weiter von Frankreich wahrgenommen werden.

PIATTI
Erholung mit einem
Buch

Pack die Badehose ein!

Der Urlaub in Italien wird zum Statussymbol

Das Land der deutschen Sehnsucht hieß Italien. Die Heimat des »dolce far niente« (damals galt das noch) wirkte auf die durch Krieg und Entbehrung geschundenen Seelen wie Balsam. Fast zwei Millionen Deutsche suchten im Sommer 1954 Italien nicht nur mit der Seele, sondern per VW oder Bus oder Bahn. Sie kamen aus Bayern, vom Rhein, aus Westfalen, mit Baedeker und Leica bewaffnet – und einem unbändigen Drang nach Sehenswürdigkeiten, Sonnenbräune und Spaghetti. Sie kamen oft noch mit magerer Geldbörse, aber teils auch schon mit der neuen Selbstsicherheit: »Wir sind wieder wer.«

Das sogenannte deutsche »Wirtschaftswunder« hatte selbstverständlich auch die Reiselust geweckt. Im Frühjahr 1954 hatten sich schon 21 Prozent der bundesdeutschen Bevölkerung einen Reisepaß besorgt. Und ab Juni setzte eine wahre Völkerwanderung gen Süden ein: Die Reisewelle ergoß sich zum Gardasee und an die Adria, nach San Remo und Rom, nach Capri und Sizilien. Selbst in den entlegensten Winkeln konnte man das »D«-Schild auf den Volkswagen und Isettas erblicken und gutturale deutsche Laute vernehmen. In engen, vollgestopften Wagen gings über die Alpen, mit quengeligen Kindern auf dem Rücksitz, Vater am Steuer, Mutter daneben, mit der Straßenkarte auf dem Schoß. Soviel wie möglich sehen in der nur knapp bemessenen Urlaubszeit, das war eine weithin unbestrittene Devise. Die Italienreise geriet zum Statussymbol, das immer breitere Schichten der Bevölkerung erstrebten. Zu Hause thronten dann die Reisetrophäen in Form von buntbeleuchteten Miniatur-Gondeln oder schiefen Pisa-Türmen auf den Wohnzimmerschränken. Ohne die bastbespannte, dickbäuchige Chianti-Flasche, die sich hervorragend als Kerzenständer eignete, konnte man sich sowieso kaum als echter Italien-Kenner ausweisen.

Doch es war nur eine kleine Minderheit, die sich im eigenen Kleinwagen über die Alpen wagte. Üblich waren damals Gesellschaftsreisen per Bus oder Bahn – ein pauschaler Ferienaufenthalt inklusive Fahrt, Verpflegung, Unterbringung und Besichtigungen. Denn die meisten Urlauber standen Sitten und Gebräuchen ebenso wie den Kulturdenkmälern ihres Ferienlandes eher ahnungslos gegenüber. Auf dem Programm der neugegründeten Scharnow-Reisen standen 1954 schon 70 Urlaubsorte, und die größte

»Mut, Lottchen, Mut, es sind nur noch 6 km Sand!«

Rote Rosen, rote Lippen, roter Wein
und Italiens blaues Meer im Sonnenschein,
rote Rosen, rote Lippen, roter Wein,
laden uns ein, laden uns ein.
Doch wenn die Sterne steh'n,
ist Italien doppelt schön,
wenn die Nacht herniederfällt,
vergißt man die Welt.

gesungen von René Carol 1954

Ob im italienischen Strandkorb, im Schwarzwalddorf oder in »Balkonien«. Erholsame Lektüre gehörte mit dazu.

Italiens Gestade waren schon im Sommer 1954 dicht bevölkert und die harte D-Mark war willkommen.

Reisegesellschaft, die Touropa, hielt allein 60 komfortable Wohnschlafwagen für ihre Kunden bereit. Allerdings brachte diese kompakte Form des Reisebetriebs mitunter Werbeslogans hervor, die Kritiker auf den Plan riefen. »Rom in einem Tag, den Papst inbegriffen«, das, so befand die *Westdeutsche Zeitung*, sei denn doch schlichtweg degoutant.

Clevere Agenturen erfanden die Reisewetter-Versicherung, findige Sparkassen propagierten das sogenannte »Reisesparen«. »Richtig reisen« – das wurde zum Thema endloser Ratgeberreihen. Allerdings drohte so mancher wohlgemeinte Tip die deutsche Reiselust schon im Keim zu ersticken: »Vor dem Start kommt eine Menge zusammen«, so die Zeitschrift *Constanze* 1954, »Milch und Brötchen müssen ab-, Zeitung und Post umbestellt werden. Wer begießt die Blumen, wer versorgt die Katze, die Goldfische, den Wellensittich und Purzel, den Hund? Ist die Miete bezahlt, weiß der Gasmann Bescheid, wird im Urlaub vielleicht gerade die Telefonrechnung oder die nächste Steuervorauszahlung fällig? Gegen Einbrecher hilft die Wach- und Schließgesellschaft, und einen Ihrer Wohnungsschlüssel bekommt der Hauswart oder die gute Nachbarin – es könnte ja Feuer ausbrechen.«

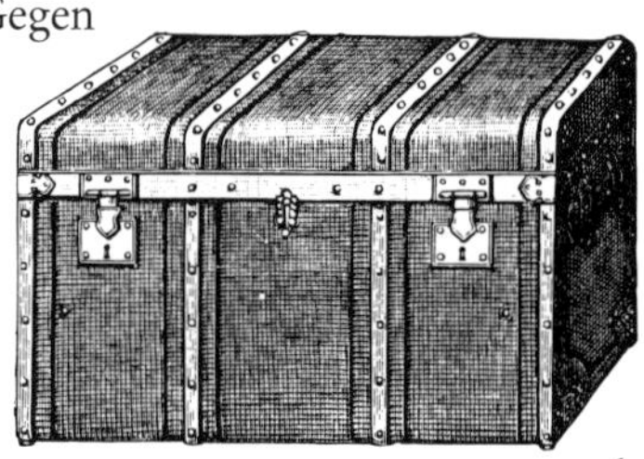

War die Checkliste abgehakt, dann war man garantiert urlaubsreif und dankbar für Ratschläge der leichtverdaulichen Art: »Bitte mindestens ein Paar hochhackiger Schuhe mitnehmen, am besten modische schwarze Lacksandalen, von denen sich der Staub rasch abwischen läßt. Der Südländer achtet auf gutes Schuhwerk. Über plumpe Wanderschuhe und Gesundheitssandalen rümpft er die Nase.« Und weiter ging es mit Vorschlägen für die Garderobe; denn die Damen sollten schließlich neben der rassigen südländischen Konkurrenz bestehen können: »Soll man [...] noch einen Regenmantel mitnehmen? Die deutsche Frau ist im Ausland sowieso ein wenig verpönt wegen ihrer Vorliebe für alles verhüllende Regenmäntel. Die Südländerin liebt die leichte, durchsichtige Regenhaut, unter der das schicke Kostüm auch bei Wolkenbrüchen noch zu erkennen ist. Wenn also Regenmantel, dann bitte, wenn's zu Ihrem Typ paßt, sehr salopp-sportlich oder sehr elegant und leicht, eventuell in reiner Seide.«

Aber welches Dilemma für die Frauen, die all diese Hinweise brav befolgten! Nach den Erfahrungen mit ihrer ersten Italienfahrt interviewt, antworteten 22 Prozent der von *Constanze* befragten Frauen: »Nie wieder nach Süden!« Dank ihrer modegerechten Aufmachung von den »Papagalli« unaufhörlich umschwärmt, gaben sie nun Ratschläge weiter, wie blonde Schönheit im temperamentvollen Süden künftig zu tarnen sei: Das Haar unter einem Hut, die blauen Augen hiner einer Sonnenbrille verborgen und obendrein noch

Jeder verreiste nach seiner Façon: auf historischen Bildungsbürgerpfaden die einen, zurück zur Natur mit Zelt und Campingkocher die anderen.

Zum Glück schien die Sonne auch im heimischen Freibad. Denn für viele blieb die Fahrt mit dem eigenen Käfer über die Alpen noch ein Traum. Viele Italien-Urlauber fanden schnell Geschmack an den Spezialitäten der südlichen Küche und genossen im »Ristorante« Spaghetti, Pizza, italienische Weine – und natürlich das Eis.

ein massiver Ehering zur Abschreckung – nur solchermaßen geschützt, könne die deutsche Touristin den buhlenden italienischen Männern gegenübertreten.

Für das Gros der Bevölkerung lag Italien freilich noch in weiter Ferne. Bei einer Wochenarbeitszeit von 48 Stunden hieß es fleißig arbeiten und sparen, wollte man sich einen Urlaub im Ausland leisten. Eine neue Reiseform hieß deshalb »Camping«: gemeinsamer Nenner von Fernweh, Zeitknappheit und Geldmangel. Mit insgesamt 1700 Zeltplätzen wies Frankreich 1954 die größte Anzahl in Europa auf, gefolgt von Deutschland mit 350 Plätzen. Bayern stand an erster Stelle der begehrten heimischen Urlaubsgebiete, danach kamen Bodensee, Schwarzwald, Nord- und Ostsee. Ob mit Fahrrad, Motorroller oder Auto – Campingplätze waren eben problemlos und preiswert zu erreichen.

Doch längst nicht alle sympathisierten mit diesem neuen Zweig der Touristikbranche. Als »Tummelplätze der Unmoral« bezeichnete die katholische Kirche die Campingplätze. Man müsse es schon als öffentliches Ärgernis bezeichnen, »wenn dort unverheiratete Paare zusammen zelten und durch ihr herausforderndes Treiben und unzureichende Kleidung die umliegende Bevölkerung zu scharfen Protesten zwingen«. Doch immerhin konzedierte das federführende bischöfliche Generalvikariat in Münster christlich-mild, »auch das sogenannte Camping könne dem Menschen, besonders der Familie, Gelegenheit zur gemeinsamen Entspannung in der Natur und damit einen neuen Zugang zu den Schönheiten der Schöpfung Gottes geben«.

Zurück zur Natur? Dagegen hatten viele Camper nichts. Doch im Gegensatz zu den Wandervögeln von einst, die der Zivilisation entfliehen wollten, nahmen Camper eben diese Zivilisation gleich mit: Romantik auf Gummima-

»Das Kom(m)ödchen«

Kay Lorentz, 1954

[...] GERMANE: Horch, welch heftiges Heulen! Germanen über Germanen gesammelt am Grenzort. Sammelt sich eine Versammlung von säumigen Niedersachsen?

VATER: Hojotoho, hurtiger, heimischer Herdfried! Wohin des Weges? Auch nach Italien, wackerer Wanderer?

GERMANE: Was will man denn anderes schon wollen?! Längst nichts mehr los in unseren lausigen Landen. Überall übt sich das Üble übelster Art. [...]

MUTTER: Mich zieht es wie selten zum sonnigen Süden.

VATER: Der uralte Urtrieb der urigen Urdeutschen: mit inniger Inbrunst ins ideale Italien.

GERMANE: Die ewige Sehnsucht sensibler Germanen zum sonnigen Süden, das ist es, das ist es! Darüber werden viel später die Hohenstaufen noch straucheln!

VATER: Ich gehe mit Kind und mit Kegel nach Capri. Heuer heftig für gehobene Kreise, kräftig als modisch gemeldet.

GERMANE: Teure Tour für Touristen!

MUTTER: Für fröhliches Völkerwandern preisen Prospekte Prozente. [...]

ZÖLLNER: Scusate, Signori! Passporti prego. Zweck der Reise?

VATER: Völkerwanderderweise wollen wir südwärts.

ZÖLLNER: Nix capito!

GERMANE (versucht sich mit Gesten verständlich zu machen): Signore! Wandern! Völker!

ZÖLLNER: Nix gut!

VATER: Dümmlicher Döskopp dämlicher Eltern.

GERMANE (versucht die Verständigung von neuem): Signori! Trampen!

VATER: Camping!

MUTTER: Touristi!

ZÖLLNER: Ah, Touristi. Bene, bene, prego! (öffnet die Zollschranke) [...]

tratzen. Rund ums Camping entstand eine Industrie, die Zelte und Zubehör (über dessen Nützlichkeit sich streiten ließ) am Fließband produzierte. Camping kocher, Campingmesser, Campingmöbel, Campingkleidung. 1954 gab es auf der Frühjahrsmesse in Frankfurt erstmals eine eigene Campingmesse, und die Berliner Ausstellung »Wassersport und Wochenende« zeigte eine Sonderschau »Camping«. Dort gab es mancherlei zu bewundern, was das Leben im Freien angenehmer machen sollte. Vom Klubsessel zum Aufblasen über Trockenrasierer zum Aufdrehen bis hin zum Blasebalg am Auspuff (»Keine Angst vor schädlichen Gasen, sie werden automatisch gefiltert«). Der rege Erfindergeist kannte keine Grenzen.

Der moderne Wandervogel reiste mit allen Annehmlichkeiten der Zivilisation: Ferienglück auf Rädern.

Wohnwagen kamen dem »natürlichen« Bedürfnis nach Komfort und Bequemlichkeit am nächsten. 1954 waren allein im ADAC 11000 stolze Besitzer von Wohnwagen erfaßt. Je nach Ausstattung und Größe schwankte der Preis für ein entsprechendes Gefährt zwischen 2500 und 7500 Mark. Als »Ferienglück auf Rädern« feierte die Werbung diese Ungetüme. »Es ist so wie am Samstag daheim, und doch knarren vor der Tür Tannen und Fichten des schwärzesten Schwarzwalds.«

Für Frauen freilich bedeutete Camping meist eine Verlagerung der Hausarbeit vom Heim ins Hauszelt oder in den Wohnwagen – höchste Anforderungen an ihr Organisationstalent. Für die Kinder war diese Urlaubsform ideal, konnten sie sich doch stets im Freien aufhalten. Und die Männer ließen es sich sowieso gutgehen, ob zu Hause oder im Freien.

Damals fuhr man in der Regel nur einmal jährlich in die Ferien. Bei dem knappen Jahresurlaub, der meist zwischen 12 und 21 Tagen lag, war zusätzlich nur die sonntägliche »Fahrt ins Grüne« drin.

Für all jene, die sowieso am liebsten zu Hause blieben oder den Sommer in »Balkonien« genießen wollten, hielt die Industrie das entsprechende Mobiliar bereit. Allerneueste Errungenschaft war 1954 die Hollywoodschaukel. Im modischen Badeanzug aus Perlontaft auf ein solches Prachtstück hingelagert, brauchte sich Lieschen Müller auch vor »Nachbars«, die gerade aus Italien heimkehrten, nicht zu verstecken. Und Kindern war es manchmal ohnehin lieber, wenn die Eltern daheim blieben und ihnen etwa Erlebnisse ersparten, wie sie der Schriftsteller Rainer Petto rückblikkend schildert: »Als meine Eltern zum erstenmal in Italien waren – ich war wieder bei den Großeltern in Saarburg –, erschrak ich zutiefst, als sich nach drei Wochen die Tür öffnete und braune Gesichter, in denen weiße Zähne blinkten, zu mir hereinsahen. Wie böse Masken erschienen sie mir. Ich weigerte mich lange, sie zu erkennen.«

Für sehr viele Urlauber – hauptsächlich Familien mit Kindern – war die Ferienreise noch eine Ausnahme. Man blieb in der Umgebung, ging ins Schwimmbad, in die Ferienlager, die besonders für Schulkinder aus den Großstädten, eingerichtet wurden. Andere wieder zog es an Seen in der heimischen Region. So galt für viele, besonders aber für die Berliner, was dem Kinderstar Cornelia Froboess damals die ersten Erfolge einbrachte: »Pack die Badehose ein, nimm dein kleines Schwesterlein...« (UN)

Süßer Müßiggang und Sonnenbräune wirkten wie Balsam nach all den Jahren der Entbehrung: Wer 48 Stunden in der Woche arbeitet, hat Sehnsucht nach Erholung und Fernweh.

Das blockierte Bündnis

Die EVG wird in Paris beerdigt

Stunde der Entscheidung im französischen Parlament: Mit 319 zu 264 Stimmen wurde die Europaarmee abgeschmettert.

»Mein Gott, was soll aus Deutschland werden?« Wochen waren vergangen, seit die französische Nationalversammlung den Vertrag über die Europäische Verteidigungsgemeinschaft abgeschmettert hatte. In einem vertraulichen Gespräch mit dem belgischen Außenminister Spaak und dem luxemburgischen Ministerpräsidenten Bech machte Konrad Adenauer seiner Verbitterung darüber noch einmal Luft. Mit 319 gegen 264 Stimmen hatte Frankreichs Parlament die EVG-Pläne am 30. August 1954 verworfen. Es war der schwärzeste Tag in der politischen Biographie des Bundeskanzlers.

Nicht nur, weil die Sicherheit des freien Teils Deutschlands und Europas auf dem Spiel stand, herrschte in Bonn Krisenstimmung: An den EVG-Vertrag war ein weiterer wichtiger Vertrag gekoppelt, der »Deutschland-Vertrag«. Als Gegenleistung für den Wehrbeitrag und die Teilnahme am Europabündnis sollte die junge Bundesrepublik – bis auf wenige Einschränkungen – die volle Souveränität über ihre inneren und äußeren Angelegenheiten erhalten, ein klassisches »Do-ut-des«-Geschäft: »Ich gebe, damit du gibst.« Nun aber war der Wechsel mit dem Westen zunächst einmal geplatzt.

Es mußte wie tragische Ironie anmuten, daß der Vertrag ausgerechnet dort scheiterte, wo er vier Jahre zuvor angeregt worden war, im französischen Parlament. Ministerpräsident René Pleven legte den Plan zur Bildung einer Europäischen Verteidigungsgemeinschaft im Oktober 1950 vor. Der Korea-Krieg stand kurz vor seinem Höhepunkt. Das Schreckgespenst von einem dritten Weltkrieg ging um. Führende westliche Politiker hielten eine deutsche Wiederbewaffnung für unabdingbar. Auch die Beratende Versammlung des Europarats preschte vor und sprach sich für eine Westarmee mit deutscher Beteiligung aus. Paris wollte die Initiative an sich ziehen und entwarf ein eigenes Konzept. »Sicherheit für, aber auch vor Deutschland.«

Beabsichtigt war, die EG auf die Montanunion draufzusatteln. Die »Europäische Gemeinschaft für Kohle und Stahl« hatte sich bewährt und Frankreich, Italien, die Bundesrepublik und die Benelux-Staaten zusammengebracht. Im Rahmen der EVG sollten die nationalen Streitkräfte nicht nur in eine einheitliche Uniform gesteckt, sondern auch einem gemeinsamen Oberkommando unterstellt werden – mit einem europäischen Verteidigungsminister an der Spitze, kontrolliert von einem Ministerrat und einer gemeinsamen Versammlung.

Am 27. Mai 1952 wurde der EVG-Vertrag von den sechs Partnerstaaten unterzeichnet; einen Tag vorher hatten die Bundesregierung und die drei Westmächte ihre Unterschrift unter den »Deutschlandvertrag« gesetzt. Die wichtigste Hürde aber stand noch bevor: die Ratifikation der Verträge in den Parlamenten.

Nicht nur in Frankreich, sondern auch in der Bundesrepublik tobten heftige innenpolitische Auseinandersetzungen um das Europabündnis. Die leidenschaftlich geführte Debatte über die Wiederbewaffnung spaltete nicht nur die westdeutsche Öffentlichkeit, sondern auch den Deutschen Bundestag. »Deutsche ans Gewehr«, diese Vorstellung stieß, nur wenige Jahre nach Kriegsende, bei der Mehrheit der Bevölkerung auf Ablehnung. Konrad Adenauer witterte kommunistische Wühlarbeit und machte Moskaus Propaganda für dieses Meinungsbild verantwortlich. Schwerer aber wog der Vorwurf, mit dem vor allem die SPD-Opposition dem Kanzler zusetzte: Die Westpolitik verewige die deutsche Teilung, der Graben zwischen den Blöcken werde vertieft. Der Kanzler drehte den Spieß um: »Wir werden durch die Genehmigung der Verträge der Sache der Freiheit, der Schaffung eines neuen Europas, der Wiedervereinigung Deutschlands und dem Höchsten, dem Frieden dienen.« Nur ein starker Westen sei in der Lage, die Sowjetunion in die Knie zu zwingen und zur Preisgabe des SED-Regimes zu bewegen. Aus dieser Perspektive ergab sich kein Widerspruch zwischen Westbindung und Wiedervereinigung. Moskau ließ jedoch keine Gelegenheit aus, Salz in die offene Wunde zu streuen. Die Sowjetregierung bot Wiedervereinigung für Neutralität, verstolperte sich aber in der Frage freier gesamtdeutscher Wahlen. Der Notenwechsel 1952 markiert den Höhepunkt der Störmanöver gegen die Westpolitik der Bundesregierung. Die SPD-Opposition ließ nicht locker. Schon vor Vertragsschluß bat sie das Bundesverfassungsgericht mit einer »Feststellungsklage« um Entscheidung – unterstützt von Zentrum und Bayernpartei. Die Karlsruher Richter sollten darüber befinden, ob für die Bewilligung der Verträge nicht das Grundgesetz geändert werden müsse, wofür eine Zweidrittelmehrheit erforderlich war. Auch Bundespräsident Heuss, der kraft seines Amtes die Ratifikationsurkunden abzuzeichnen hatte, ersuchte um Klärung. Das Verfassungsgericht aber behielt sich die Entscheidung bis zum Ende der Beratungen im Bundestag vor. So geriet die Bundesregierung in eine Zwickmühle. Um nicht das Risiko einzugehen, die Verträge nach der Ratifikation doch noch am Grundgesetz scheitern zu lassen, wurde die abschließende Lesung im Bundestag aufgeschoben. Die Regierung preschte nun ihrerseits nach vorne und forderte das oberste Gericht auf, noch vor der Abstimmung im Bundestag Stellung zu beziehen. Karlsruhe aber ließ sich nicht drängen. So stimmte das Parlament ohne juristische Vorklärung am 19. März 1953 über Deutschland- und EVG-Vertrag ab; 224 Abgeordnete votierten dafür, 164 dagegen. Wie aber würde das Bundesverfassungsgericht entscheiden?

Es kam anders als erwartet. Nicht das oberste Gericht, sondern die Bundestagswahlen im September 1953 gaben den Ausschlag. Der Wahlsieg der CDU/CSU verhalf der Regierungskoalition, die Adenauer geschickt um den BHE erweiterte, zu einer Zweidrittelmehrheit im Parlament und damit zur Möglichkeit, das Grundgesetz zu ändern.

Ministerpräsident Mendès-France bangte um Frankreichs Souveränität.

» Das Scheitern der EVG im französischen Parlament war in meiner politischen Tätigkeit der härteste Schlag von allen. «

Konrad Adenauer

Paris hatte angesichts der Querelen beim Nachbarn wenig Anlaß zur Eile bei der Ratifikation der Verträge. Inzwischen gewannen die Gegner der Europaarmee an Boden. Auch die weltpolitische Lage hatte sich verändert. In Korea schwiegen die Waffen. Und nach Stalins Tod signalisierte Moskau Bereitschaft zu internationaler Entspannung. Somit schien die deutsche Wiederaufrüstung weniger vordringlich als noch zwei Jahre zuvor. Am schwersten aber lag den Franzosen das Indochina-Problem im Magen, denn der Krieg in Vietnam stand kurz vor der Entscheidung. Sollte Frankreich ausgerechnet jetzt militärische Souveränität preisgeben? Nachdem Mendès-France im Juni 1954 eine neue Regierung gebildet hatte, drängte er auf eine rasche Entscheidung. Er wollte jetzt den Rücken frei haben, denn wichtige innenpolitische Probleme bedrängten ihn. Die EVG-Staaten versammelten sich noch einmal in Brüssel (vom 19. bis 22. August). Frankreich forderte mehr Eigenständigkeit im Bündnis und das Recht, jederzeit austreten zu können. Doch die Partner lehnten eine derartige Aushöhlung der Verträge ab.

So stand die Abstimmung im französischen Parlament unter schlechten Vorzeichen. Eine allzu große Überraschung konnte es deshalb nicht gewesen sein, als die EVG am 30. August 1954 sang- und klanglos zu Grabe getragen wurde. Die national gestimmten Abgeordneten fürchteten um Frankreichs Souveränität, andere konnten sich mit dem Gedanken einer Wiederaufrüstung Deutschlands nicht anfreunden; die Fraktion der Kommunisten stand ohnehin auf Moskaus Seite.

Die Abstimmungsniederlage war sehr schmerzlich für die Bundesregierung, sie brachte aber auch Klärung nach einer langen Phase der Ungewißheit; der Weg für alternative Lösungen war frei. Ein Jahr nach dem EVG-Debakel war die Bundesrepublik nicht nur souverän, sondern als frisch gekürtes NATO-Mitglied auch ein gleichberechtigter Partner im Westbündnis. (SB)

Schwierige Wahl: »... ganz einfach, Messieurs! Es soll ein bequemer, leichter und strapazierfähiger Schuh sein!«

Manns-Bilder 1954

Von Vätern, Ehemännern und Idolen

Man war nicht Mann im allgemeinen, sondern Mann in einer ganz bestimmten Rolle. Die naheliegendste spielte in der Familie und war damals schwieriger denn je. Nur ungefähr zwei Drittel aller Deutschen lebten in »vollständigen« Sippen. In vielen fehlte kriegsbedingt der Vater; 1,25 Millionen Kinder waren Halbwaisen. Selbst dort, wo die Familie noch ihre traditionelle Form hatte, gab es vielfach Schwierigkeiten. Die Rolle des Mannes als Familienvorstand war in Frage gestellt. Die spät aus der Gefangenschaft Heimgekehrten fanden sich in einer veränderten Welt. Sie waren seelisch und körperlich oft geschwächt, Frau und ältere Kinder hingegen durch die erzwungene Selbständigkeit meist selbstbewußter als zuvor. Mit ihrer neuen Rolle am Rande der Familie wurden viele Männer nicht fertig. Die Scheidungsrate war enorm.

Auf der anderen Seite verlangte die althergebrachte Rolle des »Ernährers« vollen Einsatz. In einer Zeit des wirtschaftlichen Aufschwungs galt es zuzupacken und sich seinen Teil am Wohlstandskuchen zu sichern. Auch das verführte manche Männer dazu, ihre Familien zu vernachlässigen. Hauptsache für viele schien beruflicher Erfolg und ein damit verbundener materieller Aufstieg. Mit dem Wirtschaftsaufschwung erhielten die meisten Männer zwar ihre traditionelle Rolle als Familienvorstand zurück. Doch diese Rolle blieb oft pure Fassade. Eine 48-Stunden-Woche (und nicht selten Überstunden) ließ ihnen wenig Zeit für die Familie. Auch das in schweren Zeiten gewonnene neue Selbstbewußtsein der Frau war nicht mehr völlig rückgängig zu machen.

Der Gesetzgeber reagierte auf die veränderte Situation. In den ersten Monaten des Jahres 1954 gab es eine lebhafte Diskussion um die Ausführung des Artikels 3 im Grundgesetz – die Gleichberechtigung von Mann und Frau. Der Entwurf der Regierung bestätigte zwar die Gleichberechtigung, fügte aber hinzu: »... nach der natürlichen Ordnung soll aber bei ehelichen Meinungsverschiedenheiten oder der Ausübung elterlicher Gewalt der Mann das letzte Wort behalten, die Frau sich seinem Entschluß nur entziehen dürfen, wenn dadurch das Wohl der Familie gefährdet ist«.

Das Bild des Mannes aber war trotz des schon fast rührenden Rettungsversuches der Bundesregierung angeschlagen. Die Männer waren 1954 von den Kindern entfremdet, von selbstbewußteren Frauen in den Positionen als Familienvorstände bedroht und im Zug des Wirtschaftsaufschwungs vom Beruf in Beschlag genommen. Das war allerdings nicht gar so weit vom Wunschbild junger Frauen entfernt. Die legten, demoskopischen Erhebungen zufolge, beim zukünftigen Ehemann vor allem Wert auf Können, Leistung und Fleiß. Allerdings hatte man(n) einen großen Trumpf in der Hand: den Frauenüberschuß, da die Männer durch den Krieg in der Minderzahl waren.

Ein Bild mit Seltenheitswert: Hausmänner sind rar, Frauen führen im Haushalt weiter das Regiment.

Für Frauenträume gab es ja das Kino. Dort war der Traummann zu betrachten. Für jedes Träumchen gab es einen Typ. Da waren die Schwärme der reiferen Jahrgänge, Rudolf Prack und O.W. Fischer. Vor allem letzterer war 1954 ein Idol: gutaussehend, intelligent, liebenswürdig, leidenschaftlich und gefühlsbetont, doch ohne Pathos. Er war beides – Liebhaber und Charakterdarsteller, wogegen Paul Hubschmid sich damals auf den Typ des Liebhabers beschränkte. Der 1,90 Meter-Mime war stets strahlend elegant. Eher die Rolle des guten Kumpels spielte Claus Biederstaedt - klar, sauber, hilfsbereit und zuverlässig.

Doch die ganz richtigen Traummänner konnte nur die Traumfabrik Hollywood produzieren – so den verschlossenen Einzelgänger Montgomery Clift: immer etwas schwermütig, mit herbem, feingeschnittenem Gesicht. Er spielte seine Charaktere grüblerisch, mit stillem Ernst. Trotz aller Schwermut aber schimmerten Intellekt, Herz und Selbstdisziplin durch. Kurzum: ein »Mann zum Liebhaben« wie eine Frauenzeitschrift titelte. Burt Lancaster hingegen war der tollkühne Held. Sportlich, durchtrainiert und artistisch, verzichtete er meist auf Doubles. Mit hellen Augen, kantigem Gesicht und zerzauster Frisur war dieser »Kraftprotz« die Inkarnation des »amerikanischen Traumes«.

» Gegen was rebellierst du, Johnny? «

» Was haben Sie denn gerade da? «

Marlon Brando in »Der Wilde«

Männliches Idol der Jugendlichen wurde damals gerade Marlon Brando. Er war die Verkörperung des »zornigen jungen Mannes« schlechthin. Mit Motorrad und Lederweste verkörperte er den Prototyp des Rockers. Brando hatte schon als Schauspieler überzeugt, für seine Rolle in »Viva Zapata« hatte er in Cannes den Preis für die beste darstellerische Leistung erhalten. Aber erst mit »Der Wilde« (1953) als Anführer einer jugendlichen Motorradbande und mit seiner Leistung in »Die Faust im Nakken« (1954) war sein Image festgelegt. Mochten die Älteren ob der »unanständigen Direktheit« seiner Sprache auch jammern, er war das Idol der Jugend. Nur ihr gehörte er, denn Marlon Brando war nie der Star der Elterngeneration gewesen.

Allem Gelächter zum Trotz: Männer sind doch die besseren Hausfrauen. Aber nur wenige proben den Rollentausch.

Das Gegenstück zum »jungen zornigen Mann« war 1954 die Erscheinung des Übervaters, des Patriarchen: Im Film war es der Ärzte-, Pater- und Monarchen-Mime, in der bundesdeutschen Wirklichkeit der Bundespräsident, der Bundeskanzler und der Bundestrainer.

Wie aber stellte sich die moderne Frau 1954 ihren Partner vor? Er sollte vor allem: »Nicht soviel von Liebe reden und Verständnis für die Frau haben«, »Nicht so herrschsüchtig sein«, »Achtung vor der Frau haben«, »Romantisch, aber pünktlich«. »Man muß zu seinem Mann Vertrauen haben können«, so lauteten die in den Frauenblättern kolportierten Antworten.

Wer aber war der ideale Vater? Derjenige, der auf zehn Fragen wenigstens sechs richtige Antworten geben konnte. Die Frage an den »idealen Vater 1954«: Wie soll der Vater seine Tochter behandeln? Darauf die richtige Antwort: Genauso kameradschaftlich wie seinen Sohn. Wie entscheidet der »ideale Vater«, wenn sein Sohn sich für Mädchen zu interessieren beginnt? »Er erlaubt ihm, mit anständigen Jungen und Mädchen zusammenzukommen, besonders im Elternhaus.«

Auch damals gab es schon so etwas wie die Midlife-Crisis, auch wenn sie noch nicht so hieß und etwas später einsetzte. Mit 50 bis 55 Jahren. »Der Durchschnittsmann«, der seinen Mann steht, der Karriere macht, Erfolg hat, wird häufig in diesem Alter unruhig. Die Frage, die ihn bewegt und peinigt, die ihn unruhig und häufig melancholisch macht, ist die Grundfrage aller Menschen, bei denen sich das Alter zum erstenmal

Das Manns-Bild wie gehabt: Locker und lässig, unabhängig und frei. Die Anleihe bei Bogart ist unübersehbar.

meldet: »War das alles? Kommt nun nichts mehr?« Er sieht seine Grenzen. Er muß erkennen, was er noch erreichen wird. Aus dieser Lebensbilanz, aus dieser Unruhe heraus, beginnt er sich umzuschauen, ob ihm nicht dieses oder jenes Glück noch beschert sein könnte. Er versucht der Erstarrung und der Endgültigkeit seines Lebens zu entgehen. Die Gefahren für den Mann lauerten, wie man sieht, überall. Kein Wunder, daß bei einer derart komplizierten Grundlage schon damals festgehalten werden mußte: »Auch Männer klatschen.« Die Ursachen bei ihnen, im Unterschied zu Frauen (Neid und krankhaftes Interesse für intime Angelegenheiten): »Haß, Furcht oder Geltungsbedürfnis«.

Kein Problem mit solchen Schwierigkeiten des Normalmannes hatte damals einer, der sein »Mann-Sein« konsequent und unbarmherzig inszenierte. Ob Krieg oder Großwildjagd, Boxen oder Schreiben, Hochseefischen oder Stierkampf – Ernest Hemingway tat, wovon so mancher Durchschnittsmann nur zu träumen wagte. (HH)

Frauen-Bilder 1954

Zurück zu Kindern, Küche, Kirche?

1954 hatte die Notzeit allmählich ein Ende. Aber ein Mangel der Kriegsjahre war geblieben: Es gab zuwenig Männer. 22,4 Millionen westdeutschen Männern standen 25,2 Millionen Frauen gegenüber. Die Jahrgänge zwischen 1900 und 1925 wiesen den größten Frauenüberschuß auf: Hier waren 1,8 Millionen Frauen in der Überzahl.

Fast vier Millionen deutsche Soldaten hatten den Zweiten Weltkrieg nicht überlebt, elf Millionen lebten nach der Kapitulation als Kriegsgefangene in Lagern. Soldatenwitwen, Flüchtlingsfrauen und alleinstehende Mütter prägten das Bild in den zerbombten Städten. Sie waren es, die den Wiederaufbau in die Hand genommen hatten. Als »Trümmerfrauen« hatten sie die Schuttberge beiseite geräumt, die das »Tausendjährige Reich« hinterlassen hatte. Gleichzeitig hatten sie Brennholz, Kartoffeln und Brot organisieren müssen, um sich und ihre Kinder durch die Notzeit zu bringen. Frauen hatten Schwerstarbeit auf Baustellen, in Stahlwerken und selbst in Bergwerksstollen geleistet. Im »Nebenberuf« hatten sie Haushalt und Kinder zu versorgen. Viele Ehen waren unter den Belastungen der Nachkriegszeit zerbrochen – besonders dann, wenn sie per Ferntrauung geschlossen worden waren. Die langersehnte Heimkehr der Männer aus der Kriegsgefangenschaft war oft gefolgt von einer schweren Ehekrise.

Mit dem sozialen Gezeitenwandel schien für viele nun die gewohnte Rollenverteilung überholt zu sein. Frauenzeitschriften priesen Selbständigkeit und Unabhängigkeit der Kriegs- und Nachkriegsgeneration und betonten vor allem die Vielfalt der Frauenrollen. Viele Frauen hofften, daß die Eigenständigkeit, die sie bewiesen hatten, nun auch gesellschaftlich und politisch honoriert werden würde. Doch mit Beginn der fünfziger Jahre setzte statt dessen eine »Restauration der alten familiären Verfassung und Lebensweise« ein – so der Soziologe Helmut Schelsky – in der Männer für den Unterhalt der Familie sorgten und Frauen sich um Haushalt und Kindererziehung kümmerten. Nach der Kräfteanspannung der Kriegs- und Nachkriegsjahre schienen sich Frauen nach Entlastung zu sehnen und das als normal angesehene Rollenangebot der Hausfrau und Mutter, von Kirchen, Wissenschaftlern, Verbänden und Politikern vehement propagiert, bereitwillig zu akzeptieren. Frauen, die aufgrund des Männermangels oder schlechter Erfahrungen keine Ehe eingingen und selbst für ihren Unterhalt aufkamen, wurden von der Gesellschaft oft als bedauernswerte Geschöpfe angesehen, denen wirkliche Erfüllung zeitlebens versagt bleiben würde. Frauen, die »keinen abbekamen«, verwitwete oder geschiedene Frauen, wurden in dem Maße geringgeschätzt, wie die vollständige Familie aus Vater, Mutter und Kindern wieder zur unangefochtenen gesellschaftlichen Norm geriet. Zeitschriften, die noch in der Nachkriegszeit die Stärke der alleinstehenden Frauen bewundert hatten, beschrieben nun deren Einsamkeit, Leid oder »Schrulligkeit«, auf die man Rücksicht nehmen müsse. Vorrangig fragten einschlägige Zeitschriftenartikel, welche »besonderen Aufgaben« sich »eine Al-

Die Frauen büßten ihre im Krieg erlangte Selbständigkeit bald wieder ein: Sie wurden in die Küche verbannt.

leinstehende« setzen könne, bliebe ihr doch die »eigentliche Bestimmung« einer Frau vorenthalten. Das Spektrum dieser »besonderen Aufgaben« reichte von »tätiger Nächstenliebe« bis zur »beruflichen Erfüllung«, die alleinstehenden Frauen immerhin zugestanden wurde. Nur mit Leserbriefen wehrten sich Frauen damals gegen diese Form der Berichterstattung. Sie baten die Redaktionen, sich um die tatsächlichen Probleme der alleinstehenden Frauen zu kümmern: wenig Lohn, kaum Jobs, Wohnungsnot. Einer Alleinstehenden stand nach Ansicht der Behörden nur ein Zimmer mit Kochnische zu, und solche Kleinstwohnungen gab es kaum. Die neu gebauten Wohnungen waren nur für Familien konzipiert. Die Restauration der alten familiären Rollenmuster wurde durch die Sehnsucht der Frauen nach Ruhe und Entlastung ebenso begünstigt wie durch das geringe Angebot an Arbeitsplätzen und die wirtschaftliche Lage der Bundesrepublik zu Beginn der fünfziger Jahre: 1954 gaben 46 Prozent der Bevölkerung Geldsorgen als größtes Problem an.

Wie sehr der Staat an einer Wiederherstellung der traditionellen Rollenverteilung interessiert war, ist an seiner offensiven Familienpolitik abzulesen. Im Jahre 1953 schuf Bundeskanzler Adenauer ein eigenes Familienministerium und besetzte es mit dem kämpferischen Katholiken Franz-Josef Wuermeling (CDU). Die Mehr-Kinder-Familie war das Leitbild, zu deren gedeihlichen Entwicklung die Mutter ihre traditionelle Rolle im Hause einzunehmen hatte. Familienbeihilfen sollten der Frau den Verzicht auf eine eigene Erwerbstätigkeit erleichtern. Wuermeling wollte die Familie fördern und schützen. Nachdem er sich 1954 mit seiner radikalen Forderung, die standesamtliche Eheschließung wieder abzuschaffen, nicht durchsetzen konnte, bemühte er sich, die Auflösung der Ehe zu erschweren und nach »sittlichen« Maßstäben zu regeln. Als zutiefst »unsittlich« empfand Wuermeling den Zerrüttungsparagraphen des nationalsozialistischen Ehegesetzes von 1938, der die Scheidung ohne Verschulden nach dreijähriger Trennung von Tisch und Bett erlaubt hatte. Zwar konnte ein nicht scheidungswilliger Partner Widerspruch einlegen, sofern der Kläger die Zerrüttung ganz oder überwiegend verschuldet hatte. Das Reichsgericht hatte den Widerspruch jedoch nur selten zugelassen – vor allem dann nicht, wenn es sich um junge Eheleute handelte, von denen eine zweite Heirat und weitere Kinder zu erwarten waren. 1946 wurde dieser Zerrüttungsparagraph mitsamt dem einschränkenden Widerspruchsrecht in das neue, vom Alliierten Kontrollrat erlassene Ehegesetz übernommen. Doch in den fünfziger Jahren entwickelte der Bundesgerichtshof eine äußerst restriktive Rechtsprechung, die von religiösen Vorstellungen über die »Unauflöslichkeit der Ehe« geprägt war. Fast immer gaben die Richter dem Widerspruch eines Partners gegen das Scheidungsbegehren statt; der Kläger wurde für seine »sittliche Verfehlung« mit der zwangsweisen Aufrechterhaltung der gescheiterten Ehe bestraft. Diese Praxis kam den familienpolitischen Wertvorstellungen der Regierung entgegen. Die Zahl der Scheidungen sank. Kamen 1948 im Bundesgebiet auf 10000 Einwohner noch 18,9 Scheidungen (in Berlin 46,5), so hatte sich 1954 die Zahl auf 9,1 (in Berlin auf 27,0) verringert. Doch während die Zahl der Ehescheidungen in Deutschland zurückging, nahm die öffentliche Diskussion darüber zu. Die Zeitschrift *Brigitte* startete 1954 eine Umfrageaktion unter ihren Lesern, deren Ergebnis die unterschiedlichsten Standpunkte widerspiegelte. Von »Scheidungen, diese Volksseuche« bis zu »Man kann doch einen Menschen, der einmal in seinem Leben einen Irrtum begangen hat, nicht zum Sträfling abstempeln« reichten die Antworten.

Doch die Debatte um die Scheidung wurde noch in den Schatten gestellt von einer wahren Artikelflut über die Gestaltung des ehelichen Lebens, das als einzig legitime, natürliche und anzustrebende Beziehungsform dargestellt wurde. »Das ABC der Ehe«, »Ein Glück ohne Krise«, »7 Gebote zum Glücklichsein, Knigge für Ehefrauen« – das waren Titel von Traktaten, die den

»Typisch! Keiner rührt sich, aber in Bonn, da lassen sie uns sitzen!«

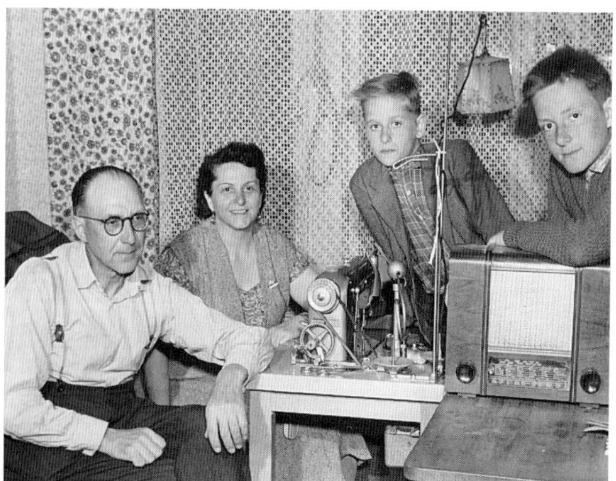

Die »glückliche« Familie mit Vater, Mutter und Kindern wurde zur unangefochtenen gesellschaftlichen Norm.

Ehefrauen zeigen sollten, wo es langging. Zudem gaben sie nützliche Ratschläge für den reibungslosen Ablauf des Haushalts. Trotz Wuermelingscher Politik stieg die Frauenerwerbstätigkeit kontinuierlich, doch die alleinige Zuständigkeit der Frau für den Haushalt wurde nicht in Frage gestellt. Frauen mußten neben ihrem Beruf noch den Familienhaushalt bewältigen. Wie die Zeitschrift *Constanze* errechnete, verbrachte die Hausfrau mindestens ein Viertel ihrer Zeit damit, die Wohnung zu säubern. Mit diesem Zeitaufwand, errechnete das Blatt, hätte sie nach 25 Jahren eine Stadt von der Größe Kassels putzen können. In der gleichen Zeit wusch sie bei einem vierköpfigen Haushalt einen Tellerberg ab, zehnmal so hoch wie der Kölner Dom.

Deshalb sollte die Küche nach amerikanischem Vorbild mit immer mehr Geräten ausgestattet werden. Die technischen Neuerungen der Elektroindustrie wurden zum Statussymbol. 1953 gab es in den 15,4 Millionen deutschen Haushaltungen schon 1,2 Millionen Kühlschränke, über ein Drittel davon waren Neuanschaffungen. Die größte Erleichterung brachte zweifellos die Waschmaschine, auch wenn die damals üblichen Maschinen weiterhin das Einweichen der Wäsche am Vortag, mehrfaches Spülen und Auswringen verlangten. Waschvollautomaten, wie heute üblich, waren in den fünfziger Jahren noch selten. Mit rund 2000 Mark pro Stück waren sie für das Gros der Bevölkerung nahezu unerschwinglich. Auch Staubsauger hielten ihren Siegeszug durch die deutschen Haushalte. Allerdings gab es meist nur Teppiche im Wohnzimmer, denn damals waren Fußböden aus Linoleum, Kunstharz oder Asbestfasern gebräuchlich. Sie galten als schier unverwüstlich, formbeständig, fußwarm, wasserfest und nicht zuletzt auch pflegeleicht. Ratenzahlung, vor dem Zweiten Weltkrieg noch verpönt, machte die Anschaffungen möglich. Der allgegenwärtige Mangel hatte sie zum üblichen Zahlungsmittel erhoben. Selbst namhafte Warenhäuser verkauften ihre Produkte jetzt auf Raten. Die Teilzahlung war salonfähig geworden.

Natürlich war die Frau auch für Möblierung und Komfort zu Hause zuständig; sie hatte eine neue und moderne Wohnkultur zu zaubern. Das Wohnzimmer, bislang als gute Stube repräsentativen Zwecken vorbehalten, wurde zum Gemeinschaftsraum der ganzen Familie. Die Briefkastentanten spezieller Ratgeber-Reihen hielten es für nötig, ihren Leserinnen die Funktion eines solchen Raumes zu erklären. »Hier verbringt man die Freizeit, empfängt Besuch und sitzt mit Freunden zusammen.« Und wieder waren es die Gazettenberater, die eine hübsche Tischgestaltung empfahlen, beschrieben, wie man preiswert und doch raffiniert ein Fest oder einen Herrenabend gestalten konnte. »Die Männer waren mit dem Wiederaufbau beschäftigt – die Frauen boten ihnen ein behagliches Heim mit Gummibäumen, blumenförmigem Geschirr, großgemusterten Teppichen und einem Hauch von Ferne, Kultur, Bildung und Kunst«, schreiben die Autorinnen Angela Delille und Andrea Grohn im kritischen Rückblick auf die fünfziger Jahre. »Selbst ist die Frau«, ein Buch aus dieser Zeit, versuchte den Frauen diese Rolle so schmackhaft wie möglich zu machen: »Die Frau von heute hat ein beträchtliches und meist sehr vielfältiges Aufgabengebiet zu meistern... lassen Sie sich bewundern... aber gewähren Sie keinem Mann Einblick in Ihre Betriebsgeheimnisse. Stöhnen Sie nie: Sie sind eine moderne Frau, Sie machen das gewissermaßen aus dem Handgelenk – und lächeln. Denn: Selbst ist die Frau!« (UN)

Die natürliche Überlegenheit der Frau

stellte 1954 der amerikanische Anthropologe Dr. Ashley Montagu fest:

Frauen haben eine stärkere Konstitution als Männer.

Männer werden eher krank.

Frauen haben mehr Lebenskraft und leben länger.

Frauen sind menschlicher als Männer.

Der Mann ist lediglich eine unvollständige Frau.

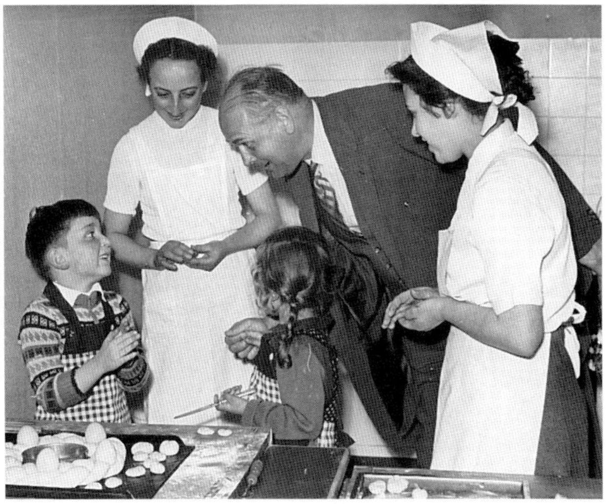

»Unauflöslichkeit der Ehe« und Kindersegen waren oberstes Gebot. Familienminister Wuermeling (unten) betrieb eine restriktive Familienpolitik.

August 1954

1 · Sonntag

In der Frankfurter Paulskirche warnt der hessische Ministerpräsident Georg August Zinn vor den »Kräften der Vergangenheit«, die in der Bundesrepublik einen »autoritären Uniformismus« anstrebten.

Der Franzose Louis Bobet gewinnt zum zweitenmal hintereinander die Tour de France.

2 · Montag

Der Bundesgerichtshof in Karlsruhe verurteilt drei KPD-Funktionäre wegen »Rädelsführerschaft in einer verfassungsfeindlichen Vereinigung« zu mehrjährigen Gefängnisstrafen. Die Verurteilten sind flüchtig.

3 · Dienstag

In Washington erklärt Außenminister John Foster Dulles, Luftwaffe und Marine der USA würden Taiwan gegen jeden Angriff verteidigen. Hochrangige Politiker der Volksrepublik China hatten zuvor mehrfach die »Befreiung« der Insel Taiwan angekündigt.

Bergsteiger einer italienischen Himalaja-Expedition bezwingen den zweithöchsten Berg der Erde, den 8611 Meter hohen K 2.

4 · Mittwoch

Die DDR gewährt Otto John, dem übergelaufenen Präsidenten des Amtes für Verfassungsschutz, politisches Asyl.

In den USA hat Alfred Hitchcocks Thriller »Das Fenster zum Hof« mit James Stewart und Grace Kelly in den Hauptrollen Premiere.

5 · Donnerstag

In Teheran einigen sich Großbritannien und der Iran über die weitere Ausbeutung der Erdölvorkommen des Landes. Der Streit um das Ölgeschäft hatte die persische Förderung drei Jahre lang zum Erliegen gebracht.

Die sowjetischen Behörden schließen in Moskau Hunderte von Spirituosen-Verkaufsstellen, um den Wodkakonsum der Bevölkerung zu senken.

6 · Freitag

Zum neunten Jahrestag der Zerstörung von Hiroshima durch eine amerikanische Atombombe wird in der japanischen Stadt die Weltfriedenskirche eingeweiht.

Auf einem Kongreß der Internationalen Astronautischen Gesellschaft in Innsbruck wird der Bau eines künstlichen Erdsatelliten erörtert.

7 · Samstag

In der Bundesrepublik fordern schwere Unwetter mehrere Todesopfer und richten Sachschäden in Millionenhöhe an. Die UNESCO stellt in einer Studie fest, daß noch immer 45 bis 55 Prozent der Weltbevölkerung über einem Alter von zehn Jahren Analphabeten sind.

8 · Sonntag

Die Behörden in Goa, einer portugiesischen Enklave an der indischen Küste, schließen die Grenzübergänge zu Indien und erteilen den Grenztruppen Schießbefehl. Goanesische Nationalisten hatten zuvor die gewaltsame »Befreiung« der Enklave angekündigt.

9 · Montag

Im jugoslawischen Bled unterzeichnen die Außenminister Griechenlands, Jugoslawiens und der Türkei ein militärisches Bündnis. Der auf 20 Jahre befristete Balkan-Pakt berührt nicht die Zugehörigkeit Griechenlands und der Türkei zur NATO.

10 · Dienstag

Die Niederlande und Indonesien lösen die seit 1949 bestehende Union beider Länder auf.

In Lübeck wird der sogenannte Bildfälscherprozeß eröffnet. Zwei Maler sollen bei der Restaurierung der Lübecker Marienkirche 21 Heiligenbilder neu gemalt und dann als mittelalterliche Originale ausgegeben haben.

11 · Mittwoch

Wegen der Veröffentlichung seines Buches über Kriegsverbrechen der Nationalsozialisten tritt der höchste juristische Berater der britischen Armee, Lord Russell, von seinen Ämtern zurück. Die britische Regierung hatte das Werk kritisiert, weil es »Haß gegen das deutsche Volk« erzeuge.

12 · Donnerstag

In Zypern bringt ein 24stündiger Generalstreik gegen das Verbot oppositioneller Zeitungen das öffentliche Leben zum Stillstand.

13 · Freitag

Die US-Regierung erklärt sich bereit, eine Million Dollar Entschädigung für die bei Wasserstoffbombentests auf dem Bikini-Atoll entstandenen Personen- und Sachschäden zu zahlen.

»Of course, I know what I'm doing…«

14 · Samstag

In New York ersteht ein Privatmann bei einem Antiquitätenhändler für 450 Dollar ein bisher unbekanntes Gemälde von Leonardo da Vinci. Der tatsächliche Wert des Bildes wird auf 4 Millionen DM geschätzt.

15 · Sonntag

100 000 Gläubige nehmen an einem Gottesdienst zur Eröffnung der 2. Konferenz des Weltkirchenrats in Chikago teil. Als erster Deutscher wird der evangelische Bischof von Berlin-Brandenburg, Otto Dibelius, in das Präsidium des Weltkirchenrates gewählt.

16 · Montag

Die Deutsche Bundesbahn kündigt den Einbau von Fernsprechern in Personenzügen an.

Die USA helfen mit Schiffen bei der Evakuierung der flüchtenden Vietnamesen in den Süden des Landes.

17 · Dienstag

In Wiesbaden veröffentlicht die hessische Landesregierung ein Gutachten zur Neugliederung des Bundesgebietes, in dem sie den Anschluß des rheinland-pfälzischen Regierungsbezirks Rheinhessen an das Bundesland Hessen fordert.

US-Präsident Dwight D. Eisenhower ernennt Herbert Hoover junior, den Sohn des früheren Präsidenten, zum stellvertretenden Außenminister der USA.

18 · Mittwoch

Das US-Verteidigungsministerium kündigt den Abzug von vier der sechs in Südkorea stationierten US-Divisionen an. In der südkoreanischen Hauptstadt Seoul kommt es daraufhin zu Protestkundgebungen.

19 · Donnerstag

In Trient stirbt der frühere italienische Ministerpräsident Alcide de Gasperi an einem Herzschlag. Der Christdemokrat hatte die italienische Nachkriegspolitik maßgeblich geprägt und sich besonders für die europäische Integration eingesetzt.

Die schwedische Regierung lehnt einen Sitz im Sicherheitsrat der Vereinten Nationen ab. Das Außenministerium in Stockholm begründet die Ablehnung mit der »traditionellen schwedischen Neutralität«.

20 · Freitag

Im nordirischen Pomeroy kommt es bei einer Demonstration katholischer Nationalisten zu blutigen Auseinandersetzungen mit der Polizei.

In Athen und auf der Insel Korfu demonstrieren Hunderttausende für die Rückgabe Zyperns an Griechenland. Seit 1878 wird die Mittelmeerinsel von Großbritannien verwaltet.

21 · Samstag

Der CDU-Bundestagsabgeordnete Karlfranz Schmidt-Wittmack bittet die DDR um politisches Asyl. Schmidt-Wittmack begründet seinen Schritt auf einer Pressekonferenz in Ost-Berlin mit der »Militarisierung« der Bundesrepublik.

22 · Sonntag

In Brüssel endet eine Konferenz der sechs EVG-Mitglieder, die über französische Änderungswünsche zur Verteidigungsgemeinschaft beraten hatte, ergebnislos.

Bei den Filmfestspielen in Venedig werden 25 Filme aus 17 Nationen gezeigt.

Mit einem Sieg beim Großen Preis der Schweiz in Bern sichert sich der Argentinier Juan Manuel Fangio auf einem Mercedes-»Silberpfeil« vorzeitig die Automobilweltmeisterschaft.

Juan Manuel Fangio ist mit diesem Sieg bereits Automobilweltmeister 1954.

23 · Montag

Bei einem Flugzeugunglück über der Nordsee kommen 21 Menschen ums Leben. Eine niederländische Passagiermaschine war auf dem Flug von New York nach Amsterdam kurz vor der Landung ins Meer gestürzt.

24 · Dienstag

In Rio de Janeiro begeht der brasilianische Präsident Getulio Dornelles Vargas Selbstmord, wenige Stunden nachdem ihn die Armee zum Rücktritt gezwungen hatte.

Der Internationale Leichtathletik-Verband lehnt einen Aufnahmeantrag der DDR ab. Künftig sollen die Leichtathleten der DDR bei internationalen Wettkämpfen gemeinsam mit der Mannschaft der Bundesrepublik an den Start gehen.

25 · Mittwoch

Bei den Leichtathletik-Europameisterschaften in Bern steht das Ehepaar Zatopek zweimal auf dem Siegerpodest. Dana Zatopkova gewinnt das Speerwerfen der Damen mit 52,91 Metern, und ihr Mann entscheidet wenige Stunden später das 10 000-Meter-Rennen in 28:58,0 Minuten für sich.

26 · Donnerstag

Die dänische Regierung teilt den Vereinten Nationen mit, daß Grönland durch eine Verfassungsänderung integraler Bestandteil Dänemarks geworden sei. Bisher hatte die dänische Regierung Grönland treuhänderisch für die UNO verwaltet.

27 · Freitag

In Kapstadt beschließt der Provinzialrat der südafrikanischen Kap-Provinz Maßnahmen zur strengeren Handhabung der Rassentrennung. Danach dürfen Weiße und Farbige keine öffentlichen Verkehrsmittel mehr gemeinsam benutzen.

28 · Samstag

In Nordrhein-Westfalen einigen sich Arbeitgeber und IG Metall auf eine sechsprozentige Lohnerhöhung und wenden damit in letzter Minute den drohenden Streik von 900 000 Arbeitern und Angestellten der Metallindustrie ab.

29 · Sonntag

Mit einem neuen Europarekord von 20,9 Sekunden gewinnt der bundesdeutsche Sprinter Heinz Fütterer den 200-Meter-Lauf bei den Europameisterschaften in Bern. Fütterer war zuvor bereits Europameister über 100 Meter in 10,5 Sekunden geworden.

30 · Montag

Mit 319:264 Stimmen lehnt die französische Nationalversammlung endgültig den Vertrag über die Europäische Verteidigungsgemeinschaft ab.

31 · Dienstag

Bei seiner Ankunft in Puerto Rico wird der britische Schriftsteller Graham Greene (»Der dritte Mann«) von der Polizei ohne Begründung festgehalten. Greene hatte wegen angeblicher kommunistischer Kontakte bereits 1952 Schwierigkeiten mit US-Behörden.

CIRCUS

Die Geburt des Rock 'n' Roll

Ein neuer Rhythmus aus Amerika erobert die Welt

1954 war sein Geburtsjahr. Vielen galt er als brutal, zügellos, unanständig – als Gefahr für Sitte und Moral, als Verderber der Jugend. Tatsächlich war er für die Teenager von damals weithin eine Droge, mitunter gar eine Ersatzreligion.

Als Geburtsstunde des Rock 'n' Roll nimmt der Eingeweihte jene Session, bei der »Bill Haley and the Comets« im Pythian Temple in Manhattans Westside »Rock around the clock« aufnahmen. Noch kurz zuvor war eine Rhythm-and-Blues-Version des Titels durchgefallen – ein absoluter Flop. Bill Haleys Version jedoch geriet zu einem einzigartigen Stilgemisch aus verschiedenen regionalen Musikströmungen, die seinem Rock 'n' Roll den unverwechselbaren Charakter gaben.

Haley war schon einige Jahre im Musikgeschäft – nicht ohne Erfolg: mit Rhythm and Blues ebenso wie mit Country-and-Western-Songs. Üblicherweise gehörte man in eine Schublade, denn die Leute wollten wissen, woran sie waren. Diese Zwittersituation der Gruppe hatte Folgen. Bill Haley erinnerte sich später: »Wir zogen unsere Cowboy-Stiefel aus und rasierten uns die Koteletten ab. Wir kauften uns Smokings und wurden eine Poptruppe. Dann beschlossen wir, daß wir einen Namen für die Sache brauchten. Ich hatte einen Song mit dem Titel ›Rock-a-beatin' Boogie‹ geschrieben. Die Anfangszeile lautete: Rock, rock, rock everybody/ Roll, roll, roll everybody. Zu der Zeit gab es einen Diskjockey, der diese Platte als Erkennungsmelodie

Tanzspaß im Spagat: Erstaunt bis skeptisch verfolgen Zuschauer die sportliche Tanzdarbietung zur neuen Musik aus den Vereinigten Staaten.

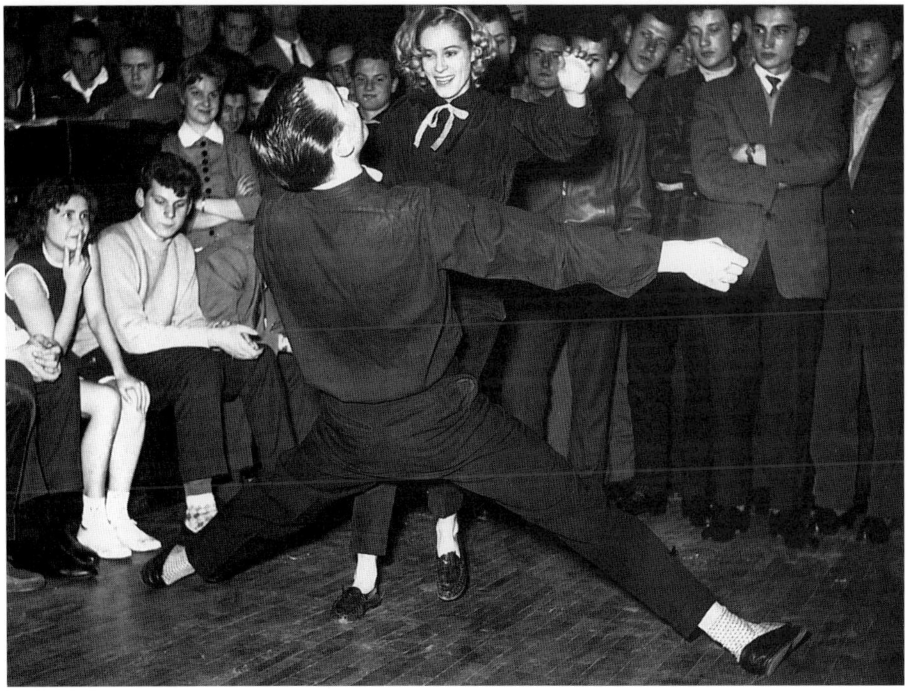

benutzte. Er schlug im Rhythmus der Platte auf seinen Tisch und sang dazu: Rock, rock, rock . . . Roll, roll, roll – so wurde der Name ›Rock'n'Roll‹ geboren. Natürlich war uns noch nicht bewußt, was wir da hatten.«

Es folgten einige Hits, die großen Plattenfirmen wurden auf Haley und seine Band aufmerksam, schließlich landeten sie bei der Firma Decca. In New York machte man die erste Plattenaufnahme für die Firma. Bill Haley erinnert sich: »So eine erste Aufnahmesession wie unsere hatte es noch nie gegeben. Gleich beim erstenmal nahmen wir ›Rock around the Clock‹ auf.

Es war unser Augenblick, unsere Zeit. So viele Leute haben gesagt: ›Sie waren ein Genie.‹ Aber das hatte mit Genie nichts zu tun, es war nur etwas, das eben fällig war. Wir waren nur ein paar Burschen aus Philadelphia. Und

The King of Rock 'n' Roll: Elvis Presley verzückte mit seinem heiser-melodischen Gesang und schwindelerregenden Hüftverrenkungen die Jugend des Westens.

dann waren wir die Idole der Welt. Die Sinatra-Ära war vorbei, Glenn Miller war passé. Alles konnte passieren, und wir boten einen ganz einfachen Beat, nach dem die Kids tanzen konnten.«

Und wie die Kids tanzten! Viele tanzten nicht nur, sondern zerlegten gleich komplette Tanzsäle. Rock 'n' Roll war Emotion, Revolution, Ausbruch aus gewohnten Bahnen. Es war gewiß kein Zufall, daß zur gleichen Zeit im Kino die »zornigen jungen Männer« ihre Auftritte hatten. Marlon Brando war ein Idol, wenig später auch James Dean – Idole auch im Sinne der neuen Musik.

Hot rhythm, hot legs: Wilde Schwünge revolutionieren althergebrachte Vorstellungen vom Gesellschaftstanz.

Aber Rock 'n' Roll war nicht nur Bill Haley: Auch Chuck Berrys »Maybellene« in Chicago, »Only You« von den »Platters« in Los Angeles oder Fats Dominos »Ain't it a Shame« aus New Orleans zählten zu den Hits der ersten Stunde. »Rock around the Clock« war aufgrund von Stil und Wirkung einzigartig. Der Song war der erste wirklich internationale Hit des Rock 'n' Roll. Ob das Lied allerdings auch ohne den Film »The Blackboard Jungle« so rasch eingeschlagen hätte, darf bezweifelt werden. In Deutschland wurde der Streifen als »Saat der Gewalt« berühmt. Der Film dauerte 107 Minuten, aber der Song »Rock around the Clock« war nur in den ersten beiden Minuten zu hören, doch das genügte. Amerika wurde wie ein ungeheurer Resonanzkörper in Schwingung versetzt. Auf diese Verschmelzung von Blues- und Countrymusik schien die Nation geradezu gewartet zu haben. Das heißt, die Jugendlichen hatten darauf gewartet. Was für die Eltern »absoluter Mist« war, gehörte damit nur ihnen. Frank Sinatra und andere waren für die Alten da, Bill Haley und der Rock 'n' Roll für die Jungen.

Hinzu kam, daß keine Generation jemals zuvor über ähnliche Möglichkeiten verfügte wie die, die nach dem Zweiten Weltkrieg heranwuchs. Rasante Fortschritte in Technik und Automation, die Lockssprüche der Werbeindustrie und die Verführungen der Massenmedien strahlten noch ins kleinste Dorf aus. Sie prägten Vorstellungen und Verhaltensweisen dieser Jugend. Wie das *Time-Magazin* später einmal bemerkte, war das nicht einfach eine neue Generation, sondern eine neue Art von Generation. Entscheidenden Erfolg für die Popularität der neuen Musik hatten wirklich die Massenmedien. Über Schallplatte, Rundfunk, Film und Fernsehen wurde der Rock 'n' Roll auf dem Musikmarkt rasch multipliziert. Bill Haley hatte recht: Die Zeit war fällig für diese Musik. Sie waren erfolgreich, obwohl Bill Haley selbst eher ein Anti-Idol war. Das Babygesicht mit der Stirnlocke, Vater von fünf Kindern, paßte mit seinem sanften Grinsen, der netten Art, seinen fast dreißig Jahren überhaupt nicht in das Bild eines Rokkers – zumindest nicht in das, das sich die braven Bürger davon machten.

Zur unterstellten Aggressivität, ja Hemmungslosigkeit, zu »unanständiger« sexueller Ausstrahlung und höllischem Lärm paßte viel eher das Image eines jungen Mannes, der 1954 seinen Durchbruch schaffte und sich auf den Weg nach ganz, ganz oben machte – Elvis Presley. »Elvis the Pelvis«, Elvis das Becken, durfte in den prüden USA bei Fernsehauftritten nur ab der Hüfte aufwärts gezeigt werden, doch wir eilen der Geschichte etwas voraus.

Elvis Presley war das Medium, mit dem der Rock 'n' Roll jetzt richtig losle-

Rock 'n' Roll auf der Reeperbahn: Das Berliner Siegerpaar des ersten internationalen R & R-Tanzturniers in Hamburg.

gen konnte. Bill Haley hatte mit seiner Musik begeistert. Presley, jung und sexy, war als universales Symbol das Exklusiveigentum der Teenagergeneration. Er hatte das Format, alles zusammenzufassen. Er geriet zum großen Original, neben dem die anderen zu Nachahmern wurden. Nach Presleys Aufstieg hatten alle Vorläufer nur noch Ersatzqualität. Nun hieß es: »Oft kopiert und nie erreicht.« Damals schrieb eine konservative amerikanische Wochenzeitschrift: »Wenn die Agenturen aufhören wollten, sich mit so ekelerregendem Zeug zu befassen, würden alle Elvis Presleys unseres Landes bald von jenem Vergessen verschluckt werden, das sie verdienen.«

Dabei war Elvis Presley von Hause aus eher ein schüchterner Junge. Mit sechzehn war Jung-Elvis Rasenmäher von Beruf, mit neunzehn Lastwagenfahrer. 35 Dollar in der Woche brachte er damals nach Hause. Die Geschichte seiner Entdeckung trägt alle Züge einer Legende, und doch scheint sie zu stimmen. Romantik, Zufall und Schicksal alles kam zusammen. Als er seiner Mutter als Geburtstagsgeschenk eine Platte besang, entdeckte ihn ein Manager der Plattenfirma und nahm ihn unter Vertrag. Das war der Anfang.

Schon mit den ersten Platten gab es regionale Erfolge. Er ging als »Hillbilly Cat« auf Gastspielreisen, trat bei Veranstaltungen und Radiostationen auf. Bereits jetzt war sein eigener Stil entwikkelt. Mit hoher, klarer Stimme, atemlos und ungeduldig, mit starkem rhythmischem Ausdruck und großer Erfindungsgabe elektrisierte er die jugendlichen Fans. Bei Älteren galten Elvis' Hüftbewegungen als obszön. Jede Platte verkaufte sich besser als die vorangegangene, seine Popularität wuchs von Auftritt zu Auftritt, von Radiosendung zu Radiosendung. Bald mußten bei seinen Auftritten sowohl seine persönliche als auch die allgemeine Sicherheit durch Polizeischutz gewährleistet werden. Aber noch war der King nur eine nationale Größe, der Größte war er nicht. Der hieß immer noch Bill Haley.

Und die anderen? Auch aus Little Richard machte erst der Rock 'n' Roll einen Star. Exzentrische Extravaganz und hochenergetische Auftritte versetzten sein Publikum nicht selten in ekstatische Zustände, seine Konzerte glichen religiösen Meetings. Wenn er seine Garderobe, mitunter ganze Pelzmäntel, ins Publikum warf, erklärte er dies so: »Ohne Publikum ist man kein Star. Warum soll man ihnen nicht etwas von dem zurückgeben, was sie einem zuteil werden lassen?« Sein 1955 erschienener »Tutti Frutti« enthält den »Schlachtruf der musikalischen Anarchie« *(Los Angeles Times)*, mithin des Rock 'n' Roll schlechthin: »Tutti frutti all rootie, tutti frutti all rootie, a-wop-bop-a-loo-bop-a-lop-bam-boom«.

Bill Haley forderte von den kids den »Rock around the Clock«. Durch moderne Rhythmen weg von Lebensstil und Werten der Eltern.

» Rock around the Clock

**One, two, three o'clock,
four o'clock, rock.
Five, six, seven o'clock,
eight o'clock rock,
nine, ten, eleven o'clock,
twelve o'clock rock.
We're gonna rock
around the clock tonight. «**

In Deutschland dauerte es noch ein paar Jahre bis sich der Rock 'n' Roll durchsetzte. Erst Jahre später war Haley auf Deutschlandtournee. In Berlin, Hamburg, Essen und Stuttgart zertrümmerten randalierende Jugendliche die Konzertsäle. Im Berliner Sportpalast richteten sie den damals enormen Schaden von einigen zehntausend Mark an. Das *Neue Deutschland*, die SED-Zeitung der DDR, sprach vom »Rock 'n' Roll-Gangster Haley« und einer »Orgie der amerikanischen Unkultur«. Wahrscheinlich war dies das einzige Mal, daß die DDR-Zeitung den ungeteilten Beifall westdeutscher Konservativer fand.

1954 war Rock 'n' Roll in der Bundesrepublik nicht mehr als ein Geheimtip – für Deutsche meist nur in Kneipen mit regelmäßiger GI-Kundschaft zu hören. Deutsche Rocker gab's noch nicht: Peter Kraus war noch ein Kinderstar, Ted Herold hatte noch nicht einmal eine eigene Gitarre.

Die deutsche Plattenindustrie setzte auf deutsche Schlager und auf altbewährte Stars. Die hießen u.a. Bully Buhlan, Bruce Low, Wolfgang Sauer, Rudi Schuricke, Vico Torriani, René Carol oder Friedel Hensch und die Cyprys. Oft kamen deren Hits aus Musikboxen. Die gehörten schon zur Standardausrüstung der meisten Kneipen. Mit 20 Pfennig konnte sich jedermann seinen Musikwunsch aus über 100 Titeln auswählen.

In dem Musikfilm »An jedem Finger zehn« sang sich der elfjährige Kinderstar Conny Froboess zusammen mit Kenneth Spencer in die Herzen der Zuschauer. Gerhard Wendland, längst ein populärer Schlagerstar, konnte man ebenfalls in Musikfilmen des Jahres 1954 bewundern.

Die Aufsteigerin des Jahres aber war sicherlich Caterina Valente. Gleich mit zwei Schlagern hatte sie sich ganz oben in den Hitlisten plaziert: »Baio-Bongo« und »Ganz Paris träumt von der Liebe«.

Der Schmelz des Schlagertextes stand in bemerkenswertem Gegensatz zum

Mit der Musikbox wurde jede Eckkneipe zum Tanzpalast. Und schnell sprach sich über die gespeicherten Musikinterpreten herum: Wer nicht drin ist, ist »out«.

Lebenslauf der Sängerin: Am 14. Januar 1931 wurde Caterina Valente in Paris geboren. Beide Eltern waren Artisten. 1937 hatte sie in Stuttgart ihren ersten Auftritt. 1944 wurde sie in Breslau ausgebombt. 1945 kam sie in ein russisches Internierungslager in der Ukraine. 1946 durfte sie dann nach Paris ausreisen. 1949 wurde sie zum erstenmal in einem Pariser Nachtclub engagiert, nach 24 Stunden aber prompt entlassen, weil sie sich weigerte, mit Gästen zu trinken. 1952 heiratete sie den Jongleur Eric von Aro, bürgerlich Gerd Scholz; dadurch erhielt sie die deutsche Staatsbürgerschaft. 1953 sang sie bei Radio Zürich vor und ab 1954 ging es unaufhaltsam aufwärts.

Mit ihrem Schlager »Ganz Paris träumt von der Liebe« befriedigte Caterina Valente gleich zwei Sehnsüchte: zum einen nach Urlaub, Reise, Exotik, zum anderen natürlich nach Liebe; beides gute Gründe zum Träumen, zur Flucht aus dem Alltag. Die Liebestexte 1954 gipfelten allenfalls im Kuß. Der wurde geraubt, oder man bekam ihn geschenkt. Außerdem führte der Kuß in kürzester Linie zum Traualtar. Die Schlagertexte boten den Bürgern, was sie sich am meisten wünschten: zum einen ein ruhiges Leben mit geregeltem Tagesablauf – nach Bombenkrieg, Vertreibung, Trümmerleben nur allzu verständlich. Zum anderen eine kleine Flucht aus einem Alltag, der sich immer noch in meist beengten Wohnverhältnissen abspielte.

Caterina Valente gehört wie Ludwig Erhard zur Ikonensammlung bundesdeutscher Wirtschaftswunderzeit. Sie war das Vorbild ungezählter deutscher Backfische und schickte eine ganze Nation auf musikalische Urlaubsreisen, von denen die meisten Bundesbürger damals immer noch nur träumen konnten.

Für die Liebhaber des Jazz aber war das Gastspiel von Ella Fitzgerald ein besonderes Ereignis. Die dunkelhäutige Sängerin, die als die berühmteste Jazzinterpretin der Welt gilt, trat während ihrer Gastspielreise im Münchner Kongreßsaal auf. (HH)

» Ganz Paris träumt
von der Liebe.
Ganz Paris träumt
von der Liebe,
denn dort ist sie ja zu Haus.
Ganz Paris träumt
dieses Märchen,
wenn es wahr wird.
Ganz Paris grüßt
dann das Pärchen,
das ein Paar wird.
Ganz Paris singt
immer wieder,
immer wieder nur vom Glück.
Wer verliebt ist,
wer verliebt ist in die Liebe,
kommt nach Paris zurück. «

Gleich mit zwei Schlagern auf der Hitliste konnte sich 1954 Caterina Valente plazieren.

Was die Eidgenossen bewegte

Reformen und Skandale

Auch der Rummel um die Fußball-Weltmeisterschaft änderte 1954 nichts daran: Die Schweiz blieb Europas Hort der Ruhe und Ordnung. Der ihren Bürgern nachgesagte Hang, im Zweifelsfalle lieber am Bestehenden festzuhalten, als Neues zu wagen, wurde allerdings im Jahre 1954 auf eine harte Probe gestellt. Denn immer wieder versuchten mutige Eidgenossen, nicht nur Neuerungen, sondern regelrechte Reformen zu kreieren, die der Rest Europas damals noch gar nicht begriffen hatte – soweit waren sie der Zeit voraus.

So versuchte 1954 der Nationalrat Schütz erst in der Schweiz, die seit Erfindung der Dampflok überlieferte Dreiteilung der Eisenbahn-Abteile aufzuheben – ein Beispiel, das später in der ganzen Welt Schule machen sollte.

Schütz hatte herausgefunden, daß die 1. Klasse meist nicht ausreichend genutzt, oft nicht einmal bezahlt wurde: Anhand der Zahlen von 1950 zeigte er auf, daß nur 0,0006 Prozent der Zugkarten für das nobelste Abteil ordnungsgemäß erworben wurden, der Rest waren Freikarten. Das hielt der Nationalrat für unökonomisch. Und nach zäher Überzeugungsarbeit schwenkten Parlament und Regierung auf seine Linie ein:

Mit Beginn des Jahres 1954 wurden die 1. und 2. Klasse zur Nobelkategorie zusammengelegt. Die bisherige 3. Wagenklasse durfte sich jetzt Zweite nennen. Dies war der Schweizer Jahresbeitrag 1954 zur schrittweisen Demokratisierung der Welt. Nicht immer jedoch waren Anregungen aus der Schweiz so unbedenklich gewesen. So hatte das NS-Regime 1938 eine »Kennzeichnungspflicht« der Pässe von Juden in Deutschland und Österreich eingeführt: ein rotes, etwa drei Zentimeter großes »J« im Paß auf Seite 1, links oben. Was hatte die Schweiz damit zu tun? 1954 kam zur

Der alpenländische Zapfenstreich suggeriert die Idylle: Doch auch die Schweiz war damals nicht nur Hort der Harmonie.

Empörung der eidgenössischen Öffentlichkeit ans Licht, daß es der Schweizer Polizeichef Dr. Rothmund gewesen war, der im September 1938 eigens nach Berlin reiste, um der deutschen Regierung diese Verordnung nahezulegen. Denn nach dem Anschluß Österreichs (März 1938) versuchten viele der dort lebenden Juden in ihrer Not in die benachbarte Schweiz zu emigrieren. Das aber wollte Dr. Rothmund aus Gründen der Innerschweizer Stabilität nicht zulassen. Seine Begründung: »Die Schweiz, die diese Juden ebensowenig gebrauchen kann wie Deutschland, ist gezwungen, sich vor der Überflutung mit Juden zu schützen.«

Nachdem das deutsche Auswärtige Amt – gemäß der Empfehlung – die Anordnung getroffen hatte, Juden per Paßvermerk zu stigmatisieren, konnten die Schweizer Grenzbeamten sie wesentlich schneller erkennen und wieder zurückschicken – oft in den sicheren Tod.

In manchen Fällen halfen die Schweizer Behörden damals den deutschen Dienststellen gar noch nach, indem sie kurzerhand kollegial und unkompliziert das denunzierende »J« einfach selber einstempelten – kein Ruhmesblatt der Schweizer Geschichte. Ein Jahrzehnt später ging die Schweizer Öffentlichkeit mit solcher »Amtshilfe« selbstkritisch ins Gericht.

Anlaß zu liberaler Wachsamkeit gaben aber auch aktuelle Vorfälle. So erhitzten sich 1954 die Gemüter der Eidgenossen an der Frage, welche Methoden zur Wahrheitsfindung zulässig seien. Die Staatsanwaltschaft Zürich hatte versucht, einem mutmaßlichen Dirnenmörder das Geständnis mit Hilfe von Psychopharmaka zu entlocken. Zwar beteuerten die Anklagevertreter, der Delinquent habe eingewilligt, die Bewußtseinsdroge »Pentothal« einzunehmen. Doch der öffentliche Protest zwang die Justizbehörde zum Einlenken. »Aus eigener Machtkompetenz«, verkündete Staatsanwalt Dr. Lüthy, »habe ich vor wenigen Tagen an sämtliche Bezirksanwaltschaften des Kantons Zürich Weisung erteilt, daß Narko-Analysen zu forensischen (Gerichts-) Zwecken nicht mehr durchgeführt werden dürfen.«

Migros-Chef Gottlieb Duttweiler läßt sich in seinem Kreuzzug gegen die Konzerne nicht beirren: Seine fahrenden Einkaufsfilialen sind zuverlässig.

Daß Zivilcourage einem David auch gegen einen übermächtigen Goliath zum Erfolg verhelfen kann, bewies ein Züricher Lebensmittelhändler, der in kurzer Zeit zu einer Art Nationalheld aufgestiegen war. Seit fast drei Jahrzehnten forderte er alle internationalen Trusts und Konzerne heraus. Stets für die Geldbeutel der Schweizer streitend, unterbot der Nationalrat und Preisbrecher Gottlieb Duttweiler die Preise der Markenartikel so kräftig, daß die Produzenten und Zwischenhändler zähneknirschend zu allgemeinen Preissenkungen gezwungen waren.

Seit 1925 setzte Duttweiler mit seinem Unternehmen MIGROS auf eine konsequente Niedrigpreis-Strategie für Gebrauchsartikel aller Art. Grundlage seines Erfolgs war eine neuartige Vertriebsstruktur: Transporter als fahrende Einkaufsfilialen, feste Routen, verläßliche Fahrzeiten, Mindestabgaben, runde Preise und ein begrenztes Warensortiment, das jedoch konkurrenzlos billig war. Die reißende Nachfrage nach MIGROS-Produkten brachte die Marktführer und den gewerblichen Mittelstand (Duttweiler: »Fußvolk der Konzerne«) auf den Plan.

Über viele Jahre sah sich MIGROS-Chef Duttweiler fortwährenden Pressionen ausgesetzt: So wurde die Luft aus den Reifen seiner Lieferwagen abgelassen, die Kundschaft somit gehindert, den Wagen, der stets zur selben Zeit am selben Ort sein sollte, zum Einkauf zu erreichen. Das nahm Duttweiler noch hin, als aber seine Mitarbeiter mitunter sogar gewaltsam festgehalten und selbst mit Waffengewalt bedroht wurden, ließ Duttweiler Pistolen an die Verkäufer verteilen. Doch seine wirksamste Waffe war die Ökonomie: Als der verunsicherte Mittelstand und die Großkonzerne Druck auf Schweizer Fabriken und Zeitungen ausübten, keine Kooperation mit MIGROS zu betreiben, begann der streitbare Unternehmer mit dem Import in großem Stil, baute eigene Fabriken auf und nahm die Werbung selbst in die Hand – per Wurfzettel aus einem speziell dafür eingesetzten Eindecker-Flugzeug. Wenn Kantonalämter sich weigerten, seinen rollenden Läden den Gewerbeschein auszustellen, mietete er eben Ladengeschäfte an.

Selbst auf politischem Gebiet zeigte er sich als Selfmademan. So gründete er flugs eine Partei, den »Landesring«, die 1954 immerhin zehn Abgeordnete in den Bundesrat entsandte. Er rief Zeitschriften, Tageszeitungen, eine Filmgesellschaft und ein Institut für Erwachsenenbildung ins Leben, um Einfluß auf die öffentliche Meinung zu nehmen.

So hatte »Dutti« (wie seine Freunde ihn nannten) in drei Jahrzehnten den gesamten Gebrauchsgütermarkt umgewälzt und – trotzte im Preiskrieg allen Pressionen.

Dieser Kampf tobte 1954 besonders heftig auf dem Mineralölmarkt. Selbst importiertes Öl aus eigener Raffinerie und kurzfristig aufgestellte Tanksäulen machten Duttweiler und damit seine Kunden unabhängig von der Allmacht der großen Ölkonzerne. Doch die Ölmultis im Verbund mit dem Autogewerbeverband ließen nicht locker. In den Zeitungen des Landes erschienen folgende Anzeigen: »Wo eine MIGROL-Säule steht, wird durch eine oder mehrere benachbarte Kampftanksäulen unseres Verbandes das Benzin immer zwei Rappen pro Liter unter dem Verkaufspreis abgegeben.«

Doch Duttweiler konnten solche Drohungen nicht schrecken: Er gründete seine eigene Taxikette. Der Sprit kam natürlich aus den eigenen Zapfsäulen. Der Benzinabsatz war gesichert. Europaweit fanden Duttweilers Ideen Bewunderer und Nachahmer.

Und da sage nochmal einer, die Schweizer seien nur bedächtig und auf konservatives Festhalten am Bestehenden interessiert. (KS)

Mao am Ziel

Das Riesenreich im Bann des Roten Sterns

Nach langem Marsch Alleinherrscher über 600 Millionen Chinesen: Mao Zedong.

Nach seinem Wahlsieg bedankt sich Mao mit einem herzlichen Händedruck bei seinen Freunden.

Nach langem Marsch war er am Ziel. Am 25. September 1954 wurde Mao Zedong vom »Nationalen Volkskongreß« in gehorsamer Einstimmigkeit zum ersten Präsidenten der Volksrepublik China gewählt. Mit diesem Staatsakt und dem Erlaß einer neuen Verfassung am 20. September dokumentierten die kommunistischen Machthaber in Peking vor aller Welt die Konsolidierung ihrer Herrschaft, die sie fünf Jahre zuvor, am 1. Oktober 1949, nach mehrjährigem Bürgerkrieg erlangt hatten. Die Verfassung bestätigte die schon bestehende, quasi-diktatorische Allmacht des Staatspräsidenten: Er konnte Gesetze und Verordnungen erlassen, die Regierung berufen und entlassen, die Streitkräfte befehligen und den Kriegszustand erklären. Mao Zedong war auf dem Höhepunkt seiner Macht, unbestrittener Alleinherrscher über 600 Millionen Menschen.

1893 als Sohn eines reichen Bauern in der Provinz Hunan geboren, hatte er 1921 zu den Mitbegründern der Kommunistischen Partei Chinas gehört. Auch als 1927 der von ihm angezettelte »Herbsternte-Aufstand« fehlgeschlagen war, und er vorübergehend aus der Parteiführung verstoßen wurde, ließ Mao sich nicht beirren. Unter seiner Führung begaben sich 1934 die revolutionären Partisanen der »Roten Armee« auf den »langen Marsch«, der nach 12000 Kilometern zur Ausrufung einer autonomen »Sowjetrepublik« in der Provinz Schensi führte.

Nach dem Zweiten Weltkrieg brach der Konflikt zwischen den Kommunisten unter Mao und den Nationalchinesen der Kuomintang unter General Chiang Kai-Shek, die im Kampf gegen die japanische Invasion noch verbündet waren, mit neuer Heftigkeit aus. Der Bürgerkrieg endete 1949 mit der Vertreibung Chiang Kai-Sheks vom chinesischen Festland auf die pazifische Insel Taiwan. Über dem Reich der Mitte stand der Rote Stern.

Die Umgestaltung des Riesenreiches begann zunächst eher zaghaft. Der erste Fünfjahresplan legte 1953 die Marschroute für die Kollektivierung des Landes fest. Aber noch 1955 gehörten erst 15 Prozent der Bauernfamilien den neugegründeten Genossenschaften an. Bei der Verkündung der neuen Verfassung gestand Mao vorsichtig ein, daß wohl noch »mehrere Fünfjahrespläne« notwendig seien, um China, wie der Plan es vorsah, in ein hochindustrialisiertes Land zu verwandeln.

Auf internationalem Parkett unternahm Rot-China 1954 erfolgreich erste Gehversuche. Ein Vertreter der Volksrepublik saß in Genf mit am runden Tisch, als über die Beendigung des Indochina-Krieges verhandelt wurde. Doch die diplomatische Aufnahme in die Völkergemeinschaft blieb Maos Reich zunächst noch verwehrt. Die Sowjetunion, damals noch Chinas »Bruderland«, scheiterte am 21. September 1954 mit ihrem Antrag, der neuen Großmacht einen Sitz in der Vollversammlung der Vereinten Nationen einzuräumen. Dieses Mandat hatte statt dessen Chiang Kai-Sheks Exilregierung in Taiwan inne, die mit Rückendeckung der USA den Alleinvertretungsanspruch für die chinesische Nation erhob.

Ein Millionenvolk im Gleichschritt. Das Heer der »blauen Ameisen« erhob Mao zur Kultfigur.

Im selben Monat hatte sich die Rivalität zwischen dem David Taiwan und dem Goliath Rot-China zu einer gefährlichen Krise zugespitzt, die neue Kriegsgefahr für den Fernen Osten heraufbeschwor. Am 2. September 1954 schlugen 5000 Granaten auf der Insel Quemoy in der Straße von Formosa ein. Absender waren kommunistische Batterien auf der Nachbarinsel Amoy. Auf Quemoy waren 35 000 nationalchinesische Soldaten stationiert. Die Insel, nur sieben Kilometer vom chinesischen Festland entfernt, war Chiang Kai-Sheks vorgeschobene Bastion und der Volksrepublik China ein Dorn im Auge. Der Kanonade waren schon mehrere Attacken von Maos Truppen gegen Quemoy vorausgegangen.

Chiang Kai-Shek versetzte seine Armee in Alarmbereitschaft und ließ das Feuer von Artillerie und Luftwaffe erwidern. Auf nationalchinesischer Seite waren auch US-Verbände im Einsatz; darin lag die Brisanz der Auseinandersetzung. Präsident Eisenhower ließ keinen Zweifel, daß die Vereinigten Staaten auch weiterhin ihre schützende Hand über Taiwan ausbreiten würden, wie beide Seiten am 2. Dezember 1954 in einem gegenseitigen Verteidigungsabkommen bekräftigten. Das militärische Kräftemessen vor der Küste Chinas drohte sich zu einer weltpolitischen Krise auszuweiten.

Verschärft wurde der Gegensatz im November durch Gerichtsprozesse gegen dreizehn amerikanische Luftwaffenangehörige, die während des Korea-Krieges an der Grenze zu China abgeschossen worden waren. Der »Oberste Volksgerichtshof« in Peking verurteilte sie wegen »Spionage« zu Freiheitsstrafen zwischen vier Jahren und lebenslänglich.

Dennoch eskalierte der Konflikt nicht. Die Auseinandersetzung um Quemoy markierte eine vorsichtige Wende in der amerikanischen Außenpolitik. Unter dem Eindruck des Korea-Krieges und der globalen atomaren Bedrohung hieß die Parole statt Konfrontation nunmehr friedliche Koexistenz, auch mit kommunistischen Staaten. Dieser Kurswechsel traf sich mit dem Bemühen der Pekinger Führung um außenpolitische Mäßigung. Im Zwiespalt zwischen dem Wunsch nach diplomatischer Anerkennung und revolutionärer Mission setzte Mao zunächst auf ein eher konziliantes Auftreten. So kam es zwar nicht zu einer Annäherung zwischen den verfeindeten Großmächten. Das »China-Trauma«, der Schock über die Abwanderung des asiatischen Riesenreichs in das kommunistische Lager, steckte den Amerikanern noch zu tief in den Knochen. Doch beide Seiten gingen einem größeren militärischen Schlagabtausch – mit unabsehbaren Folgen – aus dem Weg. Der Kalte Krieg erhitzte sich nicht. (PH)

Am 25. September 1954 wurde Mao vom »Nationalen Volkskongreß« einstimmig zum ersten Präsidenten der Volksrepublik China gewählt. Ebenso einmütig hatte die Versammlung kurz zuvor für die neue Verfassung votiert.

Auf der Suche nach der verlorenen Identität

Literarischer Aufbruch in die Moderne

»Ich bin nicht Stiller!« beteuert der Ich-Erzähler am Anfang des Romans »Stiller«, mit dem Max Frisch 1954 einen der größten Bucherfolge der Nachkriegszeit erzielte. Doch genau diese Identität möchte die Züricher Kantonspolizei dem Häftling nachweisen, der sich White nennt. Er wehrt sich gegen sein scheinbar aufoktroyiertes Alter ego, spart nicht mit ätzender Kritik an Stillers Charakterzügen, aber er wird ihn nicht los. Die Justiz, mehr noch die Wirklichkeit verurteilen ihn dazu, Stiller zu sein. Der Roman ist die Geschichte eines Menschen, dem es nicht gelingt, seine innere Mitte zu finden. Es gibt für ihn kein Mittel, sein früheres Leben hinter sich zu lassen; keine Chance, sich selbst zu entfliehen.

Das Buch entstand, wie Max Frisch einmal von sich selbst schrieb, aus der »ernsthaften Vorstellung, daß das Leben mißlingen kann«. Mit diesem Roman gelang dem 43jährigen Architekten und Autor der Durchbruch als Schriftsteller und zugleich ein treffendes Charakterbild seiner Zeit: »Stiller ist der Zeitgenosse überhaupt«, befand der *Spiegel*, »der Mann, der immer zu spät kommt, der aus zweiter Hand lebt, der im Warenhaus des Lebens viele Gegenstände, der aber nie sich selbst findet.«

Die Suche nach der eigenen Identität war generell ein Leitmotiv der meisten Nachkriegsschriftsteller: Trauer über die Sinnlosigkeit der Welt, Klage über das verlorene Paradies der scheinbar sicheren Gewißheit, Angst vor einer unheimlichen Welt mechanischer Prozesse und leidvolle Erfahrungen der Einsamkeit klangen in ihren Erzählungen und Gedichten an.

Mit dem Roman »Stiller« gelang dem Schweizer Schriftsteller Max Frisch 1954 der Durchbruch.

Die deutschsprachige Nachkriegsliteratur der Moderne war von zwei Generationen geprägt: Die erste umfaßte Autoren, die schon in der Zeit des Dritten Reiches publiziert oder in der »inneren Emigration« ausgeharrt hatten, wie Günter Eich, Wolfgang Koeppen, Gerd Gaiser, Hans Egon Holthusen, Karl Krolow. Die Auseinandersetzung mit der jüngsten deutschen Vergangenheit, eines der wesentlichen Anliegen dieser »verlorenen Generation«, machte Wolfgang Koeppen zum Thema seiner Erzählung »Der Tod in Rom«, die 1954 erschien.

Albrecht Goes beschreibt in seiner Erzählung »Das Brandopfer« (1954), die in der Zeit des Nationalsozialismus spielt, wie eine Metzgersfrau – obwohl den Gesetzen der Machthaber gegenüber hilflos – ihren jüdischen Kunden auf vielfältige Weise hilft. Als sie beim Bombenangriff ein Opfer der Flammen zu werden droht, rettet sie ein Jude.

Zu diesen älteren Autoren stießen junge Schriftsteller, die seit Ende der vierziger Jahre mit ihrer Prosa und Lyrik herauskamen und rasch tonangebend wurden: Autoren wie Hans Werner Richter, Alfred Andersch, Heinrich Böll, Siegfried Lenz, Max Frisch, Ingeborg Bachmann, Helmut Heißenbüttel zählten dazu. Ihr wichtigstes, selbstkritisches Literaturforum blieb die »Gruppe 47«, deren Debatten und Preisverleihungen Maßstäbe setzten. Neben dem nüchtern-realistischen Rückblick auf Krieg, Faschismus und Trümmerzeit ging es diesen Autoren um eine kritische Bestandsaufnahme des selbstzufriedenen Wirtschaftswunderlandes.

Heinrich Böll nahm in seinem 1954 erschienenen Roman »Haus ohne Hüter« Doppelmoral und bigotte Heuchelei der Nachkriegsgesellschaft aufs Korn. Dieses Reservat von Mahnung und Kritik wurde jungen Intellektuellen in der restaurativen Republik allerdings durchaus bereitwillig eingeräumt. Denn, wie der »Kritikerpapst« Friedrich Sieburg 1954 süffisant anmerkte: »Das konservative Prinzip sitzt so fest im Sattel, daß die Toleranz in künstlerischen Dingen sozusagen zu den Attributen seines Hofstaates gehört. Mit anderen und etwas gröberen Worten: die Politik ist ›rechts‹, die Kunst ist ›links‹. Diese Verteilung der Akzente gibt unserem

Gemeinwesen den vielbeneideten Anstrich des Musterhaften.«

Der Aufbruch in die Moderne beschränkte sich nicht auf das Aufgreifen zeitgemäßer Inhalte. Seine Wegbereiter experimentierten mit neuen Formen, bemühten sich um einfachen und sachlichen Sprachstil; sie trennten sich von der verlogenen Deformation der Sprache im Dritten Reich wie auch vom schöngeistigen Wortbombast traditioneller Prägung. Ihre Vorbilder suchten sie in der Literatur des Auslands oder des deutschen Exils.

Kaum einer der vom NS-Staat vertriebenen Schriftsteller war nach dem Krieg wieder nach Westdeutschland zurückgekehrt. Lediglich der andere deutsche Staat mit seinem Bekenntnis zu Sozialismus und Antifaschismus galt manchen der Emigranten wie Bert Brecht, Anna Seghers, Arnold Zweig und Stefan Heym als zukunftsträchtige Alternative.

Doch spätestens seit dem IV. Schriftstellerkongreß 1954 war jeder Zweifel darüber getilgt, daß anerkannte Dichtung in der DDR sich ausschließlich dem »sozialistischen Realismus« zu verschreiben hatte. Auch dem Versuch eines gesamtdeutschen Brückenschlags, wie ihn etwa Thomas Mann unternahm, war keine Zukunft beschieden.

Der Übervater der deutschen Literatur, der 1954 aus dem amerikanischen Exil in die Schweiz übersiedelte, schloß in diesem Jahr mit seinem Roman »Bekenntnisse des Hochstaplers Felix

Ausgezeichnete Schriftstellerinnen aus Frankreich: Simone de Beauvoir (links) erhielt den begehrten »Prix Goncourt« für ihren Roman »Les mandarins«, während die 19jährige Studentin Françoise Sagan (unten) für ihren Überraschungserfolg »Bonjour tristesse« mit dem »Prix de critique« ausgezeichnet wurde.

**Nobelpreisträger einst und jetzt. Ernest Hemingway, der die begehrte Auszeichnung 1954 erhielt, avancierte in Deutschland zu einem wahren Volksschriftsteller.
Thomas Mann, Nobelpreisträger von 1929, kehrte aus seinem kalifornischen Exil nach Europa zurück.**

Krull« den Bogen seines schriftstellerischen Schaffens. »Felix Krull«, den Thomas Mann schon in Jugendjahren begann, führte noch einmal auf kunstvoll-ironische Weise das Maskenspiel des menschlichen Daseins vor. Doch zugleich markierte das Spätwerk des großen Meisters den Endpunkt einer trotz aller Verwerfung ungebrochenen Blütezeit der bürgerlichen deutschen Literatur, deren Wurzeln bis zur Jahrhundertwende zurückreichten. »Oft will mir unsere Gegenwartsliteratur«, räsonierte Thomas Mann selbst anläßlich seiner letzten Veröffentlichung, »das Höchste und Feinste davon, als ein Abschiednehmen, ein rasches Erinnern, Noch-einmal-Heraufrufen und Rekapitulieren des abendländischen Mythos erscheinen, – bevor die Nacht sinkt, eine lange Nacht vielleicht und ein tiefes Vergessen.«

Helmut Kindler
Verleger

»Die Deutschen stillten ihren Lesehunger damals am liebsten mit Hemingway. Das war die neue, große amerikanische Literatur, und das, was ich selber verschlungen habe. Überhaupt ist die Literaturpalette immer umfangreicher geworden. Doch die Lust auf Lesen hat nicht gleichermaßen zugenommen. Zu dieser Zeit gab es auch eine Neuheit, deren Bedeutung ich noch nicht richtig einzuschätzen wußte: Das Taschenbuch war geboren. An eine Zukunft dieser Buchform wollte ich damals nicht glauben. Für mich galt die Zukunft dem gebundenen Buch – wunderbar im Bücherschrank. Ich habe mich gründlich geirrt.«

Künder eines neuen Aufbruchs: Ilse Aichinger und Günter Eich (unten) gehörten wie Heinrich Böll (rechts) zum Kern des Literaturzirkels »Gruppe 47«.

Nach all den Jahren unter der kulturellen Käseglocke des Dritten Reichs hungerten deutsche Leser und Verleger noch immer nach Literatur jenseits der Grenzen. Verleger und Intendanten veranstalteten eine wahre Jagd auf zeitgenössische ausländische Autoren. Bücher von Ernest Hemingway, Thornton Wilder, William Faulkner, John Steinbeck, Tennessee Williams, John Dos Passos oder Jean-Paul Sartre, Albert Camus, André Gide, Jean Anouilh, Jean Giraudoux und vielen anderen füllten die Regale deutscher Buchhandlungen. Es war bezeichnend, daß auf der Liste der meistverkauften Romane dieser Jahre mit Thomas Mann erst an neunter Stelle ein deutscher Autor stand. Die Hälfte der rund 1000 Aussteller auf der Frankfurter Buchmesse Ende September 1954 kam aus dem Ausland. Insgesamt brachten die Verlage 43 000 Bücher, darunter 12 000 Neuerscheinungen mit. Erstlingswerke wie die beiden ersten Bände von John Tolkiens Trilogie »Der Herr der Ringe«, Françoise Sagans Roman »Bonjour tristesse« oder Simone de Beauvoirs autobiographisch gefärbte Rückblende »Les mandarins«, für die sie den begehrten Prix Goncourt erhielt, sorgten für Aufsehen.

Zu einem wahren Volksschriftsteller auch in Deutschland wurde Ernest Hemingway. Die Romane des bärbeißigen Erzählers standen auf den Bestsellerlisten ganz oben. Die Krönung seines Erfolgs als Schriftsteller war die Verleihung des Nobelpreises am 10. Dezember 1954, die seinem Meisterwerk »The old man and the sea« (»Der alte Mann und das Meer«) wie auch seiner stilbildenden Erzählkunst galt.

Dabei hatten die Feuilletons den großen Dichter schon so gut wie abgeschrieben. Am 23. Januar 1954 war Hemingway nach einer Bruchlandung seines Sportflugzeuges für zwei Tage im Dschungel Afrikas verschollen. Seine Rückkehr stellte einige Zeitungen vor eine peinliche Situation. Hatten sie doch schon vorauseilend Nachrufe verfaßt, die meist nicht ohne tiefsinnige Hinweise auf die Symbolkraft seines Werkes auskamen. So war etwa im *Hamburger Anzeiger* zu lesen: »Sollte dieses Flugzeugunglück den vorgefühlten Tod gebracht haben, dem er ins Auge sah, oder besser, den er vorausahnte, als er ›Schnee am Kilimandscharo‹ schrieb?« Erleichtert stellte eine Schlagzeile am nächsten Tag fest: »Ihm schlug die Stunde nicht.« (PH)

1 · Mittwoch

In Bonn fordert die Bundesregierung nach dem Scheitern der Europäischen Verteidigungsgemeinschaft (EVG) volle Souveränität für die Bundesrepublik und eine »Teilnahme an der westlichen Verteidigung ohne Diskriminierung«.

2 · Donnerstag

Artillerie der Volksrepublik China beginnt mit der Beschießung der zu Taiwan gehörenden Insel Quemoy. Taiwanesische Einheiten bombardieren daraufhin die chinesische Hafenstadt Amoy.

Das US-Verteidigungsministerium gibt bekannt, daß Waffen im Wert von zwei Milliarden DM bereitliegen und an die Bundesrepublik geliefert werden könnten, sobald ein vertraglicher Rahmen für die deutsche Wiederbewaffnung geschaffen sei.

Die irakische Regierung verabschiedet ein Gesetz, wonach Mitgliedern von kommunistischen Organisationen die Staatsbürgerschaft aberkannt werden kann.

3 · Freitag

In den Vereinigten Staaten werden Radarkontrollen im Straßenverkehr eingeführt.

4 · Samstag

Bundeskanzler Konrad Adenauer wendet sich scharf gegen den französischen Ministerpräsidenten Pierre Mendès-France, der »unglücklicherweise« kein Verständnis für die Notwendigkeit eines europäischen Zusammenschlusses besitze. Mendès-France habe »keine Mehrheit hinter sich«, kritisierte der Kanzler in einer Rundfunkansprache.

Mendès-France: »Mon Dieu! Hat der Konrad ein Gewicht!«

Über der sibirischen Küste schießen zwei sowjetische Abfangjäger ein US-Aufklärungsflugzeug ab. Ein Besatzungsmitglied der amerikanischen Maschine kommt ums Leben.

5 · Sonntag

Mit einer Messe vor 100 000 Gläubigen geht in Fulda der 76. Deutsche Katholikentag zu Ende. In seiner Predigt fordert der Kölner Erzbischof Joseph Kardinal Frings zum Gebet für die deutsche Wiedervereinigung auf.

6 · Montag

Königin Elizabeth II. weist die Londoner Polizei an, künftig zu unterbinden, daß die königlichen Wachen vor dem Buckingham-Palast von ausländischen Touristinnen geküßt werden.

7 · Dienstag

Der Bundestagsabgeordnete des Gesamtdeutschen Blocks, Rudolf Meyer-Ronnenberg, tritt zur CDU über. Damit verfügen die Unionsparteien wieder über die absolute Mehrheit im Bundestag.

Die österreichische Regierung fordert die Sowjetunion auf, die letzten rund 1000 österreichischen Kriegsgefangenen freizulassen.

8 · Mittwoch

In Manila schließen Vertreter Australiens, Frankreichs, Großbritanniens, Neuseelands, Pakistans, Thailands, der Philippinen und der USA den Südostasienpakt (SEATO).

9 · Donnerstag

Bei mehreren schweren Erdbeben in Algerien sterben über 1500 Menschen.

Beim Besuch einer chilenischen Regierungsdelegation in Bonn werden mehrere Abkommen zwischen Deutschland und Chile geschlossen.

10 · Freitag

In Tripolis unterzeichnen die USA und Libyen einen Vertrag, der die Einrichtung amerikanischer Luftstützpunkte und die Erhöhung der US-Wirtschaftshilfe vorsieht.

Das »Hildebrandslied«, eines der bedeutendsten Dokumente deutscher Literaturgeschichte aus dem frühen Mittelalter, kehrt nach Deutschland zurück. Die in den letzten Kriegstagen verschollene Handschrift war in den USA wieder aufgetaucht.

11 · Samstag

Auf Java lynchen fanatische Moslems 26 christliche Bewohner eines Dorfes.

Der österreichische Motorradweltmeister Rupert Hollaus verunglückt beim Training zum Großen Preis von Italien in Monza tödlich.

12 · Sonntag

Bei den Landtagswahlen in Schleswig-Holstein erringen die CDU und die SPD jeweils 25 Mandate. Beide Parteien melden den Anspruch auf den Posten des Ministerpräsidenten an.

13 · Montag

Erstmals seit dem Aufstand vom 17. Juni 1953 kritisiert ein SED-Sprecher die Produktionsleistungen der Betriebe in der DDR und fordert höhere Arbeitsnormen.

14 · Dienstag

Im US-Bundesstaat West-Virginia führen heftige Proteste von Eltern und Schülern zur Wiedereinführung der Rassentrennung an öffentlichen Schulen.

15 · Mittwoch

In London erläutert John Cookcroft, der Direktor des britischen Atomforschungsinstituts Harwell, die Entsorgung des englischen Atommülls: Radioaktive Abwässer leite das Institut in die Themse, stark strahlendes Material werde entweder im Atlantik versenkt oder in ehemaligen Kohlenschächten zwischengelagert.

Der amerikanische Atomwissenschaftler Henry D. Smyth, der das Verfahren gegen Robert Oppenheimer kritisiert hatte, erklärt seinen Rücktritt aus der amerikanischen Atomenergiekommission.

16 · Donnerstag

Bundesverkehrsminister Hans-Christoph Seebohm (DP) legt in Köln ein Zehnjahresprogramm vor, das den Neubau von 8400 Kilometern Bundesstraße und 900 Kilometern Autobahn vorsieht.

In Bonn treffen sich der amerikanische Außenminister John Foster Dulles und Bundeskanzler Konrad Adenauer, um die neue Situation nach dem Scheitern der EVG zu beraten.

17 · Freitag

In Hannover legt der Vorsitzende der IG Metall, Otto Brenner, ein Aktionsprogramm zur Einführung der 40-Stunden-Woche bei vollem Lohnausgleich vor.

18 · Samstag

Der italienische Außenminister Attilio Piccioni tritt zurück, nachdem sein Sohn in Zusammenhang mit dem mysteriösen Tod der 21jährigen Wilma Montesi gebracht worden war.

In Laos töten Attentäter während eines festlichen Empfangs den Verteidigungsminister des Landes, Ku Worawong, durch Pistolenschüsse.

19 · Sonntag

Der jugoslawische Ministerpräsident Josip Tito spricht sich für die deutsche Wiederbewaffnung aus. Es sei unmöglich, so Tito auf einer Massenkundgebung in Slowenien, »ein so vitales und starkes Volk ewig an die Kette zu legen«.

Eine Menschenmenge befreit im kenianischen Nairobi rund 200 inhaftierte Mitglieder der Unabhängigkeitsbewegung Mau-Mau aus dem Gefängnis.

20 · Montag

Vor dem Europarat in Straßburg legt der französische Ministerpräsident Pierre Mendès-France einen Plan zur langfristigen Wiederbewaffnung der Bundesrepublik im Rahmen der NATO vor.

21 · Dienstag

Die Vollversammlung der Vereinten Nationen in New York lehnt die Aufnahme der Volksrepublik China mit 43 zu 11 Stimmen ab.

22 · Mittwoch

Das Mainzer Schwurgericht verurteilt die Giftmörderin Christa Lehmann aus Worms zu einer lebenslangen Zuchthausstrafe. Der Prozeß um die »Pralinenmörderin«, die ihre drei Opfer mit dem Pflanzenschutzmittel E 605 umgebracht hatte, erregte bundesweite Aufmerksamkeit.

23 · Donnerstag

Heinrich von Brentano, Fraktionsvorsitzender der Unionsparteien im Bundestag, erklärt im Hessischen Rundfunk, die Wiedervereinigung sei nicht die vordringlichste Aufgabe deutscher Politik.

Der schweizerische Historiker und Schriftsteller Carl Jacob Burckhardt wird mit dem Friedenspreis des deutschen Buchhandels ausgezeichnet.

24 · Freitag

Rotchinesische Radiosender kündigen für den 28. September schwere Luftangriffe auf Taiwan an.

Der französische Innenminister François Mitterrand entläßt Polizeikommissar Jean Dides aus dem Staatsdienst, dem die Weitergabe politischer Geheimnisse an die Presse vorgeworfen worden war.

25 · Samstag

Einstimmig wählt der Nationale Volkskongreß in Peking Mao Zedong zum Staatspräsidenten der Volksrepublik China, gemäß der am 20. September verabschiedeten neuen chinesischen Verfassung.

Im schweizerischen Bürgenstock heiraten die amerikanischen Hollywood-Stars Audrey Hepburn und Mel Ferrer.

26 · Sonntag

In Japan fordert der Taifun »Marie« mehr als 2000 Menschenleben. Allein beim Untergang des Fährschiffes »Toya Maru« ertrinken 977 Passagiere und Besatzungsmitglieder.

27 · Montag

In London beraten die Außenminister der USA, Großbritanniens, Kanadas, Frankreichs, Italiens, der Benelux-Staaten und der Bundesrepublik über einen Ersatz für die gescheiterte Europäische Verteidigungsgemeinschaft.

28 · Dienstag

In Stuttgart treffen sich die Sachverständigen für eine Neugliederung des Bundesgebietes unter Leitung des ehemaligen Reichskanzlers Hans Luther. Aufgabe des Sachverständigenausschusses sind Vorschläge zur Bildung kulturell und wirtschaftlich homogener Bundesländer.

Auf seiner Stute »Halla« gewinnt Hans Günter Winkler in Italien den »Giorgio Bianchetti«-Preis.

29 · Mittwoch

In Peking trifft anläßlich des fünfjährigen Bestehens der Volksrepublik China eine sowjetische Delegation unter Führung des Ersten Sekretärs der KPdSU, Nikita Chruschtschow, ein. Im Laufe des zweiwöchigen Besuchs wird die Übergabe des Marinestützpunkts Port Arthur an die Volksrepublik China vereinbart.

Im deutschen Fernsehen wird die erste Folge der Serie »Die Familie Schölermann«, die sofort zum »Straßenfeger« wird, ausgestrahlt.

30 · Donnerstag

In Hamburg geben die britischen Besatzungsbehörden die Flugzeugwerft Blohm & Voß den Eigentümern zurück. Die Werftleitung erklärt, daß für die Fertigungsanlagen vorerst keine Verwendung bestehe, da der Flugzeugbau in Deutschland verboten sei.

In den bundesdeutschen Kinos feiert der Film »08/15« mit Joachim Fuchsberger in der Titelrolle Premiere.

UNITED KINGDOM
GE

Eintrittskarte in die NATO

Neun Jahre nach der Kapitulation: Die Bundesrepublik im Westbündnis

Bundeskanzler Adenauer hatte die Fraktionsführer des Deutschen Bundestages zu einer Krisensitzung in die französische Hauptstadt gebeten. Er war sich seiner Sache nicht mehr sicher. Eigentlich hatte er geglaubt, alle Hürden der Pariser Konferenz schon genommen zu haben. Das Paket der Westverträge war geschnürt. Das Do-ut-des-Geschäft mit dem Westen, Wehrbeitrag und Bündniszugehörigkeit um den Preis der Souveränität, stand kurz vor dem Abschluß. Aber dann kam es zum Streit über die Saarfrage, und so war noch einen Tag vor Konferenzschluß ungewiß, ob nicht auch der zweite Anlauf zur Westbindung der Bundesrepublik am Widerstand Frankreichs scheitern würde. Beim erstenmal war es um den Zankapfel EVG gegangen; diesmal ging es um ein Territorium, das laut Einschätzung eines amerikanischen Korrespondenten kaum größer war als eine Ranch in Texas. Paris zielte darauf ab, das Saargebiet endgültig von Deutschland zu trennen – eine Forderung, die für die Bundesregierung unannehmbar war. Adenauer vertrat den Standpunkt, daß nur ein Friedensvertrag mit Gesamtdeutschland verbindlich festlegen könne, wohin das Saarland gehört.

Der Kanzler hatte die Bonner Fraktionsführer nach Paris kommen lassen, weil es Kompromißchancen auszuloten galt. Außerdem hoffte er auf Rückendeckung durch das Parlament. Beim gemeinsamen Mittagessen im Restaurant Lassère am 22. Oktober 1954 machte er aus seiner Verbitterung über die Haltung der französischen Regierung keinen Hehl. Die Zeit war knapp. In ungefähr vierundzwanzig Stunden würde die Schlußsitzung am Quai d'Orsay beginnen, wo die Verträge zur Unterschrift bereitlagen.

Es handle sich bloß um »die übliche Konferenzkrise des vorletzten Tages«, beschwichtigten einige deutsche Diplomaten. Der Kanzler aber sah das anders. Wieder einmal stand er kurz vor dem Ziel seiner Westpolitik; wieder einmal stand alles auf dem Spiel.

Dabei hatte es in Paris so gut angefangen. Ein politisches Hindernis nach dem anderen war auf dem Weg zur bisher wichtigsten aller Westkonferenzen überwunden worden. Schon auf dem Londoner Neun-Mächte-Treffen vom 28. September bis 3. Oktober waren die wesentlichen Punkte vorgeklärt und in einer Schlußakte feierlich bestätigt worden: Beendigung der Besatzungsherrschaft, Übertragung der Souveränität für die Bundesrepublik und Aufnahme in den Atlantikpakt. Als die französische Nationalversammlung Ende August die EVG hatte platzen lassen, sprach Adenauer noch von einem »schwarzen Tag« für Deutschland und Europa. Langjährige Bemühungen, den Anschluß im Westen bei voller Souveränität zu erlangen und die innen- und außenpolitische

Nur eine Etappe auf der Konferenz von Paris – die Neunerrunde: USA, Großbritannien und Kanada sowie die Unterzeichner des Vertrages über die (inzwischen gescheiterte) Europäische Verteidigungsgemeinschaft besiegeln die Gründung der Westeuropäischen Union, ein kollektiver Beistandspakt der Westeuropäer im Rahmen der NATO.

Die Unterzeichnung der Londoner Schlußakte – Grundlage für die Pariser Verträge.

Konsolidierung der Bundesrepublik voranzutreiben, schienen vergeblich gewesen.

Doch die USA und Großbritannien waren auf das Scheitern der EVG vorbereitet und präsentierten prompt eine Ersatzlösung. Was ein Europabündnis könne, das könne auch die NATO: ein souveränes Westdeutschland in den westlichen Verteidigungsblock einbinden, bei gleichzeitiger Kontrolle seiner Wiederaufrüstung. Fieberhaft arbeiteten London und Washington an ihrem Plan – und Bonn zog mit.

Diese Variante hatte gegenüber dem EVG-Plan einen entscheidenden Vorteil: Frankreich war schon NATO-Mitglied und mußte diesmal nicht fürchten, ein weiteres wesentliches Stück seiner verteidigungspolitischen Souveränität einzubüßen. Solche Bedenken hatten bei der Ablehnung der Europaarmee eine wichtige Rolle gespielt. Und noch ein weiterer Punkt war wesentlich: Sicherheit nicht nur für Deutschland, sondern auch vor Deutschland.

Schon zwei Wochen nach dem Scheitern der EVG bezog die französische Regierung Stellung. Frankreichs Hochkommissar François-Poncet überreichte Bundeskanzler Adenauer ein Memorandum, das die Zustimmung zum westdeutschen NATO-Beitritt signalisierte; Voraussetzungen aber seien der Beitritt der Bundesrepublik zum Brüsseler Pakt sowie umfassende Beschränkungen und Kontrollen des deutschen Militärpotentials. Im Gegensatz zu den anderen Mitgliedstaaten sollte die Bundesrepublik keine eigenen Einheiten außerhalb des NATO-Kommandos aufstellen dürfen. Großbritannien und die USA mußten sich verpflichten, auch weiterhin Streitkräfte auf dem Kontinent zu stationieren. Auf der Neun-Mächte-Konferenz in London, an der neben den drei Westmächten die Benelux-Länder, die Bundesrepublik, Italien und Kanada teilnahmen, wurden diese Punkte intensiv beraten. Ministerpräsident Mendès-France unterstrich seine Forderung nach Sicherheitsgarantien und ließ keine Zweifel aufkommen, daß auch ein Einvernehmen in der Saarfrage Voraussetzung für eine Zustimmung Frankreichs sei. Doch dieser Tagesordnungspunkt blieb vorerst zweitrangig. Um Frankreich entgegenzukommen, gab US-Außenminister Dulles eine verbindliche Erklärung über den Verbleib amerikanischer Streitkräfte in Europa ab. Auch sein Amtskollege Anthony Eden stellte eine Dauerstationierung britischer Truppen in Aussicht. Selbst Konrad Adenauer machte weitreichende Konzessionen. Er bekannte später in seinen Memoiren, daß er bei dieser Konferenz den einzigen wirklichen »einsamen Entschluß« seiner Regierungszeit gefällt habe. Im Namen der Bundesrepublik erklärte er grundsätzlich den Verzicht auf die Herstellung von ABC- sowie anderer schwerer Waffen.

Diesen Preis forderte Frankreich für die Gleichberechtigung der Bundesrepublik: das Saargebiet.

Mit den Londoner Zusagen im Gepäck fuhr Mendès-France zurück nach Paris, um dort in einer eilends einberufenen Sondersitzung das französische Parlament zu konsultieren.

» Der letzte Akt in Paris war der Shawschen, wenn nicht der Shakespeareschen Bühne würdig. «

Manchester Guardian

Bei der Pariser Konferenz vom 19. bis 23. Oktober galt es, die Londoner Schlußakte in die Tat umzusetzen. Die Bundesregierung ging mit der Hoffnung in die Verhandlungen, Frankreich im fortgeschrittenen Stadium des Treffens auch in der Saarfrage zu einem Entgegenkommen bewegen zu können.

Die Zeitbombe aber tickte schon, als sich die Delegationen der Teilnehmerstaaten in der französischen Hauptstadt einfanden. Vier »Runden« waren zu bestreiten: eine deutsch-französische zur Lösung des Saarproblems, eine Viererrunde aus Vertretern der Bundesrepublik und der Westmächte zur Regelung der Souveränität, eine Neunerrunde – unter Hinzuziehung der Benelux-Staaten, Italiens und Kanadas – zur Bildung der sogenannten Westeuropäischen Union (WEU) und schließlich eine Fünfzehnerrunde der 14 NATO-Mitglieder einschließlich Westdeutschlands als Beobachter, die den Beitritt der Bundesrepublik zum Atlantikpakt zu beschließen hatte.

Zunächst verlief alles nach Plan. Innerhalb von vier Tagen kamen die Partner in den Hauptpunkten der Konferenz zu einer Einigung: Bündnis, Beitritt, Souveränität. Konrad Adenauer verkündete beim Verlassen des Palais Chaillot am Vorabend des letzten Verhandlungstags: »Die Viererkonferenz ist zu Ende. Einigung in allen Punkten. Ich bin befriedigt. Morgen wird die letzte Formulierung gebilligt. Die Saar-Verhandlungen gehen weiter.«

Die bis zuletzt hinausgeschobene Debatte um die Saar aber geriet zum Poker um alles oder nichts. Frankreich versuchte ein Abkommen zu erzielen, das die Loslösung des Saargebiets von Deutschland verbindlich festlegte. Paris glaubte, die Mehrheit der Saar-Bevölkerung für eine Europäisierung des Gebiets gewinnen zu können und forderte ein Plebiszit. Adenauer wollte aber nur unter der Bedingung zustimmen, daß mit dem Referendum keine endgültige, sondern nur eine provisorische Regelung herbeigeführt werde. Nur ein frei vereinbarter Friedensvertrag zwischen dem deutschen Volk und den Siegermächten könne Deutschlands Grenzen endgültig festlegen. Dieser völkerrechtliche Vorbehalt wurde auch auf die Ostgebiete angewandt und von den Westmächten grundsätzlich unterstützt.

Konrad Adenauer und Pierre Mendès-France beschlossen, unter vier Augen weiterzuverhandeln. Erst um zwei Uhr morgens kam es zum Kompromiß. Eilends mußten die Sachverständigen beider Länder die Zugeständnisse zu Papier bringen. Der französische Ministerpräsident verzichtete auf den Teil des Abkommens, der eine endgültige Abtrennung des Saargebiets ermöglicht hätte, während Adenauer einer Volksabstimmung zustimmte. Damit war der Weg frei für die Unterzeichnung der »Pariser Verträge«. Um vier Uhr nachmittags am 23. Oktober 1954, begann die feierliche Zeremonie am Quai d'Orsay – eine Stunde später als geplant, weil der französische Regierungschef noch die Bestätigung seines Kabinettsrates einholen mußte. Insgesamt 76 Unterschriften leistete Konrad Adenauer in seiner Doppelfunktion als Außenminister und Kanzler der Bundesrepublik. Das Paket der Abmachungen umfaßte insgesamt zwölf Verträge und Abkommen.

Chancen zur Einheit vertan? Der Parteiführer der SPD Erich Ollenhauer, übt heftige Kritik an den Pariser Verträgen.

Der im Zusammenhang mit den EVG-Verhandlungen vorformulierte »Deutschland-Vertrag« wurde revidiert. Er war die Magna Charta der westdeutschen Souveränität. Vorbehaltlich der Berliner und der gesamtdeutschen Frage erlangte die Bundesrepublik »die volle Macht eines souveränen Staates über die inneren und äußeren Angelegenheiten«. Das Besatzungsstatut wurde aufgehoben.

Als eine Art Ersatz für die EVG wurde die »Westeuropäische Union« gegründet. Der 1947 geschlossene Brüsseler Pakt zwischen England, Frankreich und den Beneluxstaaten wurde neu definiert und um die Bundesrepublik und Italien erweitert. Die WEU enthielt eine automatische Beistandsverpflichtung der beteiligten Staaten und galt fortan als europäischer Pfeiler der NATO. Zugleich sollte sie sich an der Kontrolle der westdeutschen Aufrüstung beteiligen.

Die Bundesrepublik wurde offiziell eingeladen, der NATO beizutreten; sie mußte auf ABC-Waffen verzichten und sich zum defensiven Charakter des transatlantischen Bündnisses bekennen. Eine deutsche Wiedervereinigung sowie die Änderung bestehender Grenzen dürfe nur mit friedlichen Mitteln angestrebt werden.

Frankreich und die Bundesrepublik einigten sich – vorbehaltlich der Billigung durch die Bevölkerung an der Saar – auf einen europäischen Status des Saargebiets. Paris verpflichtete sich, alle demokratischen Freiheiten wiederherzustellen. Binnen dreier Monate sollte das Referendum, zu einem späteren Zeitpunkt dann freie Wahlen stattfinden.

Das Saarproblem wurde in den beiden folgenden Jahren gelöst. Zu Frankreichs Überraschung fiel das Referendum gegen das Autonomiekonzept aus. Paris respektierte den Mehrheitswillen der Saar-Bevölkerung: Am 1. September 1957 erhielt das Saargebiet den Status eines deutschen Bundeslandes.

Auf einen Aspekt legte Konrad Adenauer beim Zustandekommen der Westverträge ganz besonderen Wert: die Westmächte sowie die anderen NATO-Partner sollten bekunden, daß sie die Bundesregierung als einzige legitime deutsche Regierung anerkennen und eine friedensvertragliche Regelung

Pro und Contra im Bundestag

Die Pariser Verträge
1. Lesung am 15. Dezember 1954

Adenauer (CDU): »Die Bundesregierung sieht in der wiedergewonnenen Souveränität eine erweiterte politische Selbständigkeit, Verantwortlichkeit und Handlungsfähigkeit, die ihr erlauben, mit größerer Wirksamkeit und Überzeugungskraft die schon bisher erstrebten Ziele zu verfolgen: die Wiedervereinigung Deutschlands und die Einigung Europas. [...] Das Scheitern der EVG, meine Damen und Herren, war der größte Erfolg der Sowjetunion auf dem europäischen Schauplatz des Kalten Krieges. [...] Deutschland kann, eben im Begriff, wieder ein Subjekt der internationalen Politik zu werden, wenn die Entwicklung unglücklich verläuft, sehr schnell wieder zu einem Objekt der internationalen Politik werden.«

Ollenhauer (SPD): »Die Interessen der Sowjetunion sind nicht identisch mit unseren deutschen Interessen, und ihre Argumente sind nicht unsere Argumente. Aber [...] die Sowjetunion ist eine der vier Besatzungsmächte, und ohne ihre Zustimmung und ohne ihre Mitwirkung ist eine Wiedervereinigung Deutschlands ebenso unmöglich wie ohne die Zustimmung und Mitwirkung der Westmächte. [...] Wir können es vor dem deutschen Volke nicht verantworten, daß wir das unbestreitbare Risiko eingehen, daß nach der Ratifizierung der Verträge Verhandlungen über die Wiedervereinigung nicht mehr möglich sind [...] Ein Vertragswerk, das weder der Sicherheit, noch der Einheit des deutschen Volkes dient, ist unannehmbar.«

Dehler (FDP): »Die Saar hat sachlich mit der Frage der europäischen Sicherheit und der gemeinsamen Verteidigung nichts zu tun. Wer also die Lösung der Saarfrage zur Vorbedingung der gemeinsamen Verteidigung macht und droht, andernfalls nicht beizutreten, der kommt doch in die Gefahr, die Notwendigkeit einer gemeinsamen Verteidigung zu leugnen.«

für Gesamtdeutschland und die Wiedervereinigung der Deutschen grundsätzlich befürworten. Es gelang dem Kanzler, die Partner auf diese Grundsätze zu verpflichten – schwarz auf weiß.

Aus der Sicht der SPD-Opposition im Deutschen Bundestag waren das freilich bloße Lippenbekenntnisse. Sie betrachtete die Westverträge als Teilungsverträge und warf der Regierung vor, durch die militärische Anbindung der Bundesrepublik an den Westen alle Chancen zur Einheit verspielt zu haben. Die Bundesregierung feierte die Pariser Verträge nicht nur als Durchbruch zu Gleichberechtigung und Westbindung, sondern auch als einen Etappensieg auf dem Weg zur Vereinigung Deutschlands.

Adenauer baute auf eine »Politik der Stärke«: Nur ein starker Westen könne

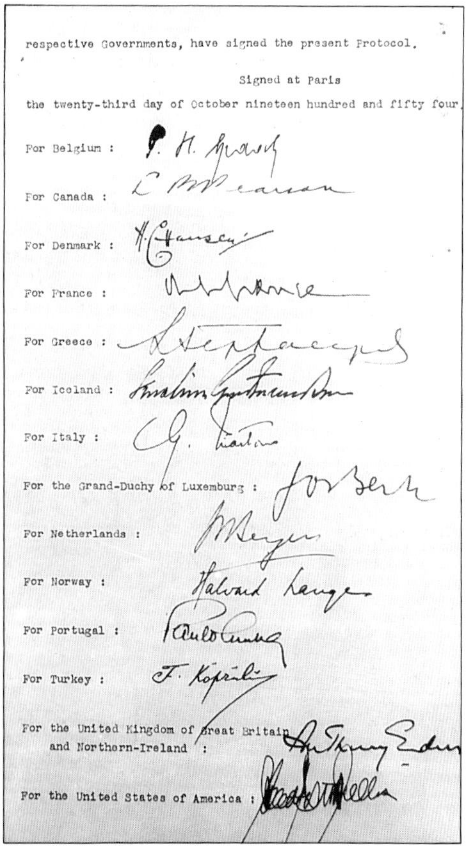
respective Governments, have signed the present Protocol.

Signed at Paris

the twenty-third day of October nineteen hundred and fifty four.

For Belgium :

For Canada :

For Denmark :

For France :

For Greece :

For Iceland :

For Italy :

For the Grand-Duchy of Luxemburg :

For Netherlands :

For Norway :

For Portugal :

For Turkey :

For the United Kingdom of Great Britain and Northern-Ireland :

For the United States of America :

Vierzehn Unterschriften dokumentieren den gemeinsamen Willen der NATO-Mitglieder, die Bundesrepublik in das Westbündnis aufzunehmen.

den Ostblock ins Wanken bringen und die Sowjetunion zur Preisgabe des von ihr unterdrückten Teils von Deutschland bewegen, so sah der Kanzler keineswegs einen Widerspruch zwischen Westbindung und Wiedervereinigung.

Vor der Ratifikation der Verträge entbrannte im Deutschen Bundestag eine leidenschaftliche Debatte. Selbst das französische Parlament schloß das Verfahren diesmal zügiger ab als das deutsche.

In der Bundesrepublik hingegen zog sich der parlamentarische Akt bis Ende Februar 1955 hin. Und wieder einmal versuchte die Sowjetunion, die Westverträge durch eine Noten-Kampagne zu torpedieren. Noch am Tag der Unterzeichnung selbst begann die Propagandaschlacht. In seinen Noten vom 23. Oktober, 9. Dezember 1954 und 15. Januar 1955 versuchte der Kreml die Folgen der Vertragspolitik Adenauers so drastisch wie möglich auszumalen: keine Wiedervereinigung, keine Verhandlungen für lange Zeit! Das deutsche Parlament habe im Fall der Zustimmung die Verantwortung für das Fortbestehen der Spaltung Deutschlands zu tragen. Noch bestünden Chancen, sich zu einigen. Und noch einmal griff Moskau das Thema »freie Wahlen« auf: »Das deutsche Volk muß durch die Abhaltung allgemeiner freier Wahlen in ganz Deutschland, einschließlich Berlin, die Möglichkeit haben, seinen freien Willen zu äußern.«

Der Westen hatte keinen Grund, diesen Angeboten mehr Glauben zu schenken als den Initiativen aus den Vorjahren. Der Kreml hatte bislang alle Chancen ungenutzt gelassen, die Ernsthaftigkeit seiner Vorschläge unter Beweis zu stellen. Es gab kein Anzeichen dafür, daß er wirklich bereit war, seine Kriegsbeute DDR in freien Wahlen aufs Spiel zu setzen.

Bei der westdeutschen SPD verfehlten Moskaus Vorstöße ihre Wirkung allerdings nicht. Oppositionsführer Ollenhauer warf Bundeskanzler Adenauer vor, »diese Möglichkeiten zur Wiedervereinigung« außer acht zu lassen, und forderte vor der Ratifikation der Verträge einen weiteren Versuch, »auf dem Wege von Viermächteverhandlungen die Einheit in Freiheit wiederherzustellen«. Ollenhauer warf der Bundesregierung vor, ihr bedeute die Westbindung mehr als die Wiedervereinigung.

Am 28. Februar 1955 indessen billigte der Bundestag mit großer Mehrheit die Pariser Verträge und das Saar-Statut. Die vorausgehende Redeschlacht im Parlament dauerte fast vierzig Stunden und wurde im Rundfunk und – in bescheidenen Anfängen – vom Fernsehen direkt in die deutschen Wohnstuben übertragen.

Einer repräsentativen Umfrage zufolge begrüßten etwa 40 Prozent der Bundesbürger, »daß der Bundestag die Pariser Verträge angenommen hat«, 27 Prozent sprachen sich dagegen aus; mehr als ein Drittel hatte sich kein Urteil gebildet. Viel Grund zur Euphorie bestand jedenfalls nicht; zu sehr lag der Schatten der Teilung über dem Teilerfolg neu gewonnener Souveränität.

Mit der Hinterlegung der Ratifikationsurkunden durch alle beteiligten Staaten trat am 5. Mai 1955 der »Deutschland-Vertrag« in Kraft. Am 6. Mai wurde die Bundesrepublik Mitglied von NATO und WEU. Nur zehn Jahre nach der bedingungslosen Kapitulation des totalitären Nazi-Regimes wurde ein demokratischer deutscher Staat gleichberechtigter Partner im Bündnis der freien Welt. Festtagsstimmung kam deswegen nicht auf. Die Empfindungen in der Mehrheit der Bevölkerung waren gespalten wie das Land. Die Bundesregierung stand weiterhin unter hohem Erwartungsdruck. Sie mußte glaubhaft machen, daß die Westverträge nicht Schlußpunkt, sondern nur Etappe waren auf dem Weg zum offiziellen Staatsziel Nummer eins, der Wiedervereinigung: »Unser Ziel ist: In einem freien und geeinten Europa ein freies und geeintes Deutschland.« Auf lange Sicht blieb der Vorsatz der damaligen Bundesregierung kein bloßes Lippenbekenntnis. (SB)

Die Machtergreifung Nassers

Pulverfaß Nahost: Revolution auf arabisch

Alexandria, am 26. Oktober 1954: Tausende von Anhängern des ägyptischen Ministerpräsidenten hatten sich versammelt, um seinen bisher größten außenpolitischen Erfolg zu feiern. Drei Monate hatte Gamal Abd el Nasser mit den Briten um die Macht am Nil gepokert. Die Unterzeichnung des Suez-Abkommens galt als sein persönlicher Triumph: London gelobte schriftlich den Auszug seiner Truppen aus Ägypten. Die uneingeschränkte Souveränität des Nilstaates war in greifbare Nähe gerückt.

Nasser bestieg das Podium und hielt eine umjubelte Ansprache – plötzlich krachten Schüsse. Lähmendes Entsetzen durchzuckte die Menge. Der Regierungschef blieb unverletzt – und führte allen vor Augen, daß er auch jetzt noch Herr der Lage war. Umringt von seinen Leibwächtern rief er den Versammelten zu, daß er jederzeit bereit sei, sein Leben für Ägypten zu opfern. Dann setzte er seine Rede fort; er tat es in der Gewißheit, nun über noch mehr Macht zu verfügen als zuvor. Die Massen standen hinter ihm. Sofort wurde der Ausnahmezustand über das ganze Land verhängt. Gegen die Moslembruderschaft begann eine große Polizeiaktion, denn der 35jährige Attentäter Mahmoud Abd el Latif war Mitglied dieser radikalen Organisation. Er gestand, von einem Vertreter des extremen Flügels zu dem Mordanschlag angestiftet worden zu sein.

Präsident Nasser beim Bad in der Menge. Ein gescheiterter Attentatsversuch machte ihn zum mächtigsten Mann im Staat. Nicht nur die Ägypter setzten große Hoffnungen auf ihn.

In ganz Kairo kam es zu Demonstrationen für den Ministerpräsidenten und zu Aktionen gegen die fanatischen Moslems; ihr Hauptquartier wurde in Brand gesteckt. Zunächst konnte man meinen, der Anschlag sei inszeniert worden. Was konnte Nasser mehr nützen als ein symbolischer Augenblick, der zeigte, welche Gefahren er für das Volk auf sich nahm? Innenpolitisch betrachtet, war das Attentat ein willkommener Anlaß, noch härter gegen die Opposition vorzugehen.

Bekannt war, daß die religiösen Fanatiker vor Mordanschlägen nicht zurückschreckten. Ihr Zorn richtete sich gegen das Suez-Abkommen: die Briten seien viel zu gut weggekommen. Der Vertrag sah vor, daß die rund 80000 Soldaten des Empire innerhalb von 20 Monaten vom Suez-Kanal abziehen sollten. Zum Schutz der Anlagen des Kanals, der noch immer in britisch-französischem Besitz war, wurde London das Recht auf militärische Intervention eingeräumt – unter anderem für den Fall, daß Ägypten von außen angegriffen werde. Eine »neue Ära freundschaftlicher Beziehungen« zwischen Großbritannien und Ägypten wurde ausgerufen. Grund genug für die Gemeinschaft der Moslembrüder, Nasser des Verrats zu bezichtigen und zuzuschlagen. Doch der Attentatsversuch von Alexandria wirkte wie ein Bumerang. Nasser nutzte die Gunst der Stunde, um seinen Herrschaftsanspruch endgültig durchzusetzen. Auch sein großer Rivale, General Ali Muhammad Nagib, der Staatspräsident Ägyptens, geriet in den Strudel der innenpolitischen Flurbereinigung nach dem Anschlag.

Dabei gehörte Nagib wie Nasser zu den großen Protagonisten der sogenannten ägyptischen »Revolution«, die sich zum Ziel gesetzt hatte, den nordafrikanischen Staat von Grund auf umzuwälzen. Begonnen hatte sie mit einem Militärputsch im Juli 1952. General Nagib stellte sich an die Spitze der ägyptischen Armee und ließ die Sommerresidenz König Faruks umstellen. Der Putsch der sogenannten »Freien Offiziere«, denen auch der Oberst Gamal

Abd el Nasser angehörte, verlief unblutig. Der Monarch dankte ab und verließ das Land an Bord seiner Jacht mit Kurs auf Italien.

Nach einer kurzen Übergangsphase übernahm Nagib das Amt des Premierministers, und als in Ägypten im Juni 1953 die Republik ausgerufen wurde, auch das Amt des Staatspräsidenten. Nasser wurde zum stellvertretenden Premier und Innenminister ernannt.

Die Regierung des »neuen« Ägypten setzte sich zum Ziel, die überkommenen kolonialen und feudalen Strukturen so rasch wie möglich zu überwinden. Eine Mischung aus arabischem Nationalismus mit sozialistischen Attitüden bildete den ideologischen Überbau – weltliche und religiöse Elemente wurden miteinander verwoben. Erste Amtshandlung der Revolutionsregierung war die Zerschlagung des Großgrundbesitzes. Die Maximalgröße von Landgütern wurde festgelegt, der freigewordene Boden unter die landlosen Bauern verteilt. Das brachte den neuen Machthabern große Sympathie bei den unteren Bevölkerungsschichten ein. Die vermögenden Familien, und alle jene, die in ihren Diensten standen, begehrten zwar gegen das neue Regime auf, doch Innenminister Nasser – zugleich Chef der Polizei – sorgte dafür, daß der Unmut nicht in eine Gegenrevolte umschlug. Die früheren Parteien wurden aufgelöst und in einer »Freiheitsfront« zusammengefaßt.

Die schärfsten Gegner der Regierung aber kamen aus den Reihen der Kommunisten und der Moslembrüder. Die einen beriefen sich auf Marx, die anderen auf Mohammed. Nasser erkannte die Gefahr, die von den radikalen Kräften ausging. Mit den Kommunisten machte er kurzen Prozeß – ihre einflußreichsten Köpfe ließ er verhaften.

Die Moslembruderschaft, die die Revolution voll unterstützt hatte, wurde verboten, doch ihr Einfluß blieb stärker als erwartet. Die Moslembrüder versuchten Nagib gegen Nasser auszuspielen. Nagib galt als der konservativere und religiösere Mann und war beim Volk beliebter. Nasser ging der Ruf des verweltlichten Machtpolitikers voraus. Allerdings hatte er im sogenannten »Revolutionsrat«, dem führenden politischen Gremium des neuen Ägypten, den besseren Stand. Als Nagib zurücktreten wollte, um den Rat herauszufordern, organisierten die Moslembrüder Protestkundgebungen. Nagib wurde als Präsident zurückgeholt. Nasser wurde Premier und nach kurzer Unterbrechung Mitte April 1954 in diesem Amt bestätigt. Der Machtkampf aber war immer noch nicht entschieden.

» Der Ruf geht aus, die Araber aus Knechtschaft in Freiheit, Einheit und Fortschritt zu führen. «

Gamal Abd el Nasser

Dann geschah das Attentat. Einheiten von Polizei und die Armee verhafteten binnen weniger Stunden alle wichtigen Führer der Moslembruderschaft. Während der Untersuchungen wurde auch General Nagib durch Zeugenaussagen schwer belastet: Er habe von den Attentatsplänen gewußt und die Ermordung Nassers gutgeheißen.

Das Blatt wendete sich zugunsten Nassers. Es gelang ihm, die öffentliche Meinung hinter sich zu bringen. Am 14. November setzte der Revolutionsrat Präsident Nagib ab. Er wurde auf sein Landgut von El Mar bei Kairo verbannt und unter strengen Hausarrest gestellt. Gamal Abd el Nasser war nun der alleinige starke Mann Ägyptens – der Stuhl des Präsidenten war frei. Er legte seine Uniform ab und regierte künftig in Zivil.

Nach der Beilegung des innenpolitischen Konflikts wandte er sich verstärkt der Außenpolitik zu. Das Suez-Abkommen mit den Briten sorgte zunächst für Entspannung an der strategisch bedeutenden Wasserstraße – 1956 sollte es dann aber doch noch zum Krieg kommen, weil Nasser sich entschloß, den Kanal zu verstaatlichen.

Von Anfang an bezog er offen Frontstellung gegen Israel. Als arabischer Staatschef hatte er auch kaum eine andere Wahl. Für israelische Schiffe blieb der Suez-Kanal weiterhin gesperrt, und Israel warf den Briten vor, sie hätten es versäumt, bei den Verhandlungen über das Abkommen auf Garantien für die freie Durchfahrt israelischer Schiffe zu bestehen.

Nasser machte aus seiner aggressiven Haltung gegenüber Israel keinen Hehl und schreckte auch vor Drohungen nicht zurück; der »zionistische Staat« müsse auf das Wüstengebiet des Negev verzichten, das Ägypten von den anderen arabischen Staaten trenne: »Die Araber werden mit ihrer Aufrüstung ohne Rücksicht auf Israel fortschreiten.« Kairo sicherte den Palästina-Flüchtlingen Wiedergutmachung zu.

Im israelisch-arabischen Grenzgebiet häuften sich die gegenseitigen Übergriffe. Israel wehrte sich mit massiven Vergeltungsschlägen. Im September 1954 prophezeite UNO-General Burns, daß sich die Zwischenfälle an der jordanisch-israelischen Grenze wie ein Waldbrand ausbreiten könnten. Auch in Jerusalem blieb die Lage gespannt. Den Bestimmungen des Waffenstillstandsabkommens von 1949 zum Trotz blieb den Juden der Zugang zu den Heiligen Stätten verwehrt. Immer wieder kam es in der geteilten Stadt zu heftigen Feuergefechten.

Fast ohne eigenes Zutun hatte Nasser die Hoffnung all jener Araber geweckt, die nach Freiheit, Fortschritt, nationaler Erneuerung und Größe strebten. In seinem Buch über »Die Philosophie der Revolution« schrieb er: »Es wartet eine historische Rolle in der arabischen Welt, eine historische Rolle auf ihren Träger [...] Der Ruf geht aus, die Araber aus Knechtschaft in Freiheit, Einheit und Fortschritt zu führen.« Nasser nahm die Rolle an, die ihm zufiel, und erklärte sich zum Führer der Bewegung, die er selbst als »Karawane« auf schwierigen Wegen beschrieb. Tatsächlich war es der Balanceakt auf einem Pulverfaß, an dem ein halbes Dutzend Lunten glomm. (SB)

Silberpfeile, Wunderstuten, Fräuleinwunder

Alles außer Fußball: Rekorde zwischen Eis und Aschenbahn

Sport 1954 – das war aus deutscher Sicht natürlich vor allem der Gewinn der Fußball-Weltmeisterschaft – das »Wunder von Bern«. Doch es gab in diesem Jahr noch andere deutsche »Weltmeister«: Gundi Busch im Eiskunstlauf, Hans Günter Winkler im Springreiten, Werner Haas auf dem NSU-Motorrad und die Mercedes-»Silberpfeile«. Mercedes war gerade wieder auf die Rennstrecken zurückgekehrt und gewann auf Anhieb alles, was zu gewinnen war. Zudem wurde Heinz Fütterer Europameister über 100 und 200 Meter; im Oktober stellte er glanzvoll den 100-Meter-Weltrekord von Jesse Owens ein. Bei den Kanu-Weltmeisterschaften gewannen die Deutschen Steinhauer/Miltenberger den Titel im Zweier. Spiegelbild der politischen Landschaft: Im Einer siegte Therese Zenz für die Saar – denn die war damals noch ein selbständiges Staatsgebilde. Sowjetische Sportler nahmen erstmals an den Weltmeisterschaften im nordischen Skilauf und im Eishockey teil – und gewannen. Und der große Emil Zatopek lief wieder Weltrekord.

Am 4. Juli siegte die deutsche Fußballnationalmannschaft mit 3:2 gegen Ungarn und war Weltmeister. Deutschland war aus dem Häuschen und vergaß, daß der Kopf der Mannschaft, Fritz Walter, seinen Rücktritt angekündigt hatte. Noch nahm dies keiner ernst, und erst nach Wochen war die enttäuschende Nachricht durchgedrungen: Walter fühlte sich der nervlichen Belastung durch gelegentliche schlechte Kritiken nicht mehr gewachsen. Die erfolgreiche Mannschaft fiel nun auseinander. In Hannover setzte es im Oktober eine peinliche 1:3-Niederlage gegen Frankreich. Immerhin ging dabei der Stern eines neuen Fußballhelden auf: Uwe Seeler. Mit siebzehn Jahren und elf Monaten war er der bis dahin jüngste Nationalspieler Deutschlands.

Sehr populär war damals, 1954, der Motorsport. Mercedes hatte seine Rennwagen-Abteilung neu aufgebaut. Ebenfalls am 4. Juli, dem Tag des Endspiels von Bern, kehrten die »Silberpfeile« in die Formel 1 zurück. Das Nachkriegsdebüt im französischen Reims brachte ein Traumergebnis. Zwei Mercedes-Wagen erzielten einen Doppelerfolg: Juan Manuel Fangio wurde Erster vor Karl Kling. In Deutschland ging der Erfolg in der Begeisterung um die Fußball-Weltmeister fast unter, doch international erregte er großes Aufsehen. Der legendäre Ruf der Mercedes-Sportwagen hatte sich bestätigt: »Made in Germany«.

Fangio gewann in diesem Jahr noch drei weitere Grand-Prix-Rennen der Formel 1: auf dem Nürburgring, in der Schweiz und im italienischen Monza, doch schon nach dem Sieg in der Schweiz stand der Spanier als Weltmeister fest, denn er hatte in dieser Saison bereits zwei Läufe auf Maserati gewonnen.

Eine andere Erfolgsstory im Motorsport schrieb NSU mit seinen Motorrädern in der 125- und 250-Kubikzentimeter-Klasse. Schon 1953 hatte der Deutsche Werner Haas in den beiden Klassen die Weltmeisterschaft gewonnen. 1954 siegte der Österreicher Rupert Hollaus in der 125er- und Haas erneut in der 250er-Klasse. Inzwischen gehörten Leichtmetall-Vollverkleidungen zur Ausrüstung aller Fabrikate. Schnell hatte man den aerodynamischen Vorteil erkannt, auch wenn die Manövrierbarkeit etwas litt. Da sich die Verkleidungen aber anglichen, mußte bald wieder der Motor entscheiden. Und hier lag das NSU-Geheimnis: Der 250er-Motor leistete 37 PS, was eine Literleistung von 148 PS bedeutete. Zum Vergleich: die

Der »weiße Blitz« beim Sprint zum obersten Siegertreppchen: Heinz Fütterer stellt den 100-Meter-Weltrekord von Jesse Owens ein.

Literleistung des »Silberpfeil«-Rennwagens lag bei ungefähr 120 PS.

Nicht ganz so schnell ging es in der Leichtathletik zu; doch die Rekorde purzelten auch hier. Im Mai schaffte der Brite Roger Bannister die »Traummeile«. Als erster Mensch legte er die

Gundi Busch, Weltmeisterin 1954 im Eiskunstlauf, als »Feuervogel« bei einem Schautanz im Berliner Sportpalast.

1609,35 Meter in weniger als vier Minuten zurück. Er lief 3:59,4 – obwohl ein US-Professor mit aufwendigen Berechnungen nachgewiesen hatte, daß ein Mensch die Meile unmöglich unter vier Minuten laufen könne.

In Bern bei den Europameisterschaften gewann der »weiße Blitz« Heinz Fütterer beide Sprintstrecken: die 100 Meter in 10,5 Sekunden, die 200 Meter in der neuen Europarekordzeit von 20,9 Sekunden. Schon 1951 war er über die kurze Distanz 10,4 Sekunden gelaufen, dann hatten ihn Verletzungen zurückgeworfen. 1953 feierte er sein Comeback – und nun den großen Doppelerfolg. Im Oktober ließ Heinz Fütterer einen weiteren Paukenschlag folgen: Mit 10,2 Sekunden stellte er den Weltrekord von Jesse Owens ein und verbesserte außerdem noch seinen eigenen Weltrekord über 200 Meter auf 20,8 Sekunden.

Als nimmermüdes Phänomen erwies sich Emil Zatopek aus der Tschechoslowakei. Der Dauerläufer, der oft so wirkte, als müsse er aus totaler Entkräftung sogleich aufgeben, reiste im August zu den Europameisterschaften schon als »lebende Legende« an. Bei den Olympischen Spielen hatte er drei Goldmedaillen gewonnen, 1953 unter anderem den Weltrekord über 10000 Meter verbessert. Obwohl alljährlich Spekulationen über seinen Rücktritt kursierten, schaffte er am 30. Mai 1954 mit einer Zeit von 13:57,2 Minuten erneut einen Weltrekord über 5000 Meter. Sechs Tage vorher hatte er noch geächzt: »Die 14-Minuten-Grenze im 5000-Meter-Lauf werde ich wohl niemals unterbieten können.«

Nach Bern kam der 31jährige als Inhaber der Weltrekorde über 5000, 10000, 20000, 25000, 50000 Metern, über sechs, zehn und fünfzehn Meilen; auch des Stundenweltrekords. Ein russischer Trainer fragte ihn während der Veranstaltung, worin sein Geheimnis bestehe, ob er vielleicht eine spezifische Gymnastik betreibe? Zatopeks witzige Replik: »Ein Hund macht doch auch keine Gymnastik, und wie schnell kann er laufen!« Anschließend holte er sich den Titel über 10000 Meter. Gleichzeitig gewann seine Frau Dana Zatopkova den Speerwurf. Als er über 5000 Meter dann nur Dritter wurde, entschuldigte sich Zatopek damit, daß man ja auch einmal einen »schlechten Tag« haben könne.

Einen sehr guten Tag hatten Hans Günter Winkler und seine Stute »Halla« bei den zweiten Weltmeisterschaften der Springreiter in Madrid. Nachdem sich Winkler für die Entscheidung qualifiziert hatte, mußte jeder der fünf Endkampfteilnehmer je einen Durchgang auf den Pferden der Gegner absolvieren. In einer dramatischen Hitzeschlacht setzten sich Winkler und Halla schließlich durch und gewannen vor dem Franzosen Pierre Jonquerès, dem Olympiasieger von 1952, und dem Titelverteidiger Francisco Goyoaga aus Spanien.

Es war der erste sportliche Höhepunkt einer außerordentlichen Partnerschaft. Dabei war Halla eigentlich schon ausgemustert. Die Stute hatte zunächst als Military-Pferd gedient, war jedoch in den Olympia-Ausscheidungen für 1952 gescheitert. Dann aber schulte Winkler sie zum Springpferd um und bereits 1953 war Halla das erfolgreichste deutsche Springpferd. Zwei Jahre später wurde sie dann endgültig zur »Wunderstute«.

Eine weitere Weltmeisterin feierte die Bundesrepublik im Eiskunstlauf. Die 19jährige Gundi Busch war zuvor als erste Deutsche Europameisterin geworden und kaum drei Wochen danach kam in Oslo ihre zweite große Chance. Nach der Pflicht hatte die amerikanische Titelverteidigerin Tenley Albrights fast uneinholbar geführt, doch bei der abschließenden Kür patzte die Favoritin gleich mehrfach. Die Dramatik erreichte ihren Höhepunkt, als zunächst die Amerikanerin zur Siegerin ausgerufen wurde. Doch das Kampfgericht korrigierte sich. Neue Weltmeisterin: Gundi Busch! Die Deutsche versilberte alsbald ihren Ruhm und wechselte zu den Profis über: In »Holiday on Ice« verkörperte sie ein Stück des deutschen »Fräuleinwunders«.

Für eine weitere Überraschung im Wintersport sorgten Sportler aus der Sowjetunion. Zum erstenmal überhaupt nahmen sie an nordischen Skiweltmeisterschaften im Februar teil, und gleich mit großem Erfolg. Sowohl bei den Damen wie bei den Herren gewannen sie mehrere Titel. Ähnliches spielte sich im März beim Eishockey in Stockholm ab. Auch hier beteiligte sich zum erstenmal eine sowjetische Mannschaft. Klarer Favorit waren die Kanadier, die das Finale mühelos erreicht hatten. Doch dann kam es zur Sensation: Die UdSSR besiegte Kanada mit 7 : 2 und wurde zum erstenmal Weltmeister. Es war der Beginn einer dann beinahe vier Jahrzehnte langen Kette stolzer Wintersporterfolge – bis zum Ende der Sowjetunion. (HH)

Der Alte in der Neuen Welt

Besuch beim großen Bruder: Adenauer in Amerika

Zum zweitenmal in anderthalb Jahren reiste der Bundeskanzler in die Neue Welt, und es schien, als stattete er seiner zweiten Heimat einen Besuch ab. Nicht wie im Vorjahr per Schiff, sondern mit einer Sondermaschine der amerikanischen Luftwaffe machte er sich am 26. Oktober auf den Weg. »Welcome Dr. Adenauer«, begrüßte ihn die *New York Times*, freundlich – und förmlich. Nicht ohne Grund wurde der akademische Titel in der Schlagzeile genannt. Schon beim ersten Besuch war der »Alte« gleich mehrfach zum Ehrendoktor erhoben worden. Nach Washingtons Georgetown-Universität schickte sich nun auch die Columbia-Universität New York an, aus Anlaß ihrer 200-Jahr-Feier den Kanzler nebst weiteren 47 prominenten Kandidaten – unter anderem die britische Königinmutter – zum Doctor honoris causa zu ernennen. Das war der äußere Anlaß der US-Visite.

Aber auch politische Gründe gab es zur Genüge. Die Westverträge waren wenige Tage zuvor in Paris unterzeichnet worden. Nun, nachdem das Bangen vorüber war, wollte Adenauer den Amerikanern für ihr Engagement danken. Er wollte aber auch die künftigen Schritte ihrer Deutschland- und Europapolitik an Ort und Stelle ausloten. Außerdem lag ein weiteres Dokument zur Unterzeichnung bereit: das deutsch-amerikanische Freundschafts-, Handels- und Schiffahrtsabkommen, das die Beziehungen der beiden Länder auf eine neue Grundlage stellen sollte.

Adenauers Amerika-Bilanz konnte sich sehen lassen. Bei seiner Reise im Frühjahr 1953 hatte er noch ein Bündel voller Sorgen im Gepäck. Er fürchtete, die USA könnte Europa doch noch den Rücken kehren und in den alten Isolationismus zurückfallen. Es galt sicherzustellen, daß die Amerikaner auf dem Kontinent blieben, und daß die Bundesrepublik auch künftig politisch und wirtschaftlich mit ihrer Unterstützung rechnen durfte. Die internationale Lage seinerzeit war heikel. Stalin war gestorben, und in Moskau wurden die Karten neu gemischt. Es schien, als wollte der Kreml die USA mit Friedensangeboten ködern – über die Köpfe der Deutschen und Europäer hinweg. Der Machtwechsel im Weißen Haus lag noch nicht lange zurück. Eisenhower mühte sich, so schnell wie möglich Mehrheiten aufzubauen, auch in den eigenen Reihen. Mancher Republikaner vertrat damals den Standpunkt, daß nicht Europa, sondern vielmehr Asien für Amerikas Zukunft wichtig sei – und schon der Gedanke daran war dem deutschen Bundeskanzler ein Horror.

Ein erfreulicher Nachschlag zur ersten US-Reise des Bundeskanzlers. Die amerikanische Wochenzeitschrift *Time* kürte Konrad Adenauer Anfang 1954 zum Mann des Jahres 1953.

Konrad Adenauer hatte den ersten Besuch aber auch genutzt, um tüchtig die Werbetrommel für den jungen Weststaat zu rühren und zu zeigen, daß die Bundesrepublik nicht nur eine stabile Demokratie, sondern auch ein zuverlässiger Bündnispartner sein konnte. Nicht nur die US-Politiker ließen sich von ihm überzeugen, sondern auch die Medien: Die Wochenzeitschrift *Time* ernannte den Bundeskanzler zum Mann des Jahres 1953 und erhob ihn damit in den Rang der Jahrhundertprominenz; eine Ehre, die zuvor zwar auch Adolf Hitler und Josef Stalin zuteil geworden waren; Adenauer aber errang – im Unterschied zu den beiden Diktatoren – den Titel, weil er als »Vorkämpfer für Frieden und Freiheit« galt.

Die amerikanische Presse wußte um Adenauers Kritiker in der Heimat, und ein erfahrener Washingtoner Journalist kam zu dem Schluß: »Ich glaube, er wäre hier in Amerika erfolgreicher als in Deutschland.«

Acht Jahre nach dem Krieg waren aus ehemaligen Feinden Freunde geworden. Westdeutschland galt als Juniorpartner der USA, als verlängerter Arm der Neuen in der Alten Welt. Die Opposition im Deutschen Bundestag warf Adenauer zwar vor, amerikanischer als die Amerikaner zu sein, aber die deutschen und amerikanischen Interessen in Europa waren aus der Sicht des Bundeskanzlers nahezu deckungsgleich. Die USA wiederum sahen in Westdeutschland ein zuverlässiges Bollwerk gegen den Gegner Nummer eins, den Sowjetkommunismus. Deshalb war es keine Überraschung, daß man den Bundeskanzler auch beim zweiten Besuch mit mehr als nur protokollarischen Ehren empfing.

Wäre es freilich nach dem Willen der SPD-Opposition gegangen, dann hätte nicht Konrad Adenauer die Reise angetreten, sondern ein Außenminister, der nicht zugleich Bundeskanzler war. Vorbehalte gegen diese Personalunion gab es schon lange. Doch Adenauer nahm für sich die Devise in Anspruch, daß man nicht mitten im Strom die Pferde wechseln dürfe; zudem hätten doch die Bundestagswahlen gezeigt, wie zufrieden das Volk mit der Gestaltung der Außenpolitik sei. Das war nur eines von vielen Beispielen für den persönlichen Regierungsstil des Kanzlers, der darauf pochte, nicht nur »die Richtlinien der Politik« bestimmen zu dürfen, sondern »auch, was die Richtlinien der Politik sind«.

Doch Adenauer sollte auch zu spüren bekommen, daß die USA es nicht allein mit Schulterklopfen bewenden lassen wollten; sie nahmen den Verbündeten wenn nötig auch in die Pflicht. Das hieß unter anderem: kein Wirbel um die deutsche Wiedervereinigung. Hatte der Kanzler dieses Thema während seines ersten Besuchs nur zögerlich angeschnitten, so trug er es diesmal auf den Lippen, wo immer sich die Gelegenheit bot. Im Nationalen Presseklub schoß der westdeutsche Regierungschef in einer vielbeachteten Rede über das Ziel hinaus – und traf einen wunden Punkt beim Partner. Zur Verblüffung des Auditoriums schlug er vor, der Osten müsse nun, da er einem geeinten Westen gegenüberstehe, zu einem echten Verhandlungsangebot bewogen werden. Dann sei die Zeit reif, über die deutsche Wiedervereinigung und ein europäisches Sicherheitssystem unter Einschluß der Sowjetunion zu verhandeln.

» Ich glaube, er wäre in Amerika erfolgreicher als in Deutschland. «

Amerikanischer Journalist über Konrad Adenauer

Ungereimtheiten bei der Übersetzung ins Englische ließen den Eindruck aufkommen, als ob den Westverträgen nun Ostverträge folgen sollten. Obwohl der Kanzler in seiner Rede betonte, daß er allen Koexistenz-Vorschlägen der Sowjetunion mißtraue, sorgte sein Exkurs für Verwirrung. Der Schock wurde freilich dadurch gemildert, daß es ein guter Freund der Amerikaner war, der ihn auslöste.

Die Anregung des Bundeskanzlers, in eine vertraglich zu regelnde Beziehung zum Osten zu treten, um damit allen Beteiligten Sicherheit vor einer Aggression zu geben, wurde seitens des amerikanischen Außenministeriums höflich, aber mit Bestimmtheit zurückgewiesen.

Washington rang um Erklärungen. Schon bald glaubte man, sie gefunden zu haben. Der Kanzler habe sich wohl in erster Linie an die Opposition im eigenen Land richten wollen, die ihm ständig vorhalte, Westbindung schließe Ost-West-Verhandlungen über die deutsche Einheit aus. Bundespressechef Felix von Eckardt stellte klar, daß der Kanzler nicht etwa von einem »Vertrag« gesprochen habe, sondern von einem »Abkommen«, das man angehen könne, wenn der Westen genügend stark geworden sei. Das beruhigte die erregten Gemüter.

Ansonsten mühte sich die politische Prominenz beider Seiten um ein möglichst harmonisches Bild. Bundeskanzler Adenauer und US-Präsident Eisenhower bekundeten nunmehr gemein-

»Symbol für die Wiederherstellung normaler Beziehungen zwischen den USA und der Bundesrepublik«: Bundeskanzler Adenauer und US-Außenminister Dulles unterzeichnen das deutsch-amerikanische Freundschafts-, Handels- und Schiffahrtsabkommen.

sam den Willen, die deutsche Wiedervereinigung entschlossen weiterzuverfolgen; der Präsident zeigte Verständnis dafür, daß auch die 18 Millionen Einwohner der Sowjetzone in Freiheit leben wollten.

Ein Eindruck aber blieb. Aus der Sicht der USA schien der deutschlandpolitische Handlungsbedarf mit dem Abschluß der Westverträge zunächst einmal gedeckt. Daß der Kanzler weiterdachte, dafür gab es Verständnis, aber kein eigentliches Entgegenkommen. Zunächst stand die Wiederbewaffnung der Deutschen auf dem Programm. Außenminister Dulles sagte eine Militärhilfe in Höhe von drei Milliarden Dollar zu. Es gehörte zu den Hausaufgaben des Kanzlers, die Voraussetzungen für die Aufstellung des deutschen Bundesheeres so schnell wie möglich zu schaffen.

Der Bundeskanzler nutzte den USA-Besuch nicht zuletzt, um sich einer besonderen Frage zu widmen, die ihm am Herzen lag: die Aussöhnung mit dem jüdischen Volk. In New York suchte er Nahum Goldmann auf, den Präsidenten der internationalen Organisation »Jewish Agency«. Adenauer vertrat den Standpunkt, daß das am jüdischen Volk begangene Unrecht soweit wie möglich »wiedergutzumachen« sei, sofern dies überhaupt möglich war. Goldmann erklärte, Konrad Adenauer habe Voraussetzungen geschaffen, den tiefen Riß zwischen Deutschland und dem Judentum zu heilen.

Das Programm seiner zweiten USA-Reise konnte der Bundeskanzler allerdings nicht wie geplant beschließen. Als ihn die Nachricht vom Tode des Bundestagspräsidenten Hermann Ehlers erreichte, entschied er sich, vorzeitig zu dessen Begräbnis zurückzufliegen.

Am Fazit des Besuchs änderte das nichts: Die Bundesrepublik gewann als westlicher Bündnispartner wieder an Gewicht – gleichermaßen aber stieg auch ihre internationale Verantwortung. Der »alte Mann aus Rhöndorf« versprach, sie tragen zu wollen – notfalls ganz allein. (SB)

Konrad Adenauers heißer Draht nach Washington: Nicht nur telefonisch, auch auf seinen Reisen pflegte er den Gedankenaustausch mit amerikanischen Spitzenpolitikern (oben: im Gespräch mit US-Präsident Eisenhower).
Seine Beliebtheit in den USA kam ihm auch innenpolitisch zugute. Die Mehrheit der Bundesbürger war überzeugt, daß Konrad Adenauer das Ansehen Deutschlands in der Welt wiederhergestellt habe (unten: im Gespräch mit deutschen Korrespondenten während seiner zweiten USA-Reise).

1 · Freitag

In Washington unterzeichnen Südkorea und die USA ein Verteidigungsbündnis, in dem die USA ihr sofortiges Eingreifen im Kriegsfall zusichern.

2 · Samstag

Der Deutsche Handball-Bund gibt bekannt, Fußball-Bundestrainer Sepp Herberger die Betreuung der besten deutschen Handballer anzuvertrauen. Herbergers »psychologische« Fähigkeiten sollen helfen, 1955 im eigenen Land den Titel des Handball-Weltmeisters zu verteidigen.

3 · Sonntag

Die Londoner Neun-Mächte-Konferenz endet mit der Unterzeichnung einer Schlußakte, die den NATO-Beitritt der Bundesrepublik als souveränes Mitglied vorsieht. Genaue Regelungen der Besatzungsfrage und des westdeutschen Wehrbeitrages sollen während einer Konferenz Ende Oktober in Paris getroffen werden.

4 · Montag

Der Deutsche Gewerkschaftsbund (DGB) eröffnet in Frankfurt am Main seinen dritten ordentlichen Kongreß. Bundespräsident Theodor Heuss mahnt die Delegierten der 16 Einzelgewerkschaften, im Kampf um die 40-Stunden-Woche nicht mit ihrem Streikrecht »zu spielen«.

5 · Dienstag

Vertreter der USA, Italiens, Jugoslawiens und Großbritanniens unterzeichnen in London das Triest-Abkommen. Istrien fällt danach an Jugoslawien, die Stadt Triest bleibt bei Italien.

6 · Mittwoch

In Niedersachsen streiken 12 000 katholische Schulkinder gegen das am 1. Oktober in Kraft getretene neue Landesschulgesetz. Das Gesetz wandelt die niedersächsischen Konfessionsschulen in sogenannte Gemeinschaftsschulen um.

7 · Donnerstag

Die SPD lehnt die Vereinbarung von London ab. Der Vorsitzende der Sozialdemokraten, Erich Ollenhauer, erklärt vor dem Deutschen Bundestag, Wiederaufrüstung und NATO-Beitritt seien gleichbedeutend mit dem Verzicht auf eine aktive Politik der Wiedervereinigung.

In Ost-Berlin wird Bertolt Brechts im amerikanischen Exil entstandenes Drama »Der kaukasische Kreidekreis« zum erstenmal in deutscher Sprache aufgeführt.

8 · Freitag

Der Friedensnobelpreis wird mangels einer geeigneten Persönlichkeit 1954 nicht vergeben. Dies teilt der Nobel-Ausschuß des norwegischen Parlaments in Oslo mit.

9 · Samstag

Der türkische Ministerpräsident Adnan Menderes beendet einen einwöchigen Staatsbesuch in Bonn. Zum Abschluß seines Aufenthalts spricht sich Menderes für eine Aufnahme seines Landes in die NATO aus.

Konrad Adenauer und Pierre Mendès-France bei der Unterzeichnung der Londoner Beschlüsse am 3. Oktober 1954.

Zum Abschluß des Deutschen Gewerkschaftskongresses in Frankfurt a.M. lehnen die Delegierten mit großer Mehrheit eine deutsche Wiederbewaffnung ab. Walter Freitag wird erneut zum Vorsitzenden des Gewerkschaftsbundes gewählt.

10 · Sonntag

Der britische Feldmarschall Bernard Law Montgomery, stellvertretender Oberkommandierender der NATO, fordert in London den Einsatz von Atomwaffen im Falle eines Kriegsausbruchs, da die westlichen Staaten in einem konventionellen Krieg dem Ostblock unterlegen seien.

11 · Montag

Der schleswig-holsteinische Landtag in Kiel wählt den 41jährigen CDU-Politiker Kai-Uwe von Hassel zum neuen Ministerpräsidenten.

Auf dem Deutschen Weinfest in Neustadt an der Weinstraße erhält der Weinjahrgang 1954 den Namen »Sonnenlechzer«. Die Mehrzahl der 15 000 Namensvorschläge hatte auf das schlechte Wetter des Sommers 1954 angespielt.

12 · Dienstag

In Paris spricht die französische Nationalversammlung Ministerpräsident Pierre Mendès-France im Zusammenhang mit den Londoner Beschlüssen vom 3. Oktober ihr Vertrauen aus und ermächtigt ihn, über die genaueren Bestimmungen zu Wiederbewaffnung und NATO-Beitritt der Bundesrepublik zu verhandeln.

Zahlreiche evangelische Pfarrer in der DDR rufen ihre Gemeinden zum Boykott der Volkskammer-Wahlen am 17. Oktober auf. Dagegen werben die evangelischen Kirchenleitungen für eine Stimmabgabe zugunsten von Kandidaten der Einheitsliste.

13 · Mittwoch

In Ost-Berlin gibt der Minister für Kultur der DDR, Johannes R. Becher, einen kulturpolitischen Fünfjahresplan bekannt, der den »sozialistischen Realismus« als höchste Form künstlerischen Schaffens bezeichnet. Das Jahr 1955 soll in der DDR als »Schiller-Jahr« gefeiert werden.

In London weiten sich die Streiks um Lohnerhöhungen aus. Durch die Arbeitsniederlegung der Busfahrer wird der Berufsverkehr in der britischen Hauptstadt lahmgelegt.

14 · Donnerstag

Der Oberbefehlshaber der US-Truppen in Norddeutschland verbietet in den Quartieren alleinstehender Offiziere alle Parties nach Mitternacht, an denen Angehörige beider Geschlechter teilnehmen.

15 · Freitag

Mit den Stimmen der CDU/CSU-Mehrheit nimmt der deutsche Bundestag zwei Gesetze zur Erhöhung des Kindergelds und der Renten an.

16 · Samstag

Im Wirbelsturm »Hazel«, der seit zwei Tagen über Haiti und der amerikanischen Ostküste wütet, kommen 137 Menschen ums Leben.

Der 17jährige Mittelstürmer des Hamburger Sportvereins, Uwe Seeler, debütiert in der bundesdeutschen Fußball-Nationalmannschaft. Die Elf des Weltmeisters unterliegt in Hannover gegen Frankreich mit 1:3.

17 · Sonntag

Nach Angaben der DDR-Nachrichtenagentur ADN geben über 99 Prozent der Wahlberechtigten bei den Wahlen zur Volkskammer der DDR ihre Stimme der sozialistischen Einheitsliste.

»Die Wahlen in der DDR sind wirklich demokratisch, weil bei uns solche demokratischen Bedingungen bestehen wie niemals früher in Deutschland.«

Walter Ulbricht

18 · Montag

Die Kongreßbibliothek in Washington gibt das Ergebnis einer Studie bekannt, nach der der Zweite Weltkrieg insgesamt 1,9 Billionen DM an materiellen Verlusten verursacht habe.

19 · Dienstag

In Kairo unterzeichnen Großbritannien und Ägypten ein Abkommen über den Abzug der britischen Truppen aus der Suezkanalzone. Die letzten britischen Einheiten sollen Ägypten in 20 Monaten verlassen.

Im italienischen Parlament kommt es wegen einer Anspielung eines Redners auf die angebliche faschistische Vergangenheit einiger kommunistischer Abgeordneter zu einer Prügelei.

20 · Mittwoch

In Neu-Delhi einigen sich Frankreich und Indien über die Abtretung einiger kleinerer französischer Besitzungen auf dem indischen Subkontinent an Indien.

21 · Donnerstag

Drei Wissenschaftler aus den USA erhalten den Nobelpreis für Medizin. Thomas Weller, John Enders und Frederick Robbins hatten entscheidende Erkenntnisse zur Bekämpfung der Kinderlähmung gewonnen.

22 · Freitag

Das hessische Verwaltungsgericht in Kassel bestätigt das Verbot von Mitfahrzentralen, die Mitfahrgelegenheiten in privaten Kraftfahrzeugen vermitteln.

23 · Samstag

In Paris werden mit der Unterzeichnung der Schlußdokumente von vier Konferenzen die endgültigen Weichen für die Westintegration der Bun-

desrepublik gestellt. Kernpunkte der Vereinbarungen sind die Wiederherstellung der Souveränität Westdeutschlands, der Eintritt in die NATO und ein deutsch-französisches Übereinkommen zur Saarfrage.

24 · Sonntag

Das Schwurgericht Darmstadt spricht zwei ehemalige Gestapo-Beamte, denen maßgebliche Beteiligung an Massenendeportationen jüdischer Bürger aus Thüringen vorgeworfen werden, frei. In seiner Urteilsbegründung erklärt das Gericht, die Angeklagten hätten lediglich Befehle ausgeführt.

25 · Montag

In Tokio wird eine von 14 Millionen Japanern unterzeichnete Resolution zur Ächtung von Atomwaffen veröffentlicht.

26 · Dienstag

Zum erstenmal wird in Basel eine Frau in ein schweizerisches Richteramt gewählt. Die Frauen der Schweiz feiern diese Wahl als wichtigen Erfolg auf dem Weg zur politischen Gleichberechtigung.

27 · Mittwoch

Der Präsident der Vereinigten Staaten, Dwight D. Eisenhower, ernennt Benjamin Oliver Davis zum General der US-Armee. Davis ist der erste farbige General in den USA.

28 · Donnerstag

Für seinen Roman »Der alte Mann und das Meer« erhält der amerikanische Schriftsteller Ernest Hemingway den Literatur-Nobelpreis.

29 · Freitag

In Oldenburg stirbt Bundestagspräsident Hermann Ehlers (CDU). Während des Dritten Reiches hatte sich Ehlers aktiv für die oppositionelle »Bekennende Kirche« eingesetzt.

30 · Samstag

Das Bundesverwaltungsgericht in West-Berlin bestätigt die deutsche Staatsangehörigkeit von rund 75 000 Österreichern, die nach 1938 einen deutschen Paß erhalten haben und in Deutschland wohnen.

31 · Sonntag

Heinz Fütterer aus Karlsruhe stellt bei einem Länderkampf im japanischen Yokohama Jesse Owens' Weltrekord über 100 Meter in 10,2 Sekunden ein. Die Bestmarke von Owens hatte seit 18 Jahren Bestand.

spätausgabe
DEUTSCHES
FERNSEHEN
tagesschau
Spätausgabe
SPÄTAUSGABE

Die ARD lernt laufen

Das deutsche Fernsehen sendet erstmals bundesweit

Wie gewöhnlich präsentierte die »Tagesschau« abends einen Zusammenschnitt aktueller Wochenschauaufnahmen. Das Rote Kreuz bemühte sich um die Aufklärung von Vermißtenschicksalen, und kurz vor Sendeschluß berichtete der junge Reporter Harry Valerien »live« vom Eiskunstlaufwettbewerb in Richmond. Das Programm an jenem 1. November 1954 unterschied sich nicht wesentlich von dem Fernsehmenü, das der kleinen Zuschauergemeinde allabendlich serviert wurde, seit knapp zwei Jahre zuvor der regelmäßige Sendebetrieb begonnen hatte.

Nur das neue spiralenförmige Markenzeichen auf dem Testbild, die knappe Ankündigung der Ansagerin: »Hier ist das Deutsche Fernsehen« und die langwierigen Umschaltpausen zwischen den Beiträgen kündeten von einer denkwürdigen Premiere: Zum erstenmal wurde die Fernsehnation bundesweit vor der Mattscheibe vereint. Allerdings in eher exklusivem Kreise: 55 000 Fernsehgeräte in ganz Deutschland – nach heutigen Maßstäben würde dies gerade der Einschaltquote während des Testbildes oder der Einschlafquote nach Sendeschluß entsprechen.

Möglich wurde das Medienereignis durch den Anschluß der süddeutschen Fernsehempfänger an das Richtfunknetz der Post, und notwendig war der Zusammenschluß aus Kostengründen: Keine der regionalen Rundfunkanstalten war allein in der Lage, ein Fernsehprogramm aus eigener Tasche zu finanzieren. Immerhin schlug damals jede Sendeminute mit 500 Mark zu Buche – ein Preis, der im Vergleich zu den 25 Mark pro Radiominute geradezu exorbitant hoch erschien. Deshalb beschlossen der Nordwestdeutsche (NWDR), Hessische (HR), Süddeutsche (SDR), der Südwestfunk (SWF), der Bayerische Rundfunk (BR) und der Sender Freies Berlin (SFB) – der erst im Juni neu ins Leben gerufen wurde – auf dem Bildschirm gemeinsame Sache zu machen. Entsprechend ihrer Größe sollte jede Sendeanstalt ihren Anteil zum Gemeinschaftsprogramm beisteuern: Der NWDR als weitaus größter Sender die Hälfte, der BR ein Fünftel und die übrigen Anstalten jeweils neun Prozent.

Doch aller Anfang ist naturgemäß schwer. So war das neue, föderalistische Fernsehen zunächst von einigen Kinderkrankheiten geplagt: Es gab erhebliche Qualitätsunterschiede, viertelstündige Umschaltpausen und es mangelte auch an der Abstimmung zwischen den einzelnen Sendeanstalten. Der NWDR, der den Fernsehbildern in Deutschland das Laufen beigebracht hatte, leistete anfangs Hilfe für die neu hinzugekommenen Sender. Mit kompletten Requisiten und Kulissen im Gepäck rückten Techniker, Darsteller, Redakteure und Regisseure aus Süddeutschland in Hamburg an.

Das gerade eingerichtete Fernsehstudio des NWDR in Hamburg-Lokstedt wirkte wie die schöne neue Welt gegenüber dem »Schwitzkasten«, jenem stikkigen Luftschutzbunker auf dem Heilig-

Ein exklusives Vergnügen: Das erste bundesweite Fernsehprogramm wurde in 55 000 Wohnstuben empfangen.

Von der ersten Stunde an ein Markenzeichen des deutschen Fernsehens: Die Tagesschau. Hier ihre Chefs Hans-Joachim Reiche und Hartwig Mouillard.

geistfeld, wo das deutsche Nachkriegsfernsehen das Scheinwerferlicht der Welt erblickt hatte. In einem 45 Quadratmeter kleinen »Studio«, das von den Lampen mitunter auf 40 Grad aufgeheizt wurde, hatte hier am 27. November 1950 – zunächst im Probebetrieb – das Fernsehzeitalter begonnen. Technische Mängel wurden mit Findigkeit überbrückt: Um Halleffekte zu erzielen, hielten die Tontechniker dem Sprecher einfach eine ausgediente Zinkbadewanne vor das Gesicht. Unter ähnlich improvisierten Bedingungen gingen nun, vier Jahre später, auch die einzelnen Landessender ans Werk.

Lieblinge der Nation. Die »Familie Schölermann« war der erste »Straßenfeger« auf dem Bildschirm.

Anneliese Fleyenschmidt, eine der ersten Ansagerinnen des Bayerischen Fernsehens, erinnert sich an den abenteuerlichen Neubeginn: »Die Studiobauten waren nur dünnwandige, langgezogene Holzbaracken, weder lärm- noch temperaturgeschützt. Deshalb bestand auch ein striktes Verbot für alle, draußen auf den Wegen im Gelände mit dem Auto anzufahren, wenn über dem Eingang das Rotlicht leuchtete. Doch dieser Lärm war zu vermeiden. Was konnte man aber tun, wenn Düsenriesen starteten oder bei sommerlichen Gewittern Blitz und Donner krachten und Regengüsse wie Maschinengewehrsalven auf unser Dach trommelten? Nichts!«

Allen Widrigkeiten zum Trotz entwickelten die Landesrundfunkanstalten schon bald ein reges Eigenleben. Als Vorreiter startete der Bayerische Rundfunk am 8. November parallel zum ARD-Gemeinschaftsprogramm das erste Regionalprogramm. Der Sendeinhalt war zunächst allerdings unverkennbar dem knappen Etat angepaßt. In den folgenden Monaten zogen auch die anderen Sender mit dem Aufbau eigener Regionalprogramme nach.

Von Anfang an war die Anziehungskraft des neuen Mediums ungebrochen. Vor jedem Schaufenster, in dem die Schattenspiele eines Flimmerkastens zu bestaunen waren, sammelte sich im Nu eine Traube neugieriger Zuschauer. Selbst die Ankündigung einer Bildstörung strahlte schon eine gewisse Faszination auf das Publikum aus.

Das Programm der ersten Stunde konnte sich sehen lassen. Schon von Beginn an gehörte die Gunst des Publikums der leichten Unterhaltung. Den ersten Rang in der Beliebtheitsskala eroberte sich Peter Frankenfeld mit seiner bald schon legendären Sonntagabend-Show »1:0 für Sie«. Der Entertainer mit der großkarierten Jacke, der »fliegende Untertassen« ins Publikum schleuderte und dazu herausfordernd rief: »Ich brauche drei mutige Zuschauer, die alles mitmachen!«, war in Kürze weit über den kleinen Kreis der Fernsehbesitzer hinaus bekannt; ebenso seine flotten Sprüche, seine kniffligen Spielchen sowie der Briefträger Walter Spahrbier aus dem Postamt Hamburg-Lokstedt, der die Gewinnerkuverts verteilte.

Die Shows der Stunde Null wurden noch komplett aus dem Hut gezaubert. Bis zur Sendung wußten die Macher nicht, welche Kandidaten auftreten, welche Fragen sie auswählen würden. Die Gags und Pointen entstanden nicht am Schreibtisch, sie entsprangen der spontanen Improvisation. Nicht minder spontan passierten Pannen und Pleiten.

»Es war die Bohème-Zeit der Fernsehshow«, schwärmte Gerhard Eckert, und der Amerikakenner Peter von Zahn rühmte damals die Frankenfeld-Show: »Sie ist den besten USA-Programmen ähnlichen Schlages gleichwertig, wenn nicht überlegen. Die Sendung ist außerordentlich vielseitig und abwechslungsreich, ich möchte sagen, raffiniert aufgebaut.«

Als zweiter großer Unterhalter trat der 33jährige Hans-Joachim Kulenkampff mit seinem Fragespiel »Wer gegen wen?« in das Rampenlicht des Fernsehens – für stattliche 200 Mark Gage pro Sendung.

Großkariert und nie um flotte Sprüche verlegen: Peter Frankenfeld gehörte mit seiner legendären Sonntagabendshow »1:0 für Sie« zu den beliebtesten Unterhaltungsstars der ersten Stunde.

Alle Sendungen waren »live« und damit lebendig – selbst Opern, »Seifenopern« und Fernsehspiele. Zumindest galt das für die Akteure vor der Kamera. Ihre Stimmen allerdings kamen schon damals – wegen der mangelhaften Studioakustik – nicht immer frisch von den Lippen. Die erste große Fernsehoper »La Traviata« am 9. Dezember 1954 war zugleich die Uraufführung des neuen Playback-Verfahrens.

»Die ›Sänger‹ vor der Fernseh-Kamera müssen entsprechend dem aus dem Lautsprecher quellenden Gesang ihre Lippen öffnen und schließen«, beobachtete der *Spiegel*. »Jedes Wort, jeder Schluchzer und jeder Lacher müssen millimetergenau kommen. Das erfordert Lippenakrobaten von unerreichter Fertigkeit.« Mitunter bewegten auch gesangsunkundige Schauspieler ihre Lippen zu sonoren Arien fremder Zunge vom Band. Da die Lippensynchronität dabei gelegentlich zu wünschen übrig ließ, liefen Zuschauer und Kritiker Sturm gegen die neue Technik – ohne anhaltenden Erfolg, wie man sieht.

Andere Probleme mit der Liveübertragung plagten die Schauspielerin Lotte Rausch, die die Urmutter der Fernsehnation, Trude Schölermann, verkörperte: »Am schlimmsten wurde es, wenn sich die Jungen Heinz und Jockeli mal wieder als nicht zu bändigende Lachwurzen zeigten, nur weil am Rande etwas Unvorhergesehenes passierte. Es ging so weit, daß ich sie vor der laufenden Kamera mit den Worten ›Lacht euch gefälligst draußen aus!‹ ganz gegen das Drehbuch rausschickte und mit Müh und Not einen Überbrückungstext improvisierte. Hatten sie sich ausgelacht, kamen sie reumütig zurück und spielten ihren Part zu Ende.«

Als Margit Cargill, die die Tochter »Evchen« spielte, einmal an Blinddarmentzündung litt, ließ die Regie sie prompt auch in der Sendung erkranken und schickte das gesamte Aufnahmeteam an das Krankenlager der Schauspielerin.

Vielleicht war es gerade diese spontane, aus dem Leben gegriffene Atmosphäre einer Durchschnittsfamilie »von nebenan«, die die »Schölermanns« zum ersten »Straßenfeger« des Fernsehens machte und zum unerreichten Vorbild künftiger Serien: von »Familie Hesselbach« bis »Lindenstraße«.

Sie waren die Visitenkarte des neuen Fernsehens: Die Ansagerinnen Ursula von Manescoul, Irene Koss, Dagmar Bergmeister, Annette von Aretin, Ruth Breitag und Hilde Nocker.

Neue und beliebte Gäste in den Fernsehstuben waren auch Heidi Kabel, deren Ohnsorg-Theater am 13. März 1954 Bildschirmpremiere feierte, und Inge Meysel, die in der Rolle der Madame Lescalier über Nacht von einer bekannten Bühnenschauspielerin zum Fernsehstar wurde. Jeden Sonntagmittag leerte Werner Höfer mit kompetenten Studiogästen seinen »Frühschoppen«.

Doch den eigentlichen Durchbruch zum Massenmedium in diesem Jahr verdankte das Fernsehen dem Geschehen auf dem grünen Rasen. Nach den sechs Direktübertragungen und dem Sieg bei der Fußball-Weltmeisterschaft schnellte die Zahl der verkauften Fernsehgeräte um 22 Prozent in die Höhe. Obwohl man für eine Fernsehtruhe gut und gerne 700 Mark hinlegen mußte, verursachte die reißende Nachfrage bisweilen ernsthafte Lieferschwierigkeiten.

Auch die regelmäßigen Übertragungen von Oberliga- oder Länderspielen fanden solch reges Publikumsinteresse, daß die Veranstalter um ihre Besucher im Stadion bangten. Zumindest benutzten sie diese Bedenken schon damals gern als Argument, um von den Fernsehanstalten höheres Entgelt für die Übertragungsrechte einzufordern. Mit 1000 bis 2500 Mark pro Spiel wollten sich die Fußballvereine nicht mehr zufriedengeben. Kühn verlangte der FC Schalke 04 gar den zehnfachen Preis: 25000 Mark. Bei solch astronomischen Geldforderungen verschlug es dem Programmchef des NWDR, Heinz von Plato, glatt die Sprache: »Solche Summen sind so absurd, daß man darüber überhaupt nicht sprechen kann.«

Die Sprachlosigkeit legte sich bald wieder und die Kosten für die Übertragungsrechte kletterten munter in die Höhe. Eine erstaunliche Ausnahme blieb die Fußball-Weltmeisterschaft in der Schweiz. Die Veranstalter verzichteten bei der Vergabe der Fernsehrechte auf jede finanzielle Vergütung. Die Übertragung des legendären Endspiels Deutschland-Ungarn aus Bern geschah zum Nulltarif!

Das Sportereignis des Jahres war zugleich die Geburtsstunde einer einzigartigen Gemeinschaftsleistung: Im Rahmen der neugegründeten »Eurovision« empfingen 45 Fernsehsender in acht Staaten Europas über rund 80 Relaisstationen die gleichen Bilder von den Fußballbegegnungen in den Schweizer Stadien. Aus getrennten Sprecherkabinen kommentierten die Sportreporter vor Ort, in babylonischer Sprachenvielfalt, das Geschehen auf dem Rasen. Das Fußballfieber einte Europas Fernsehgemeinde.

Ihre eigentliche Bewährungsprobe, im Anschluß an die Spiele, überstand die »Eurovision« dann allerdings nicht ganz ohne Blessuren. Neben viel Zustimmung bescherte ihr die europaweite

Fernsehübertragung einer Reihe von Veranstaltungen – vom Narzissenfest in Montreux über die königlich-britische Wachparade bis zu einer Ansprache des Papstes – wegen der technischen Mängel auch den Beinamen »Europanne« ein. Die Übertragung aus dem Kopenhagener »Tivoli« mußte wegen eines Ultimatums der dänischen Schauspielergewerkschaft kurzfristig durch eine Art Straßenfest unter dem Titel »Rendezvous in Kopenhagen« ersetzt werden. Höhepunkt der Veranstaltung: eine Parade prämierter Zuchtstiere. »Rindvieh ist in keiner Gewerkschaft«, lästerte der *Spiegel.*

Auch der bundesdeutsche Beitrag, ein »Sommerabend am Rhein«, ging nicht unbedingt als Glanzpunkt in die Fernsehgeschichte ein. Immerhin kam allein

Die dienstälteste Fernsehansagerin: Irene Koss präsentierte von der ersten Stunde an das Programm des NWDR.

die Tatsache, daß das Gemeinschaftsprogramm der »Eurovision« bis zu 3,5 Millionen Zuschauer gleichzeitig erreichen konnte, einem epochalen Ereignis gleich.

Auf technischem Gebiet erwies sich 1954 als wahrhaft innovatives Jahr für das Fernsehen: Am 1. Januar war der alljährliche Rosenkorso im kalifornischen Küstenstädtchen Pasadena zum erstenmal in seiner ganzen Farbenpracht im amerikanischen Fernsehen zu bestaunen. Begeistert von der neuen Farbfernsehtechnik waren besonders die Sportfreunde in den USA, konnten sie doch bei Basketball- oder Eishockeyübertragungen fortan Freund und Feind leichter unterscheiden. Aber auch die Ästheten gerieten ins Schwärmen: »Das Spektrum im Wohnzimmer ist ein elektronisches Mirakel, das das Auge bezaubert«, befand das Nachrichtenmagazin *Newsweek.* Den Fernsehmachern in Europa allerdings erschien die bunte Bildschirmwelt schlicht noch zu teuer. »Selbst bei vorsichtiger Kalkulation würde ein Farbempfänger in Deutschland etwa 4000 bis 5000 Mark kosten«, bremste die deutsche Elektrogeräteindustrie ab. »Nüchterne wirtschaftliche Überlegungen lassen im verarmten Europa für die nächsten fünf bis zehn Jahre kein Farbfernsehen zu.« Über zwölf Jahre sollte den »armen« Europäern die neue Technik noch versagt bleiben.

Rundfunkpionier Peter von Zahn berichtete für das Fernsehen aus Übersee.

Auch mit einer weiteren Neuerung waren die Planer ihrer Zeit schon weit voraus: Unter strenger Geheimhaltung tüftelte die Fernsehindustrie in Deutschland und den Nachbarländern an den technischen Voraussetzungen für das sogenannte »Abonnement-Fernsehen« nach US-Vorbild – 1988 feierte es unter der Bezeichnung »pay-tv« in Deutschland schließlich Premiere.

Im anderen Teil Deutschlands dämmerte das Fernsehzeitalter ebenfalls herauf, wenn auch zunächst in eher bescheidenem Rahmen. Obwohl die Fernsehpioniere auf die Versuchsanlagen aus der NS-Zeit in Berlin-Adlershof zurückgreifen konnten, haperte es an allen Ecken und Enden mit der technischen Ausstattung. Günter Nerlich, den ersten Chefredakteur des DDR-Fernsehens, erinnerte die Anfangsphase an einen Grundkurs in der Kunst der Improvisation: »1954 gab es bei uns kein Kopierwerk, keinen Schneidetisch, keine Filmkamera. Das klingt komisch. Aber wir fingen die aktuelle Nachrichtensendung tatsächlich ohne eigene Kamera an. Conny Kesting brachte seine private Holzkamera mit; wenn die gelegentlich klemmte, mußten wir mit der Nagelfeile die Zahnräder nachfeilen, damit sie wieder lief. Auch der zweite Kameramann besaß eine private Kamera. Dann gab es noch ein privates Studio von Herrn Schrader, das für uns arbeitete. Bei der DEFA-Wochenschau hatten wir einen Kollegen stationiert, der dort alle Sujets, die die DEFA nicht selbst verwendete, für die ›Aktuelle Kamera‹ beschaffte. Wir waren eine winzige Truppe, zehn Mann, die den Anfang wagten. Aus heutiger Sicht war dieser Beginn abenteuerlich. Das war nur möglich, weil es damals nur ein paar hundert Fernsehgeräte gab. Deshalb wurden wir nicht ernst genommen und konnten experimentieren wie Filmstudenten.«

Mit der Experimentierphase war es auch im »Arbeiter- und Bauernstaat« bald vorbei. Ende 1954 waren 2313 Fernsehgeräte angemeldet und das Regime erkannte bald den propagandistischen Nutzen des neuen Mediums.

Am 30. März nahm die »Aktuelle Kamera« ihre Arbeit auf. Ihr Auftaktthema deutete schon die Richtung ihrer künftigen Berichterstattung an: ein Beitrag über den Parteitag der SED. Dennoch ahnten die DDR-Propagandisten bei der Einführung des Fernsehens kaum, welche Schlange sie an ihrem Busen nährten. Denn bald schon flimmerten vornehmlich die Programme des »Klassenfeindes« über die »volkseigenen« Bildschirme der Werktätigen. (PH)

Algerien im Aufbruch

Vom Guerillakampf zum Kolonialkrieg

Algerien war ein Teil des französischen Mutterlandes. So sah es 1954 die französische Regierung – und so sahen es die meisten Franzosen. Die algerischen Departements entsandten Abgeordnete in die Nationalversammlung, im Lande lebten eine Million europäische Algerier und acht Millionen algerische Franzosen. Politisch und wirtschaftlich war das nordafrikanische Land Frankreich voll angegliedert. Doch unter der scheinbar ruhigen Oberfläche brodelte es. Am 1. November 1954, morgens zwischen ein und zwei Uhr, entlud sich der Druck in einer Terrorwelle. Öffentliche Gebäude, Polizeistationen, Brücken, Gaswerke wurden angegriffen. Gut ein Dutzend Franzosen und algerische Beamte kamen ums Leben. Es war das Fanal für einen Krieg, der Hunderttausende das Leben kosten sollte, in dessen Verlauf nicht nur Aufständische gegen Regierungstruppen, sondern auch Moslems gegen Moslems und Franzosen gegen Franzosen kämpften. Millionen Menschen sollten ihre Heimat verlieren. Dieser Algerienkrieg begann am 1. November 1954 und dauerte bis 1962.

» Algerien ist Frankreich ... So will es die Verfassung, so wollen wir es. «

François Mitterrand, 1954 französischer Innenminister

Dabei waren in Algerien die Voraussetzungen, die einheimische Bevölkerung in die französische Republik zu integrieren besonders gut. Historisch, sozial und ethnisch standen dem keine unüberwindbaren Hindernisse entgegen. Zudem hatten die 90 Jahre französischer Herrschaft weite Teile des Landes in blühende Weinberge, fruchtbare Gemüse- und Obstplantagen verwandelt. Einen großen Teil ihres Besitzes verdankten auch die moslemischen Bauern den Franzosen. Das Leben hatte sich gebessert – und die moslemische Bevölkerung hatte sich seit 1870 fast vervierfacht – von zwei auf acht Millionen. Doch Frankreich nutzte diese in der Kolonialgeschichte vielleicht einmalige Chance nicht. Sozial und politisch blieb den meisten Algeriern die Gleichstellung versagt. So entsandten die acht Millionen Moslems nur die gleiche Anzahl von Abgeordneten in die französische Nationalversammlung und das algerische Territorialparlament wie die eine Million ursprünglich europäischer Siedler. Volles Wahlrecht hatten neben diesen nur einige islamische Würdenträger, Moslems mit Gymnasialbildung und Mitglieder der französischen Résistance im Zweiten Weltkrieg. Gemäßigte algerische Nationalistenführer forderten immer wieder eine stärkere Integration der algerischen Moslems, doch die Stunde der Assimilation wurde ein für allemal verpaßt.

Ausgerechnet am 8. Mai 1945, als fast die ganze Welt den Sieg über das nationalsozialistische Deutschland feierte, ereignete sich eine jener Katastrophen, die eine verhängnisvolle Wende in den französisch-algerischen Beziehungen markierten. In vielen Orten Algeriens hatten

Französische Panzer patroullieren im Gebiet der algerischen Aufständischen.

sich an jenem Tag Europäer wie Moslems entschlossen, ebenfalls Siegesparaden abzuhalten – auch in Sétif, einer kleinen Stadt im Nordosten des Landes. Bei der Parade war unter den Fahnen eine, die ein unabhängiges Algerien forderte. Mitten in der Stadt wurde der Träger dieser Fahne von einem französischen Polizisten in Zivil erschossen, Algerier töteten daraufhin französische Siedler; 103 Europäer starben, darunter der bei den Moslems hoch geachtete sozialistische Bürgermeister. Die Vergeltungsaktionen der Franzosen waren noch brutaler. Flugzeuge warfen Bomben ab, ein Kreuzer beschoß die Gegend von See her, Panzerwagen, Fremdenlegionäre, Scharfschützen und »zivile Anti-Terrorkommandos« machten Jagd auf angebliche Attentäter. Ein offizieller Untersuchungsbericht sprach von 1165 getöteten Moslems, die Oppositionspresse von 45 000 bis 80 000. Wahr-

Fahnenappell: Patriotische Begeisterung und strenge Disziplin steigerten die Kampfkraft der FLN – und sowjetische Maschinengewehre.

scheinlich waren es etwa 15 000. Zur Rechenschaft wurde niemand gezogen.

Gerade bei Jugendlichen und jungen Männern erlosch angesichts dieses Vorgehens jede Achtung vor Frankreich. Mit dem »Blutbad von Sétif« wurde der algerische Nationalismus in weiten Teilen der Bevölkerung verankert. Radikalere Kräfte, die eine vollständige Loslösung Algeriens von Frankreich forderten, eine Eingliederung der Nation in ein moslemisches Großreich in Nordafrika, erhielten Auftrieb. Von kleinen Sektierergruppen wuchsen sie zur stärksten Kraft, zumal die gemäßigten Vertreter in den folgenden Jahren keine politischen Erfolge erzielen konnten. Für die radikalen Kräfte gab es kein Verhandeln mit Frankreich, für Frankreich gab es kein Verhandeln über Algerien.

Ahmed Ben Bella zettelte den Aufstand an.

Als es zum Ausbruch des Krieges kam, standen den 2000 bis 3000 Aufständischen der FLN (Front de Libération Nationale), die 1954 von Ahmed Ben Bella mitbegründet wurde, zunächst 50 000 Mann französischer Streitkräfte gegenüber. Im offiziellen Kommuniqué des Generalgouverneurs vom 1. November hieß es: »In der vergangenen Nacht wurden an verschiedenen Orten des algerischen Territoriums, namentlich aber im Ostteil des Departements Constantine und im Gebiet von Laures, rund dreißig mehr oder weniger schwere Angriffe durch kleine Terroristengruppen unternommen . . . Die Bevölkerung, die versichert sein kann, daß alles getan wird, um ihre Sicherheit zu garantieren und diesen verbrecherischen Angriffen ein Ende zu setzen, ist überall ruhig und gefaßt.«

Armee und Luftwaffe unternahmen sofort Angriffe gegen vermutete Stellungen der Rebellen. In den nächsten Wochen wurden die Truppen noch erheblich verstärkt. Zunächst hatten sich die Unruhen auf den Nordosten des Landes beschränkt. Viele Algerier in anderen Gebieten wußten noch nicht einmal von der Rebellion. Es hatte ja keine Kampagne gegeben, die den Aufstand ankündigte. Auch viele gemäßigte Politiker wurden vom Ausbruch des Krieges überrascht. Anfangs wurden die Aufständischen oft noch als »Gesetzlose« bezeichnet, wenige Monate später allerdings waren sie schon »Kämpfer für den Glauben«. Die Aktionen der Armee trieben den Aufständischen immer mehr Anhänger zu. Zunächst war man in der französischen Führung optimistisch. In drei Monaten, so hoffte man, werde der Aufstand niedergeschlagen sein. Doch das war eine völlige Fehleinschätzung. Binnen weniger Wochen breitete sich der Aufstand über das ganze Land aus.

Immer mehr Truppen – auf dem Höhepunkt des Krieges waren es fast 500 000 Mann – wurden nach Algerien geschickt. Die Kämpfe wurden immer brutaler, die Fronten immer unübersichtlicher, die politischen Wellen schlugen immer höher. Die Aufständischen massakrierten Moslems, die nicht mit ihnen zusammenarbeiten wollten. Algerienfranzosen gründeten Untergrund-Terror-Organisationen, die später auch gegen die eigene Armee bombten. Die Spirale von Terror und Gegenterror, von Haß und Gewalt schraubte sich empor. Trotz militärischer Erfolge ging der Krieg für Frankreich politisch – und wirtschaftlich – verloren. Als Charles de Gaulle Algerien später eine weitgehende Selbstbestimmung anbot, fühlten sich viele Siedler verraten, es kam in Algier zum Putsch der Armee. Doch Algerien war nicht mehr zu halten: Am 3. Juli 1962 wurde es unabhängig. (HH)

Algerier gegen Algerier: Französische Hilfstruppen bewachen gefangene Freischärler. Doch der Rückhalt der Rebellen in der Bevölkerung wuchs rapide.

Österreich drängt auf Souveränität

Auf dem Weg zum Staatsvertrag

Österreich war nach dem Zweiten Weltkrieg in vier Besatzungszonen aufgeteilt. Allerdings hatte es einen großen Vorteil: Bedingt durch seine Größe und die nur sieben Millionen Einwohner, sah es keiner seiner Nachbarn als Gefahr an. Hauptziel der Besatzungsmacht Sowjetunion war lediglich, einen erneuten Anschluß an Deutschland zu verhindern.

Aus dieser Situation heraus drängte die österreichische Regierung auf einen Staatsvertrag, der dem Land die Souveränität bringen sollte. Auf der Berliner Außenministerkonferenz erhielt der damalige Außenminister Leopold Figl am 12. Februar 1954 die Gelegenheit, die eigene Position darzustellen. Er war damit der erste Vertreter Österreichs, der nach dem Krieg auf einer Konferenz der Großen Vier offiziell zu Wort kam. Nach über 300 vorangegangenen Sitzungen zum Thema Staatsvertrag hofften die Delegierten nun auf den Durchbruch. Die Regierung war bereit, auf die sowjetischen Neutralitätsforderungen einzugehen. Molotow aber legte nach: Die Besatzungstruppen sollten bis zum Abschluß eines Friedensvertrages mit Deutschland im Lande stationiert bleiben. Das war für Österreich unannehmbar. Das neutralisierte Land wäre damit dem Druck und Zugriff der Besatzungsmächte ausgeliefert gewesen. Auch ein weiterer Kompromißvorschlag änderte an der Haltung der Sowjetunion nichts. Das Schlußkommuniqué der Konferenz war entsprechend dürftig: »Die Vier Mächte hatten einen vollen Gedankenaustausch über die deutsche Frage, die Probleme der Sicherheit und der Österreich-Frage, waren aber nicht in der Lage, in diesen Fragen ein Übereinkommen zu erzielen.«

Zum Abschluß der Konferenz äußerte Außenminister Figl seinen Dank dafür, daß er den Standpunkt Österreichs vertreten durfte, aber auch seine große Enttäuschung darüber, »daß auch diese Konferenz uns nicht den uns so sehr ersehnten Staatsvertrag gebracht hat. [...] Die Enttäuschung in meiner Heimat wird heute abend besonders groß und nicht ohne Bitterkeit sein.«

Doch die Regierung ließ in ihrem Drängen nicht nach. Binnen eines Jahres dann hatten sich die politischen Rahmenbedingungen so verändert, daß der so heiß ersehnte Staatsvertrag doch noch zustande kam.

Zunächst aber war die Situation, vor allem gegenüber den sowjetischen Besatzungstruppen, eher gespannt. Das zeigte sich nicht zuletzt in tagespolitischen Kleinigkeiten. Im März kam es zum sogenannten österreichisch-sowjetischen »Plakatkrieg«. Eine Wandzeitung der Volkspartei zum Thema »Berliner Konferenz« erregte Ärgernis. Das

Rotationsprinzip: Die vier Besatzungsmächte wechselten sich jeden Monat in der Wiener Stadtkommandantur ab. Schilderwechsel bei der Militärpolizei des 1. Bezirks.

Plakat klebte schon vierzehn Tage lang überall in Österreich, kein Mensch beachtete es mehr, als der sowjetische Bevollmächtigte es als Herabsetzung des Ansehens der Sowjetunion und als Hetze betrachtete. Er verlangte die sofortige Entfernung. Doch die Verfassung und der Innenminister verweigerten dies, da das Plakat rechtmäßig genehmigt sei. Letztlich blieb das Entfernen der Plakatreste einem warmen Aprilregen überlassen.

Im Mai warf der sowjetische Hochkommissar der österreichischen Regierung vor, sie hege geheime »Anschluß«-

Besatzungsalltag in Wien: Eine sowjetische Militärpolizistin regelt den noch spärlichen Straßenverkehr an der Opernkreuzung.

Gedanken an Deutschland! In Österreich war man überzeugt, daß die Sowjetunion nur versuchte, die französischen Ängste vor Deutschland zu mobilisieren. Bei einer Umfrage im Dezember 1954 sprachen sich noch 28 Prozent der Befragten für einen Anschluß an Deutschland aus.

Wirtschaftlich ging es deutlicher voran als politisch. Bis Ende 1953 hatten alle Besatzungsmächte auf Kostenerstattung verzichtet. Das entlastete das Budget erheblich, da die Besatzungskosten bis zu 35 Prozent des Staatshaushalts ausgemacht hatten; sogar eine Sondersteuer war eingeführt worden. Schon 1953 hatten größere staatliche Investitionen die vordem chronische Wirtschaftskrise zu überwinden geholfen. 1954 löste sich die österreichische Wirtschaft endgültig aus der Stagnation, ja seit Jahresende gab es sogar einen bis dahin nie erreichten Konjunkturaufschwung, der dann mehrere Jahre anhielt.

Eine wichtige Rolle spielte der aus Marshall-Plan-Mitteln geförderte Fremdenverkehr – zu dem hauptsächlich deutsche Feriengäste beitrugen – außerdem war der Bau von Kraftwerken damit finanziert worden. Aufschwung und steigende Beschäftigungszahlen ermöglichten es nun auch Durchschnittsverdienern, Reserven anzulegen. Die Spareinlagen vervielfachten sich: Auch Österreich hatte sein »Wirtschaftswunder«.

Bei den Landtags- und Gemeinderatswahlen im Oktober 1954 behaupteten sich die beiden großen Parteien ÖVP (Österreichische Volkspartei) und SPÖ (Sozialistische Partei Österreichs) und gewannen noch Stimmen hinzu. Der Wahlkampf verlief gemäßigt, die politischen Gegner wurden nicht mehr verteufelt. In Wien lag die Wahlbeteiligung bei 89 Prozent. Die SPÖ wurde mit 52,66 Prozent der Stimmen stärkste Partei im Gemeinderat; sie erhielt 59 Sitze. Während die ÖVP 35 und die Kommunisten 6 Sitze erreichten.

Für Aufsehen sorgte 1954 das heiß diskutierte Urteil des Bundesverwaltungsgerichts in Deutschland, das den in

der Bundesrepublik lebenden Österreichern, die durch den Anschluß 1938 die deutsche Staatsangehörigkeit erhalten hatten, sie auch weiterhin beließ. Wer nicht ausdrücklich um die österreichische Staatsbürgerschaft nachgesucht hatte, war also Deutscher. Die Reaktionen in Österreich waren teils verblüfft, teils erheitert, teils empört. Schließlich erklärte Adenauer, das Urteil präjudiziere nicht die politische Haltung der Bundesregierung. Selbstverständlich verurteile sie den Anschluß von 1938, Österreich werde als selbständiger Staat von der Bundesrepublik voll anerkannt.

Auch im Sport war man mit der Bundesrepublik kurzzeitig aneinandergeraten. Bei der Fußball-Weltmeisterschaft scheiterte die Mannschaft am deutschen Team mit 1:6 im Halbfinale. Trotzdem erreichte man mit dem Sieg über den zweimaligen Weltmeister Uruguay Platz drei – ein Erfolg, den Österreich nie zuvor errungen hatte. 1954 war ein besonders erfolgreiches Jahr für Österreichs Sportler: In Schweden wurde Christian Pravda Ski-Weltmeister in der alpinen Abfahrt; Rupert Hollaus errang den Weltmeistertitel in der 125-ccm-Klasse der Motorräder, und Herbert Tichy bestieg als erster den 8189 Meter hohen Himalaja-Gipfel Cho-Oyu.

Doch all das verblaßte vor den vitalen Akzenten des neuerwachten Kulturlebens: Die Wiener Kammeroper wurde gegründet, die weltliche Schatzkammer in der Wiener Hofburg wiedereröffnet, Oper und Burgtheater steckten, nach den Kriegszerstörungen, erfolgreich im Wiederaufbau. Für eine beschleunigte Restaurierung des Burgtheaters hatten sich alle österreichischen Bühnenschauspieler bei Bundeskanzler Julius Raab mit einer Unterschriftenaktion eingesetzt. Raab dazu: »Für eine so prächtige Autogrammsammlung hätte jeder andere viele Jahre gebraucht.« (HH)

Reisediplomatie in Sachen Staatsvertrag: US-Außenminister John Foster Dulles empfängt den österreichischen Bundeskanzler Julius Raab in Washington.

Moderne, Fortschritt, Freiheit

Alte und neue Wege zur Kunst

Ein avantgardistisches Kunstwerk hängt an der Wand, davor räkelt sich ein junger Mann auf einem bequemen Sofa. Überschrift: »abstracta 54«. Dies war nicht etwa das Plakat einer zeitgenössischen Kunstausstellung, sondern eine Werbeanzeige der Göppinger Kunstlederwerke. Während sich die offizielle Kunstkritik bisweilen noch schwertat, abstrakte Formen und Farben in der Malerei zu rechtfertigen, hatten sie im modernen Gebrauchsdesign längst schon Einzug gehalten.

Der Symbolist Willi Baumeister entwarf Stoffmuster, deren Formenreichtum an gegenstandslose Maler wie Alfred Manessier oder Ernst Wilhelm Nay erinnerten. Gardinen und Tischdecken mit abstrakten Figurationen vertrieben den Biedermeier-Plüsch aus deutschen Wohnzimmern. Nierentische, Wannensofas und Tütenlampen ließen in ihren geschwungenen Formen an Plastiken von Alexander Calder oder Hans Arp denken. Und die impulsiven Farbkleckse auf den Stoffentwürfen von Gisela Kuscher wirkten mitunter schriller als manches Werk aus der Experimentierschule des »Action Painting«. Zum üblichen Wandschmuck in zeitgemäßen Chefzimmern gehörten Gemälde von Joan Miró oder Wassily Kandinsky. Immerhin war der Fonds des Bundesverbandes der deutschen Industrie eine der wichtigsten finanziellen Ressourcen für die Schöpfer der abstrakten Kunst.

Zwar fehlte es nicht an Vorbehalten in der Bevölkerung gegen die Künder der Moderne. Selbst angesehene Kulturwissenschaftler wie Hans Sedlmayer warfen ihnen vor, »sich allzuweit vom Geist des Künstlerischen entfernt« zu haben. Doch nach all den Jahren der kulturellen Isolation bestand ein breiter Nachholbedarf. Das interessierte Publikum begehrte danach, wieder Anschluß an das internationale Kunstgeschehen zu finden. Was noch zehn Jahre zuvor als »entartet« und »zersetzend« verfemt war, galt nun – vor allem für das Bildungsbürgertum – als Aushängeschild der Moderne, des Fortschritts und der Freiheit.

Außerdem kam die abstrakte Kunst dem Zeitgeist entgegen: So wie die Naturwissenschaft nicht mehr mit der Alltagswahrnehmung von Raum und Zeit rechnete, sondern eine Wirklichkeit jenseits der Oberfläche ergründete, wie sie hinter der sichtbaren Materie die Energie der unsichtbaren Atome als ungeheure Kraftquelle erschloß, so folgte ihr die Malerei in die metaphysischen Bereiche des Seins.

Gegenstandslosigkeit, Farbrhythmik und lyrische Abstraktion in der Tradition von Kandinsky, Klee und Miró fanden in dem Stuttgarter Maler Willi Baumeister einen der entschiedensten Verfechter. Wie Fritz Winter, Ernst Wilhelm Nay oder Theodor Werner gehörte er einer älteren Künstlergeneration an. Baumeister studierte nach einer Ausbildung zum Dekorationsmaler an der Kunstakademie in Stuttgart. In den zwanziger Jahren entstanden eine Reihe seiner »Mauerbilder«, deren Grund durch Zusatz von Sand oder Kitt reliefiert ist. Diese Bilder fanden auch Zustimmung bei Le Corbusier und Fernand Léger, mit denen Baumeister in Paris zusammentraf. Ab 1928 lehrte Willi Baumeister an der Frankfurter Städelschule Gebrauchsgrafik und Stoffdruck. Aus seiner letzten Schaffensperiode stammt das Bild »Bluxao VIII«.

Hans Arp, »Ptolemäus I«, 1953 (Nürnberg, Germanisches Nationalmuseum). In dieser Plastik werden die massiven Formen zum erstenmal durchbrochen.

Im Dritten Reich hatte er, wie viele andere deutsche Maler, die als »entartet« galten, Mal- und Lehrverbot. Nun unternahmen sie einen neuen Aufbruch. Ernst Wilhelm Nay, der 1937 unter der Naziherrschaft ebenfalls Malverbot erhielt und während des Krieges als Soldat Kartenzeichner war, bevorzugte in seinen Bildern die farbliche Harmonie. Zusammen mit Theodor Werner und Fritz Winter repräsentierte er die moderne deutsche Kunst der Nachkriegszeit.

Neu aufblühende Künstlergruppen wie der »junge westen« in Recklinghausen, »Zen 49« in München oder die »Gruppe 53« in Düsseldorf ließen sich wegen der pluralistischen Vielfalt der Strömungen und der individuellen Beliebigkeit der Künstler nicht auf einen einheitlichen Stil festlegen. Doch fanden

sie in der Absicht zusammen, sich mit konsequent gegenstandsloser Malerei vom dumpfen Blut-und-Boden-Realismus der völkischen Diktatur klar abzugrenzen.

Die Freiheit, die diese jüngeren Künstler meinten, bedeutete, den Pinselstrich von Emotionen, Unterbewußtsein und spontanem Temperament führen zu lassen – ungetrübt von Kalkül und Konventionen. »Ich löste mich aus den mir eng werdenden Bereichen der Formeln und des rechten Winkels und kam zu einer spontanen, einer Erregung und mehr dem Duktus verhafteten Malerei«, beschrieb Heinrich Siepmann, der im Jahr 1954 den Kunstpreis »junger westen« der Stadt Recklinghausen erhielt, diese Art der expressiv-abstrakten Malerei.

Diese geometrie-feindliche Sturm-und-Drang-Bewegung firmierte auch unter Begriffen wie Informel, Art brut oder Tachismus. Ihre eigentliche Heimat war die »Ecole de Paris« um Georges Mathieu, Alfred Manessier, Serge Poliakoff, Pierre Soulages und dem aus Deutschland stammenden Psychogrammatiker Hans Hartung. »Es ist sehr schwierig, zu bestimmen, welche Rolle bei einer Arbeit der objektiv urteilende Verstand spielt, und wie weit das Unbewußte einwirkt«, beschrieb Hans Hartung 1954 seine Malweise. Der 50jährige

Henri Matisse, »Die Trauer des Königs«, 1952 (Paris, Musée National d'Art moderne).
Zwei Jahre vor seinem Tod entstand dieses in einfachen Farben empfindsame Bild.

Robert Rauschenberg, »Charlene«, 1954 (Amsterdam, Stedelijk Museum). Variations- und erfindungsreich kombinierte Rauschenberg eine Palette unterschiedlichster Techniken und Objekte – Markenzeichen der »Combine Paintings«.

Maler, der seit seiner Vertreibung durch die Nationalsozialisten 1935 in Paris lebte, galt als einer der Hauptvertreter der »lyrischen Abstraktion«.

Georges Mathieu, sein begabter junger Mitstreiter, erregte nicht nur durch seine non-figurativen Bilder Aufsehen, sondern vor allem durch seine Mal-Performances. So warf er einmal nach Abschluß eines tachistischen Gemäldes mit theatralisch inszeniertem Pathos seinen Pinsel in den Rhein, um so den schöpferischen Prozeß symbolisch zum Ausdruck zu bringen. Mathieu war auch ein vielbeachteter Kunsttheoretiker, der meinte, daß die Malerei (in den fünfziger Jahren) die radikalste Revolution seit der Klassik Griechenlands vollziehe, da »das Zeichen dem Sinn vorausgehe«, was es in der Kunstgeschichte noch nie gegeben habe. Ähnlich wie die Protagonisten des »Action Painting« um Franz Kline und Robert Motherwell, rückte er damit den Akt des Malens als schöpferische Handlung in den Vordergrund.

Eine klare Abkehr vom emotional überbordenden Tachismus der Europäer vollzog die junge Künstlerszene Amerikas. Robert Rauschenberg und Jasper Johns entwickelten unabhängig voneinander eine gegenstand-orientierte Technik, die den Grundstein für die spätere Pop-Art legte. In seine Bilder, »Combine Paintings« genannt, integrierte Rauschenberg 1954 erstmals Gebrauchsgegenstände wie Zeitungen, T-Shirts und alte Fotos. Bereits 1951 waren Bilder von Robert Rauschenberg in der New Yorker Avantgarde-Galerie von Betty Parsons ausgestellt.

» Ich sehe keinen Grund, weshalb man die Welt nicht als ein riesenhaftes Gemälde betrachten sollte. «

Robert Rauschenberg Protagonist des »Combine Painting«

Jasper Johns ging den umgekehrten Weg: Er machte aus Gemälden Gegenstände. Berühmt wurde er vor allem durch seine Nachbildungen des amerikanischen Sternenbanners, die aus Leinwand, sowie aus Wachs- und Farbschichten bestanden. »Ist es eine Flagge oder ein Gemälde?« fragten die Kunstkenner, und Johns machte mit seiner lakonischen Antwort die Verwirrung komplett: »Es ist kein Bild, es ist eine Fahne.«

In der Bildhauerei gaben weiterhin Altmeister wie Henry Moore, Alexander Calder und Hans Arp den Ton an. Für seine organisch geschwungenen Skulpturen, deren surreale Formen an Vorbilder wie Picasso und Kandinsky erinnerten, er-

Der Meister und sein Werk: Pablo Picasso, schon zu Lebzeiten eine Legende der Malerei, kündigte den Stierkampf in Vallauris auf seine Art an, wo er wie jedes Jahr zur Sommerfrische weilte.

Willi Baumeister, »Bluxao VIII«, 1954/55
Willi Baumeister Archiv, Stuttgart.
Aus dem letzten Schaffenjahr des Künstlers stammt diese abstrakte Komposition.

hielt Hans Arp 1954 den internationalen Preis der Biennale in Venedig. 1916 gehörte er zur Dada-Bewegung und war Mitglied des Cabaret Voltaire in Zürich gewesen. Hans Arp galt als Repräsentant der Konkreten Kunst und war 1924 Mitverfasser des »Ersten Surrealistischen Manifests«. In den dreißiger Jahren fanden seine Vollplastiken aus Marmor und Bronze Beachtung. »Meine Reliefs und Skulpturen fügen sich natürlich in die Natur ein«, hielt der Alt-Dadaist den Befürwortern einer strikt gegenständlichen Abbildung vor.

Auch Henry Moore, einer der bedeutendsten, aber auch eigenwilligsten Bildhauer, ein Klassiker der Moderne, legte großen Wert darauf, seine Skulpturen als Teil eines organischen Ganzen im Spannungsfeld der vitalen Kräfte in Einklang mit der sie umgebenden Natur zu bringen. Seine noch figurenbezogenen bereits formreduzierten Plastiken aus den zwanziger Jahren tragen schon Züge der Monumentalität. Hauptthema seiner Skulpturen war der Mensch, besonders die ruhende weibliche Gestalt. Mit Rundungen, Aushöhlungen und Wölbungen machte er in seinen monumentalen Plastiken die Beziehung des Körpers zum Raum anschaulich.

Sein großes Vorbild, Pablo Picasso, der 1902 seine erste Skulptur »Sitzende Frau« schuf, war auch 1954 die beherrschende Leitfigur der Kunstwelt. Im südfranzösischen Künstlerort Vallauris, wo er seine Fan-Gemeinde jeden Spätsommer um sich scharte, vollendete der Meister seine monumentalen Gemälde

Willy Baumeister (1889–1955), 1954 in seinem Stuttgarter Atelier. Foto von Johannes Schubert.

»Der Krieg« und »Der Frieden«, die für den »Tempel des Friedens« bestimmt waren. 1954 schuf Pablo Picasso unter anderem die Porträtgemälde »Sylvette« und »Madame Z.«, die Lithographie »Gauklerfamilie« sowie Zeichnungen und Keramiken.

Der einzige zeitgenössische Maler, von dem Picasso sagte, daß er ihn beneide, starb 1954 nicht weit von der Wirkstätte seines alten Künstlerfreundes

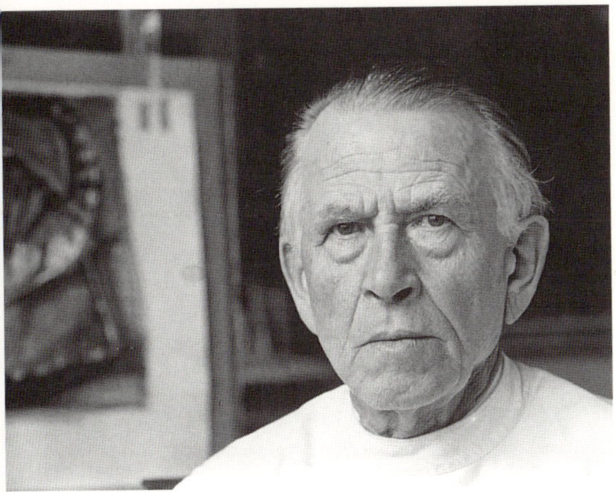

Otto Dix (1891–1969). Foto von Roland Fürst. Das expressionistische Gemälde »Mädchen mit Herbststrauß« entstand 1954. Otto Dix Stiftung, Vaduz.

entfernt. Am 3. November erlag Henri Matisse, Begründer des »Fauvismus«, im Alter von 85 Jahren in der Nähe von Cannes einem Herzinfarkt. Als junger Rechtsanwalt hatte er sich entschlossen, sich ganz seiner bisherigen Liebhaberei, der Malerei, zuzuwenden. Matisse studierte in Paris an der Ecole des Beaux-Arts bei Gustave Moreau, an dessen Voraussage »Sie werden die Kunst vereinfachen« er sich zeitlebens hielt. Bis zuletzt hatte der weltberühmte »Maler der Farbe« danach gestrebt, die reine unverfälschte Natur abzubilden, getreu seinem Leitmotiv: »Wir müssen das ganze Leben so sehen, wie wir es als Kinder gesehen haben.« 1950 hatte Matisse den Großen Preis der Biennale in Venedig erhalten.

Otto Dix zählte nach impressionistischen und auch expressionistischen Anfängen zu den radikalsten Verfechtern eines ungeschminkten Realismus. 1937 wurden 270 seiner Bilder durch die Nationalsozialisten als »entartet« aus den Museen verbannt. Nach Krieg und Gefangenschaft war Dix ab 1950 Professor an der Kunstakademie in Karlsruhe. (PH)

November 1954

1 · Montag

Mit einer Serie von Bombenanschlägen im Raum Algier und Oran beginnt der Algerienkrieg. Die französischen Behörden reagieren mit einer großangelegten Militäraktion gegen die Stützpunkte der Unabhängigkeitsarmee FLN.

Französische Soldaten bewachen gefangene algerische Rebellen.

Das Erzbischöfliche Generalvikariat in Köln empfiehlt allen Geistlichen, die Motorrad fahren, dringend das Tragen von Schutzhelmen.

2 · Dienstag

Bei Wahlen zum US-Kongreß erringt die Demokratische Partei die Mehrheit im Repräsentantenhaus. Präsident Dwight D. Eisenhower steht jetzt einer Oppositionsmehrheit im Kongreß gegenüber.

Das einzige Wirtshaus im englischen Dörfchen Kehd wird unter Polizeischutz gestellt. Weil der örtliche Prediger die Wirtschaft erworben hatte und sich seitdem weigert, Alkohol auszuschenken, hatten aufgebrachte Stammgäste die Fensterscheiben des Wirtshauses eingeworfen.

3 · Mittwoch

In Wiesbaden spricht sich der Hessische Landtag für die bevorstehende Abstimmung im Bundesrat gegen das Saar-Abkommen aus.

4 · Donnerstag

Auf nordrhein-westfälischen Autobahnen verübt eine schwerbewaffnete Bande vier Raubüberfälle.

In Oslo hält Albert Schweitzer eine Rede über das Thema »Das Problem des Friedens«.

5 · Freitag

In Washington hebt das US-Handelsministerium die Einfuhrgenehmigung eines holländischen Pharmakonzerns auf, weil das Unternehmen versucht haben soll, Antibiotika an die Volksrepublik China zu verkaufen.

Das Oberlandesgericht Frankfurt entscheidet, daß ein geschiedener Mann nicht das Recht hat, seiner Ex-Frau das Tragen seines Namens untersagen zu lassen.

6 · Samstag

Die vier Siegermächte entlassen Konstantin Freiherr von Neurath, Reichsaußenminister von 1932 bis 1938, vorzeitig aus seiner Haft im Spandauer Kriegsverbrechergefängnis. Bundespräsident Heuss und Bundeskanzler Adenauer gratulieren zu der Entlassung.

7 · Sonntag

Zwischen Japan und den von der UdSSR besetzten Kurilen-Inseln schießen sowjetische Abfangjäger ein US-Aufklärungsflugzeug ab. Die USA protestieren gegen den Abschuß, die Sowjetunion gegen die Verletzung ihres Hoheitsgebiets.

8 · Montag

Haile Selassie I. von Äthiopien trifft zu einem offiziellen Staatsbesuch in Bonn ein. Die Bundesregierung empfängt mit dem äthiopischen Kaiser das erste Staatsoberhaupt seit Ende des Zweiten Weltkrieges.

Der deutsche Raketeningenieur Wernher von Braun erhält die amerikanische Staatsbürgerschaft.

9 · Dienstag

In Nordrhein-Westfalen sind nach Angaben des Landtagspräsidiums im laufenden Jahr bisher 391 Bergleute unter Tage ums Leben gekommen.

10 · Mittwoch

In Teheran wird der ehemalige persische Außenminister Hussein Fatemi, dem Umsturzpläne gegen Schah Resa Pahlewi vorgeworfen wurden, hingerichtet.

11 · Donnerstag

In Griechenland bricht die Regierungskoalition von Ministerpräsident Alexandros Papagos wegen der Vergabe eines Regierungsauftrags an westdeutsche Elektrofirmen auseinander.

12 · Freitag

Bundeskanzler Konrad Adenauer versichert der katholischen Kirche, das zwischen Hitler und dem Vatikan 1933 ausgehandelte Reichskonkordat habe nach wie vor Gültigkeit.

Im britischen Fernsehen bezeichnet der ehemalige deutsche Generalfeldmarschall Albert Kesselring Angehörige von SS-Divisionen als »Teil des besten deutschen Blutes« und spricht sich für deren Berücksichtigung bei der Aufstellung bundesdeutscher Streitkräfte aus.

13 · Samstag

Die Sowjetunion schlägt für Ende November eine Konferenz über ein europäisches Sicherheitssystem in Moskau und Paris vor. Der Westen reagiert zurückhaltend.

14 · Sonntag

In Kairo wird Staatspräsident Ali Muhammad Nagib verhaftet, weil er über ein Attentat auf Ministerpräsident Nasser informiert gewesen sein soll. Der monatelange Machtkampf zwischen Nasser und Nagib ist damit entschieden.

15 · Montag

Zwei Todesopfer fordert eine Großfahndung der nordrhein-westfälischen Polizei nach den »Autobahnräubern«. Die westdeutschen Autofahrer gehen in der Nacht zu Kolonnenverkehr über, um sich gegen Überfälle zu schützen.

16 · Dienstag

Der CDU-Politiker Eugen Gerstenmaier wird in Bonn zum Nachfolger des verstorbenen Bundestagspräsidenten Hermann Ehlers gewählt.

Eugen Gerstenmaier

Vor der südamerikanischen Küste bringen peruanische Marineeinheiten eine Flotte von 14 Walfangschiffen des griechischen Reeders Aristoteles Onassis auf. Die Walfänger waren innerhalb einer umstrittenen 200-Meilen-Sperrzone auf Jagd gegangen.

17 · Mittwoch Buß- und Bettag

Ungarische Behörden lassen ein amerikanisches Ehepaar nach fünfjähriger Untersuchungshaft frei, weil sich der Spionageverdacht gegen beide als falsch erwiesen hatte.

18 · Donnerstag

In Tunis fordert der Führer der tunesischen Nationalisten, Habib Burgiba, sofortige und absolute Unabhängigkeit für sein Land.

19 · Freitag

Das Bundesverwaltungsgericht in Berlin entscheidet, daß dem Antrag Otto Strassers auf Wiedereinbürgerung in die Bundesrepublik stattzugeben sei. Strasser, einer der führenden Köpfe der NSDAP in den zwanziger Jahren, war 1930 aus der Partei ausgetreten und zunächst nach Österreich, später nach Kanada emigriert.

20 · Samstag

Der FDP-Vorsitzende Thomas Dehler spricht sich in einem Zeitungsinterview für bessere Kontakte zur Sowjetunion aus. Im Interesse der Wiedervereinigung könne man auch unfreie Wahlen in der DDR hinnehmen, erklärte Dehler gegenüber der Belgrader Zeitung *Politika*.

21 · Sonntag

In allen katholischen Kirchen Bayerns und Hessens werden Hirtenbriefe verlesen, die bei den bevorstehenden Landtagswahlen zur Stimmabgabe für die Unionsparteien aufrufen.

Der österreichische Bundeskanzler Julius Raab fliegt zu einem zweiwöchigen Staatsbesuch in die USA. Raab will die US-Regierung für den baldigen Abschluß eines österreichischen Staatsvertrages gewinnen.

Anläßlich der jüngsten Raubüberfälle auf bundesdeutschen Autobahnen fordert die Arbeitsgemeinschaft Güterfernverkehr die Einführung der Todesstrafe für »Autobahnräuber«.

22 · Montag

In West-Berlin gelingt beim zweiten Versuch die Sprengung der Reichstagskuppel. Die 300 Tonnen schwere Dachkonstruktion galt nach Bombentreffern im Zweiten Weltkrieg als hochgradig einsturzgefährdet.

23 · Dienstag

Der britische Premierminister Winston Churchill erklärt in London, er habe 1945 für den Fall eines weiteren Vormarsches der Roten Armee nach Westeuropa Vorbereitungen zur Wiederbewaffnung der deutschen Wehrmacht veranlaßt.

Nach einer Studie der niederländischen Regierung hat sich der Salzgehalt des Rheins seit 1930 verdoppelt.

24 · Mittwoch

Während einer CSU-Wahlveranstaltung in Augsburg wird der Sicherheitsbeauftragte der Bundesregierung, Theodor Blank, von Wiederbewaffnungsgegnern verprügelt.

25 · Donnerstag

Die französische Luftwaffe beginnt mit massiven Luftangriffen auf Stellungen der algerischen Freiheitsbewegung FLN im unwegsamen Bergland des Aurès-Gebirges.

26 · Freitag

Vor dem Bundesverfassungsgericht in Karlsruhe beginnt die Hauptverhandlung über die Frage der Verfassungswidrigkeit der KPD. Ein Antrag der KPD-Anwälte, den Senatspräsidenten Josef Wintrich wegen seiner nationalsozialistischen Vergangenheit für »befangen« zu erklären, wird abgelehnt.

27 · Samstag

Das Basarviertel von Istanbul wird durch ein Großfeuer verwüstet. 34 der 65 engen Verkaufsgassen und mehr als 3500 Läden brennen völlig aus.

28 · Sonntag

Die CSU geht aus den Landtagswahlen in Bayern als stärkste Fraktion hervor. Neuer bayerischer Ministerpräsident wird jedoch der Sozialdemokrat Wilhelm Hoegner.

Bei den Landtagswahlen in Hessen verliert die SPD ihre absolute Mehrheit. Ministerpräsident Georg August Zinn (SPD) bleibt jedoch mit einer Koalitionsregierung im Amt.

Georg August Zinn mit dem Eislaufpaar Marika Kilius und Franz Ningel.

29 · Montag

In Straßburg wird der frühere italienische Ministerpräsident Giuseppe Pella zum neuen Präsidenten der Montanversammlung gewählt. Pella tritt die Nachfolge des verstorbenen Alcide De Gasperi an.

30 · Dienstag

Auf einer Konferenz der Ostblockstaaten in Moskau fordert der DDR-Ministerpräsident Otto Grotewohl die Aufstellung regulärer Streitkräfte in der Sowjetzone für den Fall der Ratifizierung der Pariser Verträge.

Strandgut des Krieges

Von der Mühsal des Neubeginns: Flüchtlinge, Vertriebene und Heimkehrer

24. Oktober 1954, 12 Uhr mittags: Zwei Minuten lang standen in allen westdeutschen Städten die Räder still. Polizisten stoppten den Straßenverkehr, Busse und Bahnen unterbrachen ihre Fahrt. Passanten verharrten schweigend, die Männer auf der Straße nahmen ihre Hüte vom Kopf. Wie in jedem Jahr seit 1950 beging die Bundesrepublik den »Tag der deutschen Kriegsgefangenen« mit Gedenkminuten, mit Mahnfeuern, Glockengeläut und politischen Kundgebungen.

Auch neun Jahre nach der Kapitulation waren die Wunden des Krieges noch nicht vernarbt. Und das betraf nicht nur die Kriegsgefangenen und ihre Angehörigen. Die Bevölkerungsstatistik der jungen Bundesrepublik war noch immer in Bewegung. Die Aufnahme und Umsiedlung von Vertriebenen und Aussiedlern, die Eingliederung der »Heimkehrer« und ein monatlicher Zustrom von mehr als 10 000 Flüchtlingen aus der DDR ließen die Einwohnerzahl stetig anwachsen. Entwurzelung, Entfremdung, Heimatlosigkeit – das war für zwanzig Millionen Deutsche die Hypothek der totalitären Vergangenheit. Längst waren die meisten deutschen Soldaten, die den Krieg überlebt hatten, wieder zu Hause. Doch von den 3,2 Millionen Wehrmachtsangehörigen in sowjetischer Kriegsgefangenschaft kehrten nur zwei Drittel zurück. Mehr als eine Million war in den Lagern ums Leben gekommen, noch immer wurden etwa 10 000 hinter sibirischem Stacheldraht festgehalten.

Vermißtenbörse des Roten Kreuzes. Viele Familien waren auch Jahre nach Ende des Krieges noch getrennt (oben).
Die Tochter eines »Spätheimkehrers« sieht zum erstenmal ihren Vater, der nach mehr als zehn Jahren Krieg und Gefangenschaft nach Hause kommt (links).

Im Osten nichts Neues: »Kein einziger Kriegsgefangener mehr, nitschewo...«

Moskau leugnete die Existenz der Kriegsgefangenen, der Kreml sprach von »Kriegsverbrechern« – ein Faustpfand für künftige Verhandlungen mit der Bundesregierung. Aus der Sicht Adenauers ein heikles Thema: Direkte Gespräche mit dem Kreml kamen vor Inkrafttreten der Westverträge nicht in Frage, die Verhandlungen mit den Westmächten durften nicht gestört werden. Zugleich aber wollte er vermeiden, daß in der deutschen Öffentlichkeit der Eindruck entstünde, die Regierung kümmere sich nicht um die Gefangenen. Die Sowjets spielten ihren Trumpf geschickt aus. Immer wieder lancierten sie medienwirksam Gerüchte über bevorstehende Entlassungen. Im November 1954 luden sie sogar den Präsidenten des Deutschen Roten Kreuzes, Heinrich Weitz, nach Moskau ein, um an der

Bundesregierung vorbei über die Gefangenenfrage zu verhandeln.

Adenauer blieb wenig Spielraum. Noch mußte er sich auf Lippenbekenntnisse beschränken. Im Januar 1954 reiste er persönlich zum Empfang eines Heimkehrertransportes ins Durchgangslager Friedland. Vor den Kameras

Rückkehr in eine fremde Heimat: Viele Spätheimkehrer fanden sich nur schwer in der neuen Freiheit zurecht.

der Wochenschauen gab er sich zuversichtlich: »Geduld ist die stärkste Waffe des Besiegten. Wir werden das Ziel nicht aus den Augen verlieren, alle diejenigen, die noch draußen sind, wieder in die Heimat zurückzubringen.«

Erst im kommenden Jahr folgten den Worten auch Taten. Der »Tag der Kriegsgefangenen« blieb Geste der Erinnerung. Als die Bundesrepublik ihre Souveränität erlangte und Mitglied der NATO wurde, hatte Adenauer den Rücken endlich frei. Im September 1955 war es dann soweit: Nach zähen Verhandlungen in Moskau stand der Heimkehr der 10 000 nichts mehr im Wege.

1954 sahen immerhin 1600 »Spätheimkehrer« ihre Familien wieder. Vorletzte Station auf dem langen Heimweg war das Durchgangslager Friedland. Schon die Busfahrt dorthin geriet zu einem regelrechten Triumphzug. »Da standen Leute an der Straße, waren schick gekleidet. Die Mädchen warfen uns Zigaretten rein mit ihren Adressen und Schokolade, und alle waren so sauber angezogen«, erzählte ein Spätheimkehrer.

Dann im Lager selbst: großer Bahnhof, weiße Tischtücher, ein festliches Mahl auf richtigen Tellern – die ersten Eindrücke der neuen Freiheit waren geradezu überwältigend.

Die Begrüßung daheim war oft überschwenglich. Doch die Probleme ließen nicht lange auf sich warten. Für manche Heimkehrer begann bereits schon »draußen vor der Tür« ihrer eigenen Wohnung ein bitteres Drama. Das Leben war ohne sie weitergegangen. Die Ämter hatten sie für tot erklärt, die Ehefrau war neu verheiratet oder hatte Kinder von fremden Männern zur Welt gebracht – nicht selten Folge einer Vergewaltigung durch Besatzungssoldaten. Oft folgte der unverhofften Heimkehr eine Tragödie.

Aber selbst wenn der Familienvater seine Rolle wieder einnehmen konnte, erwies sich das Zusammenleben als mühsamer Lernprozeß. Die »Spätheimkehrer« waren in all den Jahren ihren Familien fremd geworden. Während die Männer im Lager hinter Stacheldraht vegetierten, hatten Frauen und Kinder in den Trümmerwüsten der deutschen Städte, auf sich selbst gestellt, ums Überleben gekämpft. Die Kinder, die ihren Vater zum erstenmal bewußt erlebten, reagierten oft befremdet: »Vater war ein nervöser Mann, Erzieher mit Nachholbedarf an Autorität. Er kam mir vor wie ein entthronter Despot.«

Das Schicksal ihrer Väter blieb für die heranwachsende Nachkriegsgeneration nicht ohne Folgen: Besonders eindringlich schilderte Heinrich Böll die »heillose Welt der vernachlässigten Kinder« in seinem 1954 erschienenen Roman »Haus ohne Hüter«.

Die Mühsal der Eingewöhnung schlug sich auch in der Statistik nieder: Die Scheidungsrate lag bei Heimkehrern deutlich höher und ebenso die Zahl der Selbstmorde. In Hamburg war Freitod die häufigste Todesursache unter den früheren Gefangenen.

Bei der Eingliederung der Flüchtlinge und Vertriebenen lagen die Probleme anders. Prekär war die Lage auf dem Wohnungsmarkt. Viele Flüchtlinge lebten noch immer in Notquartieren unter zum Teil erbärmlichen Bedingungen. In alten Wehrmachtskasernen mußten sich oft mehrere Familien einen Raum teilen, das improvisierte Lagerleben bestimmte für viele über Jahre hinweg den Alltag. Täglich kamen im Durchschnitt 500 Flüchtlinge aus der DDR hinzu. Auch sie mußten zeitweise in Durchgangslagern untergebracht werden. Zwar konnte von einem Exodus wie nach dem Volksaufstand von 1953 nicht mehr die Rede sein, doch allmählich schwand

Vizekanzler Franz Blücher begrüßt »im Namen des deutschen Volkes« Heimkehrer im Auffanglager Friedland.

in der Bundesrepublik die Bereitschaft zu Fürsorge und Solidarität. Als unterhaltsberechtigter »Sowjetzonenflüchtling« fand vor den westdeutschen Verwaltungsgerichten nur noch Anerkennung, wer politische Gründe für seine Flucht nachweisen konnte.

Selbstverständlich registrierte die Bundesrepublik weiterhin die Flüchtlingsströme aus dem Osten als Beweis für die eigene Überlegenheit. Wenn selbst Volkspolizisten der DDR den Rücken kehrten, war das für die Medien ein gefundenes Fressen. »Täglich flüchten Hunderte über die Sektorengrenze nach West-Berlin. Im wesentlichen sind es Volkspolizisten, zum großen Teil mit ihren Kommandeuren, sprich Kommissaren. Leute, die unmittelbar in dem Gewissenskonflikt standen, in den jeder Deutsche geraten muß, wenn er gezwungen wird, seine Landsleute zu drangsalieren«, polemisierte das *Hamburger Fremdenblatt* am 25. September im Ton des Kalten Krieges.

Heimkehr: Beim ersten Wiedersehen kam es zu erschütternden Szenen.

Zwischen 1949 und 1954 waren insgesamt 14 000 Volkspolizisten aus dem Arbeiter- und Bauernstaat geflohen.

Was war von der Ostzone noch zu halten, fragten die westdeutschen Zeitungen ihre Leser, wenn sich selbst Staatsdiener in Scharen davonmachten?

Während sich diese »Republikflüchtlinge« im Westen eine bessere Zukunft erhofften, hausten in der Bundesrepublik weiterhin 350 000 Menschen in Aufnahmelagern, die ihre Heimat unter Zwang hatten verlassen müssen. Ihre Eingliederung in das vom Krieg gezeichnete Land erschien unter diesen Umständen wie eine Utopie. Doch das schier Unmögliche gelang, auch die Hauptleidtragenden des Krieges erhielten am Ende ihren Anteil an der Ernte des Aufschwungs. Grundlage dafür war die Devise: »Den Krieg haben wir gemeinsam begonnen, den Krieg haben wir gemeinsam verloren, der Schaden mußte gemeinsam getragen werden«, so formuliert von Werner Middelmann, damals Abteilungsleiter im Bundesvertriebenenministerium.

Der bescheidene Wohlstand, den sich die Deutschen mit dem beginnenden Wirtschaftsaufschwung gesichert hatten, sollte auch denen zugute kommen, die durch Vertreibung und Bombenangriffe allen Besitz verloren hatten. Kernstück dieser Umverteilungspolitik war das Lastenausgleichsgesetz, das den Kriegsopfern insgesamt 132 Milliarden Mark zukommen ließ – eine großangelegte Solidaritätsleistung, die ihresgleichen in der deutschen Geschichte sucht.

Rund acht Millionen Vertriebene und Flüchtlinge lebten 1954 in der Bundesrepublik, 3,7 Millionen in der DDR. Ihr Anteil an der Bevölkerung war im Osten also noch deutlich höher als im Westen. Doch im offiziellen Sprachgebrauch der Sowjetzone hatte das Wort »Vertriebener« keinen Platz. Ein staatlich verordneter Euphemismus machte aus ehemaligen Ostpreußen oder Schlesiern schlicht »Umsiedler« und »Evakuierte«. Landsmannschaften und Interessenverbände wie im Westen waren verboten. Entschädigungen gab es nicht. Die Vertreibung von Millionen Deutschen wurde von der DDR totgeschwiegen. Dennoch gelang allmählich auch im Arbeiter- und Bauernstaat die Integration der Neubürger.

In der Bundesrepublik war neun Jahre nach Kriegsende für viele Vertriebene die Odyssee noch nicht vorüber. Die Flüchtlingswelle war unmittelbar nach dem Krieg in Regionen geflutet, die vergleichsweise wenig zerstört und zudem in der Lage waren, Hunderttausende von Flüchtlingen zu versorgen: nach Schleswig-Holstein, Bayern und Niedersachsen. Jetzt mußten die Menschen erneut ihre Koffer packen,

Großer Bahnhof mit Begrüßungsansprachen und einer warmen Mahlzeit: An der Zonengrenze bei Herleshausen empfangen Angehörige und Neugierige einen Heimkehrertransport.

um nach einem Verteilungsschlüssel, den die Bundesländer nach zähem Feilschen vereinbart hatten, in ihre neue Heimat umzuziehen. Mehr als 900 000 Flüchtlinge mußten so bis August 1954 noch einmal ihren Wohnort wechseln. Diese letzte Umsiedlungswelle setzte der Völkerwanderung im Bundesgebiet vorläufig ein Ende. Im Vergleich zur Vorkriegszeit bot die westdeutsche Bevölkerung jetzt ein weit homogeneres Bild: Regionale Unterschiede und Konfessionsgrenzen waren zum Teil nivelliert und Prämissen für eine urbanisierte und mobilere Industriegesellschaft wurden verstärkt.

Der Lebensstandard der meisten Vertriebenen lag 1954 allerdings noch deutlich unter dem der Gesamtbevölkerung.

Schwierige Integration: Vertriebenenminister Oberländer beim Landsmannschaftstreffen

Jeder Zehnte von ihnen war ohne Arbeit, ein Drittel wohnte weiterhin zur Untermiete oder in Notunterkünften auf kleinstem Raum. Am schwersten fiel der Neubeginn den rund 400 000 Landwirten aus den ehemaligen deutschen Ostgebieten. Nur ein Zehntel von ihnen fand bis 1954 wieder in ihren Beruf zurück, die Hälfte davon lediglich im Nebenerwerb. Da half es nur wenig, daß die Bundesregierung eine fünfjährige Steuerbefreiung als Mitgift in Aussicht stellte, wenn einheimische Bauerntöchter Bauernsöhne aus den Ostgebieten heirateten.

Doch trotz solch staatlicher Kontakthilfe hielt sich die Gunst der Einheimischen für die Vertriebenen vielerorts in engen Grenzen. Solange Wohnraum und Arbeitsplätze knapp waren, sahen viele in ihnen vor allem unliebsame Konkurrenz: »Wir waren keine gern gesehenen Gäste. Ein Bäckermeister sagte, man müßte uns ein Brot unter den Arm quetschen und mit dem Hund vom Hof jagen«, erinnert sich eine Vertriebene.

Bald jedoch erwarben sich Flüchtlinge und Vertriebene den Ruf, besonders fleißig und ehrgeizig zu sein, auch wenn die meisten buchstäblich bei Null anfangen mußten. Aus so mancher Heimarbeit in einer Notunterkunft begonnen, wurde später ein florierendes Unternehmen. Arbeitsleistung, Improvisationstalent und nicht zuletzt die soziale Friedfertigkeit der Vertriebenen trugen maßgeblich zum westdeutschen »Wirtschaftswunder« und zur Konsolidierung der jungen Republik bei. Schon in den frühen Fünfzigern hatten 5000 Vertriebene eigene Unternehmen aufgebaut, die insgesamt 200 000 Angestellte beschäftigten. Werner Middelmann, der im Bundesvertriebenenministerium die Neueingliederung organisierte, über Leid und Leistung der Vertriebenen: »Wunder passieren in der Kirche und bei Menschen, die kann man nicht organisieren. Die Vertriebenen haben die gebotene Chance wahrgenommen, unter entsetzlichen Schwierigkeiten sich ein neues Leben aufzubauen.«

» Wir werden das Ziel nicht aus den Augen verlieren, alle diejenigen, die noch draußen sind, wieder in die Heimat zurückzubringen. «

Konrad Adenauer

In weit höherem Maße als die Heimkehrer gewannen die Vertriebenenverbände Einfluß auf die Bonner Politik. Landsmannschaften, wie die der Schlesier, Sudetendeutschen und Ostpreußen waren wichtige Foren der Begegnung und Interessenvertretung. Die traumatische Erinnerung an den Einmarsch der Roten Armee in ihre Heimat saß ihnen noch tief in den Knochen, weshalb der Grundtenor der meisten Vertriebenenpolitiker stets konservativ und antikommunistisch blieb.

1950 hatten die Vertriebenen eine vielbeachtete »Charta« verfaßt, in der sie besonnen und ausdrücklich »Rache und Vergeltung« ablehnten, andererseits jedoch auf die Formulierung ihres »Rechts auf Heimat« nicht verzichten mochten. Unverhüllt nationale und revanchistische Töne verbreiteten dagegen die Wahlkämpfer des »Bundes der Heimatvertriebenen und Entrechteten« (BHE). Am Ende ihrer Kundgebungen ertönten regelmäßig alle drei Strophen des Deutschlandliedes und der »Große Zapfenstreich«. Zahlreiche ehemalige Nationalsozialisten in den Reihen der Vertriebenenfunktionäre verstärkten die Rechtslastigkeit der Partei.

Neben der großen Politik im Bundestag kümmerten sich die Vertriebenen beharrlich um die »Pflege der Heimat«. Straßen und Plätze wurden nach den verlorenen Gebieten benannt. Und unermüdlich beschworen die Vertriebenenfunktionäre den Rechtsanspruch auf die deutschen Gebiete »unter fremder Verwaltung«. Der Kampf um ihr »Recht auf Heimat« nahm mitunter groteske Formen an: So setzten ehemalige Kreistage und Stadträte aus den Ostgebieten, die sich nun »Fortsetzungskörperschaften« nannten, auch fern der Heimat noch ihre Beratungen fort. Doch hatten solche Debatten angesichts der Realität des Ost-West-Konfliktes nur noch symbolische Bedeutung. (CD)

Ost-Deutsche ans Gewehr

Die DDR rüstet auf: Von der Kasernierten Volkspolizei zur Nationalen Volksarmee

So sah es Walter Ulbricht: »Wenn die Deutsche Demokratische Republik gezwungen ist, im Falle der Ratifizierung der Pariser Verträge zum Schutze der Deutschen Demokratischen Republik und der Errungenschaften des Volkes die Kasernierte Volkspolizei zu einer kampfkräftigen Kaderarmee zu entwikkeln, so liegt das im Interesse nicht nur der Bevölkerung der Deutschen Demokratischen Republik, sondern aller friedliebenden Deutschen.«

Der SED-Generalsekretär mühte sich sichtlich, die Aufrüstung der DDR als bloße Reaktion auf die Pläne zur NATO-Eingliederung der Bundesrepublik zu rechtfertigen. Daß der SED-Staat schon längst über schlagkräftige militärische Einheiten verfügte, darüber hatte der Begriff »Kasernierte Volkspolizei« (KVP) jahrelang hinweggetäuscht. Auf der Vollversammlung der Volkskammer am 8. Dezember standen die Ergebnisse der Moskauer Konferenz im Mittelpunkt, bei der die Ostblock-Staaten über die »Pariser Kriegspakete« – wie es im SED-Deutsch hieß – berieten. Im Namen der sozialistischen Bruderstaaten verkündete Ulbricht den gemeinsamen Entschluß: ». . . daß wir der westlichen Aggression mit einer entschlossenen Verteidigungsstreitmacht begegnen werden, die von der Elbe bis nach China reicht«. Grundsätzlich hatte man sich in Moskau auf die Konzeption eines gemeinsamen Paktes als militärische, politische und wirtschaftliche Gegenorganisation zum Westblock geeinigt. Das Moskauer Dokument mit dem denkwürdigen Namen »Europäische Friedensdeklaration« sah die Integration der Streitkräfte der Ostblockstaaten, ihre Verstärkung und die Errichtung eines gemeinsamen Oberkommandos für den Fall vor, daß die Pariser Verträge ratifiziert würden. Auch die Errichtung einer DDR-Armee wurde ins Auge gefaßt. Unterzeichner waren außer der Sowjetunion und der DDR die Tschechoslowakei, Polen, Ungarn, Rumänien, Bulgarien und Albanien.

Polen und die Tschechoslowakei sahen allerdings der ostdeutschen Nationalarmee eher mit gemischten Gefühlen entgegen. Die Erinnerung an den letzten Weltkrieg war immer noch lebendig.

Stockholms-Tidningen

Auch beim Wehrbeitrag Musterschüler ihrer Vormacht.

Beide Staaten forderten ähnliche Auflagen, wie sie Frankreich für die westdeutsche Armee beanspruchte: Rüstungsbegrenzungen, Produktionsbeschränkungen bei schweren Waffen, keinen nationalen Oberbefehl. Diese Aspekte spielten bei den weiteren Verhandlungen eine wichtige Rolle.

Die SED setzte eine riesige Propagandamaschinerie in Gang, um den Bürgern im eigenen Land vor Augen zu führen, »daß die großen Errungenschaften der DDR-Bevölkerung durch den Militarismus aus Westdeutschland und West-Berlin ständig bedroht seien«. Die Schaffung einer Nationalarmee sei zwingend notwendig, »um gewissen aggressiven Kräften im Westen zum Bewußtsein zu bringen, wie der Drang nach Osten für sie enden würde« – so Ulbricht.

Die Antwort der westdeutschen Medien ließ nicht lange auf sich warten. Das Presse-Bulletin des Deutschen Bundestages griff die Sätze des SED-Chefs auf und drehte den Spieß um: »Um gewissen aggressiven Kräften in Pankow zum Bewußtsein zu bringen, wie der Drang nach Westen für sie enden würde – deshalb schuf man die Pariser Verträge. Und aus diesem Grunde empfinden die Politiker in Pankow diese Verträge als störend.«

Der Westen bezichtigte die DDR-Propaganda einer Umwertung der Werte. Das Sprachrohr des SED-Zentralkomitees *Neues Deutschland* trieb den Krieg der Worte auf die Spitze und versuchte beim Vergleich der Wiederbewaffnung in West- und Ostdeutschland glauben zu machen, es müsse zwischen »Verteidigern des Friedens und solchen Soldaten unterschieden werden, die für die Monopolherren und Militaristen« zu Felde zögen. Zwischen einem Soldaten der Bundesrepublik und einem »Soldaten der DDR« bestehe ein Unterschied wie zwischen einem Räuber und einem Mann, der sich gegen diesen schützt.

Die SED zielte auch darauf ab, die Opposition in der Bundesrepublik zum Widerstand gegen die Regierung anzustacheln. Ulbricht appellierte an alle Westdeutschen, vor allem aber an die Sozialdemokraten, mit »Massendemonstrationen, Streiks und anderen außerparlamentarischen Kampfmaßnahmen« gegen die Pariser Verträge zu protestieren. Dabei wurde immer wieder die gesamtdeutsche Karte ins Spiel gebracht: die These Bundeskanzler Adenauers, daß nach der Ratifizierung der Verträge über die deutsche Wiedervereinigung gesprochen werden könne, sei grundfalsch. Zugleich aber verknüpfte die SED ihre Vorschläge zur Einheit Deutschlands mit Bedingungen, von denen sie wissen mußte, daß sie für den Westen unannehmbar waren: Wer nach einem »ernsthaften Weg für die Wiedervereinigung« suche, habe unbedingt für einen Dialog der beiden deutschen Staaten einzutreten. Nur in Rahmen von Verhandlungen mit der DDR sei ein Kompromiß über freie Wahlen und Modalitäten der Wiedervereinigung möglich. Das bedeutete, daß der Westen den SED-Staat zuerst hätte anerkennen müssen, um überhaupt eine Gesprächsgrundlage zu schaffen. Auf diese Weise wäre die Zweistaatlichkeit durch ein Hintertürchen sanktioniert worden.

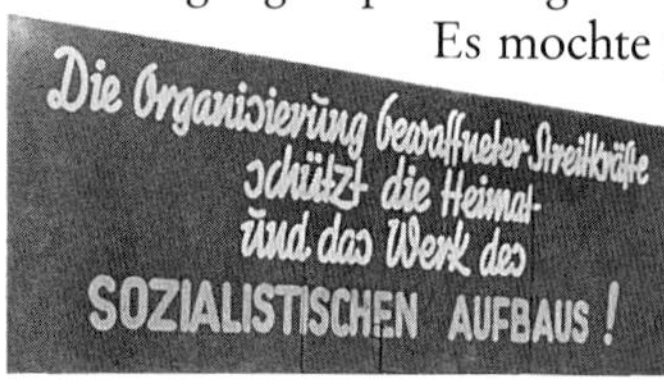

Eine Volkskammer-Resolution ermächtigte die DDR-Regierung, die aus der Moskauer Erklärung resultierenden militärischen Maßnahmen vorzubereiten. Fast gebetsmühlenhaft hob die SED hervor, daß erst die NATO-Politik diesen Schritt provoziert habe. Tatsächlich aber war die Aufrüstung der DDR schon weit fortgeschritten.

Seit 1949 gab es paramilitärische Einheiten, Anfang 1954 erreichte die Kasernierte Volkspolizei eine Stärke von über 100 000 Mann – mit 1000 Panzern und über 1500 Geschützen; darüber hinaus wurden Luft- und Seestreitkräfte aufgestellt. Weitere bewaffnete Einheiten in einer Stärke von rund 60 000 Mann fielen in den Verantwortungsbereich des Ministeriums für Staatssicherheit (MfS): die »Deutsche Grenzpolizei«, die »Transportpolizei« und die Bereitschaftspolizei. Die DDR-Regierung kündigte an, nach Ratifizierung der Pariser Verträge die sieben Divisionen der KVP sowie deren Marine und Luftwaffe offiziell in eine Nationalarmee umzuwandeln. Die Überführung der Verbände der KVP in die Nationale Volksarmee (NVA) erfolgte allerdings erst im Frühjahr 1956.

SED-Chef Ulbricht kündigt die Gründung »Nationaler Streitkräfte« an – »...im Interesse aller friedliebenden Deutschen«. Tatsächlich verfügte die DDR jedoch schon seit Jahren über schwerbewaffnete Verbände.

Offiziell rekrutierten sich die Streitkräfte aus Freiwilligen. Doch die SED und die sogenannten »Massenorganisationen« setzten ihre Mitglieder massiv unter Druck, an der »Verteidigung des Friedens« mitzuwirken. Im Dezember 1954 begannen systematische Werbekampagnen für die neue Armee. In vielen Betrieben fanden Treffen zur Verpflichtung von »Freiwilligen« statt.

Es mochte paradox erscheinen, daß ausgerechnet im Jahr der Entscheidung zur militärischen Aufrüstung der beiden deutschen Staaten Lenins These von der »Möglichkeit des friedlichen Nebeneinander der Systeme« zitiert wurde: Koexistenz unter Anerkennung des territorialen Status quo.

Für den Westen waren die Bedingungen des Ostens indiskutabel: ein friedliches Nebeneinander sollte es nur unter Verzicht auf die Wiederbewaffnung geben.

Dennoch fand das Angebot im Westen auch Gehör. Ein belgischer Abrüstungsplan, der von der Zweistaatlichkeit Deutschlands ausging, sorgte im Europarat für Wirbel. Sprecher der westdeutschen Parteien traten in der Debatte darüber mit Nachdruck dafür ein, daß der Europarat die deutsche Wiedervereinigung zu seinem primären Ziel erhebe.

Fast zeitgleich betraten die beiden deutschen Staaten als Bündnispartner die internationale Bühne. Als Antwort auf den Beitritt der Bundesrepublik zur NATO am 6. Mai 1955 folgte acht Tage später die Gründung des Warschauer Pakts unter Einbeziehung der DDR. Während die DDR ihre Armee schon weitgehend ausgerüstet hatte, wurde die Bundeswehr eher schleppend aufgestellt. Wie das Bundesheer wurde auch die NVA als einzige Armee in ihrem Militärbündnis schon im Frieden dem Oberkommando der Vereinigten Streitkräfte unterstellt. Sicherheit für, aber auch vor Deutschland, das waren im Osten wie im Westen damals zwei Seiten einer Medaille. (SB)

Die schöne neue Welt

Der Glaube an die Macht der Wissenschaft

Der Nobelpreis ist die höchste Anerkennung, die einem Wissenschaftler widerfahren kann. Für den Physiker Max Born war die Urkunde, die ihm der schwedische König Gustav Adolf am 10. Dezember 1954 im Stockholmer Konzerthaus überreichte, mehr als das: eine späte Wiedergutmachung.

Mit einer umfassenden Theorie atomarer Vorgänge hatte Born schon zu Beginn der dreißiger Jahre die Kernphysik revolutioniert. Sein Gedankengebäude gründete auf der Erkenntnis, daß die Bewegungen von Protonen und Elektronen den bekannten Naturgesetzen nicht gehorchten. Den Nobelpreis für Physik teilte Max Born mit einem ehemaligen Schüler, dem Heidelberger Kernphysiker Walter Bothe, der mit 24 Jahren Verspätung für seine Koinzidenzmethode zur Analyse kosmischer Strahlen geehrt wurde.

Max Borns Genugtuung hatte noch einen anderen Grund: 1933 war der jüdische Wissenschaftler aus Hitlers Deutschland verjagt worden. Den Nobelpreis für Physik hatte ein Jahr zuvor sein Schüler Werner Heisenberg erhalten. »Er hat die Ernte für gemeinsame Arbeit eingeheimst«, schrieb Max Born an seinen Freund und Kollegen Albert Einstein im November 1953, »soweit es äußeren Erfolg, wie Nobelpreis und solche Dinge betrifft. Ich gönne es ihm von Herzen, bin aber doch während der letzten zwanzig Jahre das Gefühl einer gewissen Ungerechtigkeit nicht losgeworden.«

Jonas Salk gelang es 1954, einen Impfstoff gegen Kinderlähmung herzustellen.

In der Öffentlichkeit hatte der Gründervater der legendären »Göttinger Schule der theoretischen Physik« stets im Schatten seiner Schüler gestanden, die mit der Umsetzung der dort erworbenen kernphysikalischen Kenntnisse einen – durchaus fragwürdigen – Weltruhm erlangten: Während Werner Heisenberg, Pascual Jordan und Carl Friedrich von Weizsäcker ihre Kernforschung mehr oder minder in den Dienst des NS-Staates stellten, schufen Robert Oppenheimer, Edward Teller, Enrico Fermi und Klaus Fuchs (der spätere »Atomspion«) in den USA die Grundlage für den nuklearen Rüstungswettlauf. »Es ist schön, so kluge und tüchtige Schüler gehabt zu haben, doch wünschte ich, sie wären weniger klug als weise«, kommentierte der »Lehrer« lakonisch.

Wenn auch Max Born sich selbst nie der praktischen Politik angedient hatte, konnte es für ihn keinen Rückzug in den Elfenbeinturm der reinen Lehre geben.

Die Verleihung des Nobelpreises betrachtete der 71jährige Forscher, der 1954 nach Deutschland zurückgekehrt war, die Staatsbürgerschaft seines Exillandes Großbritannien jedoch beibehielt, als Ermutigung für sein Engagement.

Ein Indiz dafür sah er in der gleichzeitigen Verleihung des Chemie-Nobelpreises an den amerikanischen Molekularbiologen Linus Pauling, »der für seine aufrechte politische Haltung und seine Ablehnung des Mißbrauchs wissenschaftlicher Entdeckungen bekannt ist. Es mag ein Zufall sein, aber es sieht doch nach Absicht aus, und das wäre erfreulich«, wie Max Born an Albert Einstein

Späte Genugtuung: Aus der Hand von König Gustav Adolf erhielt Max Born (links) den Nobelpreis für Physik.

schrieb. Wegen seines entschiedenen Protestes gegen die amerikanische Atompolitik, der ihm 1962 zusätzlich den Friedensnobelpreis einbrachte, war Linus Pauling in das antikommunistische Kesseltreiben der McCarthy-Ära geraten.

Den Nobelpreis für Medizin teilten sich 1954 seine Landsleute John Franklin Enders, Thomas Huckle Weller und Frederick Chapman Robbins. Ihre mikrobiologische Forschungsarbeit hatte einen der größten Siege in der Geschichte der Medizin ermöglicht: die künstliche Züchtung des Kinderlähmungvirus. Auf der Grundlage dieser Forschungen gelang es dem Bakteriologen Jonas Salk 1954, erstmals einen Impfstoff gegen die grausame Krankheit herzustellen, an der 23 Jahre zuvor US-Präsident Franklin Roosevelt erkrankt war. Schon im Jahr darauf konnten die ersten 500 000 amerikanischen Schulkinder vorbeugend geimpft werden.

Entscheidender Durchbruch für die Chirurgie: Die Herz-Lungen-Maschine ermöglichte Operationen am offenen Herzen.

Ein weiterer bedeutender Erfolg gelang der Medizin bei der Krebsbekämpfung. Im Tierversuch fand der Wuppertaler Chemie-Nobelpreisträger Gerhard Domagk heraus, daß sich Krebszellen nach der Behandlung mit Chinonen, einer chemischen Substanz, wieder zurückbildeten. Die von ihm entwickelte Chemotherapie erwies sich als wirksame Waffe gegen die todbringende Krankheit.

» Wenn man Forschungsergebnisse veröffentlicht, ist man die Verantwortung für die Anwendung nicht los. «

Max Born

Krebs war damals schon die häufigste Todesursache in Deutschland, doch eine »moderne« Zivilisationskrankheit sollte bald den ersten »Rang« einnehmen: der Herzinfarkt, die bittere Frucht des Wohlstands. Auf diesem Feld erzielte die Medizin 1954 ebenfalls einen entscheidenden Durchbruch: Der Einsatz einer künstlichen Herz-Lungen-Maschine ermöglichte eine längere Operation am offenen Herzen. In der Universitätsklinik von Minnesota/USA klemmten die Ärzte den Blutkreislauf einer fünfjährigen Patientin sogar an das Herz ihres Vaters an, während sie bei ihr einen Herzfehler behandelten. Auch auf dem Gebiet der Organtransplantation gelang einem amerikanischen Chirurgen in diesem Jahr ein wesentlicher Fortschritt: Erstmals wurde eine Spenderniere nach der Verpflanzung vom Körper des Empfängers wie ein eigenes Organ angenommen.

Doch manche vermeintlich bahnbrechende Erkenntnis sollte sich mit dem Abstand der Jahre eher als Pyrrhussieg erweisen. So feierten britische Psychiater eine 1938 erstmals entdeckte chemische Substanz als neues Wunderheilmittel der Psychotherapie. Nach der Einnahme von 58 Dosen dieses Medikaments, so stellten die Seelenärzte in Aussicht, könne man etwa einen Zwangsneurotiker als geheilt betrachten. Der Stoff, aus dem diese Träume waren, hieß Lysergsäurediäthylamin, heute besser unter dem Kürzel LSD bekannt.

Auch auf die medizinische Forschung fielen die Schatten eines potentiellen atomaren Holocaust, den der Rüstungswettlauf heraufbeschwor. In der amerikanischen Ostküsten-Stadt Yonkers wurde eine Fabrik errichtet, die aus Rohrzukker Tausende Hektoliter künstliches Blutplasma herstellen sollte – um für einen atomaren Angriff mit Millionen von Verwundeten gerüstet zu sein.

Die chemischen Labors der US-Armee stellten mit Atropin das einzig wirksame Gegengift gegen Nervengas her, dessen Wirkung selbst die verheerenden Folgen eines H-Bombenabwurfs noch übertraf. Wie dabei bekannt wurde, experimentierten sowohl die Amerikaner als auch die Sowjets seit geraumer Zeit mit diesem von Hitlers Chemikern entwickelten Massenvernichtungsstoff.

Selbst vor dem Wetter machte die Experimentierfreude der Kalten Krieger nicht halt. Mit Silberjodid- und Trokkeneis-»Injektionen« sollten Regenwolken um ihren Inhalt erleichtert werden, mit »meteorologischer Kriegführung« konnte man dann feindliche Flugzeuge und Flotten lahm- und die Felder des Gegners trockenlegen.

In die Zukunft wiesen auch die Erfindungen des Transistorradios, welches das alte Dampfradio bald verdrängte, sowie der ersten Photozellen, die Sonnenlicht in Strom verwandelten. Diese Entdeckung sollte eine höhere Lebenserwartung bewahren als die Neuschöpfung eines amerikanischen Technikerteams, die 1954 noch als bahnbrechend galt: die atombetriebene Taschenbatterie.

Im Taschenformat ebenso wie in megawattstarken Nuklearfabriken: Die Atomenergie galt als das Wundermittel schlechthin für ein unbeschwertes Leben – Indiz für einen damals unbegrenzten Fortschrittsglauben. Die Zauberkraft der Kernspaltung verhieß das Ende aller Energiesorgen und eine »strahlende« Zukunft. (PH)

Die gespaltene Weihnacht

Päckchen nach drüben
Das Fest des Friedens im geteilten Deutschland

Pünktlich zu Weihnachten ließen die schweren Unwetter nach, die Europa noch kurz vor den Festtagen heimgesucht hatten. Orkanartige Stürme mit Geschwindigkeiten bis zu 160 Stundenkilometern hatten starke Überschwemmungen und Verwüstungen angerichtet und über vierzig Todesopfer gefordert. Besonders schwer hatte es den Norden Europas getroffen. Für die niederländischen Küstengebiete wurde Flutalarm gegeben. Auch in Norddeutschland meldeten mehrere Städte »Land unter«.

Am Heiligen Abend flauten die Orkanböen so plötzlich ab, wie sie gekommen waren. Weihnachtliche Stille senkte sich über Europa. In Deutschland fiel sogar vereinzelt Schnee und bescherte seit Jahren erstmals wieder »weiße Weihnachten«. Unvorstellbar schien es nun, daß tags zuvor der Sturm gewütet hatte.

Die Kinder einer Münchner Schule und die Soldaten einer in München stationierten US-Einheit freuten sich ganz besonders über den rechtzeitig zu den Feiertagen eingetretenen Wetterumschwung. Denn die amerikanischen GIs hatten sich für die Kinder eine Riesen-Überraschung ausgedacht: Per Hubschrauber kam der Weihnachtsmann diesmal wunderbarerweise direkt vom Himmel, um die gespannt wartenden Kinder zu beschenken. Der Anblick von Schokolade, Nüssen und Lebkuchen in den einzelnen Paketen entschädigte so manches Kind für den Schrecken, den der leibhaftig aus den Wolken schwebende »Santa Claus« verursacht hatte.

Diese extravagante Inszenierung war nicht unbedingt der übliche Weg, doch Bescherungen dieser Art blieben kein Einzelfall – weihnachtliche Wohltätigkeit gegenüber Bedürftigen wurde von den amerikanischen Truppen großgeschrieben. Gemeinsam mit deutschen karitativen Organisationen verteilten sie alljährlich Tausende von Lebensmittelpaketen. Wie in den vorangegangenen Jahren verschenkten die amerikanischen Wohltätigkeitsverbände »Care« und »Cralog« auch wieder nahezu 100 000 Weihnachtspäckchen an Waisenkinder, Invaliden, Flüchtlinge und Vertriebene. Trotz des rasanten Wirtschaftsaufschwungs lebten in der Bundesrepublik noch Hunderttausende am Rande der Existenz: ohne Arbeit, ohne eigene Wohnung, was angesichts der Wiederaufbau-Euphorie fast unterging. Allein 350 000 Menschen hausten 1954 noch in Wohn-, Durchgangs- und Auswandererlagern.

Während amerikanische und deutsche Wohltätigkeitsverbände in erster Linie an die Bedürftigen in der Bundesrepublik dachten, beschenkten viele Bundesbürger ihre Verwandten und Bekannten in der DDR zu Weihnachten mit Paketen. Fast fünf Millionen Päckchen, gefüllt mit Bonbons, Schokolade, Obst, Kaffee, aber auch mit Kleidung, wurden von West nach Ost versandt.

Nach den entbehrungsreichen Jahren der Kriegs- und Nachkriegszeit wurde Weihnachten wieder zu einem trauten Familienfest mit Tannenbaum und Geschenken.

Die Weihnachtsgeschenke 1954 waren noch bescheiden: duftende Seife für die Dame – Elektro-Rasierer für den Herrn. Aber man wurde allmählich anspruchsvoller.

Das Hilfswerk »Deutsche helfen Deutschen« bot für Vielbeschäftigte sogar den besonderen Service, Weihnachtspakete für »Freunde und Bekannte in der Sowjetzone« herzurichten und zu verschicken. Doch viele Menschen begnügten sich nicht damit, Geschenke zu versenden. Allein in Helmstedt passierten über 100 000 Bundesbürger die Grenze, um die Festtage zusammen mit ihren Verwandten und Freunden in der DDR zu verbringen.

In der Bundesrepublik wurde Weihnachten nach den entbehrungsreichen Jahren der Kriegs- und Nachkriegszeit wieder zum traditionellen Fest der Familie mit Tannenbaum, Gebäck und Festtagsbraten. Doch das »Wirtschaftswunder« bescherte nicht nur reich gedeckte Tische: Auch der Platz unter dem Tannenbaum, andem so lange überwiegend nützliche Geschenke wie Kleidung oder eben gar nichts gelegen hatten, begann sich vor allem für die Kinder wieder mit Überraschungen wie Eisenbahnen, Puppenstuben und Tretautos zu füllen.

Doch manche Familien waren noch immer nicht »vollständig«; sie warteten auf die Rückkehr des Vaters aus der Kriegsgefangenschaft. Beim Schein der Kerzen lasen Kinder die Weihnachtsbriefe ihrer Väter, die sie zum Teil noch nie gesehen hatten.

Über drei Millionen deutsche Soldaten waren in sowjetische Kriegsgefangenschaft geraten. Selbst im Jahr 1954 blieben noch zahllose Schicksale ungeklärt, da die UdSSR keine Meldung über die in ihrem Gewahrsam befindlichen Menschen weitergab.

Tausende waren noch immer in sowjetischer Kriegsgefangenschaft. Die Zeitschrift *Rasselbande* startete unter ihren jugendlichen Lesern eine Umfrage nach den Wünschen für das kommende Jahr 1955. Eine zwölfjährige Münchner Schülerin schrieb: »Wenn ich richtig darüber nachdenke, habe ich ja auch viele Wünsche fürs neue Jahr, aber keiner ist so groß wie dieser: Ich möchte, daß der Vati meiner Freundin Anita bald gesund aus der Gefangenschaft zurückkommt. Sie wartet schon viele Jahre auf ihn und möchte ihn nun auch endlich bei sich haben. Anita kennt ihren Vati nur noch von Bildern. Dabei könnte er ihr jetzt so gut bei der Schularbeit helfen, wie mein Vati es auch immer tut.«

Zu Weihnachten 1954 klingelten bereits wieder die Ladenkassen.

Bundeskanzler Konrad Adenauer, der wie jedes Jahr am Heiligen Abend gemeinsam mit seiner Tochter Lotte das katholische Waisenhaus in Bonn besuchte, dankte in seiner Weihnachtsansprache Gott dafür, daß er dem Land den Frieden erhalten habe. Auch er erinnerte vor allem an die deutschen Kriegsgefangenen in der Sowjetunion und die Bürger in der DDR: »Wir wollen derer gedenken, die in Unfreiheit [. . .] dahinleben müssen, vor allem wollen wir dabei auch gedenken unserer deutschen Brüder und Schwestern, die nun schon neun Jahre dieses harte Los ertragen müssen.«

Doch außenpolitisch hatte die Bundesregierung 1954 einen Kurs verfolgt, der die »Unfreiheit der deutschen Brüder und Schwestern« zementieren würde: Durch ihren beschlossenen Beitritt zur NATO stand die Bundesrepublik vor der Wiedererlangung ihrer Souveränität. Doch diese konnte es nur um den Preis der Wiedervereinigung geben: Auch die DDR kündigte die Aufstellung einer eigenen Armee an und wurde mehr und mehr als Mitglied in das Netzwerk der Ostblockstaaten eingebunden.

In Italien, das als viertes NATO-Mitglied am ersten Weihnachtsfeiertag die Pariser Verträge über den Eintritt der Bundesrepublik in das Nordatlantische Verteidigungsbündnis ratifizierte, kam es am gleichen Tag zu einem Ereignis, das die Katholiken aus aller Welt beruhigte: Nach wochenlanger schwerer Krankheit, während der man um sein Leben gebangt hatte, zeigte sich Papst Pius XII., noch sichtlich geschwächt, am Fenster des Petersdoms in Rom und erteilte den versammelten Gläubigen den Segen.

Erstmals seit Ende des Zweiten Weltkriegs ging ein Jahr ohne »weltpolitisch bedeutsame« Kampfhandlungen zu Ende. Frieden in der Welt herrschte dennoch nicht:

In Kenia kämpften aufständische Gruppen um ihre Unabhängigkeit von Großbritannien, Algerien lehnte sich gegen die französische Herrschaft auf. In Vietnam formierten sich die verfeindeten Lager, um die auf der Genfer Indochina-Konferenz beschlossenen »provisorischen« Lösungen langfristig für sich zu entscheiden.

In der Bundesrepublik selbst ergab eine zu Weihnachten gestartete Meinungsumfrage, daß 54 Prozent der Bundesbürger dem Jahr 1955 mit Hoffnung entgegensahen – ein Zukunftsoptimismus, der an die positiven Entwicklungen des Jahres 1954 anknüpfte: den Wirtschaftsaufschwung und die sich ankündigende Überwindung der Arbeitslosigkeit. Alles in allem: 1954 war ein gutes Jahr für die (West-)Deutschen gewesen. (UN)

Viele Berliner passierten die Sektorengrenze, um die Festtage zusammen mit ihren Verwandten und Freunden im Ostteil der Stadt zu verbringen.

Dezember 1954

1 · Mittwoch

In Pretoria kündigt der neugewählte südafrikanische Ministerpräsident Johannes Strijdom die Umwandlung der Südafrikanischen Union in eine Republik an.

2 · Donnerstag

In Löwen (Belgien) entgleist ein Sonderzug mit 650 deutschen Fußballfans, die vom Länderspiel England gegen Deutschland (3:1) zurückkehren. 18 Menschen finden den Tod.

Bei einer Diskussionsveranstaltung mit Künstlern und Journalisten aus beiden Teilen Deutschlands kommt es zu heftigen Auseinandersetzungen, als westdeutsche Journalisten die Meinungsfreiheit in der DDR in Frage stellen. Teilnehmer der Veranstaltung in einem West-Berliner Hotel sind unter anderen Bertolt Brecht und der DDR-Kulturminister Johannes R. Becher.

Bertolt Brecht

Johannes R. Becher

3 · Freitag

In einer Pressemitteilung erklärt die Bundesregierung den »Anschluß« Österreichs während des Dritten Reiches für aufgehoben. Zuvor hatten österreichische Zeitungen ein Urteil des Bundesverwaltungsgerichts kritisiert, das zwei Österreichern ihre seit 1938 bestehende deutsche Staatsbürgerschaft bestätigt hatte.

4 · Samstag

In New York beschließt die Vollversammlung der Vereinten Nationen einstimmig die Einrichtung einer internationalen Atomenergie-Behörde.

Avery Brundage, amerikanischer Vorsitzender des Internationalen Olympischen Komitees (IOC), bezeichnet die Jugend der USA als »verweichlicht« und erklärt, daß der Kalte Krieg durch »innere Schwäche« Amerikas verlorengehen könne.

5 · Sonntag

Bei den Wahlen zum West-Berliner Abgeordnetenhaus erreicht die SPD trotz leichter Stimmenverluste die absolute Mehrheit der Mandate. Die SED, die sich in den Westsektoren der Stadt erstmals seit 1946 wieder zur Wahl gestellt hatte, erhält 2,7 Prozent der Wählerstimmen.

6 · Montag

Seit 1949 sind fast 14 000 Volkspolizisten aus der DDR in den Westen geflohen. Das erklärt Bundesvertriebenenminister Theodor Oberländer auf einer Pressekonferenz in Bonn.

7 · Dienstag

In Tokio tritt der japanische Ministerpräsident Shigeru Yoshida zurück. Zuvor hatte sich die regierende Liberale Partei gespalten.

8 · Mittwoch

Die Bundesregierung legt in Bonn den Bundeshaushalt 1955/56 vor. Im Gesamtvolumen von 26 Milliarden DM beträgt der veranschlagte Verteidigungsetat 9 Milliarden DM.

9 · Donnerstag

In einer Note an die französische Regierung wendet sich die Sowjetunion scharf gegen die Wiederbewaffnung der Bundesrepublik. Eine »Wiedergeburt des deutschen Militarismus« mache die Wiedervereinigung Deutschlands auf lange Sicht unmöglich.

Bundesverkehrsminister Hans-Christoph Seebohm eröffnet in Köln-Rodenkirchen eine 567 Meter lange Autobahnbrücke über den Rhein. Das Bauwerk ist die größte Hängebrücke Europas.

Wer hätte das gedacht… MIRKO SZEWCZUK (1954)

10 · Freitag

In Tunesien endet für die nationalistischen Freiheitskämpfer die Frist, innerhalb derer sie sich straffrei ergeben konnten. 2760 der Freischärler nutzten das Amnestieangebot.

11 · Samstag

Der neue japanische Außenminister Mamoru Shigemitsu kündigt die Aufnahme diplomatischer Beziehungen zur Sowjetunion und der Volksrepublik China an.

12 · Sonntag

Die bundesdeutschen Sportjournalisten wählen den Leichtathleten Heinz Fütterer, Europameister über 100 und 200 Meter, zum Sportler des Jahres.

13 · Montag

In Bonn treffen sich Bundeskanzler Konrad Adenauer und der SPD-Vorsitzende Erich Ollenhauer zu einem Gespräch über die Pariser Verträge. Regierung und Opposition vertreten in der Frage der Westintegration grundsätzlich verschiedene Standpunkte.

Im Umgang mit Behörden bleibt die Anrede »Fräulein« für unverheiratete Frauen verbindlich. Der Rechtsausschuß des Bundestages bestätigt damit einen Erlaß aus dem Jahr 1937.

14 · Dienstag

In Großbritannien ruft die Verfilmung des Romans »1984« von George Orwell Proteste Hunderter von Fernsehzuschauern hervor.

15 · Mittwoch

In Bonn einigen sich Bundeswirtschaftsminister Ludwig Erhard und sein italienischer Kollege Enzio Vanoni über die Anwerbung italienischer Arbeitskräfte für die bundesdeutsche Wirtschaft.

16 · Donnerstag

Die Sowjetunion droht der französischen Regierung mit der Kündigung des Freundschaftsabkommens aus dem Jahre 1944, falls die französische Nationalversammlung die Pariser Verträge über die Wiederbewaffnung der Bundesrepublik ratifiziert.

17 · Freitag

Das Landgericht Mannheim beendet einen dreijährigen Streit über das Urheberrecht am »Volkswagen«. Der Stuttgarter Auto-Konstrukteur Bela Bareny darf sich nach dem Urteil des Gerichtes weiterhin als »geistiger Vater« des Käfers bezeichnen.

Das Bundesfinanzministerium kündigt die Prägung von 160 Millionen neuen Ein-Pfennig-Münzen an. Die alten Geldstücke seien wegen ihres hohen Kupfergehaltes »von interessierter Seite in Massen aus dem Verkehr gezogen« worden.

18 · Samstag

In Washington wendet sich ein Sonderausschuß des Repräsentantenhauses gegen die Politik der großen humanitären Stiftungen. Durch die falsche Verteilung ihrer Geldmittel hätten die Rockefeller- und die Carnegie-Stiftung den Kriegsausbruch in Korea verschuldet, kritisieren die Abgeordneten.

19 · Sonntag

Die Regierungen der USA und Großbritanniens lehnen den Vorschlag von Bundeskanzler Adenauer ab, eine Vier-Mächte-Konferenz über die Saarfrage einzuberufen.

In Lissabon besiegt die neuformierte deutsche Fußball-Nationalmannschaft Portugal mit 3:0. Nach drei Niederlagen feiert die deutsche Elf damit den ersten Sieg seit dem Gewinn der Weltmeisterschaft.

20 · Montag

Der Schriftsteller und Regisseur Bertolt Brecht wird in Moskau mit dem Stalin-Preis ausgezeichnet.

21 · Dienstag

In London wird der Vertrag über die Assoziierung Großbritanniens mit der Montanunion unterzeichnet. Die britische Regierung verpflichtet sich darin zur Angleichung der Preise von Kohle und Stahl.

Vor dem indischen Parlament in Neu-Delhi wendet sich der jugoslawische Staatschef Josip Tito gegen die Teilung der Welt in rivalisierende Machtblöcke.

22 · Mittwoch

Die bayerische Landesregierung beschließt die Abschaffung der Prügelstrafe an Volksschulen in Bayern.

Herbert von Karajan übernimmt als Nachfolger des am 30. November verstorbenen Wilhelm Furtwängler die Leitung der Berliner Philharmoniker.

23 · Donnerstag

Zum besten Film des Jahres wählt die amerikanische Filmprüfungsbehörde »Die Faust im Nacken« mit Marlon Brando.

24 · Freitag

Bei einem Bombenattentat in der Altstadt von Casablanca sterben drei Marokkaner.

25 · Samstag 1. Weihnachtsfeiertag

In Rom fordert Papst Pius XII. die Katholiken in Großbritannien auf, aus dem christlich-jüdischen Rat auszutreten, weil die 1942 entstandene Organisation den Standpunkt vertrete, alle Religionen seien gleich.

26 · Sonntag 2. Weihnachtsfeiertag

In allen katholischen Kirchen der DDR wird ein Hirtenbrief des Bischofs von Berlin, Weskamm, verlesen, der die »materialistischen« Jugendweihen in der DDR scharf verurteilt.

27 · Montag

Die Regierungen Großbritanniens und der USA warnen die französische Nationalversammlung vor einer Ablehnung der Pariser Verträge. Wenn die Ratifikation in Paris scheitere, sei die Einstellung der US-Militärhilfe für Frankreich zu erwarten, erklären politische Beobachter in Washington.

28 · Dienstag

In Guatemala beschließt die neue Regierung unter Präsident Castillo Armas die Rückgabe des Grundbesitzes der US-Firma United Fruit. Das Unternehmen, das den Großteil der Kaffee- und Bananenproduktion des Landes kontrollierte, war 1952 durch eine Landreform enteignet worden.

29 · Mittwoch

Zum erstenmal seit 1948 treffen sich der in Portugal lebende spanische Thronanwärter Don Juan und Spaniens Staatschef Franco. In einem Landhaus nahe der portugiesisch-spanischen Grenze besprechen sie die Erziehung von Don Juans Sohn, dem späteren spanischen König Juan Carlos.

30 · Donnerstag

Die französische Nationalversammlung ratifiziert den letzten Teil der Pariser Verträge und stimmt damit endgültig der bundesdeutschen Wiederbewaffnung im Rahmen von Westeuropäischer Union (WEU) und NATO zu.

31 · Freitag

In 40 westdeutschen Kinos hat der Film »Canaris« von Alfred Weidenmann mit O. E. Hasse und Martin Held in den Hauptrollen Premiere.

Peter Scholl-Latour

Frankreichs letztes Gefecht in Vietnam

Hanoi, im Sommer 1954

Die Festung Dien Bien Phu war gefallen. Die französische Niederlage in Indochina war besiegelt. Oberbefehlshaber Navarre hatte gespielt und verloren. 60 000 Soldaten seiner Armee hatte er in diesem gottverlassenen Talkessel im Siedlungsgebiet der schwarzen Thai zusammengezogen. Das Dorf Dien Bien Phu, bis dahin nur als kümmerliche Durchgangsstation zwischen dem Hochland von Tonking und der laotischen Mekong-Ebene bekannt, war nun weltweit berühmt. Die Franzosen hatten sich dort mit der Absicht eingeigelt, den frontalen Angriff der Vietminh-Armee auf sich zu ziehen.

Jahrelang hatten die Stäbe in Hanoi davon geträumt, dem Feind endlich in offener Feldschlacht zu begegnen und ihn zu vernichten. Das Expeditionskorps war den zermürbenden Partisanenkrieg so leid, daß es das immense Risiko der Isolierung in dieser entlegenen Talmulde auf sich nahm. General Navarre hatte den kleinen Geschichtslehrer Vo Nguyen Giap, der das Heer des Vietminh befehligte, und den Ameisenfleiß seiner Gegner sträflich unterschätzt. Alle Experten hätten geschworen, daß es unmöglich sein würde, Artillerie auf dem Landweg durch den Gebirgsdschungel nach Dien Bien Phu zu transportieren. Der Vietminh hatte es unter unvorstellbaren Strapazen geschafft, und schon unter den ersten Salven der Belagerer brachen die Verteidigungsanlagen der Franzosen, die allenfalls auf Granatwerferfeuer eingerichtet waren, zusammen. Die französische Generalität in Indochina schien nachträglich den Satz Clémenceaus bestätigen zu wollen, wonach der Krieg eine zu ernste Sache sei, als daß man ihn den Militärs überlassen dürfe.

Die bürgerliche Regierungskoalition in Paris trug mindestens ebenso schwere Verantwortung. Die Christlichen Volksrepublikaner, die früher einmal den fortschrittlichen Kräften Frankreichs zugerechnet worden waren, klammerten sich in seltsamer Verblendung an die Chimäre des kolonialen Erbes. In letzter Minute hatte Außenminister Georges Bidault sogar versucht, die Amerikaner zum Abwurf von taktischen Atombomben über den kommunistischen Stellungen rund um Dien Bien Phu zu bewegen. Doch Washington hatte erst vor einem Jahr schweren Herzens dem Waffenstillstand in Korea zugestimmt. Zum ersten Mal hatten die Vereinigten Staaten einen Krieg nicht gewonnen, sondern mit Unentschieden auf der Basis des Status quo ante beendet.

Selbst von John Foster Dulles war kein nukleares Eingreifen in Indochina mehr zu erwarten. Als die rote Fahne mit dem gelben Stern schließlich auf dem letzten französischen Bunker gehißt wurde, reagierte die westliche Presse, sogar die französische Öffentlichkeit mit einem schnöden Gefühl der Erleichterung. Die tödliche Eskalation des »schmutzigen Krieges« war verhindert worden. Noch hielt die französische Arme das Delta des Roten Flusses, aber auch hier war ihre totale Niederlage nur eine Frage von Wochen. General Giap massierte seine Truppen zur Generaloffensive auf Hanoi.

Journalisten aus aller Welt waren in Hanoi zusammengeströmt. Der Indochina-Krieg war – im Gegensatz zum Korea-Feldzug – von der internationalen Publizistik bisher recht stiefmütterlich behandelt worden. Sogar ein Teil der Pariser Presse schämte sich dieses verspäteten Kolonialunternehmens. Aber jetzt nahte die letzte Stunde, und die Geier sammelten sich. Die Hitze war unerträglich in diesen Sommerwochen. Die Reisfelder in der Ebene des Roten Flusses standen unter Wasser. Die Verdunstung dieses uferlosen Sees verwandelte Tonking in eine Waschküche. Die Laune im Presse-Camp war gereizt. Der rundliche Major Roëllec war von einem drahtigen Kommandant mit schwarzem Borstenhaarschnitt, namens Gardes, abgelöst worden, der sich allgemeiner Hochachtung erfreute. Niemand hätte damals vermutet, daß dieser Offizier sieben Jahre später in Algerien zu den führenden Verschwörern der OAS zählen, gegen de Gaulle putschen und dem General sogar nach dem Leben trachten würde.

Der Lagebericht, das tägliche Briefing, verlief stürmisch. Die amerikanischen Korrespondenten hatten die Räumung des südlichen Deltas mit der Stadt Nam Dinh noch nicht verwunden, die Gouverneur Tri zum Rücktritt veranlaßt hatte. »Nach einer Frontbegradigung bei Phuly haben unsere Truppen neue Stellungen bei Hadong bezogen«, sagte der Sprecher. – »Wie«, fragte ein dicker Amerikaner, »Sie haben auch Hadong preisgegeben?« Die französischen Militärs protestierten: »Von einem Rückzug aus Hadong kann nicht die Rede sein.« – »So wird es übermorgen geräumt«, sagte der dicke Amerikaner unbeirrt und bissig. Die meisten Fragen kreisten um das Schicksal der französischen Gefangenen von Dien Bien Phu, die in mörderischen Marschetappen durch Dschungel und Gebirge über Hunderte von Kilometern in die Internierungslager des Vietminh eskortiert wurden. Die US-Journalisten hatten in ihren Meldungen von einem *death march* (Todesmarsch) berichtet, was von der Militärzensur in *exhausting march* (erschöpfender Marsch) umgewandelt worden war. Die Franzosen wollten den Feind zum kritischen Zeitpunkt der Genfer Verhandlungen nicht verärgern. Die Amerikaner tobten über diese Verniedlichung ihrer Berichterstattung. »Was heißt das schon ›exhausting march‹? Für einen Amerikaner ist ein Spaziergang um drei Häuserblocks ein erschöpfender Marsch.« Ich sollte mich an diese Szene erinnern, als die US-Army mit zehnjähriger Verspätung die Nachfolge der Franzosen in Indochina antrat.

Hanoi ist zum befestigten Heerlager geworden. Die offiziellen Gebäude haben sich in den Stacheldrahtverhau wie in einen Kokon eingesponnen. Über den breiten, baumbestandenen Alleen und den gepflegten Villen liegt Abschiedsstimmung. Die französischen Zivilisten packen ihre Koffer. Sie diskutieren die letzten Meldungen aus Genf. Dort sitzt der neue französische Ministerpräsident Pierre Mendès-France am Verhandlungstisch mit dem Chinesen Zhou Enlai und dem Vietminh-Bevollmächtigten Pham Van Dong, dem späteren Regierungschef des wiedervereinigten Vietnam. Die konservative französische Rechte hat dem linksliberalen, progressistischen Mendès-France den Weg freigegeben, als es galt, den bitteren Kelch der Niederlage zu leeren. PMF, wie er in der Abkürzung genannt wird, ist alles andere als ein Kapitulant. Er streitet mit Zähnen und Klauen um jede Klausel des Waffenstillstandsabkommens, um jeden Fußbreit indochinesischen Bodens. Er hat sogar ein Ultimatum für den Termin der Feuereinstellung gestellt, sonst - so drohte er - werde er das Expeditionskorps massiv durch Wehrpflichtige verstärken. Sogar den alten Kolonialisten von Hanoi nötigt Mendès-France Respekt ab, denn sie wissen, wie verzweifelt er pokert. Die französische Tonking-Armee steht vor dem Zusammenbruch.

Peter Scholl-Latour

Nachts röhren die Artilleriesalven am Rande der Stadt. Von der Terrasse aus kann man die Mündungsfeuer am Horizont flackern sehen. Aus den Bars nebenan, aus dem »Régina« oder dem »Phénix«, klingen die zerhackten Noten eines chinesischen Tangos. Zum Lärm von Tanzmusik und Kanonen bereitet sich das französische Hanoi auf den Untergang vor.

*

Gegen Mitternacht hatte jemand »Alerte« geschrien. Die Panzerspähwagen und Halftracks, die zu einer Wagenburg um unsere Stellung formiert waren, feuerten, was die Rohre hielten. Leuchtraketen erhellten die Nacht. Ein Dutzend Granaten des Vietminh schlug in der Nähe des französischen Gefechtsstandes ein. Verwundete riefen nach dem Sanitäter. Ich duckte mich in das rechteckige Erdloch, in dessen Schutz mein Feldbett unter dem Moskitonetz wie ein Katafalk aufgestellt war. Die Schießerei endete abrupt. Die Kolonialinfanteristen längs der Straße von Hung Yen hatten das letzte Gefecht des französischen Indochina-Krieges erlebt. Zur gleichen Stunde waren in Genf die Unterschriften unter das Waffenstillstandsabkommen gesetzt worden.

Als die Sonne aufging und die toten Vietminh-Soldaten vom Regiment 42 im Stacheldraht gezählt waren, versammelten sich die Offiziere um den Radioapparat. Ein dicker Oberst mit rollendem südfranzösischem Akzent saß mit nacktem Oberkörper wie ein bissiger Tempelhund vor dem Zelt. Eine gepflegte Frauenstimme von Radio Hanoi verlas ohne spürbare Anteilnahme die Bedingungen der französischen Kapitulation in Tonking. Der 17. Breitengrad würde zur neuen Demarkationslinie zwischen dem roten Vietnam im Norden und der nationalistischen Gegenrepublik im Süden. Der französische Rückzug aus Tonking würde in Etappen erfolgen, die sich über mehrere Monate erstreckten. Damit wäre den antikommunistischen Bevölkerungselementen des Nordens die Möglichkeit geboten, sich ohne Überstürzung nach Saigon abzusetzen. Zwei Jahre nach dem Waffenstillstand sollte in freien und kontrollierten Wahlen in beiden Landeshälften über die endgültige Zukunft und die eventuelle Wiedervereinigung Vietnams entschieden werden.

Es fiel kein einziges Wort beim Anhören der Nachrichten. Die Gesichter waren regungslos. Frankreich hatte mit der Fixierung der Demarkationslinie am 17. Breitengrad, womit die alte Kaiserstadt Hue dem kommunistischen Zugriff entzogen war, über Erwarten gut abgeschnitten. Das war auf die Hartnäckigkeit von Mendès-France, aber auch auf das Einwirken des chinesischen Chefdelegierten Zhou Enlai zurückzuführen. Zhou hatte auf die Vietminh-Delegation Druck ausgeübt und sie zur Konzilianz angehalten. Wollte er damit die Amerikaner von Indochina fernhalten oder schon damals dem Aufkommen eines allzu selbstbewußten vietnamesischen Nachbarstaates vorbeugen? Die französischen Offiziere an der Straße von Hung Yen ahnten nichts von diesen Kulissenkämpfen der Genfer Konferenz. Dem antikommunistischen Teilstaat von Saigon gaben sie keine dauerhafte Chance.

Die Truppe hatte die Nachricht von der Feuereinstellung ohne Begeisterung, aber auch ohne Protest aufgenommen. Resignation war das vorherrschende Gefühl. Die Kolonialinfanteristen ahnten, daß sie ein Stück ihrer selbst in diesem exotischen und feindlichen Land lassen würden, an dem sie insgeheim mit einer unerwiderten Liebe hingen. Sie blickten über die flache Reislandschaft, wo schon wieder die Bauern hinter den Büffeln im fruchtbaren Schlamm ihre Furchen zogen, als sei das Ahnengrab nebenan nicht ein paar Stunden zuvor durch Artilleriefeuer verwüstet worden. Am Rande des braunen Tümpels, wo schöne Kinder lachten und badeten, blühte ein hellblauer Busch. Es war, als wollten die Soldaten diese Bilder tief in sich aufnehmen, ehe sie in die neblige Eintönigkeit ihrer heimischen Industrievororte zurückkehrten.

Uns bangte vor der Rückfahrt nach Hanoi. Die zahllosen Minen auf den Straßen waren noch nicht weggeräumt. In regelmäßigen Abständen stiegen Rauchsäulen auf, wenn ein Fahrzeug explodierte. Seit Eintreten der Waffenruhe war die stoische Gelassenheit, die bisher zur Schau gestellt worden war, am Ende. »Nur nicht der letzte Tote dieses verlorenen Krieges sein«, hieß es jetzt.

Der dicke Oberst war wie aus einem schweren Traum erwacht. Er hatte kein Wort gesagt, nicht einmal geflucht. Er gab uns zum Abschied die Hand und fand die Sprache wieder: »Ich sage Ihnen nicht Adieu. Ich sage Auf Wiedersehen, denn es geht ja weiter. In Bälde werden wir uns wohl in Nordafrika wiedertreffen.« Wie recht er behalten sollte.

Aus: Der Tod im Reisfeld, Dreißig Jahre Krieg in Indochina, 1979.

Konrad Adenauer

Wiederherstellung der deutschen Souveränität

Das bedeutsamste Ergebnis der Pariser Konferenzen, das die Grundlage für alle weiteren Beschlüsse über die deutsche Beteiligung an der gemeinsamen Verteidigung Europas und der atlantischen Staatengruppe bildete, war die Wiederherstellung der deutschen Souveränität. Der Artikel 1 des Deutschlandvertrages erhielt folgende Fassung: »Die Bundesrepublik Deutschland wird ... die volle Macht eines souveränen Staates... haben.« Diese Souveränität wurde der Bundesrepublik nicht von den drei westlichen Besatzungsmächten »verliehen« oder »gewährt«. Sie war keine von anderen Mächten übertragene, sondern sie war eigenständige deutsche Souveränität, die von der Besatzungsgewalt zeitweilig verdrängt oder überlagert gewesen war und jetzt durch deren Erlöschen wieder lebendig wurde.

Die neue Souveränitätsformel des geänderten Deutschlandvertrages war ein erfreulicher Fortschritt im Vergleich zu dem Verhandlungsergebnis von 1952. Die Bundesregierung war aber nach wie vor der Überzeugung, daß jede übersteigerte Form nationalstaatlichen Souveränitätsdenkens geschichtlich überholt sei und verderblich wirken könne. Ich sah in der wiedergewonnenen Souveränität eine erweiterte politische Selbständigkeit, die uns erlaubte, mit größerer Wirksamkeit und Überzeugungskraft die schon bisher erstrebten Ziele zu verfolgen: die Wiedervereinigung Deutschlands und die Einigung Europas.

Bei der Neuformulierung der Vertragstexte des Deutschlandvertrages mußte darauf Bedacht genommen werden, daß jene Elemente der Vier-Mächte-Vereinbarung von 1945 unberührt blieben, die die Bewahrung der staatlichen Einheit Deutschlands und seine Wiedervereinigung betreffen. Aus diesem Grunde hatte die Bundesregierung der Aufrechterhaltung der Verantwortung der drei

Konrad Adenauer

Westmächte für Berlin und für die Wiedervereinigung und der Beibehaltung der damit verbundenen Rechte zugestimmt.

Als besonders wichtiges Ergebnis der Pariser Konferenzen betrachtete ich die Verpflichtung der drei Westmächte und der übrigen NATO-Mitgliedstaaten, für die Wiedervereinigung Deutschlands in Frieden und Freiheit einzutreten. Ich war nach wie vor überzeugt, daß ein isoliertes Deutschland keine Aussicht hatte, mit Sowjetrußland einig zu werden, um die Wiedervereinigung in Frieden und

Freiheit herbeizuführen, aber ich erwartete, daß ein Deutschland, eingebettet in Europa, die Hoffnung haben konnte, wiedervereinigt zu werden.

Das im ersten Artikel des neuformulierten Deutschlandvertrages ohne Einschränkung und ohne jede Verklausulierung ausgesprochene Anerkenntnis der Souveränität der Bundesrepublik war der Leitgedanke für die Umgestaltung der Verträge von 1952 gewesen. Beseitigt oder geändert wurden solche Bestimmungen, die geeignet waren, Zweifel an der Souveränität der Bundesrepublik zu erwecken, nämlich Bestimmungen über:

- das Recht der drei Mächte, nach eigenem Ermessen Streitkräfte in der Bundesrepublik zu stationieren;
- das Recht der drei Mächte, einen Notstand zu erklären und Maßnahmen zu ergreifen, die ihnen erforderlich erschienen, um die Ordnung aufrechtzuerhalten oder wiederherzustellen und die Sicherheit ihrer Streitkräfte zu gewährleisten;
- die Befugnisse des vorgesehenen Schiedsgerichts, Maßnahmen auf den Gebieten der Rechtsetzung, Rechtsprechung und Verwaltung innerhalb der Bundesrepublik zu treffen;
- ferner eine Reihe von Einzelbestimmungen in dem sogenannten »Überleitungsvertrag«.

Auf dem Anerkenntnis der Souveränität beruhte auch die jetzt vorgesehene Befristung des Truppenvertrages und des Finanzvertrages bis zum Zeitpunkt des Inkrafttretens der Abmachungen über den deutschen Verteidigungsbeitrag. Auf diesen Gebieten war die Schaffung neuer Verträge vorgesehen, bei denen das NATO-Truppenstatut als Modell dienen sollte. Die Neuregelung des Rechts der drei Mächte zur Stationierung von Streitkräften in der Bundesrepublik bedeutete einen großen Fortschritt gegenüber dem Deutschlandvertrag von 1952. Dieser Fortschritt kam auch äußerlich sichtbar in dem Abschluß eines neuen Vertrages zum Ausdruck, den das Vertragswerk von 1952 nicht gekannt hatte: in dem »Vertrag über den Aufenthalt ausländischer Streitkräfte in der Bundesrepublik Deutschland«. Während der Truppenvertrag die Rechtsstellung der fremden Streitkräfte regelte, war dieser Vertrag die Rechtsgrundlage für deren Aufenthalt in der Bundesrepublik. Es kam darin zum Ausdruck, daß sich – den Beziehungen zwischen souveränen Staaten entsprechend – die Anwesenheit der fremden Streitkräfte, vom Augenblick des Inkrafttretens der Abmachungen über den deutschen Verteidigungsbeitrag an, auf das vertragliche Einverständnis der Bundesrepublik gründete.

Es lag in unserem eigenen Interesse, daß diese Regelung nicht die aus den Vereinbarungen der vier Alliierten von 1945 entspringenden Rechte der drei Westalliierten gegenüber der Sowjetunion beeinträchtigte. Aus diesem Grunde bestimmte Artikel 4 Absatz 2 des neuen Deutschlandvertrages, daß die 1952 für ganz Deutschland begründeten Stationierungsrechte insoweit nicht berührt würden, als ihr Bestehen für die Ausübung der alliierten Rechte in bezug auf Berlin und auf Deutschland als Ganzes unentbehrlich war. Dieser Klausel mußte zugestimmt werden, wenn nicht die Sicherheit Berlins oder die Mitverantwortung der drei Westmächte für die Wiedervereinigung und den Friedensvertrag gefährdet werden sollte.

Die sogenannte »Notstandsklausel« des Vertragstextes von 1952 wurde aus dem neuen Vertrag entfernt. Die drei Westmächte hatten bei der Streichung dieser Klausel ausdrücklich ihr Vertrauen in die innere Stabilität der Bundesrepublik zum Ausdruck gebracht. Die drei Westmächte waren bereit, die Aufgabe, Störungen der freiheitlich-demokratischen Grundordnung abzuwenden, ausschließlich den deutschen Behörden zu überlassen. Die deutschen Behörden sollten auch die Verantwortung für den Schutz der Sicherheit der fremden Streitkräfte übernehmen. Da allerdings von den Regierungen der drei Westmächte bezweifelt wurde, daß die gegenwärtig bestehende Rechtslage den deutschen Behörden erlaubte, dieser Verantwortung in allen Gefahrensituationen wirksam nachzukommen, wollten sie ihre Rechte zum Schutz der Sicherheit der Streitkräfte erst in dem Augenblick aufgeben, in dem »die zuständigen deutschen Behörden entsprechende Vollmachten durch die deutsche Gesetzgebung erhalten haben und dadurch instand gesetzt sind, wirksame Maßnahmen zum Schutze der Sicherheit dieser Streitkräfte zu treffen, einschließlich der Fähigkeit, einer ernstlichen Störung der öffentlichen Sicherheit und Ordnung zu begegnen«. Bis dahin sollten diese Rechte jedoch nur nach Konsultation mit der Bundesregierung ausgeübt werden, soweit die militärische Lage eine solche Konsultation nicht ausschließe.

Der Bundeskanzler und sein Außenminister

Um allen Mißverständnissen zu begegnen, stellte die Bundesregierung ausdrücklich fest, daß sie nicht die Einführung einer fast unbeschränkten Gewalt für die Bundesregierung nach dem Muster des Artikels 48 der Weimarer Verfassung im Falle eines Notstandes beabsichtige. Was wir wollten, ging nicht über das hinaus, was auch andere NATO-Staaten in vergleichbarer strategischer Lage zum Schutz ihrer Sicherheit und der Sicherheit ihrer Streitkräfte gesetzlich vorsahen. Es handelte sich in erster Linie um Vollmachten für den Fall einer Bedrohung der Bundesrepublik von außen oder eines Angriffs auf die Bundesrepublik. Jeder demokratische Staat, der sich in gefährdeter Lage befindet und der entschlossen ist, seine Freiheit zu verteidigen, muß sich die gesetzlichen Grundlagen schaffen, um in einer solchen Gefahrensituation voll handlungsfähig zu sein.

Auch außer den unmittelbar mit dem Souveränitätsprinzip zusammenhängenden Fragen waren einige wichtige Verbesserungen des Vertragstextes erzielt worden. Dazu gehörte insbesondere die Streichung der in ihrer Bedeutung und Tragweite vielumstrittenen sogenannten »Bindungsklausel« in Artikel 7 Absatz 3 des alten Vertragstextes und die Änderung der Revisionsbestimmungen in Artikel 10.

Die Bemühungen der Bundesregierung um eine Neugestaltung und Verbesserung des Vertragswerkes von 1952 waren nicht auf allen Gebieten erfolgreich. Besonders auf dem Gebiet des »Überleitungsvertrages« blieben unseres Erachtens berechtigte Wünsche unerfüllt. Eine Versteifung auf unsere Forderungen hätte jedoch den Gesamterfolg der Konferenzen von London und Paris in Frage gestellt. Jede internationale Verständigung erfordert Opfer von seiten aller Beteiligten. Bei vernünftiger Abwägung mußte jeder Deutsche erkennen, daß die erzielten Erfolge die Opfer rechtfertigen.

Aus: Erinnerungen 1953–1955, 1966.

Hans-Peter Schwarz
Die John-Affäre

Den schlimmsten innenpolitischen Stoß erlitt die Republik im Sommer 1954 durch die John-Affäre. Bis heute sind weder Motive noch nähere Umstände und Hintergründe geklärt, die den Präsidenten des Bundesamts für Verfassungsschutz, Otto John, damals bewogen, nach Ost-Berlin überzuwechseln. Tatsache war, daß John am 21. Juli am Sitz der Ostzonen-Regierung auftauchte, erst über den Rundfunk und später auf einer Pressekonferenz sowie in weiteren Verlautbarungen brisante Stellungnahmen zur Entwicklung in Westdeutschland abgab, schließlich von der Bildfläche verschwand und eineinhalb Jahre später wieder nach West-Berlin zurückkehrte.

Vor dem Bundesgerichtshof verteidigte er sich mit der anfänglich auch bei Bundesinnenminister Schröder anklingenden These, er sei von seinem Freund, dem West-Berliner Modearzt Dr. Wohlgemuth, durch eine Droge im Kaffee betäubt und nach Ost-Berlin entführt worden. Dort habe er eine Komödie gespielt, um bei erster sich bietender Gelegenheit zu entfliehen. Das Gericht schenkte ihm keinen Glauben. Es verurteilte ihn wegen landesverräterischer Konspiration und Weitergabe »falscher Staatsgeheimnisse« zu vier Jahren Zuchthaus, obwohl der Generalbundesanwalt höchstens zwei Jahre beantragt hatte. Wiederaufnahmeanträge, die John in den Jahren 1964 und 1969 stellte, wurden abgelehnt, ebenso eine Verfassungsbeschwerde beim Bundesverfassungsgericht.

Wie immer sich auch die Zusammenhänge verhalten haben mögen, der Fall erweckte vielerorts im Inland und Ausland den beklemmenden Eindruck, daß man in dem scheinbar so gesicherten Bonner Staat eine Kulissenwelt vor sich habe, aus der die verschiedensten Tapetentüren und Falltüren in fragwürdige Hinter- und Untergründe führten: in den kommunistischen Ostzonen-Staat, in den politischen Dschungel der jüngsten Vergangenheit und in das Zwielicht machtvoller alliierter Geheimdienste, die in Westdeutschland immer noch frei zu schalten und zu walten schienen.

Am bedenklichsten war in den ersten Tagen der Eindruck im Ausland. Gleich, ob John entführt wurde oder freiwillig nach Ost-Berlin gegangen war, wie brüchig mußte ein Staat innerlich sein, dessen Chef der politischen Polizei plötzlich in Ost-Berlin auftauchen konnte! Das war also der Mann, dem die Bundesregierung die Bekämpfung des Linksextremismus und der östlichen Infiltration anvertraut hatte! Dieser hohe Beamte sprach auch noch von Geheimabmachungen über die Wiederaufrüstung und machte sich damit direkt der ostzonalen Propaganda dienstbar!

Seine politischen Verlautbarungen riefen gleichfalls die schlimmsten Befürchtungen wach. Schließlich war John ein Mann des Widerstandes, der im Umkreis von Admiral Canaris beim Putschversuch gegen Hitler eine Rolle gespielt und noch am Nachmittag vor seinem Verschwinden nach Ost-Berlin an einer Gedenkfeier zum 20. Juli teilgenommen hatte. Dieser Gegner Hitlers warnte nun eindringlich vor der Wiederkehr ehemaliger Nationalsozialisten in Bonn. Wenn überhaupt jemand in dieser Hinsicht einen Überblick besaß, dann mußte es doch der Präsident des Bundesamtes für Verfassungsschutz sein, dem auch die Observierung des Rechtsextremismus unterstand!

Die rasch bekannt werdenden Einzelheiten über heftige interne Machtkämpfe zwischen den Bonner Geheimdiensten schienen diese Behauptung verständlich zu machen. Allem Anschein nach hatte John mit Friedrich Wilhelm Heinz, der im Amt Blank bis zu seiner Absetzung im Herbst 1953 die militärische Abwehr organisiert hatte, in erbitterten Auseinandersetzungen gestanden. Die politische Vergangenheit von Heinz war noch viel farbiger als die von John selbst: Frontkämpfer, »Brigade Erhardt«, Teilnahme am Kapp-Putsch, einige Jahre SA-Führer, dann in der Bundesleitung des »Stahlhelm«, später ein entschlossener Gegner Hitlers in der »Abwehr« von Canaris, nach Kriegsende kurze Zeit in der Ostzone lebend. Dabei hatte er wahrscheinlich gegen die Sowjets spioniert, was diese aber nicht von Versuchen abhielt, auch ihrerseits verschiedentlich zu ihm in Verbindung zu treten. Ein solcher Mann, bei dem nicht klar war, wo er genau stand, von dem aber vermutet werden konnte, daß er ein deutscher Nationalist reinsten Wassers war, hatte kurze Zeit eine Schlüsselstellung in einem der westdeutschen Geheimdienste erhalten!

Ein anderer Gegner Johns war General Reinhard Gehlen, späterer Leiter des Bundesnachrichtendienstes, der vorwiegend dem Bundeskanzleramt zuarbeitete. Der frühere Chef der Abteilung »Fremde Heere Ost« im Oberkommando des Heeres (OKH) war das Musterbild eines Offiziers konservativer Prägung. Sein Antikommunismus war über jeden Zweifel erhaben, aber war dies auch seine Treue zur Demokratie? Im Ausland hatte man die jüngste Vergangenheit nie vergessen, und solche Einzelschicksale beleuchteten die westdeutsche Szenerie wieder einmal schlagartig: hier mußte eine Demokratie aufgebaut werden mit Männern, die in ihren besten Jahren – und diese lagen erst ein Jahrzehnt zurück – als Offiziere, Geheimdienstleute, Verschwörer, Wirtschaftsführer an Deutschlands letztem »Griff nach der Weltmacht« beteiligt waren. Sie hatten nun zwar alle Anschluß an den Bonner Staat gefunden, sich auch den Westalliierten auf mannigfache Art und Weise nützlich gemacht, aber konnte man ihnen trauen? Würden sie in kritischen Momenten die Einheit und Größe Deutschlands nicht über die Treue zur westlichen Demokratie stellen?

Hans-Peter Schwarz

John selbst ließ in seinen Ost-Berliner Äußerungen als Hauptgrund für seine große Malaise die Sorge erkennen, daß die Politik Adenauers Deutschland auf ewig teilen könnte. War also nicht auch dieser anscheinend erprobte Gegner Hitlers im Grund seines Herzens ein Nationalist, und hatte ihn nicht eine entsprechende Grundeinstellung zum orientierungslosen Wanderer zwischen zwei Welten werden lassen?

Aber auch bei den Parteien und in der Presse der Bundesrepublik selbst wurde das Mißtrauen wach. Jetzt erfuhr eine breitere Öffentlichkeit, daß John, der wahrscheinlich schon im Kriege nachrichtendienstliche Beziehungen zu den Briten unterhalten hatte, auf Empfehlung der Engländer Präsident des Bundesamtes für Verfassungsschutz geworden war. Der Leiter der politischen Polizei des Bonner Staates ein Vertrauensmann Großbritanniens, wahrscheinlich von dieser Seite her druckempfindlich und vielleicht in widersprüchliche Loyalitätsverhältnisse verstrickt! Gehlen war ein ähnlicher Fall, nur daß er von den Amerikanern gefördert wurde.

Für die nationale Rechte war nun der Moment gekommen, grundsätzlich die Frage aufzuwerfen, ob Personen, die als Emigranten oder in anderer Funktion während des Krieges oder in den Anfängen der Besatzungszeit auf vielfältigste Art und Weise mit alliierten Stellen zusammengearbeitet hatten, in hohen Positionen des neuen Staates und seiner Parteien tragbar seien. DP und FDP richteten in diesem Zusammenhang ihre Blicke vor allem in Richtung SPD, bei der sich maßgebliche Mitglieder des Parteivorstandes – etwa Ollenhauer, der Pressesprecher Fritz Heine und Waldemar von Knoeringen – im Krieg in London aufgehalten hatten, während Wehner in Moskau gewesen war.

Am schrillsten ließ sich die *Zeit* vernehmen, die damals ziemlich stark im nationalen Fahrwasser schwamm. Richard Tüngel veröffentlichte dort Ende Juli einen vielbeachteten Leitartikel unter der Überschrift: »Herr Kanzler, säubern Sie!« Darin drängte er auf Überprüfung »aller Ernennungen, die unter Besatzungseinfluß vorgenommen wurden«, wobei er sowohl die pauschale Glorifizierung aller derer angriff, die in den verschiedensten Kreisen am Widerstand gegen Hitler teilgenommen hatten, als auch namentlich oder nicht namentlich genannte Persönlichkeiten aus dem Umkreis der sozialdemokratischen Emigration in Großbritannien.

So kam die ganze jüngste Vergangenheit wieder hoch, die der Natur der Sache nach gar nicht bewältigt, sondern allenfalls zugedeckt werden konnte.

Manche derjenigen, die im Dritten Reich in Deutschland geblieben und in irgendeiner Art und Weise in der Verwaltung, beim Militär oder in der Wirtschaft mitgemacht hatten, begannen nun zu fragen, was eigentlich jene getan hätten, die sich im Krieg in alliierten Ländern aufgehalten hatten oder offen gegen Deutschland aufgetreten waren. Die Emigranten und die Männer des 20. Juli ihrerseits fragten genauso, was eigentlich diejenigen, die nicht emigriert waren und auch dem Widerstand ferngestanden hatten, während des Dritten Reiches getan hätten und ob sie für hohe Positionen tragbar seien.

Die ersteren waren in der überwiegenden Mehrzahl, und man konnte die neue Republik nicht ohne oder gegen sie aufbauen. Die zweite Gruppe hatte während der Besatzungszeit und auch noch in den allerersten Jahren der Bundesrepublik das Sagen gehabt, sah ihren Führungsanspruch im Zeichen der Normalisierung aber nun mehr und mehr in Frage gestellt. Irgendwie arrangierte man sich zwar in diesen und den folgenden Jahren auf allen Ebenen. Doch diejenigen, die sich nicht schweigend arrangieren wollten, und dazu gehörte wohl auch Otto John, gerieten aus der Bahn oder doch in verbitterte Außenseiterpositionen.

Jedenfalls machte auch dieser Fall deutlich, wie sehr es nun an der Zeit war, daß sich die Westalliierten aus der Rolle von Besatzungsmächten in diejenige zurückhaltender Verbündeter zurückzogen. Nationalistische Reaktionen wären sonst unvermeidlich gewesen.

Offenkundig wurde dabei auch, daß es mit Führung und Koordination innerhalb der Bundesregierung nicht zum besten stand. Widersprüchliche Informationen der verschiedenen zuständigen Amtsträger trugen zur Verwirrung bei. Am stärksten kritisiert wurde die Auslobung von einer halben Million Mark zur Aufklärung des Falles durch den Innenminister Schröder, dessen Stuhl in jenen Tagen bedrohlich wackelte. Der Vertrauensverlust war allgemein, und niemand war erstaunt, als die CDU bei den Landtagswahlen in Schleswig-Holstein Mitte September 1954 gegenüber den Bundestagswahlen 1953 rund 15 Prozent an Stimmen verlor, während die SPD, verglichen mit den Wahlen vor einem Jahr, über 6 Prozent hinzugewann.

Aus: Geschichte der Bundesrepublik Deutschland, Band 2. Die Ära Adenauer 1949–1957, 1981.

Paul Celan

Paul Celan

Nachts, wenn das Pendel der Liebe schwingt
zwischen Immer und Nie,
stößt dein Wort zu den Monden des Herzens
und dein gewitterhaft blaues
Aug reicht der Erde den Himmel.

Aus fernem, aus traumgeschwärztem
Hain weht uns an das Verhauchte,
und das Versäumte geht um, groß wie die Schemen
der Zukunft.

Was sich nun senkt und hebt,
gilt dem zuinnerst Vergrabnen:
blind wie der Blick, den wir tauschen,
küßt es die Zeit auf den Mund.

Aus: Jahresring 54, Ein Schnitt durch Literatur und Kunst der Gegenwart.

Jürgen Habermas

Der Moloch und die Künste

Zur Legende von der technischen Zweckmäßigkeit

Die Technik wird problematisch. Man spricht darüber. Man diskutiert über ihr Verhältnis zu den Künsten und fragt, wie denn dem Unwesen der Technik durch künstlerische Gestaltung beizukommen sei. Man muß sich schon einmal die Mühe machen, durchzudenken, worum es eigentlich geht. Es geht nämlich nicht darum, den Lampen und Stühlen, den Drehbänken und Türklinken, den Telephonapparaten und Lichtschaltern eine gefällige Form zu geben, also dem Substantiv des Gebrauchsgegenstandes ein schmückendes Beiwort anzukleben, die neutrale Dienlichkeit des Apparates in wohltuendes Aussehen zu wattieren, kurz, der Zweckmäßigkeit Schönheit aufzusetzen. Das ist ein löbliches Unternehmen, nicht aber Sinn der Sache. Nicht um Vermehrung und Steigerung ästhetischer Effekte ist es zu tun, sondern um das Verhältnis des Menschen zu den technisch hergestellten Gegenständen, mit denen er umgeht, um das Verhältnis zu der Welt überhaupt, in die der Mensch des 20. Jahrhunderts hineingeboren wird.

Die Selbstverständlichkeit, mit der wir an Radioknöpfen und Telephonscheiben kurbeln, die Gleichgültigkeit, mit der wir an den Neonfassaden vorbeisehen, mit der wir in Sesseln und an Tischen sitzen, hat mit Vertrautheit zu den Dingen sehr wenig zu tun, einmal ganz abgesehen von der Undurchsichtigkeit der meisten technischen Konstruktionen für den Laien. Technische Produkte sind unauffällig und ohne Eigendasein; sie lassen den, der sie braucht, vergessen, daß sie überhaupt etwas sind. Sie gehen auf im Verschleiß. Sie sind gut oder schlecht, je nachdem, ob sich das mit ihnen, wozu sie nun gerade dienen sollen, reibungslos erreichen läßt oder nicht. Aber war es nicht zu allen Zeiten mit den Gebrauchsdingen so, daß es auf ihre Tauglichkeit ankommt? Warum sind ausgerechnet technische Produkte unpersönlich, ohne Gesicht? Nur weil sie am Fließband hergestellt werden? Warum haben gerade sie ein so neutrales Dasein, daß sie im Gebrauch nicht zu einer qualifizierten Geltung kommen, daß der Mensch zu ihnen keine rechte Beziehung anknüpft, daß er eben ihre Funktion weiß und sie im übrigen vergißt? Warum treibt gerade die Technik in dieser Achtlosigkeit gegenüber den Dingen ihr verborgenes und darum so gefährliches Unwesen?

Schließlich geht es von jeher um die Brauchbarkeit des Geräts, die Bequemlichkeit der Bank, das Passen der Schuhe usw. Aber merkwürdig, der Spaten, dessen Stiel fest im Schaft sitzt, ist ein »handfestes« Ding, die schier unverrückbare Truhe mit dem lastenden Deckel ist ein »gediegenes« Ding. Gewiß, auch heute werden solch großväterliche Attribute noch merkantil ausgebeutet, aber jeder spürt, daß sie die Fabrikate aus Stahlrohr und Kunststoff nicht eigentlich treffen. Sie sind für deren technische Nacktheit zu intim. Offenbar ist ein Unterschied in der Art der Zweckmäßigkeit eines Leiterwagens und eines Porschekabrioletts. Zwar ist der eine zum Heueinholen so geeignet wie der andere zur 140-Stundenkilometer-Autobahnfahrt. Aber wie steht's denn mit dem Zweck, ist das 140-Stundenkilometer-Tempo wirklich Zweck für den Autofahrer? Man wird sagen: natürlich, der Mann will möglichst schnell zu seinem Bestimmungsort. Ob er wirklich so schnell fahren »will«? Wollen alle, die einen Porsche kaufen, so schnell fahren? Hat, um zu pointieren, der Sonntagsausflügler die Ambitionen eines Rennfahrers? Vermutlich möchte er bummeln. Aber da sich der Gashebel nun mal durchdrücken läßt und der Kilometerzähler nicht bei zwanzig aufhört, dreht er eben auf. Der Leiterwagen, den der Bauer aus der Scheune holt, verleitet ihn nicht zu etwas, das er nicht will, aber das Auto den Sonntagsfahrer.

Absolute Zweckmäßigkeit gibt es nicht. Normalerweise setzt der Mensch seine Zwecke, und zwar jede Epoche andere. Das, was einer Zeit erstrebenswert gilt, prägt ihr Gesicht. Es ist zu bezweifeln, daß seinerzeit Ludwig XIV. einen Klubsessel so bequem gefunden hätte wie heute meinetwegen Herr Eisenhower. Nun erzeugt aber der heutige Mensch seine technischen Produkte nicht mehr um seiner Zwecke willen, vielmehr erzeugt er für die Mittel, die ihm eine ständige perfektionierte Produktion anbieten, seine Zwecke, die darum nicht mehr »seine« sind. Wir leben inmitten eines Überhanges von unechten Bedürfnissen, zunehmend unfähiger, kraft eigener Phantasie Zwecke zu schöpfen, Interessen zu erzeugen, Ziele zu entwerfen, die uns wesentlich sind, nahe genug, um ihre Verwirklichung als eigene Sache zu betreiben. Die Tendenz zur Perfektion, die der Technik innewohnt, macht die technischen Produkte zunehmend eigengesetzlich und selbständig, Hersteller und Verbraucher abhängig. Sie diktieren dem Menschen, was als zweckmäßig zu gelten hat. Die Herrschaft der Mittel ist Grund der Loslösung der Dinge vom Menschen und Grund zugleich für die Achtlosigkeit des Menschen gegenüber den Dingen.

Die technischen Produkte verstecken sich in der Anonymität und Neutralität ihres Funktionierens, weil es nicht mehr die Dinge des Menschen sind, weil das, worumwillen die Dinge hergestellt werden, sich immer weiter vom unmittelbaren Interesse des Verbrauchers ablöst. Sie sind kahl, unpersönlich, gesichtslos und machen den Menschen zum Fremden in seiner Welt, weil sie um Zwecke willen da sind, deren Autorität sich die technische Intelligenz unterwirft, obschon sie die praktische Intelligenz des Benutzers nicht gesetzt hat. Es hieße also an Symptomen kurieren, wollte man den Fabrikaten eine »schöne« Form aufsetzen, ohne den Mythos der absoluten Zweckmäßigkeit zu entlarven. Andererseits wäre es dreist und töricht, den technischen Prozeß hemmen oder gar unterbrechen zu wollen. An dem besinnungslosen Verschleiß der Dinge, dem kontaktlosen, selbst- und dingvergessenen Hantieren, dem Getue und Gelaufe, das die Vorschriften der total gewordenen Mittel verrichtet, würde vielleicht etwas zu ändern sein, wenn das Fabrikat aufhörte, nur ein überholbares und mit Sicherheit bald überholtes Stadium im Perfektionsprozeß zu sein, nur Modell, das veraltet und abgesto-

Jürgen Habermas

ßen wird. Das würde es im gewissen Sinne zwar bleiben. Aber außerdem könnte etwas anderes werden: Es könnte wieder ein echtes Ding werden, das auf den Menschen zugeschnitten ist (und nicht umgekehrt), das an ihm selbst etwas ist, an dem der Mensch sich und seine Welt entdeckt, das seinen Lebensraum erschließt, so wie eine Wohnung Herberge ist und sein soll, nicht bloß Schlafbaracke und Klimaschutz.

Aus dem gewöhnlichen und vergessenen Fabrikat würde ein gewohntes Ding, das aus sich herausgeht und etwas bedeutet. Seine Gestalt trüge das Bleibende des Stils, eines Stils, der den Schritt und die Haltung und das Denken des Menschen ebenso prägt wie seine Kleidung und die Straßen seiner Städte. Stilisierung, Gestaltung, Formgebung würden also meinen: den Dingcharakter der technischen Produkte zum Vorschein bringen, sie aus ihrer Anonymität heraustreten und Bestand gewinnen, Teil je der eigenen Welt werden zu lassen, sie so zu machen, daß sie hervorkehren, was sie sind. Stilisieren in diesem Sinne von: Welt entdecken ist aber Aufgabe der Kunst.

Sind die Künste, vor allem also die bildenden Künste, zu dieser Aufgabe bereit? Heißt es nicht einerseits eine gute Idee überspannen, wenn man die Industriegestalter zu Künstlern promovieren, und andererseits die Kunst verkennen, wenn man die Künstler zu Industriegestaltern machen will? Man behilft sich da mit dem Kompromiß, daß die absolute Kunst den Stilentwurf leisten und die angewandten Künste diesen Goldbarren zu Münzen schlagen sollen. Klee zeichnet, und andere Leute verarbeiten seine Stilelemente zu Tapetenmustern. Mir scheint, man sollte beide etwas zusammenrücken. Unvoreingenommene bemerken in der heutigen Kunst einen starken Trend zum Kunsthandwerklichen, zu gebundenen Formen der künstlerischen Gestaltung. Nicht zufällig stachen beispielsweise in der Ausstellung des Deutschen Künstlerbundes in der Kölner Messehalle nur einige Kirchenfenster von Meistermann, ein Grabstein Matarés und Farblithos von Grieshaber und einigen anderen vom durchgehend mäßigen Niveau ab. Die kunsthandwerklichen Neigungen prominenter französischer Künstler, voran Picasso, Léger, Chagall, Braque, gehören anscheinend in einen größeren Zusammenhang. Die modernen Plakat-, Tapeten-, Trickfilmentwürfe sind hier zu nennen, die Versuche mit Drahtplastiken, gewisse Relieftechniken in der Malerei.

Neben diese Tendenz zur gebundenen Form tritt ein gewisses Unbehagen an der abstrakten Kunst. Wohlgemerkt: ein Unbehagen unter ihren Verehrern (von den Strategen der Restauration ist nicht die Rede). Das großartige Terrain, das von Kandinsky bis Baumeister erschlossen wurde, scheint beim zweiten und dritten Umpflügen keine neuen Früchte mehr tragen zu wollen; es ist schlecht bestellt, wenn schon zu Lebzeiten der Meister zu viele Epigonen wirken und dem Ansehen des Werkes schaden. Vielleicht steht die abstrakte Kunst am Ende einer neuzeitlichen Entwicklung, die Kunst als Kulturzweig isoliert und den Museumsbetrieb installiert hat. Einerseits ist die moderne Kunst in hohem Grade abseitig und auf die Breite gesehen wirkungslos, andererseits zeigt sich deutlich, daß den Jüngeren der Zugang zu ihr relativ leichter fällt. Vielleicht bringt sie wirklich die Kraft auf, die Museen zu verlassen, auf die Straße zu gehen und die Gebäude und die Schaufenster, die Fahrzeuge und die Möbel, die Anlagen und die Kirchen, das Netz der Dinge ringsum, von Menschenhand geschaffen, wieder sichtbar zu machen in ihrer Vertrautheit. In den modernen Bauten, denken wir an den Stazione Termini in Rom, ist eine solche Kunst am Werke, die die Technik zugleich bindet und befreit. Von seiten der Technik kommen solchem Bestreben die Baustoffe wie Beton, Stahlrohr, Glas, Kunststoffe entgegen. Das Pochen auf die Würde der absoluten Kunst könnte eines Tages anachronistisch werden.

Die moralischen Kataloge können die gefräßige Ziellosigkeit der technischen Perfektion nicht durch eine Hierarchie gebundener Zwecke abdichten: daß das Lächeln eines Kindes wesentlicher ist als die Konstruktion des letzten Düsenjägers, dürfte pädagogisch kaum zu allgemeiner Anerkennung zu bringen sein. Die Hierarchie der Zwecke kommt erst in Fluß, wenn wir das Gesicht der Dinge wieder entdecken. Der Moloch der Technik ist Moloch nur so lange, wie ihm das feurige Maul mit den Opfern gestopft wird, die er fordert: mit der Bigotterie der technischen Perfektion und der gläubigen Unterwerfung unter die Autorität der totalen Mittel.

Aus: Jahresring 54, Ein Schnitt durch Literatur und Kunst der Gegenwart.

Dietrich Fischer-Dieskau

Erinnerungen an Wilhelm Furtwängler

Preußner stellte sein Musikzimmer über der Salzach zur Verfügung, auf daß ich dort dem »Jupiter« höchstpersönlich vorsänge. Ich wartete eine Weile, in der ich mich auf den wichtigen Moment vorbereiten konnte. Plötzlich trat der Meister raschen Schrittes ein, gab mir die Hand und murmelte völlig unnötigerweise: »Furtwängler.«

Auf dem Klavierpult hatte ich die »Vier Ernsten« etabliert. Er warf einen kurzen Blick darauf und setzte sich, um sogleich zu spielen. Ohne Unterbrechung musizierten wir mit steigender Begeisterung, und ich genoß seinen so besonders singenden Klavierton.

»Danke«, war Furtwänglers ganzer Kommentar. Er konnte nicht bleiben, wurde schon wieder irgendwo zu einem Hauskonzert erwartet. Also erhob er sich und nahm mich bei der Hand, um mich energisch in seinen stadtbekannten Volkswagen zu ziehen, in dem Frau Elisabeth Furtwängler wartete. In der vergangenen halben Stunde war mir an ihm Gebrechlichkeit aufgefallen, aber es handelte sich um eine schöne Gebrechlichkeit, die von Ereignissen, Beziehungen, Schwankungen unter Menschen abhängt. Ihre Voraussetzung ist Sensibilität. Den meisten wird sie als Schwäche erschienen sein. Ich empfinde seine Schwäche auf diesem Bewußtseinsgrad als Vorzug, ja als Tugend.

Ich ahnte, daß er mich mitnahm, um das ungute Vorgefühl abzudämpfen, sich wieder einmal vor externer, im Grunde anders interessierter »Umwelt« produzieren zu müssen. Am Eingang des Hauses, zu dem wir fuhren, wartete ein bekannter Klarinettist und zeigte berechtigtes Entsetzen, daß da ein weiterer Solist des Hauskonzerts die Aufmerksamkeit auf sich zu ziehen beabsichtigte. Furtwängler aber würdigte ihn keines Blickes und stellte mich dem bereits versammelten Publikum mit einer nonchalanten Handbewegung vor, um gleich mit den »Ernsten Gesängen« zu beginnen.[. . .]

*

Am Totensonntag 1951, zwei Tage vor der Premiere »Troilus und Cressida« von Winfried Zillig in Berlin, in der ich den Troilus singen sollte, bat mich Furtwängler in seine neue Wohnung nach Dahlem. Da es regnete und die Premiere drohte, vor allem aber, da ich nicht wirklich im Sinne hatte, Furtwänglers Aufforderung zu folgen, mit ihm den Almaviva im kommenden Sommer in Salzburg zu singen, wollte ich schon absagen. Aber sein Wagen mit Chauffeur rollte vor die Haustür, auf daß ich ihm meine Entscheidung persönlich mitteile.

Freundlich und verständnisvoll ging Furtwängler im Gespräch sehr bald zu lebenslangen gesundheitlichen Erfahrungen über, wie er nach vielen Diät- und Tablettenversuchen schließlich zur Überzeugung gelangt sei, ein einziges Mittel verschaffe ihm Hilfe gegen alle Leiden: täglich ein bis zwei Stunden alleine zu laufen. Sich diese Zeit zu erzwingen, erfordere natürlich Energie. Hefe und Joghurt, sonst normale Ernährung mit wenig Fleisch, das sei das Geheimnis seiner Durchhaltekraft. Sieht man sich heute, nach dem Wissen über seine schon damals labile Gesundheit, seinen Terminkalender jener Tage an, so scheint dies in der Tat hilfreich gewesen zu sein. Am ausgiebigsten aber sprach Furtwängler von der geliebten Illusion, bereits im nächsten Jahre mit dem Dirigieren endgültig aufzuhören, um sich ganz dem Komponieren zuzuwenden.

Dietrich Fischer-Dieskau

Dies hat er nicht mehr erreicht in der kurzen Lebensspanne, die ihm noch blieb. Die jeweilige Rückkehr zum Dirigentenpult hatte ja bei ihm auch immer etwas von einer Flucht. Seine gedruckten Briefe enthalten zahllose Stoßseufzer, in denen die Sehnsucht nach der reinen schöpferischen Tätigkeit mitschwingt. Deren Ergebnisse drücken, wie nur wenige, Musik jener Zeit, Wesen und Sein ihres Schöpfers aus. Es wäre notwendig, daß sich fähige Interpreten der wenigen opera, die er hinterließ, wieder annehmen. Die Werke zeigen erstaunliche innere Einheit: tonal in den Wurzeln, nach harmonischer Verästelung, ja nach Verlassen der Tonalität strebend, voller Erfahrungen mit oft musizierten Komponisten, ohne sie doch zu kopieren, grüblerisch, widersprüchlich in der Themenverarbeitung, doch nach der großen Form greifend und sie häufig erfüllend. [. . .]

Schillernd wie immer waren die Eindrücke von dem Menschen Furtwängler. Diesmal schien er von der Verliebtheit in seine Brangäne, Blanche Thebom, so absorbiert, daß kaum je ein Wort allgemeineren Interesses von ihm kam. Wie weich er im Grunde war, wurde im Umgang mit den ihn umwerbenden Frauen deutlich. Es fiel ihm leichter, ein Nein hinzuschreiben, wenn der, dem es galt, nicht vor ihm saß und seinen Atem spüren ließ. Er konnte eine Musik nicht nachempfinden, in der nicht wenigstens gedanklich der Atem eine beherrschende Rolle spielte. Im Laufe der fünf Jahre, die Furtwängler in meinem Leben dominierend präsent war, ist mir nur allmählich aufgegangen, daß Atem den eigentlichen Sinn, die Hauptquelle ausmachte, aus der Furtwängler die Welt um sich empfing. Er war seinem Atem unaufhörlich ausgeliefert, gerade weil er – wie auch ich – mit allergischen Erscheinungen des Atemtraktes zu kämpfen hatte. Er interpunktierte durch gerade noch vernehmliche Knurrlaute seinen Atem.

Wilhelm Furtwängler

»Singen Sie, ohne viel zu wollen. Lassen Sie die Musik natürlich fließen!«

So oder ähnlich habe ich Furtwängler mich und andere Sänger oft anweisen hören. Der Atem hat hier vorrangige Bedeutung. Unter ihm haben wir eine höhere, nur über den Weg des Gestaltens zu erreichende Natürlichkeit zu verstehen. Diese höhere Natur meint musikalisches Leben, großen agogischen Fluß, ein Anheben gleichsam ohne Tempo, das sich erst zu gegebenem Zeitpunkt manifestiert, um wieder zu verebben, wenn der Höhepunkt einer Entwicklung überschritten ist. Dieses »Einstimmen« zu einem Tempo rief nur zu häufig das Mißverständnis hervor, Furtwänglers Tempi seien viel zu langsam. Diese konnten aber im Laufe eines Satzes wesentlich rascher werden als bei Dirigenten, die »stehende« Tempi bevorzugen.

»Es gibt nur ein Tempo, und das ist das richtige«, behauptete Furtwängler und meinte damit die nicht zweimal genau gleichlautende, gleichsam experimentelle Suche nach dem Metrum. Sie begann schon mit der Einstellung auf die Akustik eines jeden neuen Saales, der häufig Umgruppierungen im Orchester nachhelfen sollten. Auch bei jeder Probe wiederholte Furtwängler tastend den Beginn, wie um das Orchester sensibel zu machen für seine persönliche Art des Atmens. Dabei verlor er nicht etwa viele Worte. Im Gegenteil: meist fiel es ihm schwer, seine Absichten zu verbalisieren, und er hielt auch nichts von essayistischen Beschreibungen dessen, was er tat (so wie ich es jetzt versuche) – aus der Erkenntnis heraus, daß sich nur weniges von dem einmal Ausgesprochenen noch auf die nächste Wiedergabe werde anwenden lassen.

Er sprach mir davon, wie es doch notwendig sei, sich den Spannungen des symphonischen Stromes hinzugeben, um an der rechten Stelle innezuhalten und dann den weiteren Lauf zu bestimmen. Die Folge einer solchen bis dahin unerhörten Stringenz war in der Regel eine totale Transformation der Musiker und des Publikums, wie ich sie bei keinem anderen Dirigenten erlebt habe. Dabei spielten stilistische Rücksichten die geringste Rolle. Seine Art des Musizierens schuf sich ihren Stil selbst. Von der Technik des dirigentischen Schlages hielt Furtwängler wenig, er meinte, jeder hätte schließlich seine eigenen Bewegungen, um die gewünschte Wirkung beim Orchester zu erzielen. [...]

Aus: Nachklang – Ansichten und Erinnerungen, 1987.

Erich Kästner

Von der deutschen Vergeßlichkeit

Zum 10. Jahrestag des 20. Juli 1944

Als Friedrich Wilhelm I. von Preußen, der Soldatenkönig, eben jener Hohenzoller, der den Sohn und präsumtiven Nachfolger beinahe hätte hinrichten lassen, ein Regiment inspizierte, schlug er, aus geringem Anlaß, einen Major mit dem Krückstock. Daraufhin zog der Major, angesichts der Truppe, die Pistole und schoß, knapp am Könige vorbeizielend, in den Sand. »Diese Kugel«, rief er, »galt Ihro Majestät!« Dann jagte er sich, unter Anlegen der bewaffneten Hand an die Kopfbedeckung, die zweite Kugel in die eigene Schläfe.

Es lohnte sich nicht, diese kleine Geschichte zu erzählen, wenn es in unsrer Großen Geschichte viele ihresgleichen gäbe. Aber es ist eine verzweifelt einsame, eine zum Verzweifeln einsame kleine deutsche Geschichte. Noch der Schuß in den Sand, noch der symbolische Widerstand, ist »nicht statthaft« und »findet«, schon deshalb, »nicht statt«. Wir stehen vor jeder Autorität stramm. Auch vor dem Größenwahn, auch vor der Brutalität, auch vor der Dummheit, – es genügt, daß sie sich Autorität anmaßen. Unser Gehorsam wird blind. Unser Gewissen wird taub. Und unser Mund ruft: »Zu Befehl!« Noch im Abgrund reißen wir die Hacken zusammen und schmettern: »Befehl ausgeführt!« Wir haben gehorcht und sind es nicht gewesen. Der Mut, bar des Gefühls der Verantwortung und ohne jede Phantasie, ist unser Laster. Und Courage bleibt ein Fremdwort. Die Frauen und Männer des Deutschen Widerstands haben versucht, haben wieder einmal versucht, dieses Wort einzudeutschen. Sie setzten Ehre und Leben aufs Spiel, und sie verloren beides. Ihr Leben konnte man ihnen durch kein Wiedergutmachungsverfahren rückvergüten. Stellen Sie sich vor, man hätte es gekonnt! Stellen Sie sich die allgemeine und die amtliche Ratlosigkeit nur vor! Diese Frauen und Männer, als Heimkehrer aus dem Jenseits, mitten unter uns! Welch ein Drama! Was für eine deutsche Tragikomödie!

Sie opferten Leben und Ehre. Hat man ihnen wenigstens ihre Ehre wiedergegeben? Nicht ihre Offiziersehre, nicht ihre Pastorenehre, nicht ihre Gewerkschaftsehre, nein, ihre mit Gewissensqualen und dem Tod besiegelte, mit Folter und Schande besudelte, am Fleischerhaken aufgehängte menschliche Ehre und wahre Würde? Ich denke dabei nicht an die Umbenennung von Straßen, die Niederlegung von Behördenkränzen und ähnliche Versuche, den Dank des Vaterlands, nach dem Muster des Teilzahlungssystems, in bequemen Raten abzustatten. Sondern ich frage: Hat man versucht, diese Männer und Frauen in unserer vorbildarmen Zeit zu dem zu machen, was sie sind? Zu Vorbildern?

Wer an die Zukunft glaubt, glaubt an die Jugend. Wer an die Jugend glaubt, glaubt an die Erziehung. Wer an die Erziehung glaubt, glaubt an Sinn und Wert der Vorbilder. Denn die Jugend will und braucht auf ihrem Weg in die Zukunft keine noch so gutgemeinten vaterländischen, europäischen oder weltbürgerlichen Redensarten, keine Preisliste, keinen Katalog und keinen Baedeker, sondern weithin sichtbare, im Lande der Zeit Richtung und Ziel zeigende Wegweiser. Die Jugend will und braucht Vorbilder. Für den Marsch in die Vergangenheit, die unsere Politiker mit der Zukunft verwechseln, für diesen pompösen Rückzug ins Vorgestern bedarf es freilich keiner Wegweiser. Es sei denn präziser Anweisungen, ob man bei besagtem Marsch alle drei Strophen der alten Hymne oder nur die dritte zu singen habe. Für den blinden Gehorsam, für die Treue als das Mark der Ehre, für die Pflichterfüllung bis zur überletzten Minute bedarf es keiner neuen, ja überhaupt keiner Vorbilder hierzulande. Das und dergleichen gehört seit alters zum deutschen ABC. Treusein, auch wenn darüber die Welt zugrunde geht, das kann man bei uns bekanntlich auswendig.

Die Frauen und Männer des Widerstands wollten, als Freiwillige, im Namen des Volkes dessen physischen und moralischen Untergang verhindern. Im Namen des Volkes kämpften sie mit ihrem Gewissen, das zwischen Gehorsam und Verantwortung schwankte, um den Sieg des sittlicheren Wertes. »Im Namen des Volkes« wurden sie ange-

Erich Kästner

spuckt, gequält und ermordet. Und im Namen des Volkes wäre es, als der Alptraum vorüber war, nur selbstverständlich gewesen, diese Nothelfer des deutschen Wesens gegen das deutsche Unwesen zu kanonisieren. Hier wäre Heldenverehrung »zukunftspolitisch wertvoll« gewesen, statt vor den Memoiren und Pensionsansprüchen überlebensgroßer Befehlsempfänger.

Im Drange der Geschäfte, der Staatsgeschäfte, wurde diese Pflicht und Schuldigkeit versäumt. In der Hast, das Mögliche zu erreichen, wurde das Not-Wendige – das, was die Not hätte wenden können – vergessen. Es wurde »verdrängt«. Der psychoanalytische Jargon ist am Platze. Denn so mancher derer, die heute regieren, gehörte ja selber zum Widerstand! Als es aber eine neue Staatsautorität zu schaffen galt, empfand man plötzlich die Vorbildlichkeit jener Frauen und Männer als unbequem. Man mißtraute der Widerstandsfähigkeit der von fremder Hand gepflanzten Autorität. Man fürchtete die beispielhafte Kraft des vorgelebten echten und beschritt den Weg des geringsten Widerstands.

Diesen Weg gehen sie nun und murren über die Apathie der Jugend. Noch einmal: die Jugend braucht Vorbilder. Es gibt sie. Man richte sie nur, weithin sichtbar, auf! Man braucht ja, außer dem Weltuntergang, nichts mehr zu befürchten. Die Autorität des Staats, die parlamentarische Zweidrittelmehrheit und die Golddeckung sind ja gesichert. Außerdem: die Sorge, die Zivilcourage und der politische, mit Lebensgefahr verbundene Gewissenskonflikt könnten, mit Hilfe bewundernswerter Vorbilder, Mode oder gar epidemisch werden, ist in unserem Vaterland unbegründet.

Also: Man gedenke ernstlich der Beispiele! Man schaffe die Vorbilder! Und man tue es, bevor der Hahn zum dritten Male kräht!

Aus: *Merkur*, VIII. Jahrgang, 6. Heft, Juli 1954.

Friedrich Sieburg
über Thomas Manns
»Bekenntnisse des Hochstaplers Felix Krull«

Kultur ist Parodie

Thomas Mann hat so viel über sich und seine Kunst geschrieben, daß es nicht schwer sein sollte, von ihm selbst zu erfahren, warum er die vor dem ersten Weltkrieg abgebrochene Arbeit an dem Roman *Bekenntnisse des Hochstaplers Felix Krull* nach so langen und von Katastrophen erfüllten Jahrzehnten wieder aufgenommen und zu einem vorläufigen Ende geführt hat. Nicht, als ob das unsägliche geistige Vergnügen, das der Roman uns bereitet, nicht vollauf genügte, um ihm sein Daseinsrecht zu geben. Aber der Autor ist so tief in die Deutung seiner eigenen dichterischen Existenz eingedrungen, daß der Leser zur Geschichte auch die Entstehungsgeschichte haben will. Ahnt er doch das Exemplarische am künstlerischen Tun dieses großen alten Mannes, dessen Daseinsbild längst mit den von ihm geschaffenen Bildern zu einer festen Einheit verwachsen ist.

Man weiß, daß die Wiederaufnahme der Hochstaplergeschichte eine Zeitlang mit dem Plan des »Doktor Faustus« zu konkurrieren hatte. Der Dichter spürte, daß der Musikerroman, ganz goethisch, sein »Hauptgeschäft« sei. Drohend und gefährlich stand dieser Plan vor ihm, und die Arbeit am »Krull« sollte ihm noch einen Aufschub verschaffen. »Erst lieber noch etwas anderes!« war die Formel für das Gefühl, das ihn zu den alten Papieren greifen ließ, die er einst dem »Tod in Venedig« zuliebe beiseite gelegt hatte. Daß er dann schließlich doch den »Doktor Faustus« schrieb, erscheint uns heute selbstverständlich, denn mit ihm zog Thomas Mann sich selbst aus der Hölle des Krieges und seiner Neben- und Nachwirkungen.

Wir sind nicht sicher, ob sich sein Wunsch, daß am »Faustus«, diesem großen, aber den Autor selbst peinigenden Buch, »ein wenig Kunstspiel und -scherz, Ironie, Travestie, höherer Spaß« teilhaben dürfe, erfüllt hat. Aber in der Legende »Der Erwählte« wurde es nachgeholt, und der »Krull« erscheint so ganz »höherer Spaß«, daß viele Leser nach der inneren Notwendigkeit des Buches forschen werden. Die Frage läßt sich indessen beantworten. Scheinbar und sogar ein wenig scheinhaft zieht Krulls Geschichte vorüber, aber die eigentliche Wirklichkeit beruht in dem mit äußerster Radikalität angewandten Kunstprinzip Thomas Manns, der sich in einem Buche, das sich zu unserer Überraschung als »der Memoiren erster Teil« präsentiert, nun endlich einmal nach Herzenslust und ohne jede epische Rücksichtnahme der Ironie als höchster Ausdrucksform hingibt.

Das Fragment schloß mit Felix Krulls genial erzwungener Befreiung vom Militärdienst. Aber die Zeiten können nicht übersprungen werden, und so schließen sich die weiteren Schicksale des Jünglings an jene ersten Jahre des 20. Jahrhunderts an, in denen sie begonnen haben. Es ist eine merkwürdige spannungslose Zeit, der in der Fortführung der Erzählung jede Authentizität entzogen wird. So entsteht bald eine fast zeitlose Kulisse, in der Krull seinen Weg geht. Er lernt das Hotelfach, wird ein erfolgreicher Liftboy und ein noch glänzenderer Kellner, der dank seiner körperlichen Vorzüge und geradezu unheimlichen Beredsamkeit einige höchst schmeichelhafte Leidenschaften bei beiden Geschlechtern erregt und schließlich als falscher Marquis auf die Reise geht, weil der echte gern zu Hause bleiben möchte und ihm Namen, Geld und Papiere abtritt. Im Zuge nach Lissabon lernt er einen Paläontologen kennen, mit dessen Familie er bald intime Bekanntschaft macht. Der Professor erklärt ihm die Entstehung des organischen Lebens, das spröde Töchterchen sinkt ihm nach langem wortreichen Widerstand in die Arme, aber die schöne Mama weiß es besser und zieht ihn schließlich an ihre junonische Brust.

Friedrich Sieburg

Was Krull auch tut, er lernt, er erfährt, ihm erschließt sich die Welt, und wären nicht zwei Diebstähle – Zuckerwerk in der Jugend und kostbarer Schmuck auf der Fahrt ins Leben – etwas künstlich in die Memoiren eingefügt, so würde man es als geradezu ungerecht empfinden, daß ein junges Blut von solcher Lernbegierde und so stürmischem Bildungsbedürfnis als Schwindler gelten und – wie aus einigen düsteren Andeutungen hervorgeht – in späteren Teilen des Werkes sogar ins Zuchthaus wandern soll. Man hat eher mit einem Entwicklungsroman zu tun oder, genauer gesagt, mit einem Bildungsroman, gewissermaßen mit einer parodierten Nachfolge des »Wilhelm Meister«, in dem Goethe ja auch nicht immer die beste Gesellschaft auftreten läßt.

Daß dem Autor tatsächlich eine solche Parodie in der Jugend vorschwebte, hat er selbst bekannt. Aber damals war das Unternehmen leichter, weil der Gegensatz zwischen Künstler und Bürger, zwischen Außenseiter und Gesellschaft noch eine echte Aktualität besaß. Krull konnte leicht für den ironischen Schatten eines Genies gelten, das sich in die menschliche Gemeinschaft nicht einfügen läßt. Heute hat diese Antithese keinen Sinn und doch jedenfalls nichts Exemplarisches mehr. So gewinnt denn die Figur Krulls eine andere Bedeutung, nämlich die der totalen Einsamkeit. Ein Mensch, der niemals und um keinen Preis seine wahre Identität bekennen und darleben darf und sein Eigenstes ängstlich für sich behalten muß, ist in der Tat so allein wie nur möglich.

Thomas Mann hat während der Arbeit am »Doktor Faustus« in tiefsinnigen Wendungen vom »Ende des Romans« gesprochen und angedeutet, daß diese Kunstform in seinem Schaffen ihren Zweck erfüllt habe, als käme auf dem Gebiet des Romans nur noch das in Betracht, was »kein Roman mehr sei«. Er setzte dies Gefühl in Beziehung mit seiner »wachsenden Neigung, alles Leben als Kulturprodukt und in Gestalt mythischer Klischees zu sehen«. Das ist eine Umschreibung seines alten Bekenntnisses zur Parodie als seinem ureigentlichen Kunstmittel. Die vollständigsten Definitionen der Parodie legt er Goethe in den Mund, in jenem Roman »Lotte in Weimar«, der selbst eine einzige grandiose Parodie ist. Daß in der genau wiedergegebenen Sprechweise einer Person oder Epoche ihre vollständigste Gestaltung und Kritik liegen kann, hat Thomas Mann schon anläßlich der Novelle »Tod in Venedig« erklärt. Fast mit Hohn hat er den Gedanken abgelehnt, daß die »hieratische Atmosphäre«, der »Meisterstil« dieser Novelle ein Ausdruck seiner Person und »ein persönlicher Anspruch sei«: es handle sich »um Anpassung, ja Parodie«.

Wenn man diese Definition zu Ende denkt, so ist alle menschliche Mitteilung, die der Gesellschaft angepaßt ist, Parodie. Und genau das meint Thomas Mann, wenn er paradox, aber logisch sagt: Kultur ist Parodie. Daß dieses Kunstmittel der »Anpassung« dem Autor zur Last werden kann, klingt in einer Stelle des »Doktor Faustus« an, wo der Musiker sagt: »Warum muß es mir vorkommen, als ob fast alle, nein, alle Mittel und Konvenienzen der Kunst heute nur noch zur Parodie taugten?« In den Bekenntnissen unseres blondhaarigen Hochstaplers kann freilich von Qual keine Rede sein. In ihnen herrscht ja der fortgesetzte Austausch zwischen Schein und Sein, und so tummelt sich die Parodie mit einer sprachlichen Verzücktheit, die nicht ihresgleichen hat. Es ist der konventionell-gepflegte Pseudostil des: »Indem ich die Feder ergreife . . .«, der sich an »das gebildete Publikum und an den mitfühlenden Leser« wendet und die gesamte Bildungswelt des 19. Jahrhunderts sprachlich travestiert.

Daß dabei ein unnachahmlich köstlicher »Manierismus« sich selbst ad absurdum führt und zur Selbstparodie wird, zeigt sich überall da, wo Krull besser schildert, als es einem in Sprachklischees lebenden Bildungsreisenden zukommt. So beschreibt er eine Gesellschaft, die Tee trank und »kleine Sandwiches kostete, die Finger danach zum Entkrümeln mit einer Art von leichtem Getriller in der Luft bewegend . . .« Auch spricht Krull von seiner »vorhabenden Reise«, obwohl ihm bei all seinem Bildungstrieb nicht zuzutrauen ist, daß er den Werther kennt und daher die Briefwendung entlehnt, mit der der unglückliche Held sich von Albert dessen Pistolen ausbittet.

Zu welchen Gipfeln einer gleichsam indirekten Poesie sich diese Stilkunst erheben kann, verrät überwältigend das Gestammel der schönen und reichen Diane, die den schmucken Liftboy Krull in ihrem Hotelbett empfängt und ihn doppelt begehrt, als er ihr gesteht, daß er ihren Schmuck gestohlen habe. Niemals hat Thomas Mann den Abglanz fleischlicher Liebe sprachlich so vollkommen transponiert wie in dieser Szene. Dianes glühender Redeschwall geht schließlich fast unbemerkt in Verse über, deren Verstecktheit das schalkhaft-gerührte Lächeln des »Parodisten« widerspiegeln, aber auch seine alte Abneigung gegen alle direkte Erotik nicht ganz behaglich bestätigen.

Es ist nicht denkbar, daß ein schreibender Sterblicher die Sprache vollendeter, raffinierter und bedeutungsvoller handhabt als Thomas Mann in diesem »Schelmenroman«. Die paläontologische Belehrung, die dem jungen Krull im Speisewagen zuteil wird, ist von einer sprachlichen Vollkommenheit, für die es in unserer Literatur kaum ein Seitenstück gibt. Daß diese Szene gleichzeitig von unübertrefflicher Komik ist und eine ironische Heiterkeit ausstrahlt, die sich überhaupt nicht verbraucht, deutet geradewegs auf das fast geheimnisvolle Kunstprinzip, das den Verfasser der Joseph-Romane zu einer der größten Figuren der Weltliteratur macht. Poesie und Kritik sind hier einen Bund eingegangen, zu dem wir Deutschen sonst nicht fähig sind. Seine Kunst erlaubt uns, zum Vollkommenen zu lächeln.

Aus: *Die Zeit* vom 7. Oktober 1954.

Birgit Lahann über Federico Fellini

»Ich stehle mir etwas aus jedem Gesicht.«

Fellini blättert in Gesichtern. Er hockt da im Sessel, lässig, locker, elegant mit roter Krawatte, weinroter Wollweste, weinroten Socken, Samtjackett in Schwarz und wühlt wie ein Vampir in Fotos. In Typen. In Blonden, Braunen, Fetten, Dürren, Satten, Schlaffen, die ihn angieren, anschmachten: hol mich, nimm mich, beiß mich. Er schlürft sie weg wie Austern, Seite für Seite, erwischt eine Perle, einen Po, poliert und gepudert, den Po, den Casanova in seinem Film »Casanova« küßt.

Fellini läßt die Brille über den Nasenrücken rutschen, stülpt mephistophelische Brauen hoch, kichert und erzählt mit zarter, honigsüß schnarrender Stimme, welchen Ärger ihm dieser Hintern eingebracht, damals, als er den klassischen Verführer als Aufschneider und geilen Gockel vom Sockel gefegt. Casanova also nestelt an einer Nonne. Die hebt den Rock und bietet die Backe zum Kuß. So die Rolle. Am nächsten Morgen erscheint der Gatte der »Nonne« im Studio. Er tobt. Dieser Wüstling, dieser Fellini, dieser Phallokrat, brüllt er, der wie ein Tintenfisch überall seine Finger im Spiel haben müsse, er solle sich unterstehen, seinem Weib den Rock zu heben. Die Rolle ja. Den Hintern nein. Und Gnade ihm Gott, wenn er glaube, ihn hintergehen zu können. Er kenne jede Pore ihres Pos, würde ihn auf der Leinwand unter Tausenden herausfinden, und dann Fellini erdolchen, erwürgen, vergiften – mindestens.

Also mußte Fellini für den allerwertesten Kuß einen neuen Hintern suchen. Schwerarbeit. Also stöberte er Stunden in seinem Fotoarchiv herum, suchte Gesichter, von denen er glaubte, auf Gesäße schließen zu können. Und so kam es, daß Casanova in seinem Film die Nonne auf den falschen Hintern küßt.

Dieses Fotoarchiv hat Fellini schon manches Mal den Film und damit die eigene Haut gerettet. Denn er sagt von sich: »Ich bin ein Film.« Fünfzigtausend, hunderttausend, ach, er weiß nicht, wie viele Leute ihm da ihr Konterfei geschickt haben, wie viele er selbst geknipst: bekleidet, entkleidet, verkleidet, an Säulen gelehnt, auf Stühle gestützt, festgehalten an Blumen und Tassen, Riesen, Zwerge, Transvestiten, Junge, Alte, Spröde, Blöde, was er will. »Ich möchte alle Gesichter dieser Welt haben«, sagt er und frißt das Gesicht, dem er das sagt, und sieht dabei sanft aus, gentilissimo und lammfromm wie ein Schaf, das keine Angst hat und über den Wolf nur lachen kann.

Vor sechs Jahren hat Fellini seinem Verleger Daniel Keel das Archiv gezeigt, das eine Wand füllt, fünf Meter mal zweifünfzig, eine Fotothek in Kisten und Kästen, rubriziert geordnet in dick, dumm, dösig, faul und gefräßig. »Das ist ein Buch«, sagt Keel dem Freund. Aber der will nichts davon wissen. Seine Sammelsucht, sagt er, sei ja ein Stück er selbst, jedes Gesicht ein Eck von seinem Gesicht, und wenn er auch immer ein Narziß gewesen, so müsse das doch nicht alle Welt wissen.

Aber Keel überzeugt ihn, daß so ein Buch außer Selbstbespiegelung vor allem ein Garten Eden von höllischer Phantasie sei. Und wann hat Fellini je der Phantasie einen Korb gegeben? »Dann mach«, sagt er und läßt den Verleger drei Tage in der Monsterhöhle wühlen. Der wählt 3000 Fotos fürs Buch, das er »Fellinis Faces« nennt.

Es ist 19 Uhr 30. Daniel Keel drängt zum Aufbruch. Seit einer halben Stunde wartet Giulietta Masina schon zu Hause bei seiner Frau. Also ab.

Auf der Treppe putzt eine Italienerin die Stufen. Sie weiß, wer im Haus ist. Als der Maestro nun die Treppen hinabschreitet, schubst sie Eimer und Scheuerlappen zur Seite, ruft: »Attenzione, maestro!« und erzählt von zu Haus und dem Mann und den Kindern, die unbedingt ein Autogramm wollen. Natürlich, bekommen sie. Und wieder kriecht der Menschenfresser in ein pralles Bauerngesicht hinein. Und muß weggezogen werden von Keel. Das Essen verkocht sonst zu Hause.

Giulietta Masina

Nein, Fellini will nicht neben dem Verleger sitzen. Er quetscht sich lieber in den Fond. Er mißtraut jedem Autofahrer. Dabei fährt er selbst unmöglich, meist im ersten und im zweiten Gang. Blindes Vertrauen hat er allein zu Berufsfahrern, zu Taxileuten. Egal, ob sie die letzten Fahrer sind.

Im Hause Keel küßt Fellini die Hausfrau lustvoll theatralisch auf beide Hände, Anna Keel, die Zeichnerin. Er will sehen, was sie grad gemacht hat, will vor allem aber erzählen, was er grad gesehen, sagt seiner Frau Giulietta, daß es »incredibile« und »favoloso« geworden sei, das Buch und plaudert über »Faces« und nimmt das Thema mit zu Tisch, vergißt aber nicht, die Köchin der Keels, die auch serviert, zu loben. Er kennt sie längst, kennt ihr Können, sagt, es seien die köstlichsten *fagiolini*, die er je gegessen. Sie lacht ihn aus, ein wenig verlegen, grüne Böhnchen bekomme er doch auch in Italien, sagt dann, sie habe zum Nachtisch eine Mousse au chocolat gemacht, extra für ihn. Da schmilzt er vor ihr hin, und sie geht kichernd in die Küche. Dann sägt er aufs neue mit schnarrender Stimme durch die Geschichte seiner Gesichter.

Die werden immer dann interessant, wenn Fellini einen neuen Film dreht. Dann mietet er sich irgendwo in Rom ein Büro, läßt von zu Hause die Fotothek anschleppen und zur selben Zeit in alle Zeitungen des Landes eine Kleinanzeige einrücken: »Federico Fellini ist bereit, alle zu empfangen, die ihn besuchen wollen.«

Und sie kommen. Egal, ob sie eine Rolle suchen oder nur das Monstrum Fellini sehen wollen. Sie kommen zuhauf und zu Hunderten: der Student, der Pensionär, die Masseuse, der Beamte, die Jungfrau und der Neureiche, der dem Regisseur sein Château in Neapel zum Drehen anbietet, die taube Dichterin mit dem Metallknie und ihr Diener, der jedem erklärt, warum sich seine adelige Verseschmiedin nicht setzen kann.

Und es erscheint die Frau aus dem Volk, die unter der künstlerischen Leitung Fellinis einen Selbstmordversuch wagen will. Oder ein dürres Männlein steht plötzlich da, das dem Maestro einen prallgefüllten Aktenordner reicht, die Arbeit von Jahren, wie er sagt, die unwiderlegbar beweise, daß er, der Regisseur, ein Marsmensch sei. »Es ist meine Pflicht, Ihnen dies mitzuteilen. Guten Abend, Herr Fellini.« Und geht.

Ach, Fellini liebt diese Leute, all diese Verrückten, die da aus Rom oder weiß der Teufel woher kommen. »Das ist surrealistisch wie im Tollhaus«, sagt er, »wenn die Typen da an mir vorbeimarschieren.« Der eine hat die wüsteste Nase der Welt, der andere einen Tick, der dritte eine tolle Brille, der vierte war mal eine Frau. »Von jedem Besucher stehle ich mir etwas.« Jeder ist ein Stück von ihm, ein Stück vom Film. »Auch, wenn ich von tausend nur zwei gebrauchen kann.«

Sie kommen. Kommen jeden Tag von 17 bis 20 Uhr. Zeigen Bein und Busen und geben Fotos ab. Und sie fragen: »Wann beginnt der Film?« und »Welche Rollen gibt es überhaupt?« Aber das weiß der Teufel, weiß Fellini. Und der sagt es nicht. Der will erst alle sehen. Dann wird man sehen. »Was, Sie waren Widerstandskämpfer? Dann spielen Sie bei mir einen Faschisten.«

Wenn der Film dann Formen annimmt im Drehbuch, greift er in die Fotokisten. Zieht diesen irren Blick heraus und jenen zarten Teint, einen Klumpfuß und einen Gigolo mit quadratischem Kopf, – alle vor Jahren schon eingeordnet. Und seine Assistenten müssen jetzt in der Weltgeschichte herumtelefonieren und nach den Leuten fahnden. Und erfahren, daß der schöne Teint inzwischen die Pocken hatte und der Klumpfuß in Australien lebt und der Irre überhaupt nicht mehr und der Gigolo alt ist und aufgeschwemmt.

Und wieder fischt der Urfaun in der Fotothek herum, zieht neue Typen aus den von ihm klassifizierten Rubriken: schmutzige Visagen, komische Naive, Clowns, Aufgetakelte, melancholische Frauen, stämmige Schwule, Knaben. Und wenn er eine Riesin sucht, die er im Kasten nicht findet, gibt er im Büro Order: »Laßt alle Riesen des Landes zu mir kommen.«

Die Zeit der Foto- und der Typenwahl, dieses Ritual im Büro zwischen Bier, Likör und Zigarettenrauch, ist für Fellini die lustvollste Zeit der ganzen Filmerei, denn »meine Fähigkeit zu staunen ist unbegrenzt«.

Unbegrenzt auch seine Liebe zu den Statisten, die er nach wochenlangen Vorbeimärschen dann endlich auswählt. »Komparsen sind das Menschenmaterial, aus dem ich schöpfe«, sagt Fellini. »Sie sind gefügig, bescheiden, demütig und auf wunderbare Weise immer zu meiner Verfügung.« Das weiß er. Das nutzt er. Bis zum Zynismus.

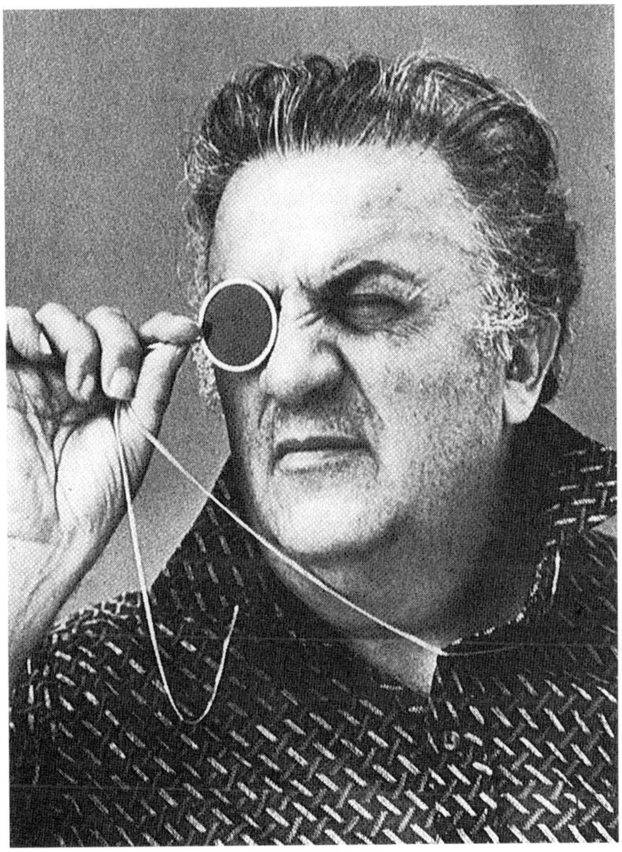

Federico Fellini

Einmal verfolgt ihn eine Ziehharmonika-Spielerin, eine jammervolle Figur. Zuerst bombardiert sie ihn mit Briefen, hockt sich dann vor sein Büro, inszeniert stumme, dramatische Auftritte, zieht die Harmonika und singt zum Erbarmen schaurig »Wohin enteilst du, Glück?« Das geht Tage so, Wochen. Dann, ganz plötzlich, zerrt Fellini sie vor die Kamera. Er kann sie gebrauchen. Die Heulerin ist paralysiert. Jede Note vom enteilten Glück ist weg, verschwunden. Panik erfüllt die Frau. Und Fellini geht auf sie zu, lächelt, brüllt: »Siehst du denn nicht, wie du vom Pech verfolgt bist?« Und mit der Automatik des Überlebenwollens wimmert das Weib zu gequetschten Akkordeontönen das Lied – ganz so, wie Fellini es will.

Im Proben-Dschungel, wenn er schlechte Laune hat, oder wenn einer seine Anweisungen falsch befolgt, dann pöbelt er Komparsen an, egal, ob Tagelöhner oder Adelsdamen. »Lucifreddi del cazzo!« brüllt er einmal und meint eine greise Aristokratin. Unglaublich ist das, denn cazzo heißt auf höchst vulgär das unaussprechliche Glied eines lüsternen Unholds, »Lucifreddi« vom Schwanz also, harmlos übersetzt. Und er suhlt sich in Wonne, wenn so eine feine Dame dann bei ihm ganz unschuldig nach der Bedeutung des Wortes fragt.

Die meisten Komparsen wissen überhaupt nicht, welche Rolle sie spielen. Sie sagen keinen Satz, sie sagen Zahlen, zählen bis fünfzehn oder dreißig, das ist ihr Text, der lenkt nicht ab, synchronisiert werden sie ohnehin alle. Und Fellini korrigiert selbst im kleinen Einmaleins. Warum haben Sie bei neun den Kopf nicht gehoben? Aber ich habe ihn doch gehoben. Das ist nicht wahr! Du hast den Kopf bei zwölf gehoben. Nein, bei neun. Gut, dann mußt du schneller zählen.

Es gibt allerdings eine Szene, in der Fellini selbst zum Statisten wurde, zum Komparsen mit der Rolle ohne Wort. Das war vor Jahr und Tag in Rom. Ja, er erzählt sie gern, die Geschichte, die so gut ist, weil er sie nicht besser hätte erfinden können. Er lehnt sich weit in seinen Stuhl zurück, breitet die Arme aus und läßt seine klirrende Falsett-Stimme in die »wahre Begebenheit« hinabtauchen.

Er will Geld abheben in der Bank von American Express. Er betritt die Schalterhalle. Er sieht ein paar verschreckte Gesichter. Kunden. Er sieht ein paar vermummte Gestalten. Gangster. Die haben gerade »mani in alto!« gebrüllt, Hände hoch, Geld her. Aber irgendwas klappt nicht. Die Masken sind ratlos. Sollen sie schießen?

Da sieht einer Fellini. Er läßt das Gewehr sinken, lacht den Kassierer an. »Keine Angst«, sagt er, »wir drehen nämlich einen Film.« Knufft seine Komplizen in die Rippen, langsam schieben sie ab, schlendern mit den Knarren an Fellini vorbei. »Hallo Federico, alles klar, wir waren nicht gut, wir probieren das nochmal.« Gehen. Und niemand hat sie mehr gesehen.

Aus: *Stern* vom 23. Juli 1981.

Die vorgestellten Bücher sind nach Kriterien der Lesergunst und ihrer literarischen Bedeutung ausgewählt worden.

Autorenkollektiv

Bilanz des Zweiten Weltkriegs

Dokumentation

Knapp zehn Jahre nach Ende der Katastrophe erhält das Publikum erstmals einen ausführlichen Einblick in die Hintergründe des Zweiten Weltkriegs. Zu den Autoren gehören Entscheidungsträger aus Militär, Politik und Finanzwelt, die das Geschehen aus unmittelbarer Nähe mitverfolgt und -verantwortet hatten: Die Nähe zum politischen Geschehen verleiht den 27 Analysen und Berichten authentischen Charakter, verstärkt jedoch auch die Neigung zu apologetischen Verzerrungen. Dennoch wurde die Veröffentlichung bis dahin geheimgehaltener Details, etwa zur raffinierten Technik der Kriegsfinanzierung oder Fehlern des Heereswaffenamtes, damals als Sensation angesehen.

Zum Nürnberger Prozeß erschien 1946 dieses Plakat.

Simone de Beauvoir

Die mandarins von Paris

Les mandarins
Roman

Das preisgekrönte Werk (Prix Goncourt 1954) beleuchtet in einer halbdokumentarisch-fiktiven Schilderung die Probleme und Streitpunkte, die die jungen französischen Intellektuellen nach dem Ende von Krieg und Résistance bewegten. Eine Gruppe Linksintellektueller vermag ihre Gemeinsamkeiten des Widerstandes nicht in die Friedenszeit hinüberzuretten und zerbricht über ideologischen Auseinandersetzungen. Besonders die Leitfiguren der Gruppe, die Mandarins, werden im Streit um Dogmatismus oder Pragmatismus entzweit. Dem Streben nach Wahrhaftigkeit und Unabhängigkeit wird Zweckmäßigkeit und Dogmentreue gegenübergestellt, was in weitreichenden, oft fruchtlosen Diskussionen mündet. Das Buch wurde zu einem Schlüsselroman der französischen Nachkriegs-Linken. Die Übersetzung ins Deutsche von R. Ucker-Lutz und F. Montfort erschien 1955.

J.-P. Sartre und S. de Beauvoir

Ernst Bloch

Prinzip Hoffnung

Sachbuch

Das Hauptwerk des Autors ist der Versuch einer systematischen Philosophie der Utopie. Es erschien von 1954 bis 1959 in drei Bänden in der DDR, wo Bloch bis zu seiner Übersiedlung in die Bundesrepublik 1961 lebte. Im Vordergrund des marxistisch-messianischen Gedankengebäudes steht der Hoffnungsbegriff. In fünf Abschnitten unterzieht Bloch die »Hoffnung« einer eingehenden Analyse und erstellt eine Enzyklopädie der Hoffnungsinhalte, die er mit der »utopischen Funktion« des Hoffens konfrontiert. Von der Annahme ausgehend, daß Hoffen einem »Hunger nach Glück« gleichkommt, entwirft er sein Modell einer Utopie, der die menschliche Hoffnung Dynamik verleiht. Gleichzeitig wirft er einen kritischen Blick auf die schon bestehenden Utopien von Platon bis Huxley und prüft darauf aufbauend auch den Sozialismus – von der philosophischen Warte des DDR-Wissenschaftlers aus – auf seine Realisierungsfähigkeit. Obwohl Bloch keineswegs zu den marxistischen Dogmatikern zählt, gelangt er zu dem Schluß, daß der Historische Materialismus den Anspruch auf eine Umwandlung der realen Lebensverhältnisse verwirklichen könne. Den klassischen sozialistischen Theorieansatz vermischt er mit religiös-mystischen Elementen. Bloch selbst bezeichnete sein Werk als philosophisch kontrolliertes Produkt des »Träumens nach vorwärts«.

Heinrich Böll

Haus ohne Hüter

Roman

In zwei Handlungssträngen erzählt der Autor die zeitgenössischen Schicksale zweier Kinder, die sich nur darin ähneln, daß beide Jungen ohne Vater im Deutschland der Nachkriegszeit aufwachsen. Während der eine in wohlhabender, behüteter Umgebung lebt, muß sein Freund die spärlichen Finanzen seiner Mutter, die wechselnde »Onkelehen« unterhält, verwalten. Der Roman ist die kritische Bestandsaufnahme einer Gesellschaft, deren Alltag zunehmend von restaurativen Tendenzen geprägt wird.

Caryl Chessman

Todeszelle 2455

Cell 2455 Death Row
Autobiographie

Ein Bestseller, verfaßt von einem Todeskandidaten, der im kalifornischen San Quentin auf seine Hinrichtung wartet. Zum geplanten, aber verschobenen Termin der Exekution wurde das Buch veröffentlicht. Chessman kämpft seit Jahren um sein Leben. Das Buch vereint Autobiographie, Rechtfertigung und Kritik an der amerikanischen Gesellschaft. Chessman streitet die ihm zur Last gelegten Verbrechen, Kidnapping und mehrfache Vergewaltigung, ab und fährt mit einem theoretischen Diskurs über die Todesstrafe fort. Juristen, Professoren und Kritiker waren beeindruckt von der hohen Auffassungs- und Ausdrucksgabe des Delinquenten, der sich sein theoreti-

sches Wissen erst im Gefängnis angeeignet hatte, um es dann im Wettlauf mit der Zeit niederzuschreiben. Die deutsche Übersetzung stammt von Claudia Winiewicz.

William Faulkner

Eine Legende

A Fable
Roman

Mit kolossaler Wortgewalt erzählt der Autor die Geschichte von militärischen Hierarchien, von Loyalität und Untreue. Faulkners Roman ist ein Gleichnis der menschlichen Leidensgeschichte, eine Parabel von Schuld, Leiden und Erlösung. Am Ende des Ersten Weltkrieges kommt es zu einer Meuterei französischer und deutscher Soldaten. Kommandeure beider Seiten verabreden die Hinrichtung der beteiligten Soldaten, um dadurch die »Alternative zum Chaos«, wie sie es empfinden, zu ermöglichen: die Wiederaufnahme der Schlacht. In seiner religiös inspirierten Satire auf den Krieg spielt der Nobelpreisträger in für ihn typischer Weise mit Worten und Perspektiven. Die deutsche Übersetzung von K.H. Hansen erschien 1955.

R.J. Forbes

Vom Steinbeil zum Überschall

Sachbuch

Der holländische Autor zeichnet in diesem Sachbuch die Entwicklungslinien der Technik nach. Forbes' Erzählstil ist nicht der einer wissenschaftlichen Untersuchung; anekdotische Einzelheiten tragen zur Auflokkerung der trockenen Materie bei: wie der erste Satz, den ein Mensch durch eine Telefonleitung schickte: »Herr Watson, kommen Sie mal her, ich brauche Sie!« (Graham Bell, Erfinder des Telefons). Eine Geschichte der Technik, die auf komplizierte Fachausdrücke verzichtet – lesbar und spannend.

Max Frisch

Stiller

Roman

Ein Mann wird unter dem Vorwurf früherer geheimdienstlicher Tätigkeit verhaftet. Er leugnet, der gesuchte Agent Stiller zu sein und entwickelt statt dessen eine Scheinidentität, die er schließlich selbst als Wahrheit verinnerlicht. Nichterfüllung und Enttäuschung über die Gesellschaft verdrängen alles in ihm, was seiner Autosuggestion widerspricht. Der Schlußpunkt seiner Selbstverleugnung ist zuletzt die totale innere Isolation. Der Roman begründete den literarischen Weltruhm Frischs und nimmt bereits das Grundmotiv seiner künftigen Protagonisten vorweg: die Negation der Wirklichkeit aus Angst, von ihr eingeengt zu werden.

William Gerald Golding

Herr der Fliegen

Lord of the Flies
Roman

Eine Gruppe englischer Schulkinder wird durch eine Schiffshavarie auf eine unbewohnte pazifische Insel verschlagen, wo sie fern der Erwachsenenautorität ihre eigene Gesellschaft ausformt. Zwei der Kinder werden zu rivalisierenden Leitfiguren der Gruppe: Während der verständige Ralph die Heimkehr zu organisieren versucht, erwächst ihm im herrschsüchtigen Jack ein Gegenspieler, der hauptsächlich diktatorische Macht über die Gruppenmitglieder entfalten möchte. Unter den Jugendlichen eskaliert die Gewalt und der Leser kann die Entwicklung hin zur Barbarei nachvollziehen. Golding legte damit einen spannenden Thriller vor, gespickt mit soziopsychologischen Betrachtungen. Ins Deutsche übersetzt 1956 von H. Stiehl.

Hugo Hartung

Ich denke oft an Piroschka

Eine heitere Sommergeschichte
Roman

Der Autor erzählt die Geschichte eines nach Ungarn reisenden Austauschstudenten, der sich in Piroschka, die Tochter eines Bahnhofvorstehers, verliebt. Mit gefühlvoller Bonhomie, angereichert durch autobiographische Elemente, weiß Hartung den Nerv des restaurativ-bürgerlichen Lesepublikums zu treffen. Leichte Kost – meisterhaft erzählt. Das Buch wurde zum Bestseller, dutzendfach übersetzt und mehrmals verfilmt.

Liselotte Pulver als Piroschka in der Verfilmung durch Kurt Hoffmann.

Charles A. Lindbergh

Mein Flug über den Ozean

The Spirit of St. Louis
Autobiographie

Schon im Vorjahr in den USA erschienen, konnte nun auch das deutsche Publikum die brillante Autobiographie des legendären Fliegers lesen. Lindbergh war 1954 mit dem begehrten Pulitzer-Preis ausgezeichnet worden. Literarisch hochwertig, traf die Autobiographie das Publikumsinteresse für Reisen, Abenteuer und Rekorde. Das Buch wurde 1957 verfilmt.

Thomas Mann

Die Bekenntnisse des Hochstaplers Felix Krull

Der Memoiren erster Teil
Roman

Dieses Werk, bereits zu Anfang des Jahrhunderts konzipiert, doch immer wieder aufgeschoben und erst 1950 bis 1954 vollendet, steht in der Tradition des Schelmenromans. Der Held will der Gesellschaft den Spiegel vorhalten und sie damit entlarven. Krull kommt durch einen Tausch seiner Identität zu einem renommierten Namen, was ihm Tür und Tor der feinen Gesellschaft öffnet. In seiner Rolle als Marquis de Venosta erobert er Frau und Tochter eines ihm bekannten Professors, sogar der portugiesische König empfängt den Hochstapler. Treffsicher zeigt Mann die Schwächen der Gesellschaft auf und parodiert mit dem »Felix Krull« die gängige Memoirenliteratur.

Françoise Sagan

Bonjour tristesse

Bonjour tristesse
Roman

Das Debütwerk der jungen französischen Autorin behandelt das müßiggängerische Zusammenleben einer jungen Frau mit ihrem Vater. Die traute Zweisamkeit gerät durch das Auftauchen einer anderen Frau, die der Vater heiraten will, in Gefahr. Daraufhin beschließt Cécile, die Tochter, Vater und Geliebte durch Intrigen zu entzweien. Dies gelingt auch. Als die andere Frau kurz darauf stirbt, ist unklar, ob es sich um Selbstmord handelt. Das süße Nichtstun ist gerettet, es bleibt alles beim alten. Die Autorin beschreibt eine zu Trauer unfähige und gefühllose Gesellschaft, die sich wohl fühlt in träger Niedergeschlagenheit. 1955 erschien die deutsche Ausgabe übersetzt von H. Treichl.

In der Auswahl werden die Filme besprochen, die entweder ein starkes Publikumsinteresse aufwiesen, oder wegweisend für die Kinogeschichte wurden. Sie werden alphabetisch nach dem Namen der Regisseure aufgeführt.

Die Caine war ihr Schicksal

The Caine Mutiny

Regie: Edward Dymtryk

Auf der Grundlage des preisgekrönten Romans von Herman Wouk zeichnet der Film das Psychogramm eines Befehlshabers auf einem Kriegsschiff 1943 auf. Der pedantische Kapitän Queeg (Humphrey Bogart) führt sich der Mannschaft gegenüber als autoritärer, manchmal hysterischer Prediger der Dienstvorschriften auf – kann dabei aber über seine eigenen Formfehler nicht hinwegtäuschen. Während eines Taifuns verliert der psychisch angeschlagene Queeg die Nerven. Ein Leutnant (José Ferrer) übernimmt zusammen mit anderen Offizieren widerrechtlich das Kommando. Zurück im Heimathafen, kommt er dafür vor ein Kriegsgericht. Im Verlauf der Verhandlung offenbart der anfangs noch souverän auftretende Kapitän seine paranoide Verfassung, was die Verschwörung auf dem Schiff nachträglich legitimiert. Der für insgesamt sieben Oscars nominierte Film wurde mit Lob überhäuft, besonders die eindringliche Darstellung Bogarts überzeugte Kritiker und Publikum.

La Strada – Das Lied der Straße

La Strada

Regie: Federico Fellini

Mit diesem Film lieferte der junge Regisseur sein cineastisches Gesellenstück. Die Kritik war begeistert, gerade weil sich dieser unspektakuläre und hintergründige Film so auffallend von vielen der zeitgenössischen Frohsinn-Streifen abhob.
Zampanò (Anthony Quinn), Alleinunterhalter eines winzigen Wanderzirkus, kauft die kindlich-arglose Gelsomina (Giulietta Masina) für 10 000 Lire von ihrer Mutter ab, um sie als seine Gehilfin zu beschäftigen. Das lernbegierige Mädchen, das ihn anfangs als Vaterfigur anhimmelt, hat von dem mürrischen Despoten keine Anerkennung zu erwarten. Als sie sich in einen anderen Mann (Richard Basehart) verliebt, zeigt der geringschätzige Habitus Zampanòs erste Brüche. Er bringt den anderen Mann um und zieht mit Gelsomina weiter. Doch als ihm ihre Trauer lästig wird, verstößt er sie. Erst Jahre später erfährt er von ihrem Tod. Jetzt erst bricht seine vorgetäuschte Gleichgültigkeit endgültig zusammen. »La Strada« erhielt einen Oscar als bester nichtamerikanischer Film.

Sauerbruch – Das war mein Leben

Regie: Rolf Hansen

Der Autobiographie (1951) folgend, beschreibt die episodenhafte Filmhandlung einzelne Stationen im persönlichen und beruflichen Werdegang des berühmten Chirurgen Ferdinand Sauerbruch (1875–1951). Kurz nach Kriegsende gerät der Professor (Ewald Balser) in eine berufliche Sinnkrise, die er erst dadurch überwinden kann, daß er sich der Kollegenmeinung widersetzt. Entgegen der gängigen Lehrmeinung wagt Sauerbruch die Operation einer Patientin (Heidemarie Hatheyer) und kann sie dadurch retten. Das Epos vom »Halbgott in Weiß« füllte 1954 die deutschen Kinosäle.

Die letzte Brücke

Regie: Helmut Käutner

Dieser Kriegsfilm, der in österreichisch-jugoslawischer Koproduktion entstand, erzählt die Geschichte einer Kinderärztin (Maria Schell), die im Zweiten Weltkrieg in den bosnischen Bergen als Lazarettschwester ihren Dienst verrichtet. Herkunft und politische Gesinnung ihrer Patienten sind ihr dabei egal. Selbst Feldwebel Berger (Carl Möhner), den sie liebt, hält sie deshalb für eine Verräterin. Am Ende zahlt die couragierte Ärztin für ihr Engagement mit dem Leben.
Der Regisseur erntete mit dieser Produktion endlich wieder ungeteilt gute Kritiken. Wegen mehrerer Film-Mißerfolge hatte Käutner seit Anfang des Jahrzehnts den Ruf eines regelrechten Kassenschrecks. Jetzt aber lieferte er einen Film, der sogar eine Prämierung bei den Filmfestspielen in Cannes erhielt (Darstellerpreis für Maria Schell).

Maria Schell

Ludwig II. – Glanz und Elend eines Königs

Regie: Helmut Käutner

Die Dreharbeiten zu diesem Film sorgten 1954 für Furore, denn der Regisseur setzte mit einem für die Nachkriegszeit ungekannten Aufwand an Kostümen und Dekorationen neue Maßstäbe für den deutschen Unterhaltungsfilm. Gedreht wurde an Originalschauplätzen (bayerische Königsschlösser Neuschwanstein, Herrenchiemsee und Linderhof, in München und am Starnberger See). Käutner zeigte sich so detailversessen, daß er zum Beispiel die königliche Kutsche originalgetreu nachbauen ließ, weil sich das betreffende Museum geweigert hatte, das Original zur Verfügung zu stellen.
Dieses Melodram verfolgt die Lebensgeschichte des legendären bayerischen Königs

(O.W. Fischer), von seinem Amtsantritt bis zu seinem geheimnisumwitterten Tod im Starnberger See. Dabei wird natürlich auch die Beziehung zu seiner Cousine Sissi (Ruth Leuwerik) hinlänglich ausgebreitet.

Die Faust im Nacken

On the Waterfront

Regie: Elia Kazan

Der Ex-Boxer und arbeitslose Hafenarbeiter Malloy (Marlon Brando) wird in die mafiösen Machenschaften des Gewerkschaftsbosses Friendly (Lee J. Cobb) verwickelt, als dieser einen aufrührerischen Arbeiter kaltblütig beseitigen läßt. Geschockt durch den Mord, verliebt in die Schwester des Toten (Eva-Maria Saint) und beeinflußt durch den moralisch überzeugenden Pater Barry (Karl Malden), stellt sich Malloy gegen seinen Chef und damit auch gegen dessen Rechtsanwalt – Malloys eigenen Bruder.
Der Film gewinnt durch seine Dichte, meist an Originalschauplätzen gedreht, und die düstere Stimmung, die durch die Musik Leonard Bernsteins noch unterstrichen wird. Wie die Vorlage einer Artikelserie, die den Pulitzer-Preis gewann, wurde auch der Film mehrfach ausgezeichnet: Er errang acht Oscars (u.a. Regie, Drehbuch, Darstellungen von Brando und Saint) und wurde als »Bester Film des Jahres« prämiert.

Die sieben Samurai

Shichinin no samurai

Regie: Akira Kurosawa

Ein bitterarmes Dorf im Japan des 17. Jahrhunderts wird alljährlich von einer vierzigköpfigen Räuberbande heimgesucht. Selbst die letzten, mühsam angelegten Reserven werden geraubt, die Dorfbewohner tyrannisiert. Da suchen sich die Bauern eine Gruppe von sieben Samurai-Kriegern, die ihnen bei der Verteidigung des Dorfes helfen sollen. Es entbrennt ein gnadenloser Kampf gegen die Räuber. Am Ende bleibt das Gute siegreich – kein Bandit überlebt. Die Dorfbewohner erkennen, daß sie zukünftig selbst imstande sein müssen, sich zu verteidigen. Dieses mehrstündige Filmepos, das von seinem inhaltlichen Aufbau vielen nachfolgenden Western Pate stand, kam erst 1962 in die deutschen Kinos. Doch schon 1954 erhielt der Film den Silbernen Löwen der Filmfestspiele von Venedig und wurde ein Jahr später als »Bester fremdsprachiger Film« mit dem Oscar prämiert. »Die sieben Samurai« war einer der teuersten Filme aller Zeiten: Die einjährigen Dreharbeiten mit bis zu 33 000 Mitwirkenden verschlangen über 20 Millionen Yen.

08/15

Regie: Paul May

Noch kein Jahrzehnt war nach dem Krieg vergangen, da erlaubte sich der deutsche Film bereits einen kritischen Blick hinter die Kulissen des Kasernenlebens. Dabei stellt der Streifen von Paul May die Institution Armee aber nicht grundsätzlich in Frage. Der Film wurde zu einem der größten Kinoerfolge der bundesdeutschen Nachkriegszeit. Nach dem aufsehenerregenden Buch von Hans Hellmut Kirst (1954) wird die Geschichte des Gefreiten Asch (Joachim Fuchsberger) erzählt, der ein bewußt unauffälliges Dasein in der Armee führt. Erst die schikanöse Behandlung seines Freundes Vierbein (Paul Bösinger) treibt den gerechtigkeitsliebenden Asch dazu, den Kasernenalltag kritisch zu beobachten. Asch kann eine Korruptionsaffäre aufdecken und wird befördert. Ein Vorgriff also auf den »Bürger in Uniform«.

Fluß ohne Wiederkehr

River of No Return

Regie: Otto Preminger

Die Saloon-Sängerin Kay (Marilyn Monroe) hat während der Haftzeit ihres früheren Freundes Matt (Robert Mitchum) dessen Sohn versorgt. Als Matt wieder frei ist, hält er sich lieber auf seiner neuen Farm außerhalb der Stadt auf. Der Zufall will es, daß Kay, das Pflegekind und der neue Freund Harry (Rory Calhoun) bei einer Fahrt

auf dem Fluß in der Nähe von Matts Farm Probleme mit ihrem Floß bekommen. Matt erscheint als Retter in der Not. Als der Reisegruppe aber erneut Gefahr in Form eines Indianerüberfalls droht, gibt Matt Fersengeld. Die Floßgemeinschaft muß ihre riskante Fahrt allein fortsetzen. Dieser aufwendige Western besticht durch seine berauschenden Landschaftsaufnahmen. Die singende Monroe konnte darin einmal mehr ihren Idol-Charakter unterstreichen.

Emil und die Detektive

Regie: Robert A. Stemmle

Die Zuschauer erleben die turbulente Flucht eines Diebes, der von einer Bande aufgeweckter Kinder quer durch Berlin gehetzt wird. Die Filmkomödie entstand nach der Buchvorlage von Erich Kästner und dem Drehbuch von Billy Wilder. Wilder hatte den Stoff schon einmal 1931 verfilmt. Hatten sich auch die Außenkulissen geändert, denn das einstmals blühende Berlin war nun zerbombt, so konnte dieses Farb-Remake doch erneut das Publikum anlocken. Der Film von Stemmle wurde allgemein als Erfolg gewertet, obwohl er in den Augen der Kritiker weit hinter dem Original zurückblieb.

Uli der Knecht

Regie: Franz Schnyder

Nach der Buchvorlage von Jeremias Gotthelf wird in diesem Film aus der Schweiz die Entwicklung des jungen Knechts Uli (Hannes Schmidhauser) dargestellt. Dieser ist als Trunkenbold und Weiberheld verrufen. Eines Tages entscheidet er jedoch, auf den Pfad der Tugend zurückzukehren. Dieser Beschluß wird noch verstärkt, als er ein anständiges und hübsches Mädchen (Liselotte Pulver) trifft. Der Film unterscheidet sich wohltuend von vielen anderen seines Genres durch seine unpathetische Darstellung. Ein Heimatfilm ohne Alpenromantik und Schwärmerei.

Canaris

Regie: Alfred Weidenmann

Die Handlung spielt in der Zeit des Zweiten Weltkriegs. Der Chef der deutschen Abwehr, Admiral Canaris (O. E. Hasse), kritisiert die Gewalt des Staates gegen Regimegegner, Teile der Ideologie und strategische Fehler im Rußlandfeldzug. Er stand in Verbindung mit dem Widerstandskreis des 20. Juli 1944. In den letzten Kriegstagen wird Canaris 1945 im KZ Flossenbürg hingerichtet.
Im Jahr der Spionageaffäre Otto John war vielen daran gelegen, die deutsche Abwehr-Geschichte nicht zu kritisch zu hinterfragen. Die Produktionsfirma hatte das groteske Problem, für den Film ohne Nennung des Titels »Canaris« werben zu müssen. Hintergrund der staatlichen Intervention war, die Ikone des Widerstandskreises nicht in Mißkredit zu bringen. Der Film wurde, nicht zuletzt durch die Turbulenzen im Vorfeld, der Kassenschlager des Jahres.

Walter Bothe

deutscher Physik-Nobelpreisträger
geboren am 8. Januar 1891 in Oranienburg/Berlin
gestorben am 8. Februar 1957 in Heidelberg

Als Bothe 1954 den Nobelpreis bekam, ehrte man besonders seine Grundlagenforschung in der modernen Strahlen- und

Walter Bothe

Atomphysik. Der frühere Schüler von Max Born hatte aber in vielen Bereichen der Physik gearbeitet: 1914 promovierte Bothe mit einer optischen Arbeit bei Max Planck; 1925 konnte er im Bothe-Geigerschen Versuch die Gültigkeit des Satzes von der Energieerhaltung bei atomaren Vorgängen nachweisen; 1929 stellte er (zusammen mit Werner Kohlhörster) fest, daß kosmische Strahlung aus festen Partikeln besteht, deren Energie rund tausendmal stärker ist als alle bisher bekannten Energien; 1930 beobachtete er bei Bestrahlungsversuchen »seltsame« Phänomene, die sich später als Neutronen im Aufbau der Atome erwiesen; bei anschließenden Erforschungen des Neutronen-Verhaltens lieferte er wichtige Erkenntnisse, die später elementarer Bestandteil aller weiteren wissenschaftlichen Erforschung und Nutzbarmachung der Atomkraft wurden; 1940 war er Mitherausgeber des »Atlas der Nebelkammerbilder«, die die bisherigen kernphysikalischen Erkenntnisse katalogisierte. Zuletzt widmete er sich Forschungen in der Röntgen- und Kernphysik, der kosmischen Ultra-Strahlung sowie erneut der Optik.

Bothe war Professor der Physik in Berlin, Gießen und Heidelberg; daneben war er seit 1934 Direktor des Kaiser-Wilhelm-Instituts (das spätere Max-Planck-Institut) für medizinische Forschung in Heidelberg, das er 1946 wieder übernahm und bis zu seinem Tod leitete.

Max Born

deutsch-britischer Physik-Nobelpreisträger
geboren am 11. Dezember 1882 in Breslau
gestorben am 5. Januar 1970 in Göttingen

Der Physik-Nobelpreis für Born war eine späte Ehrung für seine Forschungen in den zwanziger Jahren. Ausgezeichnet wurden seine Grundlagenforschungen zur modernen Quantentheorie, die er

Max Born

bereits 1922 an der Universität Göttingen begonnen hatte: Born lieferte zunächst die wissenschaftlich exakte Formulierung mikrophysikalischer Gesetzmäßigkeiten (1922–1925); durch die sogenannte Quantenmechanik konnte er dann Eigenschaften von Wellen und Teilchen genau aufzeigen. Damit wurden erstmals der Schalenaufbau der Elektronenhülle sowie deren physikalische Eigenschaften und chemische Bindungen exakt erklärt. 1926 erarbeitete Born mit seinen Schülern Jordan und Heisenberg eine statistische Interpretation quantenmechanischer Wellenfunktionen. Nach 1933 mußte Born emigrieren, ging nach Großbritannien an die Universität Cambridge und wurde 1939 britischer Staatsbürger. Von 1936 bis 1953 lehrte er als Professor für Physik an der Universität Edinburgh. Born hat sich lebenslang für einen politisch und ethisch verantwortungsvollen Umgang mit wissenschaftlichen Erkenntnissen eingesetzt.

Marlon Brando

amerikanischer Schauspieler
geboren am 3. April 1924 in Omaha/Nebraska

Seit seiner Rolle als Bandenführer in »Der Wilde« (1953) galt er als Jugendidol der frühen fünfziger Jahre. Doch Brando wollte sich nicht auf die Rolle des Rebellen festlegen. Durch seine Rolle in »Die Faust im Nacken« (1954) leitete er auch die filmische Charakterentwicklung zum Typus des innerlich gebrochenen, durch Sensibilität überlegenen Mannes ein. Das machte Brando zu einer cineastischen Ausnahmeerscheinung. Er wurde dafür 1954 mit dem Oscar als bester Hauptdarsteller prämiert. Nach einigen kommerziellen Mißerfolgen in den sechziger Jahren gelang ihm 1971 mit der Figur des »Paten« ein Comeback. Den dafür zugesprochenen Oscar lehnte er aber mit dem Hinweis auf die Situation der Indianer ab. Doch seither gehört er wieder zu den Stars von Hollywood, was er sich in gelegentlichen Nebenrollen (»Superman«, 1978, »Apocalypse Now«, 1979) teuer bezahlen läßt.

Marlon Brando

Carl Jacob Burckhardt

Schweizer Historiker und Diplomat
geboren am 10. September 1891 in Basel
gestorben am 3. März 1974 in Vinzel/Kanton Waadt

In Anerkennung seines vielseitigen literarischen Werks wurde dem Historiker aus Basel der »Friedenspreis des Deutschen Buchhandels« zugesprochen. Burckhardt war ein Meister historischer Essays und Biographien. Sein bekanntestes biographisches Werk beschreibt in drei Bänden das Leben und Wirken Kardinal Richelieus (1935, 1965/66). Burckhardt pflegte freundschaftliche Kontakte zu vielen Geistesgrößen seiner Zeit wie Rilke, Musil, Hofmannsthal, Heisenberg, Heidegger. Als Schweizer Diplomat stand er in bewegten Zeiten häufig im Zentrum europäischer Politik. Er vertrat die Schweiz beim Völkerbund (1929–1932) und in Frankreich (1945–1949). Als Hoher Kommissar des Völkerbunds in Danzig versuchte er vergeblich, den Ausbruch des Zweiten Weltkriegs zu verhindern. Während des Krieges war er Präsident der gemischten Kommission des Internationalen Roten Kreuzes (1939–1944), später dessen Gesamtpräsident (1944–1947). Burckhardt verkörperte noch den Typus des Diplomaten der »alten Schule« und seine Zeitgenossen bezeichneten ihn als »Außenminister des Roten Kreuzes«. Seine später publizierten historischen Einschätzungen sind seit Jahrzehnten Quellen der Geschichtswissenschaft.

Ernest Hemingway

amerikanischer Schriftsteller
geboren am 21. Juli 1899
in Oak Park bei Chikago
gestorben am 2. Juli 1961
in Ketchum/Idaho
Hemingway erhielt 1954 den Literatur-Nobelpreis für seine zwei Jahre früher geschriebene Erzählung »Der alte Mann und das Meer«. Damit wurde auch sein literarisches Gesamtwerk gewürdigt, denn Hemingway galt als der Erneuerer der amerikanischen Kurzgeschichte. Mit seinem knappen prägnanten Stil, den er sich in seiner journalistischen Laufbahn angeeignet hatte, beschrieb er den Typus des Machos, der allen Problemen seiner Umwelt widersteht. Auch sich selbst schmückte er gern mit dem Image des Haudegens. 1954 machte er wiederholt Schlagzeilen: Er stürzte zweimal im afrikanischen Busch mit dem eigenen Flugzeug ab – und überlebte. Das bestätigte seinen Ruf als Draufgänger, dem er aber mit zunehmendem Alter depressiv begegnete. 1961 beging Ernest Hemingway Selbstmord.

Audrey Hepburn

amerikanische Schauspielerin
geboren am 4. Mai 1929
in Brüssel
gestorben am 20. Januar 1993
in Tolochenaz/Schweiz
Für ihren Filmerfolg »Ein Herz und eine Krone« erhielt sie 1954 nachträglich den Oscar als beste Hauptdarstellerin des Jahres 1953. Durch diesen Film, vor allem aber durch »Sabrina« (1954), verkörperte sie in den frühen fünfziger Jahren ein neues Ideal: Das arglose Mädchen von nebenan, das mit großen Augen die Männerwelt verrückt machte. Eine Hamburger Zeitung beschrieb sie später als »die Frau, die Männer am liebsten in den Arm nehmen. Für alles andere gab es ja Liz Taylor«. Und der Regisseur Billy Wilder glaubte damals, daß mit ihr das busenbetonte Zeitalter des Films zu Ende sei. Besonders ihr kindlicher Charme, mit dem sie Kritiker wie Publikum gleichermaßen begeisterte, wurde zum Markenzeichen der Hepburn. Ihm begegnet man auch in späteren Rollen immer wieder: Als extrovertiertes Playgirl in »Frühstück bei Tiffany« (1961) oder als Blumenmädchen Eliza im Musical »My Fair Lady« (1964). Weitere Kinohits waren unter anderem »Krieg und Frieden« (1956), »Ein süßer Fratz« (1957) und »Charade« (1963). 1967 beendete sie ihre Schauspielerkarriere ohne erkennbaren Grund. Es wurde still um Audrey Hepburn. In den siebziger Jahren versuchte sie ein Comeback. Als dieses nicht gelang, zog sie sich weitgehend auf ihr Landhaus in Tolochenaz am Genfer See zurück. 1988 wurde sie zur Sonderbotschafterin des Kinderhilfswerks der Vereinten Nationen berufen. Bis zu ihrem Tod (1993) widmete sie sich mit großem öffentlichem Engagement der Lebenssituation der Kinder in aller Welt.

Audrey Hepburn mit ihrem Mann Mel Ferrer

Martin Kessel

deutscher Schriftsteller
geboren am 14. April 1901
in Plauen/Vogtland
gestorben am 14. April 1990
in Berlin
Den von der Stadt Darmstadt gestifteten Georg-Büchner-Preis nahm 1954 der Romancier, Lyriker und Essayist Martin Kessel entgegen. Ausgezeichnet wurde damit sein jahrzehntelanges literarisches Wirken. Er wurde gewissermaßen ein Chronist Berlins, nachdem er die Stadt 1923 zu seiner Wahlheimat gemacht hatte. So konnte er als scharfsinniger Beobachter das Berliner Milieu entlang der zeitlichen Wandlungen in vielen seiner Romane, Gedichte und Novellen literarisch reflektieren. 1925 hatte er mit dem frühen Gedichtband großstädtischer Themen »Gebändigte Kurven«, der im gleichen Jahr den Kleist-Preis gewann, erste Erfolge erzielt. Seinen bedeutendsten Roman legte er 1932 mit »Herrn Brechers Fiasko« vor. Darin spiegelt sich der Geist Berlins in der Weimarer Republik in satirisch-moralistischer Weise wider. Als weitere wichtige Werke des Autors gelten die Romane »Die Schwester von Don Quijote« (1938) und »Lydia Faude« (1965), sowie seine Essays, u. a. über Balzac und Grabbe. Außerdem machte sich Kessel auch als Autor vieler Erzählungen sowie zahlreicher Gedicht- und Aphorismensammlungen einen Namen. Er

blieb ganz bewußt ein Außenseiter der Berliner Kunstszene. Daran änderten auch die verschiedenen Literaturpreise nichts. Ebenso pflegte er als Literat sein Einzelgängertum: Martin Kessels Werk läßt sich in keinen vorgefertigten Rahmen, geschweige denn in einen modischen Trend einreihen.

Otmar Kohler

deutscher Chirurg
geboren am 19. Juni 1908 in Gummersbach
gestorben am 27. Juli 1979 in Idar-Oberstein

Für seinen medizinischen und menschlichen Einsatz im Kessel von Stalingrad und in sowjetischen Kriegsgefangenenlagern wurde Otmar Kohler 1954

Otmar Kohler

mehrfach geehrt: Bundespräsident Heuss verlieh ihm das Bundesverdienstkreuz, und der 57. Deutsche Ärztetag ehrte ihn mit der Paracelsus-Medaille. Der »Arzt von Stalingrad« hatte sich Anfang 1943 aus einem Genesungsurlaub freiwillig in die belagerte Stadt zurückfliegen lassen. Nach der Kapitulation der 6. Armee (Februar 1943) geriet Kohler in sowjetische Gefangenschaft. In den folgenden Jahren leistete er in dreizehn verschiedenen Lagern chirurgischen Dienst. Fünfmal wurde er in Arbeitslager strafversetzt, weil er sich weigerte, gegen seine ärztlichen Überzeugungen zu handeln. Selbst schwierige Operationen führte er mit primitivsten Instrumenten durch: Für Schädeloperationen verwendete er Meißel und Bohrer aus der Lagerschreinerei, für Amputationen eine entliehene Eisensäge; für operatives Nähen stand bestenfalls Schusterzwirn zur Verfügung. Zusätzlich versah er in den Lagern auch seelsorgerische Aufgaben. Unmittelbar bevor er 1949 in die Heimat entlassen werden sollte, wurde er unter Vorwänden erneut verhaftet. Erst Ende 1953 kehrte er nach Deutschland zurück. An sein Schicksal erinnerte 1958 der Film »Der Arzt von Stalingrad« mit O. E. Hasse in der Titelrolle.

Karl Lagerfeld

deutsch-französischer Modedesigner
geboren am 10. September 1938 in Hamburg

Die durch den Tod von Jacques Fath entstandene Lücke in der Welt der Modedesigner wurde bald durch Karl Lagerfeld und den Dior-Schüler Yves Saint-Laurent geschlossen. Lagerfeld gewann 1954 beim Internationalen Wollsekretariat den ersten Preis für ein Mantelmodell und begründete damit seinen Aufstieg in die Glamourwelt der Haute Couture. Die Stationen seiner Modekarriere: 1955–1958 Modellist bei P. Balmain, 1958–1963 erst Assistent, dann künstlerischer Direktor bei J. Patou, ab 1963 freier Modedesigner, von 1963–1983 verantwortlich für die Modefirma Chloé, seit 1983 künstlerischer Leiter des Modehauses Chanel. Daneben betreibt der Hanseat seit 1974 seine eigene Firma »Karl-Lagerfeld-Impression«.

Charles Lindbergh mit seinem einmotorigen Flugzeug »The Spirit of St. Louis«, 1927.

Charles August Lindbergh

amerikanischer Flieger
geboren 4. Februar 1902 in Detroit
gestorben 26. August 1974 auf Manui/Hawaii

Am 20./21. Mai 1927 gelang Charles Lindbergh der erste Nonstop-Alleinflug über den Ozean, wobei er sich nur mit Karte und Kompaß orientierte. Er legte in 33,5 Stunden die Strecke von New York nach Paris zurück. In Europa und Amerika wurde der ehemalige Postflieger für diese Atlantiküberquerung begeistert gefeiert. Lindbergh beschrieb 1953 in seinem Buch »The Spirit of St. Louis« (dt. »Mein Flug über den Ozean«, 1954) diese sensationelle Pionierleistung und erhielt dafür 1954 den Pulitzer-Preis. Das Buch wurde 1957 verfilmt. Die ganze Welt nahm 1932 großen Anteil, als Lindberghs kleiner Sohn entführt und nach einer Lösegelderpressung ermordet wurde. 1939 wurde Charles Lindbergh dem Kriegsministerium zugeordnet, mußte aber 1941 seinen Abschied als Offizier nehmen, da er sich gegen den Kriegseintritt der USA ausgesprochen hatte.

Karl Lagerfeld eröffnet eine Ausstellung seiner Fotos in München, 1989.

Hermann Oberth

deutscher Raumfahrtpionier
geboren am 25. Juni 1894
in Hermannstadt/Siebenbürgen
gestorben am 28. Dezember 1989 in Nürnberg

Dem »Vater der Weltraumfahrt« verlieh der Deutsche Erfinderverband die Dieselmedaille in Gold für seine Verdienste in der Raketenforschung. Sein Weltrauminteresse wurde in der Jugend durch Jules Vernes Abenteuerroman »Von der Erde zum Mond« geweckt, den er aber später theoretisch widerlegte. Nach Studien der Astronomie, Physik und Mathematik entwarf er bereits 1917 eine Flüssigkeitsrakete. 1923 beschrieb Oberth die unabdingbaren Grundlagen der Raketentechnik und Raumfahrt in dem Buch

Hermann Oberth in seinem Raketenmuseum im Schloß Feucht bei Nürnberg.

»Die Rakete zu den Planetenräumen«. Die erweiterte Auflage unter dem Titel »Wege zur Raumschiffahrt« (1929), damals noch eher belächelt, verlieh der Raketenforschung wichtige Impulse. Im Zweiten Weltkrieg war er an der Entwicklung der deutschen »Wunderwaffe«, der V2-Rakete, beteiligt. Nach dem Krieg arbeitete er in der Schweiz (1948–1950), in Italien (1950–1953)und in den USA zusammen mit seinem früheren Schüler Wernher von Braun (1955–1958). Nach seiner beruflich aktiven Zeit kehrte er im Ruhestand wieder zur Planung innovativer Neuerungen zurück. So entwarf er »Weltraumspiegel« zur Bündelung von Sonnenenergie auf bestimmte Erdgebiete oder eine Windturbine, die in 15 Kilometer Höhe den »Jet-Stream« in elektrische Energie umwandeln sollte.

Linus C. Pauling

amerikanischer Chemie-Nobelpreisträger
geboren am 28. Februar 1901
in Portland/Oregon

Der Sohn deutscher Einwanderer hatte bereits 1939 mit seinem Buch »Die Natur der chemischen Bindung« (dt. 1962) eines der Standardwerke der modernen Struktur- und Bindungschemie vorgelegt und damit die Aufmerksamkeit der Fachwelt erregt. Seit Mitte der dreißiger Jahre lenkte Pauling sein Interesse auch auf medizinische und biologische Fragen; er gilt als einer der Begründer der Molekularbiologie. Für seine Erkenntnisse der Spiralstruktur der Eiweißmoleküle wurde ihm 1954 der Nobelpreis verliehen.

Im Verlauf der fünfziger Jahre entwickelte sich Pauling zu einem entschiedenen Vorkämpfer gegen Kernwaffenversuche, Zeitgenossen nannten ihn ironisch »das Strahlengewissen Amerikas«. Verdächtigungen der »McCarthy-Inquisition« (1952) und ein Untersuchungsausschuß wegen einer Unterschriftensammlung gegen Atomwaffenversuche (1960) bremsten sein Engagement nicht. Im Gegenteil: Mit dem »Moskauer Abkommen« (1963) über eine begrenzte Einstellung der Kernwaffenversuche, das wesentlich auf Paulings Bemühungen zurückging, wurde er von der amerikanischen Regierung quasi rehabilitiert.

1963 erhielt er dafür den Friedensnobelpreis. In den letzten Jahren machte Pauling vor allem durch seine Thesen bezüglich Vitamin C und dessen Auswirkungen auf Krebs und Geisteskrankheiten von sich reden.

Professor F.A. Lang (rechts) gratuliert Linus C. Pauling zur Verleihung des Nobelpreises.

Maria Schell

Schweizer Schauspielerin
geboren am 15. Januar 1926
in Wien

Seit den fünfziger Jahren ist sie eine der beliebtesten deutschen Schauspielerinnen. Sie trat oft mit dem unverwechselbaren Lächeln und einer für sie typischen »Koketterie der Keuschheit« neben O. W. Fischer und Dieter Borsche auf. Zu den insgesamt sieben Bambis (1951–1958) konnte sie 1954 den Darstellerpreis der Filmfestspiele in Cannes für ihre Hauptrolle in Helmut Käutners »Die letzte Brücke« entgegennehmen. Darin spielt sie eine

Szenenfoto mit Maria Schell aus dem Film »Die letzte Brücke«.

engagierte Kinderärztin, die als Lazarettschwester im Bosnien des Zweiten Weltkriegs letztlich durch ihre selbstlose Aufopferung den Tod findet. Der Grundstein zu ihrer internationalen Karriere war gelegt, es folgten Rollen in berühmten Hollywood-Produktionen (unter anderem »Die Brüder Karamasow«, 1957). Seit den sechziger Jahren konzentriert sie sich auf Produktionen im Bereich von Theater und Fernsehen.

Hans-Jürgen Bäumler

deutscher Eiskunstläufer
geboren am 28. Januar 1942
in Dachau
Bäumler konnte im Wettbewerb der Herren seinen ersten Titel bei den Deutschen Juniorenweltmeisterschaften erringen. Seine spätere Eislauf-Partnerin **Marika Kilius** (geb. 24. 3. 1943) war damals noch im Paarlauf mit Franz Ningel erfolgreich: 1954 belegten sie einen guten zweiten Platz bei den Deutschen Eislaufmeisterschaften und galten als Hoffnungsträger des Paarlaufs. Von 1955 bis 1957 gewannen Kilius und Ningel dreimal die Deutschen Meisterschaften. Ab Spätherbst 1957 starteten Bäumler und Kilius zusammen. Sie dominierten dann im internationalen Paarlauf bis Mitte der sechziger Jahre: viermal Deutscher (1958/59 und 1963/64), sechsmal Europa- (1959–1964) und zweimal Weltmeister (1963/64). Anschließend traten die beiden in kommerziellen Eisrevuen auf.

Louise Brough

amerikanische Wimbledon-Siegerin
geboren am 11. März 1923
in Oklahoma City
Insgesamt vierzehnmal konnte sie die Internationalen Tennismeisterschaften von England für sich entscheiden. 1954 holte sie mit ihrer Partnerin **Margaret Osborne-Dupont** (*4. 3. 1918) im Doppelfinale den begehrten Pokal von Wimbledon.

Gundula »Gundi« Busch

deutsche Eiskunstläuferin
geboren am 29. April 1935
in Mailand
Im Februar gewann sie in Bozen die Europameisterschaft im Eiskunstlauf, und damit den Titel, den noch keine Deutsche vor ihr errungen hatte. Drei Wochen später krönte sie

»Gundi« Busch

ihren Erfolg mit dem Gewinn der Eiskunstlauf-Weltmeisterschaft in Oslo. Für ihre herausragenden sportlichen Leistungen verlieh ihr Bundespräsident Heuss den Silberlorbeer, die höchste sportliche Auszeichnung. Im September gab sie ihre Amateurlaufbahn auf und ging nach Amerika, um künftig in der Eisrevue »Hollywood on Ice« aufzutreten.

Juan Manuel Fangio

argentinischer Autorennfahrer
geboren am 24. Juni 1911
in Balcarce bei Buenos Aires
Mit seinen Siegen im Großen Preis von Frankreich, Italien, Europa und der Schweiz sicherte er sich den Weltmeisterschaftstitel der Formel 1. Alle diese Siege, die er in den Folgejahren wiederholen konnte, errang er mit dem Rennwagen von Mercedes Benz, dem legendären »Silberpfeil«.

Die Sieger auf dem »Silberpfeil«: Karl Kling, Juan Manuel Fangio und Hans Herrmann (von links).

Heinz Fütterer

deutscher Leichtathlet
geboren am 14. Oktober 1931
in Illingen/Rhein
Der »Sportler des Jahres« siegte bei den deutschen Leichtathletikmeisterschaften über 100 und 200 Meter. In Bern wurde er über 100 Meter Europameister, und in Japan lief er diesselbe Distanz in der Weltbestzeit von 10,2 Sekunden. Der »weiße Blitz« erreichte außerdem noch in diesem Jahr einen Europarekord mit 20,8 Sekunden über 200 Meter.

Heinz Fütterer

Werner Haas

deutscher Motorradrennfahrer
geboren am 30. März 1927
in Augsburg
gestorben am 13. November 1956 in Neuburg/Donau
Nachdem er schon im Vorjahr auf NSU die Doppelweltmeisterschaft in der 125- und der 250-Kubikzentimeter-Klasse errungen hatte, wurde er 1954 erneut Weltmeister der 250-Kubikzentimeter-Klasse. Binnen zweier Jahre war er durch sein brillantes Fahrkönnen in die Weltspitze aufgestiegen.

Ursel Happe

deutsche Schwimmerin
geboren am 20. Oktober 1926
in Danzig
Die »schwimmende Hausfrau und Mutter« gewann bei der Europameisterschaft in Turin die Goldmedaille im 200-Meter-Brustschwimmen. Sie wurde zur »Sportlerin des Jahres« gewählt und blieb für Jahrzehnte das Aushängeschild des Deutschen Schwimmverbands.

Sepp Herberger

deutscher Fußball-Nationaltrainer
geboren am 28. März 1897
in Mannheim
gestorben am 28. April 1977
in Weinheim
Entgegen allen Erwartungen der Fachwelt bezwang seine Elf im Finale der Fußballweltmeisterschaft die favorisierte ungarische Mannschaft mit 3:2. In der Vorrundenbegegnung gegen die Ungarn hatte Herberger noch taktiert und nur die zweite deutsche Garnitur aufs Feld geschickt: Ungarn gewann mit 8:3. Herbergers persönliches Eingehen auf seine Spieler und der von ihm so bezeichnete »Geist von Spiez« (»Elf Freunde müßt ihr sein!«) konnten die Mannschaft im Endspiel dann aber auf die Siegerstraße führen. Herbergers Ruhm wuchs nach dem WM-Titel in Deutschland so weit, daß er in einem Atemzug mit Adenauer und Heuss genannt wurde: die drei großen Leitfiguren der Fünfziger.

Rocky Marciano

(eigentl. Rocco Franci Marchegiano)
amerikanischer Berufsboxer
geboren am 1. September 1923
in Brockton/Massachusetts
gestorben am 31. August 1969
in Newton/Iowa
Auch dieses Jahr konnte die körperlich kleine »Kampfmaschine« Rocky Marciano – nur 1,80 Meter groß bei 85 Kilo Gewicht – seinen Welt-

meistertitel verteidigen. Insgesamt sechsmal hatte der »Brockton Blockbuster« den Titel errungen, den er seit 1952 innehatte und 1956 ungeschlagen abgab. Ein sonderlich guter Techniker war er nicht, aber ein harter Schläger und der Liebling des Publikums.

Helmut Rahn

deutscher Fußballspieler
geboren am 16. August 1929 in Essen

Schon beim 8:3 im Vorrundenspiel der Weltmeisterschaft gegen Ungarn war er der beste Spieler in der »verstärkten Reserve«, die Bundestrainer Sepp Herberger aus taktischen Gründen aufgeboten hatte. In der Finalbegegnung am 4. Juli gegen Ungarn gelang ihm dann der entscheidende Siegtreffer zum 3:2 für die Deutschen. Der »Boß«, wie Helmut Rahn genannt wurde, erhielt zusammen mit seinen Teamkollegen für diese sportliche Leistung den Silberlorbeer aus der Hand von Bundespräsident Theodor Heuss.

Helmut Rahn

Gustav Adolf »Täve« Schur

deutscher Radrennfahrer
geboren am 23. Februar 1931 in Heyrothsberge bei Magdeburg

Der »Sportler des Jahres« der DDR war stets im Dienste seines Staates: Kein anderer DDR-Athlet konnte die Massen über so viele Jahre begeistern; noch 1989 wurde »Täve« zum »Beliebtesten Sportler in 40

Fritz Walter und Sepp Herberger werden von den Fußball-Fans begeistert gefeiert.

Jahren DDR« gewählt. Auch auf politischem Gebiet zeigte Schur engagierten Einsatz – als langjähriger Abgeordneter der Volkskammer.

Fritz Walter

deutscher Fußballspieler
geboren am 31. Oktober 1920 in Kaiserslautern

Als Kapitän der deutschen Nationalmannschaft bei der Fußball-Weltmeisterschaft in Bern hatte er maßgeblichen, wenn nicht den größten Anteil am 3:2-Sieg im Finale gegen Ungarn. An diesem 4. Juli 1954 schoß er zwar nicht das Siegtor, doch galt er als »verlängerter Arm« des Bundestrainers Sepp Herberger auf dem Spielfeld. Seine Aufgabe war es, die taktischen Anweisungen Herbergers in den WM-Spielen umzusetzen und die Mannschaft zu motivieren. Nach der gewonnenen Weltmeisterschaft wurde er mit seinen Mannschaftskameraden mit der höchsten deutschen Sportlerehrung, dem Silberlorbeer, ausgezeichnet. Sein Bruder **Ottmar Walter** war ebenfalls Mitglied dieser WM- Mannschaft. Fritz Walter war von 1940 bis 1958 in der Nationalmannschaft, bestritt 61 Länderspiele und schoß insgesamt 33 Tore für Deutschland. Seit seinem Ausscheiden aus der Nationalelf ist er deren »Ehrenspielführer«.

Hans Günter Winkler

deutscher Springreiter
geboren am 24. Juli 1926 in Wuppertal

Wie bereits in den beiden Vorjahren, konnte er 1954 wieder den Titel des deutschen Champions erringen. Seine Stute »Halla«, mit der er auf insgesamt 128 Turnieren siegte, verhalf ihm auch bei der Weltmeisterschaft der Springreiter in Madrid aufs Siegerpodest.

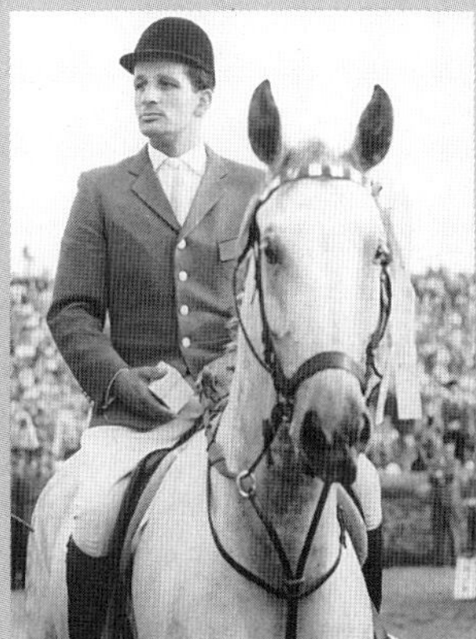

Hans Günter Winkler

Emil Zátopek

tschechoslowakischer Leichtathlet
geboren am 19. September 1922 in Kaprivnice

Bereits am 11. Juni 1949 stellte er den Weltrekord über 10 000 Meter ein (in 29:28,2 Minuten). Bei den Olympischen Spielen 1952 in Helsinki errang das »Laufwunder« gleich drei Goldmedaillen: über 5 000 und 10 000 Meter sowie im Marathonlauf. Man glaubt, daß die »Lokomotive aus Prag« ihren Ruhm kaum noch steigern könnte. Doch auch 1954 gelang es Emil Zátopek, sowohl bei den Leichtathletik-Europameisterschaften in Bern den Sieg über 10 000 Meter (in 28:58,0 Minuten) und den dritten Platz über 5000 Meter (in 14:10,0 Minuten) zu erringen, als auch Weltrekordzeit über 5000 Meter (in 13:57,2) in Paris zu laufen.

Seine Frau **Dana Zátopková** (geb. 19.9.1922) war

Dana und Emil Zátopek

bereits unter ihrem Mädchennamen Ingerová eine erfolgreiche Leichtathletin. Wie bei der Olympiade 1952 sicherte sie sich auch bei der Europameisterschaft in Bern die Goldmedaille im Speerwurf der Damen.

Martin Andersen-Nexø

dänischer Arbeiterdichter
geboren am 26. Juni 1869
in Kopenhagen
gestorben am 1. Juni 1954
in Dresden

Als Kind, aufgewachsen im Armenviertel von Kopenhagen, lernte er früh soziale Not kennen. Schon in der Volkshochschule kam er mit sozialistischem Gedankengut in Berührung, was seine schriftstellerische Tätigkeit lebenslang beeinflußte. Zur Kur in Spanien und Italien (1894–1896), begann er zu schreiben. Symbolismus, Naturalismus und schließlich ein lebensnaher Realismus waren die stilistischen Stationen seines Schaffens. Stets kreisten die Themen seiner Werke um das Leben des einfachen Volkes und die Armut der Unterschichten. »Pelle der Eroberer« (1906–1910) und »Stine Menschenkind« (1917–1921) wurden Klassiker der dänischen Literatur. Andersen-Nexø bereiste mehrmals die Sowjetunion, nach einem längeren Aufenthalt in Deutschland (1923–1930) ging er zurück nach Dänemark, 1943 zog er nach Schweden. Nach dem Zweiten Weltkrieg lebte er in der DDR, wo er auch seine Alterswerke »Morten der Rote« (1945–1947) und »Die verlorene Generation« (1948) verfaßte.

Gertrud Bäumer

deutsche Politikerin und Autorin
geboren am 12. September 1873
in Hohenlimburg/Westfalen
gestorben am 25. März 1954
in Bielefeld-Bethel

Die studierte Lehrerin kam über Helene Lange zur Frauenbildung und gab mit ihr »Die Frau« heraus, die Zeitschrift des Bundes deutscher Frauenvereine, dessen Vorsitzende sie von 1910 bis 1919 war. Sie war Mitarbeiterin von Friedrich Naumann und Theodor Heuss an der Zeitschrift »Hilfe«. Nach dem Ersten Weltkrieg trat Gertrud Bäumer der Deutschen Demokratischen Partei bei, war Mitglied der Nationalversammlung und von 1919 bis 1933 Abgeordnete des Reichstages, von 1920 bis 1933 als erste Frau Ministerialrätin im Innenministerium. Ab 1926 war sie Delegierte der Völkerbundskommission für soziale und humanitäre Fragen. 1933 von den Nationalsozialisten aus dem Beamtendienst entlassen; sie blieb dann bis 1944 Herausgeberin von »Die Frau«. Neben ihrer politischen Arbeit verfaßte sie in der Folgezeit auch zahlreiche historische Romane (unter anderem »Adelheid, Mutter der Königreiche« 1936, »Der Jüngling im Sternenmantel« 1947).

Robert Capa

(eigentl. Andrei Friedmann)
amerikanischer Kriegsfotograf
geboren am 22. Oktober 1913
in Budapest
gestorben am 25. Mai 1954
in Thai-Binh/Indochina

Obwohl Capa seinen Beruf mit leidenschaftlicher Akribie betrieb und Krieg als Berufsalltag erfuhr, wollte er sich doch nicht an ihn gewöhnen: »Ich möchte arbeitslos werden.« Berühmt wurde er durch seine Fotodokumentation über den Spanischen Bürgerkrieg (1936). Später hielt er den japanischen Überfall in China (1938) und das Kriegsende in Europa – unter anderem die Landung der Alliierten in der Normandie – auf Zelluloid fest. 1947 wurde Capa Mitbegründer der Fotoagentur »Magnum«, 1948 dokumentierte er den Krieg in Palästina. Am 25. Mai 1954 trat er bei einer Reportage zum Indochinakrieg auf eine Mine und starb bei der Explosion.
Capas Spezialität waren gefühlvolle Detailaufnahmen – Ausdruck der Sinnlosigkeit und Barbarei des Krieges. 1964 erschien postum die Edition seines Lebenswerkes »Images of War«.

Alcide De Gasperi

italienischer Politiker
geboren am 3. April 1881
in Pieve Tesino/Südtirol
gestorben am 19. August 1954
in Sella di Valsugana/Trient

De Gasperi kämpfte mit politischen Mitteln im österreichischen Reichsrat (1911–1918) und mit publizistischen (seiner Zeitschrift »Il Trentino«) für die Rechte der italienischen Minderheit und die Angliederung Südtirols an Italien. Er war Mitbegründer der Katholischen Volkspartei und deren Generalsekretär (1924). Sein antifaschistisches Engagement führte zum Verbot der Partei und zu politischer Verfolgung (1926). Nach Mussolinis Sturz gründete er die Democrazia Cristiana als katholische, aber vom Vatikan unabhängige Partei. Nach dem Krieg bekleidete er neunmal das Amt des italienischen Ministerpräsidenten (1945–1953) und zeitweise zugleich auch den Posten des Außenministers. Er erzielte das Abkommen mit Österreich über die Autonomie Südtirols (1946) und sicherte im Frieden von Paris die Souveränität Italiens (1947). Er betrieb die NATO-Mitgliedschaft Italiens (1949) und wurde Parlamentspräsident der Montan-Vollversammlung (1954). Sein europäisches Engagement wurde weltweit geachtet und 1952 durch den Aachener Karlspreis gewürdigt.

Alcide De Gasperi

Hugo Eckener

deutscher Luftfahrtpionier
geboren am 10. August 1868
in Flensburg
gestorben am 14. August 1954
in Friedrichshafen

Nach dem Studium der Volkswirtschaft und Philosophie und anschließender schriftstellerischer Tätigkeit wurde er 1905 Mitarbeiter von Ferdinand Graf von Zeppelin. Als Vorsitzender der »Zeppelin-Reederei« baute er das durch eine Volksspende finanzierte Luftschiff »Graf Zeppelin«. Eckener war der erste, der mit einem Luftschiff den Atlantik (1924) und den Nordpol (1931) überquerte. 1929 umrundete er mit solch einer »fliegenden Zigarre« auch den gesamten Globus. Die Katastrophe von Lakehurst/USA, wo die »Hindenburg« unter zahlreichen Todesopfern in Flammen aufging, führte zum abrupten Ende der Zeppelin-Ära. Luftschiffe hatten nun ausgedient, jetzt wurden sie durch Flugzeuge ersetzt. Eckener beschrieb in seiner Autobiographie »Im Zeppelin über Länder und Meere« (1949) sein Leben und das der vergangenen, majestätischen Luftschiffe.

Jacques Fath

französischer Modeschöpfer
geboren am 12. September 1912
in Maisons-Laffitte
gestorben am 13. November 1954 in Paris

Der begnadete Couturier zählte viele Stars und Persönlichkeiten zu seinem Kundenkreis: Rita Hayworth ließ sich Hochzeitskleider und Aussteuer von ihm entwerfen. 1937 begann seine Karriere in einem so kleinen Atelier in Paris, daß nicht einmal Mitarbeiter und Kunden gleichzeitig

Jacques Fath

in den zwei winzigen Räumen Platz fanden. Nach dem Zweiten Weltkrieg eröffnete er sein neues Studio und installierte sein *maison de couture* in einem luxuriösen Anwesen. Fath hatte früh erkannt, daß die USA einen enormen Markt für seine Kollektionen darstellten, und so schloß er einen Kooperationsvertrag mit dem amerikanischen Ready-to-wear-Fabrikanten Joseph Halpert. So gewann er auch Einblick in die Konfektionsherstellung, die bis dahin in Frankreich noch nicht weit entwickelt war. Sein Leben voller ausschweifender Parties, für die er berühmt war, endete frühzeitig auf der Höhe seines Ruhms. Faths Witwe Geneviève de la Bruyère, selbst zuvor sein Top-Model, konnte das Geschäft nach seinem Tod nicht weiterführen; 1957 mußte das Modehaus schließen.

Wilhelm Furtwängler

deutscher Komponist, Dirigent
geboren am 25. Januar 1886
in Berlin
gestorben am 30. November
1954 in Ebersteinburg

Bereits mit elf Jahren stellte er ein selbstkomponiertes Oratorium vor, sechs Jahre darauf die erste von drei Sinfonien. Im Alter von 24 Jahren schloß er sein frühes Kompositionswerk »Te Deum« ab, das 1910 in Breslau uraufgeführt wurde. Von da an konzentrierte sich Furtwängler fast ausschließlich aufs Dirigieren renommierter Konzertorchester. Er arbeitete mit dem Leipziger Gewandhausorchester (1922–1928) und war von 1922 bis 1945 sowie (nach der Entnazifizierung) von 1947 bis 1954 Chef der Berliner Philharmoniker. 1933 ernannte ihn Propagandaminister Goebbels zum Direktor der Berliner Staatsoper und Vizepräsident der neugeschaffenen Reichsmusikkammer. Mit Goebbels überwarf er sich aber und gab 1934 sein Amt auf. Während der NS-Zeit nutzte Furtwängler seine privilegierte künstlerische Stellung, um die Musiker seiner Orchester vor Rassenlehre und Einberufung zum Kriegsdienst zu schützen. Nach dem Auftrittsverbot durch die Alliierten leitete er neben den Berlinern auch die Wiener Philharmoniker und wurde Dirigent des London Philharmonic Orchestra.

Otto Gebühr

deutscher Schauspieler
geboren am 29. Mai 1877
in Kettwig an der Ruhr
gestorben am 13. März 1954
in Wiesbaden

Gebühr identifizierte man so mit dem »Alten Fritz«, daß der Volksmund eine Briefmarke, die den Preußenkönig zeigte, schlicht »Gebühr-Marke« nannte. Er spielte die Rolle so überzeugend, daß man sich den Mimen kaum anders vorstellen konnte. Im Stummfilm »Die Tänzerin Barberina« (1917) hatte man sein Talent entdeckt. Es folgten die vierteilige Stummfilmreihe »Fridericus Rex« (1921/22), »Die Mühle von Sanssouci« (1925), »Der alte Fritz« (1928), »Das Flötenkonzert von Sanssouci« (1930) und der »Choral von Leuthen« (1933) – immer spielte er Friedrich II. Die Nazis nützten den Preußenmythos für ihre Propaganda, und so erinnerten sie sich des publikumswirksamen Gebühr: 1942 entstand »Der große König«. Nach dem Krieg wurde es weitgehend still um Gebühr, ein Comeback gelang nicht mehr – seine Paraderolle war nicht mehr gefragt.

Henri Matisse

französischer Maler,
Graphiker, Bildhauer
geboren am 31. Dezember 1869
in Le Cateau
gestorben am 3. November 1954
in Cimiez bei Nizza

Matisse war einer der bedeutendsten Wegbereiter der modernen Kunst. Er wirkte stark auf den deutschen Expressionismus ein und gilt als Begründer des »Fauvismus«. Sein Werk besticht durch scharfe Farbtrennung und arabeske Formgebung. Seit Ende der dreißiger Jahre fanden abstrakte Formen Eingang in Collagen oft monumentaler Größe. Auf der Grundlage einer hellen, leuchtenden Farbskala entwickelte Matisse seinen eigentlichen Stil in flächigen Kompositionen mit eleganter Linienführung. Das vielseitige Oeuvre umfaßt ein umfangreiches graphisches Werk, Buchillustrationen und Theaterdekorationen, sowie Wandbilder, Stilleben und Lithographien.
Bedeutende Werke: Bilder: Der Tanz (1911), Die Rumänische Bluse (1940). Bildhauerei: Der Sklave (1903), Das Schlangenmädchen (1909). Innendekoration: Bühnenbilder für das Ballets Russes in Monte Carlo (ab 1932), Innenausstattung der Kirche Notre-Dame du Rosaire, Vence (bis 1950).

Henri Matisse

Friedrich Meinecke

deutscher Historiker
geboren am 30. Oktober 1862
in Salzwedel/Preußen
gestorben am 6. Februar 1954
in Berlin

Meinecke gilt als herausragender deutscher Historiker der ersten Hälfte des 20.Jahrhunderts. Er prägte die nationale Geschichtsschreibung vom Kaiserreich bis zur staatlichen Neuordnung nach 1945 wie kein anderer Historiker. Sein Credo war der Historismus,

Friedrich Meinecke

den er als spezifisch deutschen Beitrag zur europäischen Geistesgeschichte der Neuzeit verstand.
Von 1896 bis 1935 gab Meinecke die »Historische Zeitschrift« heraus, von 1914 bis 1929 lehrte er an der Universität Berlin, und von 1928 bis 1934 leitete er die Historische Reichskommission. Nach 1945 wurde Meinecke zum ersten Rektor der von ihm mitgegründeten Freien Universität Berlin ernannt.
Bedeutende Schriften: »Weltbürgertum und Nationalstaat« (1908), »Idee der Staatsräson in der neueren Geschichte« (1924), »Die deutsche Katastrophe« (1946).

Die Babies des Jahres

Joachim Deckarm

deutscher Handballspieler
geboren am 19. Januar
in Saarbrücken
Die Erfolgsbilanz des Weltklasse-Handballers »Jo« Deckarm im Trikot der Nationalmannschaft und des VfL Gummersbach kann sich sehen lassen: Vierter Platz in Montreal 1976, Weltmeister 1978, 381 Tore in 109 Länderspielen. Mit seinem Verein gewann er zweimal den Europacup, dreimal die deutsche Meisterschaft und zweimal den DHB-Pokal. Doch dann das jähe Ende: Bei einem Europacup-Halbfinalspiel im ungarischen Tatabanya stürzte er so unglücklich, daß er sich schwere Schädel- und Hirnverletzungen zuzog. Jahrelange Rehabilitationsbemühungen ermöglichen Deckarm heute einen weitgehend normalen Alltag. Handballspielen konnte »Jo« jedoch nie wieder.

Chris Evert-Mill

amerikanische Tennisspielerin
geboren am 21. Dezember
in Fort Lauderdale/Florida
Sie gewann alles, was es im Damentennis zu gewinnen gibt und prägte das Turniergeschehen der achtziger Jahre maßgeblich mit. Jahrelang war sie die Nummer eins im Damentennis und als erste Spielerin Dollar-Millionärin. Ihr Grundlinienspiel gilt noch heute als stilbildend. Legendär sind ihre Duelle mit der zweiten großen Spielerin jener Jahre, der Amerikanerin Martina Navratilova, die sie jedoch meist für sich entscheiden konnte. 1974 war sie kurze Zeit mit dem Tennisprofi Jimmy Conners verlobt, heiratete dann 1979 den Daviscup-Spieler John Lloyd und 1988 den Ski-Rennläufer Andy Mill.
Ihre Erfolgsbilanz weist Siege auf in Wimbledon (1974/1976/1981), bei den US-Open (1975–1978, 1980/1982), den Australian Open (1982/1984) und bei den Internationalen Meisterschaften von Frankreich (1974/75, 1979/80, 1983 und 1985/86) auf. Insgesamt feierte die »große Dame des Profitennis« 157 Turniersiege.

Bob Geldof

irischer Popsänger
geboren am 5. Oktober
in Dublin
Ihm gelang, wovon Politiker träumen: Solidarität stiften zwischen den Reichen und den Armen dieser Welt. Seine Benefizkonzerte (»Life Aid«, 1984/85) mit den Stars des Pop und Rock erreichten besonders junge Zuhörer und führten

Bob Geldof bei einem Musik-Festival 1990.

ihnen die Armut in der Dritten Welt vor Augen. Dafür empfing Geldof die Ehrendoktorwürde der Universität von Kent (1985) und Gent (1986), wurde geadelt (1986) und für den Friedensnobelpreis vorgeschlagen (1987).

Monika Griefahn

deutsche Politikerin
geboren am 3. Oktober
in Mülheim-Ruhr
Die Sozialwissenschaftlerin sammelte ihre ersten Managementerfahrungen in der Bildungsarbeit des CVJM. Später baute sie das deutsche Büro der Umweltschutzorganisation »Greenpeace« mit auf und koordinierte Protestkampagnen (Schornsteinbesetzungen, Schiffsblockaden), an denen sie zum Teil selbst teilnahm.

Monika Griefahn mit ihrem Spielkameraden Michael an ihrem zweiten Geburtstag.

»Madame Greenpeace« vollendete ihren Marsch durch die Institutionen stilgerecht: als niedersächsische Umweltministerin.

Nigel Mansell

britischer Autorennfahrer
geboren am 8. August
in Upton-on-Severn
Der gelernte Ingenieur galt als ewiger Pechvogel, weil ihn technische Probleme dreimal den Weltmeistertitel kosteten (1986/1987, 1991). Dann aber konnte er sein Image als »Siegfahrer ohne Fortüne« überwinden und erfüllte sich 1992 seinen Lebenstraum: Er wurde Weltmeister. Danach erklärte er seinen Rücktritt aus der Formel 1.

Eva Mattes

deutsche Schauspielerin
geboren am 14. Dezember
in Tegernsee
Als Kind lieh sie ihre (Synchron-)Stimme dem Knaben Timmy in der TV-Serie »Lassie« und Pippi Langstrumpf in der Verfilmung von Astrid Lindgrens berühmtem Kinderbuch. Heute gehört sie zu den erfolgreichsten Darstellerinnen des jungen deutschen Films, die mit allen namhaften deutschen Film- und Theaterregisseuren gearbeitet hat, unter anderem mit R.W. Fassbinder, R. Hauff und W. Herzog. Peter Zadek verpflichtete sie für viele Inszenierungen. 1972 machte sie als Beppi in F.X. Kroetz' »Stallerhof« in gewollter Häßlichkeit Theatergeschichte. Sie wurde dafür mit dem Hamburger Inselpreis ausgezeichnet.
Auszeichnungen: Zweimal Bundesfilmpreis, dreimal Filmband in Gold, außerdem Hamburger Inselpreis und Goldene Palme von Cannes.

Angela Merkel

deutsche Politikerin
geboren am 17. Juli
in Hamburg
Die christliche Wissenschaftlerin war zu DDR-Zeiten nicht politisch tätig, sie gehörte jedoch zum kritischen Kreis der Gethsemane-Gemeinde in Ost-Berlin. Die politische Bühne betrat sie erst nach dem Fall der Mauer. Als Regierungssprecherin des letzten DDR-Ministerpräsidenten, Lothar de Maizière, avancierte sie nach der deutschen Vereinigung zur Ministerin für Frauen und Jugend und wurde stellvertretende CDU-Vorsitzende.

Angela Merkel als Dreijährige

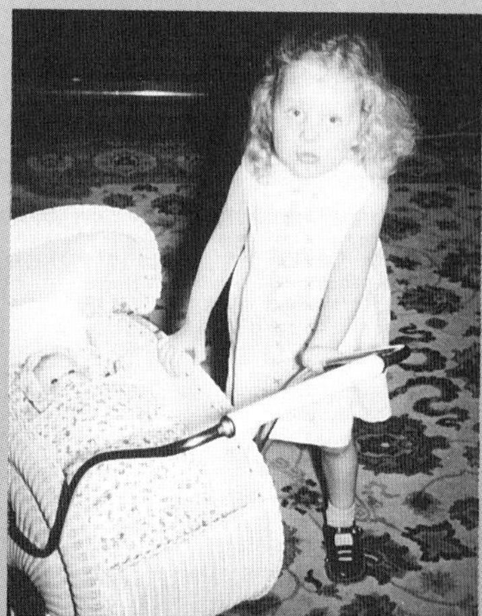

Harald »Toni« Schumacher

deutscher Fußballspieler
geboren am 6. März
in Düren

»Toni«, wie ihn seine Fans nach einem Vorgänger im Kölner Tor »umtauften«, gilt als einer der besten der Zunft. Er erreichte im Sport alles, was möglich war: Schumacher absolvierte 76 Länderspiele, war 1980 und 1986 Vize-Weltmeister. Mit dem 1. FC Köln wurde er einmal Deutscher Meister und dreimal deutscher Pokalsieger; ferner mit Fenerbahce Istanbul einmal türkischer Meister und Pokalsieger. Auf sein Buch »Anpfiff«,

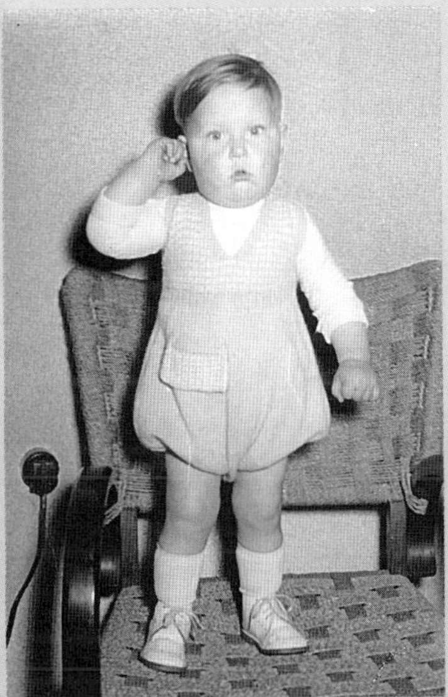

Toni Schumacher

einer kritischen Abrechnung mit dem deutschen Fußballgeschäft, folgte der Abpfiff: Der »Nestbeschmutzer« flog aus dem 1. FC Köln und der DFB-Mannschaft, obwohl gerade seine provozierenden Doping-Vorwürfe den Anstoß für obligatorische Kontrollen gaben. So wurde der zweimalige »Fußballer des Jahres« nachträglich bestätigt.

Jutta Speidel

deutsche Schauspielerin
geboren am 8. März
in München

Die Erfolge als Kinderstar in fast einem Dutzend »Pauker«- und »Lümmelfilmen« wiesen schon früh den Lebensweg der Jutta Speidel. Sie verließ die Schule vorzeitig, um sich ganz der Schauspielerei widmen zu können. Neben großen Büh-

Jutta Speidel im Alter von eineinhalb Jahren.

nenerfolgen (»Elektra«, »Hamlet«, »Die Katze auf dem heißen Blechdach« usw.) konnte sie sich einen Stammplatz in zahlreichen Fernsehproduktionen sichern (»Traumschiff«, »Derrick«, »Rivalen der Rennbahn«).

Katharina Thalbach

deutsche Schauspielerin, Regisseurin
geboren am 19. Januar
in Ost-Berlin

Als Tochter der berühmten Brecht-Darstellerin Sabine Thalbach von dieser und von der Brecht-Witwe Helene Weigel gefördert, begann ihre Schauspielerkarriere schon mit vier Jahren.
An allen Ost-Berliner Bühnen und in zehn DEFA-Filmen engagiert, war sie bereits ein DDR-Star, bevor sie Ende 1976 nach West-Berlin übersiedelte. Auch im Westen feierte sie Erfolge an großen Theatern (Berlin, Köln, Zürich) und in mehreren Filmen – unter anderem in »Die Blechtrommel«. Im November 1987 präsentierte sie ihre erste Regiearbeit, seither reüssiert sie in beiden Sparten.

Dietrich »Didi« Thurau

deutscher Radrennfahrer
geboren am 9. November
in Frankfurt am Main

1977 lag ihm die Radsportwelt zu Füßen: Der erst 22jährige hatte zu aller Überraschung bei der Tour de France über 15 Etappen das »Gelbe Trikot« des Spitzenreiters getragen. Doch die an ihn geknüpften Erwartungen konnte er im Anschluß nicht mehr erfüllen, so daß aus der anfänglichen Bewunderung seiner Kritiker schnell Häme wurde. Erst 1979 gelang ihm wieder ein Sieg beim Rennen Lüttich-Bastogne-Lüttich sowie ein zehnter Platz bei der Tour de France – die Kritiker verstummten. Doch auch diese Erfolgssträhne währte nicht lange, und Thurau stürzte ab: 1980 wurde ein Jahr der persönlichen Krisen und der Doping-Vorwürfe. Erst 1983 stellten sich erneut

»Didi« Thurau als erfolgreicher Radrennfahrer bei der Tour de France 1977.

Erfolge ein – er erreichte den fünften Platz beim Giro d'Italia. Trotz seiner zeitweiligen Mißerfolge gilt Thurau als der populärste deutsche Radsportler.

John Travolta

amerikanischer Tänzer und Schauspieler
geboren am 18. Februar
in Englewood/New Jersey

Der Junge irisch-italienischer Abstammung bewies früh seine tänzerische Begabung. Gene Kelleys Bruder Fred erteilte ihm Tanzunterricht. 1974 stand er mit den Andrew Sisters auf der Bühne am Broadway. Dann begann sich das Fernsehen für ihn zu interessieren. Mit der Serie »Welcome back, Kotter« wurde er zum Idol für die amerikanische Jugend (1976). Weltruhm erlangte er mit den zwei Filmmusicals »Saturday Night Fever« und »Grease« (1976/77). Seine Tanzdarbietungen zu den neuen Rhythmen der Disco-Musik revolutionierten die kommerzielle Musikszene. Die Discowelle schwappte über die ganze Welt, doch Travoltas Ruhm hielt nicht lange: Nach einigen filmischen Mißerfolgen und persönlichen Krisen endete seine Schauspielkarriere Mitte der achtziger Jahre.

Kathleen Turner

amerikanische Schauspielerin
geboren am 19. Juni
in Springfield/Missouri

Ihr Image als lässig-souveräne Blondine (»Sphinx ohne Rätsel«) reiht sie ein in die Tradition einer Barbara Stanwyck oder Lauren Bacall. Trotzdem erweist sie sich als äußerst wandlungsfähig. Ihr Rollenspektrum ist beachtlich, weswegen sie auf Hollywoods Besetzungsliste ganz oben rangiert. Nach ihrem Debüt in »Heißblütig – kaltblütig« (1981) kamen weitere Filmerfolge wie »Der Mann mit den zwei Gehirnen« (1983), »Die Ehre der Prizzis« (1985) und »Der Rosenkrieg – bis daß der Tod uns scheidet« (1989).

Welt- und Europameister aus Deutschland, Österreich und der Schweiz

Sportart	Sportereignis	Sieger
Bob	WM Viererbob	Feierabend (CH)
Billard	EM Einband	W. Lütgehetmann (BRD)
Boxen	EM Halbschwergewicht	Gerhard Hecht (BRD)
Eiskunstlauf	WM, EM, DM Damen	Gundi Busch (BRD)
Eisschießen	EM Zielschießen/Mannschaft Herren	Richard Gschaider (A)
Fußball	WM	BRD
Gewichtheben	EM Superschwergewicht	Franz Hölbl (A)
Handball	WM	1. SWE, 2. BRD, 3. TCH
Kanu	WM Zweier-Kajak/Herren (500 m)	Steinhauer/Miltenberger (BRD)
	WM Zweier-Kajak/Herren (10 000 m)	Raub/Wiedermann (A)
	WM Zweier-Canadier/Herren (1000 m)	Liebhardt/Lulla (A)
	WM Einer-Kajak/Damen (500 m)	Therese Zeuz (BRD, Saar)
Leichtathletik	EM 100 m	Heinz Fütterer (BRD) in 10,5 sec.
	EM 200 m	Heinz Fütterer (BRD) in 20,9 sec.
Motorradsport	WM 125 ccm	Rupert Hollaus (A) auf NSU
	WM 250 ccm	Werner Haas (BRD) auf NSU
	WM Seitenwagen	Wilhelm Noll/Fritz Cron (BRD) auf BMW
Pferdesport	WM Springreiten	Hans Günter Winkler (BRD)
Radsport	Giro d'Italia	Carlo Clerici (CH)
	Meisterschaft von Zürich	Hugo Koblet (CH)
	WM Radball	Breitenmoser/Flachsmann (CH)
Rollkunstlauf	EM Herren	Freimut Stein (BRD)
	EM Damen	Lotte Cädenbach (BRD)
	EM Paare	Knake/Koch (BRD)
	EM Rolltanz Paare	Knake/Koch (BRD)
Rodeln	EM Einer/Herren	Paul Aste (A)
	EM Doppelsitzer	Isser/Isser (A)
	EM Einer/Damen	Maria Isser (A)
Rudern	EM Einer/Herren	CH (Alain Colomb)
	EM Zweier/Herren	BRD
Schwimmen	EM 200 m Brust/Damen	Ursel Happe (BRD) in 2:54,9 min.
	EM 100 m Schmetterling/Damen	Jutta Langenau (DDR) 1:16,6 min.
Ski alpin	WM Abfahrt/Herren	Christian Pravda (A)
	WM Abfahrt/Damen	Ida Schöpfer (CH)
	WM Slalom/Damen	Trude Klecker (A)
	WM Kombination/Damen	Ida Schöpfer (CH)

Zahlen des Jahres

Den folgenden Angaben für die Bundesrepublik Deutschland, die Deutsche Demokratische Republik, Österreich und die Schweiz liegen die amtlichen Zahlen der jeweiligen Statistischen Jahrbücher für das Jahr 1954 zugrunde. Wo 1954 keine Angaben erhoben wurden, fanden jeweils die neuesten Zahlen Verwendung. Das Saargebiet, obwohl wirtschaftlich mit Frankreich verbunden, ist, wo möglich, unter den deutschen Bundesländern aufgeführt, zu denen es ab dem 1. 1. 1957 wieder gehören sollte.

Bundesrepublik Deutschland

Fläche (in km²) **und Wohnbevölkerung** (in 1000)

	Fläche	Einw. je km²	Einw. insges.[1]	männlich	weiblich	Haushalte[1]	Vertriebene[2]	Zugewanderte[2]	Ausländer
Bundesgebiet	245 339	194	47 695 (49 763)	22 350	25 345	15 402	8 488	2 286	463
Schleswig-Holstein	15 670	166	2 594 (2 303)	1 210	1 384	868	653	132	15
Hamburg	746	2 150	1 605 (1 752)	752	853	646	169	110	20
Niedersachsen	47 330	144	6 797 (6 569)	3 202	3 594	2 120	1 699	408	43
Bremen	403	1 384	558 (623)	265	293	208	72	33	4
Nordrhein-Westfalen	33 958	389	13 196 (14 561)	6 255	6 941	4 254	1 900	698	147
Hessen	21 101	205	4 323 (4 520)	2 024	2 299	1 434	787	243	30
Rheinland-Pfalz	19 828	152	3 004 (3 266)	1 400	1 603	924	245	114	20
Baden-Württemberg	35 750	180	6 430 (7 008)	2 979	3 450	2 105	1 112	271	62
Bayern	70 548	130	9 184 (9 158)	4 260	4 923	2 839	1 850	277	119
West-Berlin	481	4 464	2 147 (2 192)	911	1 235	972	157	121	18
Saargebiet	2 567	383	982[2]	469	513	307	–	–	–

[1] Lt. Volkszählung am 13. 9. 1950 (in Klammern fortgeschriebene Zahlen Ende 1954).
[2] Am 30. 6. 1954.

Familienstand

	insgesamt	männlich	weiblich
Ledige	21 538 651	10 664 506	10 874 145
Verheiratete	21 772 545	10 721 355	11 051 190
Verwitwete	3 783 831	751 115	3 032 716
Geschiedene	600 645	213 716	386 929
Lebendgeborene	779 785	402 215	377 570
Gestorbene	515 419	265 584	249 835
Eheschließungen	427 305		
Scheidungen	48 035		

Altersgruppen (Personen in 1000; Stand 31. 12. 1953)

	insgesamt	männlich	weiblich
0 – 9 Jahre	6 843	3 505	3 338
10 – 19 Jahre	8 295	4 234	4 061
20 – 29 Jahre	7 028	3 453	3 575
30 – 39 Jahre	6 036	2 562	3 474
40 – 49 Jahre	7 632	3 437	4 195
50 – 59 Jahre	6 354	2 894	3 460
60 – 69 Jahre	4 169	1 784	2 385
70 und mehr	2 912	1 289	1 623

Religionszugehörigkeit

	evangelisch	römisch-katholisch	jüdisch	sonst.
Bundesgebiet	24 430 815	21 576 179	17 116	1 528 713
Schleswig-Holstein	2 284 248	154 857	195	141 702
Hamburg	1 268 280	104 486	936	217 952
Niedersachsen	5 256 133	1 277 637	997	245 612
Bremen	474 436	49 721	106	31 726
Nordrhein-Westfalen	5 424 320	7 231 707	2 311	522 603
Hessen	2 778 797	1 391 707	2 142	101 355
Rheinland-Pfalz	1 225 942	1 734 425	387	41 615
Baden-Württemberg	3 260 627	3 030 744	1 442	124 582
Bayern	2 458 032	6 600 895	8 600	101 561
West-Berlin	1 574 273	240 587	4 858	325 364
Saargebiet	241 773	701 570	439	11 364

Bildung (Personen in 1000)

	Schüler	Hauptamtl. Lehrkräfte
Volksschulen	5 369	127
Mittelschulen	314	9
Höhere Schulen	754	33
Freie Waldorfschulen	299	
Sonderschulen	105	4
Berufsschulen	2 061	115
Studenten	115	

Zahlen des Jahres

Erwerbstätigkeit (Personen in 1000; Stand 1950)

	insgesamt	männlich	weiblich
Berufstätige	22074	14125	7949
Selbständige	3258	2652	606
Mithelf. Fam.angehörige	3184	642	2542
Beamte	878	784	94
Angestellte	3523	2011	1512
Arbeiter	11229	8034	3195
Arbeitslose	1287	841	446

Berufstätige nach ausgewählten Wirtschaftsbereichen (in 1000)

Land- und Forstwirtschaft	5113	2316	2797
Bergbau und Energie	1012	974	38
Verarbeitende Gewerbe	6575	4688	1887
Handel, Banken Versicherungen	2221	1291	930
Dienstleistungen	1394	375	1019
Verkehr	1222	1095	127
Öffentlicher Dienst	2299	1448	851

Betriebe

	Zahl	Beschäftigte (in 1000)
Landwirtschaft[1]	2011992	4891
Industrie[2]	91173	6104
Handwerk[3]	804216	3136
Bauwirtschaft	63598	1244

[1] Stand: 1949 (Zahl) und 1954 (Beschäftigte, ohne Hamburg und Bremen).
[2] Stand: Ende September 1953.
[3] Stand: 13. 9. 1950.

Außenhandel (in Mio. DM)

Einfuhr	19337
Ausfuhr	22035

Gesundheitswesen

	insgesamt	auf 10000 Einw.
Praktizierende Ärzte (ohne Fachärzte)	44147	8,96
Fachärzte	21133	4,29
Zahnärzte	26723	5,42
Krankenanstalten (-betten)	3306 (513104)	
Apotheken	6221	1,26

Sozialleistungen

Mitglieder der sozialen Krankenkassen (in 1000)	17032
Bezieher von Renten der Angestelltenversicherung	1444410
Bezieher von Arbeitslosenversicherung	487775
Bezieher von Arbeitslosenfürsorge	553145
Bezieher von Kriegsopferversorgung	144592
Öffentliche Fürsorge (in 1000 DM)	1094570
Lastenausgleich (bis 31. 12. 1954/ Mio. DM)	7392

Öffentliche Finanzen (Rechnungsjahr 1953)

Ausgaben (Mio. DM)	
Bund	21844,6
Lastenausgleichsfonds	2435,0
Länder (mit West-Berlin)	12708,3
Gemeinden	8831,3
insgesamt	45819,2
Einnahmen (Mio. DM)	
Bund	22913,3
Lastenausgleichsfonds	2587,8
Länder	13043,6
Gemeinden	8327,3
insgesamt	46872,0
Steuereinnahmen (Rechnungsjahr 1952)	
Bundes- und Landessteuern (Mio. DM)	
Besitz- und Verkehrsteuern	14446,0
Umsatzsteuer	8977,5
Zölle und Verbrauchsteuern	6226,4
insgesamt	29649,9
Gemeindesteuern	4825,7
Lastenausgleichsabgaben	2037,3
Gesamte Steuereinnahmen	36512,9
Steuereinnahmen je Einwohner (DM)	711,0
Schulden (Mio. DM)	
Inlandschulden	27427,5
Auslandschulden	8544,6

Preise

Index der Einzelhandelspreise 1938 = 100 (1950 = 100)	179 (104)
Einzelhandelspreise ausgewählter Lebensmittel (in DM)	
Vollmilch (1 l)	0,39
Butter (1 kg)	6,32
Margarine (1 kg)	2,08
Ei	0,22
Rindfleisch (1 kg)	4,43
Kalbfleisch (1 kg)	5,01
Schweinefleisch (1 kg)	5,19
Brot (1 kg)	0,70
Weizenmehl (1 kg)	0,76
Kartoffeln (1 kg)	0,98
Kaffee (1 kg)	22,60
Index der Lebenshaltungskosten 1938 = 100 (1950 = 100)	169 (108)
Nettosozialprodukt (Mio. DM)	134173
Bruttosozialprodukt (Mio. DM)	145293

Löhne und Gehälter

	männlich	weiblich
Industriearbeiter		
durchschnittliche Wochenarbeitszeit (Std.)	49,5	45,9
durchschnittlicher Stundenverdienst (DM)	1,84	1,16
Arbeiter in der gewerblichen Wirtschaft		
durchschnittliche Wochenarbeitszeit (Std.)	50,0	46,8
durchschnittlicher Stundenverdienst (DM)	1,64	1,05
Angestellte in der gewerblichen Wirtschaft		
durchschnittlicher Monatsverdienst (DM)	449,60	257,04

Verkehr

Straßennetz in km	128 140
Autobahnen	2 151
Bundesstraßen	24 150
Landstraßen I. Ordnung	51 995
Landstraßen II. Ordnung	49 843
Bestand an Kfz	4 699 537
Pkw	1 393 358
Autobusse	24 775
Lkw	572 491
Zugmaschinen	376 270
Krafträder	2 300 677
Neuzulassungen	
Pkw	282 946
Lkw	56 413
Krafträder	292 490
Eisenbahnnetz in km (1953)	
Deutsche Bundesbahn	30 674
Beförderte Personen (in 1000)	1 240 059
Beförderte Güter (in 1000 t)	246 799
Nichtbundeseigene Eisenbahnen	6 179
Beförderte Personen (in 1000)	158 069
Beförderte Güter (in 1000 t)	66 329
Binnenschiffahrt	
Güterschiffe mit eigener Triebkraft	2 406
Güterschiffe ohne eigene Triebkraft	3 574
Schlepper	896
Fahrgastschiffe	594
Güterverkehr (in 1000 t)	103 473
Seeschiffahrt	
Handelsschiffe	2 104
BRT	1 930 123
Seefischereifahrzeuge	812
BRT	142 035
Güterverkehr (in t)	37 529 592
Gestartete Flugzeuge	81 060
Fluggäste Ankunft	1 070 910
Fluggäste Abgang	1 078 292
Fluggäste Durchgang	266 066
Fracht Ankunft (in t)	47 455
Fracht Abgang	49 026
Fracht Durchgang	8 552

Die größten Städte

Ort	Einw. (in 1000)	Ort	Einw. (in 1000)
West-Berlin	2 198	Frankfurt/Main	602
Hamburg	1 723	Düsseldorf	595
München	906	Dortmund	581
Köln	670	Stuttgart	566
Essen	661	Hannover	494

Wahlen in den Bundesländern

3. Landtag von Nordrhein-Westfalen (27. 6. 1954)

Wahlberechtigt: 9 730 072 Wahlbeteiligung: 72,6 %
Gültige Stimmen: 6 923 069 Mandate: 200

davon	CDU	SPD	FDP	Z
Stimmen absolut	2 855 988	2 387 718	793 736	278 863
Stimmenanteil in %	41,3	34,5	11,5	4,0
Mandate	90	76	25	9

3. Landtag von Schleswig-Holstein (12. 9. 1954)

Wahlberechtigt: 1 548 832 Wahlbeteiligung: 78,6 %
Gültige Stimmen: 1 194 288 Mandate: 69

davon	CDU	SPD	GB/BHE	FDP	SHB
Stimmen absolut	396 073	384 875	167 320	89 415	61 277
Stimmenanteil in %	33,2	32,2	14,0	7,5	5,1
Mandate	25	25	10	5	4

3. Landtag von Bayern (28. 11. 1954)

Wahlberechtigt: 6 089 384 Wahlbeteiligung: 82,5 %
Gültige Stimmen: 9 724 178 Mandate: 204

davon	CSU	SPD	BP	GB/BHE	FDP
Stimmen absolut	3 691 954	2 733 946	1 286 937	990 109	703 924
Stimmenanteil in %	38,0	28,1	13,2	10,2	7,2
Mandate	83	61	28	19	13

3. Landtag von Hessen (28. 11. 1954)

Wahlberechtigt: 3 105 125 Wahlbeteiligung: 82,4 %
Gültige Stimmen: 2 501 273 Mandate: 96

davon	SPD	CDU	FDP	GB/BHE
Stimmen absolut	1 065 733	603 691	513 421	192 390
Stimmenanteil in %	42,6	24,1	20,5	7,7
Mandate	44	24	21	7

Berliner Abgeordnetenhaus (5. 12. 1954)

Wahlberechtigt: 1 694 896 Wahlbeteiligung: 91,8 %
Gültige Stimmen: 1 535 893 Mandate: 127

davon	SPD	CDU	FDP
Stimmen absolut	684 906	467 117	197 204
Stimmenanteil in %	44,6	30,4	12,8
Mandate	64	44	19

Deutsche Demokratische Republik

Fläche (in km²) **und Wohnbevölkerung** (in 1000)

Bezirk	Fläche	Einw. je km²	Einw. insges.[1]	männlich	weiblich	Haushalte[1]
DDR (ohne Ost-Berlin)	107 460	160	17 199	7 655	9544	6 199 263
Rostock	7 140	120	845	384	461	283 609
Schwerin	8 530	80	689	309	380	229 425
Neubrandenburg	10 870	66	719	324	395	229 317
Potsdam	12 140	99	1 218	536	682	445 599
Frankfurt/Oder	7 170	91	644	286	358	236 479
Cottbus	8 280	98	804	357	447	286 897
Magdeburg	11 690	131	1 523	680	843	548 775
Halle/Saale	8 740	242	2 119	953	1 166	759 338
Erfurt	7 420	187	1 369	608	761	473 585
Gera	3 980	190	755	332	423	272 617
Suhl	3 800	148	569	256	313	199 309
Dresden	6 720	295	1 981	853	1 128	764 666
Leipzig	4 960	328	1 631	710	921	621 998
Karl-Marx-Stadt (Chemnitz)	6 020	387	2 335	1 068	1 267	847 649
Ost-Berlin	403	2 950	1 189	506	683	–

[1] Stand 31. 8. 1950

Familienstand (1950)

	insgesamt	männlich	weiblich
Ledige	6 972 286	3 328 827	3 643 459
Verheiratete	8 229 693	3 954 328	4 275 365
Verwitwete	1 722 901	299 779	1 423 122
Geschiedene	274 218	71 897	202 321
Lebendgeborene	293 715	151 690	142 025
Gestorbene	219 832	107 428	112 404
Eheschließungen	141 605		
Scheidungen	25 045		

Altersgruppen (Personen in 1000; Stand 31. 8. 1950)

	insgesamt	männlich	weiblich
0 – 9 Jahre	2 484	1 269	1 215
10 – 20 Jahre	3 311	1 663	1 648
21 – 29 Jahre	2 032	824	1 208
30 – 39 Jahre	2 069	794	1 275
40 – 49 Jahre	2 999	1 291	1 708
50 – 59 Jahre	2 521	1 055	1 466
60 – 69 Jahre	1 828	776	1 052
70 und mehr	1 145	489	656

Religionszugehörigkeit (Stand 29. 10. 1946)

Ehemaliges Land	evangelisch	römisch-katholisch	jüdisch	sonstige
Brandenburg	2 171 353	232 199	424	120 157
Mecklenburg	1 784 911	305 950	153	46 767
Sachsen-Anhalt	3 337 650	633 444	435	185 074
Thüringen	2 254 709	488 902	428	176 787
Sachsen	4 659 129	450 012	654	441 193
DDR (ohne Ost-Berlin)	14 207 752	2 110 507	2 094	969 978
Ost-Berlin	830 384	122 808	2 535	215 579

Bildung (Personen in 1000)

	Schüler	Hauptamtl. Lehrkräfte
Grundschulen	1 840	68
Sonderschulen	55	4
Mittel- und Oberschulen	125	18
Berufsschulen	713	18
Studenten an Universitäten		58
im Fernstudium		13

Erwerbstätigkeit (Stand 1950)

	insgesamt	männlich	weiblich
Berufstätige	7 923 222	4 767 624	3 155 598
Arbeiter	4 125 519	2 720 524	1 404 995
Angestellte	1 687 277	1 000 239	687 038
Selbständige	1 093 807	883 599	210 208
Mithelf. Fam.angehörige	1 016 619	163 262	853 357
Arbeitsuchende	54 277	10 372	43 905

Berufstätige nach ausgewählten Wirtschaftsbereichen (in 1000; Stand 29.10. 1946)	insges.	männlich	weiblich
Land- und Forstwirtschaft	2 378	1 046	1 332
Industrie und Handwerk	3 419	2 225	1 194
Handel und Verkehr	1 189	710	479
Öffentlicher Dienst, private Dienstleistungen	911	482	429

Betriebe

	Zahl	Beschäftigte (in 1000)
Land- und Forstwirtschaft	858 278	2 378
davon volkseigene Güter	557	–
sonstige volkseigene und öffentliche Betriebe	25 568	–
Landwirtschaftliche Produktionsgenossenschaften	5 120	158
Privatbetriebe	763 374	–
Industrie	19 837	2 683
Handwerk (Stand 1953)	280 000	850
Bauindustrie	1 973	315

Außenhandel und innerdeutscher Handel

	in Mio. DM	in Mio. Rubel
Einfuhr	2 436	4 384
Ausfuhr	2 845	5 120

Gesundheitswesen

Krankenhäuser	903
Krankenbetten	202 401
Polikliniken (mind. 5 Fachrichtungen)	354
Ambulatorien	1 115
Apotheken	1 533

Sozialleistungen

Bestand (in 1000) an	Unfallrenten	136
	Invalidenrenten	524
	Altersrenten	1 088
	Witwenrenten	386
	Kriegsrenten	456

Öffentliche Finanzen (Stand 1953)

Einnahmen (Mio. DM)	34 199
Ausgaben (Mio. DM)	34 179

Löhne und Gehälter

Durchschnittliche Stundenverdienste Industriearbeiter (in DM)	1,93
Monatlicher Durchschnittslohn der Arbeiter und Angestellten sämtlicher Wirtschaftsbereiche (in DM)	346
Industrie	376
Bau	363
Land- und Forstwirtschaft	236
Handel	307

Preise

Index der Einzelhandelspreise	
1936 = 100	320
1950 = 100	69
Handelsorganisations-(HO-)Preise ausgewählter Lebensmittel (in DM)	
Vollmilch (1 l)	1,60
Butter (1 kg)	20,00
Margarine (1 kg)	6,00
Ei	0,45
Rindfleisch (1 kg)	6,60
Kalbfleisch (1 kg)	18,00
Schweinefleisch (1kg)	11,20
Roggenbrot (1 kg)	0,60
Weißbrot (1 kg)	1,20
Weizenmehl (1kg)	1,70
Kartoffeln	0,11
Index der Lebenshaltungskosten	
1936 = 100	208
1950 = 100	64
Nettosozialprodukt (Mrd. DM; Stand 1951)	26,9

Verkehr

Straßennetz (in km; Stand 1953)	51 079
Autobahnen	1 418
Fernverkehrsstraßen	10 122
Landstraßen I. Ordnung	19 491
Landstraßen II. Ordnung	20 048
Bestand an Kfz (in 1000)	
Pkw	57,6
Autobusse	1,4
Lkw	70,7
Zugmaschinen	9,4
Krafträder	155,0
Eisenbahnnetz (in 1000 km)	15,5
Beförderte Personen (in Mio.)	1008
Beförderte Güter (in Mio. t)	191,4
Binnenschiffahrt	
Schlepper und Frachtmotorschiffe	522
Kähne	1328
Beförderte Personen (in Mio.)	9
Beförderte Güter (in Mio. t)	11,6

Die größten Städte

Ort	Einw. (in 1000)	Ort	Einw. (in 1000)
Ost-Berlin	1 140	Magdeburg	261
Leipzig	614	Erfurt	188
Dresden	497	Rostock	150
Karl-Marx-Stadt (bis 1953 Chemnitz)	290	Zwickau	136
Halle/Saale	290	Potsdam	118

Zahlen des Jahres

Österreich

Fläche (in km²) **und Wohnbevölkerung** (in 1000)

	Fläche	Einw. je km²	Einw. insges.[1]	männlich	weiblich	Haushalte
Bundesgebiet	83850	82	6934	3217	3717	2207025
Wien	414	4040	1617	702	915	672237
Niederösterreich	19170	74	1401	650	751	439886
Burgenland	3965	69	277	132	145	73169
Oberösterreich	11978	92	1109	524	585	324430
Salzburg	7154	45	328	156	172	93786
Steiermark	16384	69	1110	529	581	313592
Kärnten	9534	50	475	230	245	124655
Tirol	12649	34	428	204	224	114885
Vorarlberg	2602	80	193	92	101	50385

[1] Stand 1951

Familienstand

	insgesamt	männlich	weiblich
Ledige	3127017	1539268	1587749
Verheiratete	3057584	1516751	1540833
Verwitwete	605071	106518	498553
Geschiedene	144233	54703	89530
Lebendgeborene	103985	53415	50570
Gestorbene	84632	43054	41578
Eheschließungen	54289		
Scheidungen	9227		

Altersgruppen (Personen in 1000)

	insgesamt	männlich	weiblich
0 – 4 Jahre	484	248	236
5 – 9 Jahre	502	256	246
10 – 14 Jahre	600	305	295
15 – 19 Jahre	450	228	222
20 – 29 Jahre	953	468	485
30 – 39 Jahre	836	356	480
40 – 49 Jahre	1045	470	575
50 – 59 Jahre	964	439	525
60 – 69 Jahre	663	277	386
70 und mehr	473	192	281

Bildung (Personen in 1000)

	Schüler	Lehrkräfte
(Schuljahr 1953/54)	828	37
Volksschulen	549	24
Hauptschulen	229	12
Sonderschulen	14	1
Berufsschulen	107	3
Mittelschulen (inkl. Gymnasien)	73	–
Studenten (WS 1954/55)	20	22

Erwerbstätigkeit (Personen in 1000; Stand 1951)

	insgesamt	männlich	weiblich
Berufstätige (inkl. Arbeitslose)	3347	2048	1299
Selbständige	588		
Mithelfende Fam.angehörige	593		
Arbeitslose	165		

Berufstätige nach ausgewählten Wirtschaftsbereichen:

Land- und Forstwirtschaft	1080
Industrie und Gewerbe	1367
Handel und Verkehr	436
Bauwesen	244
Öffentlicher Dienst	147

Betriebe

	Zahl	Beschäftigte insgesamt	männlich	weiblich
Landwirtschaft	432848	1079647	512540	567107
Industrie	5128	493672	332650	161022

Außenhandel (in Mio. ÖS)

Einfuhr	16987
Ausfuhr	15581

Gesundheitswesen

Krankenanstalten	271
Betten	70456
Ärzte	3988
Pflegepersonen	13730
Praktische Ärzte	6070
Fachärzte	2529
Zahnärzte	1264
Öffentliche Apotheken	702
Hausapotheken bei Ärzten	954

Sozialleistungen

Mitglieder (in 1000) der Krankenversicherung	3 138
Unfallversicherung	2 867
Pensionsversicherung	1 814
Arbeitsl.-Versicherung	1 445
Bezieher von Renten der Angest.-Vers.	128 920
Invaliditätsvers.	517 689
Knappschaftliche Rentenversicherung	25 017
Unfallversicherung	85 180
Kriegsbeschädigtenfürsorge	
Beschädigte	164 646

Öffentliche Finanzen (Rechnungjahr 1953)

	Mio. ÖS
Ausgaben des Bundes	22 624
Einnahmen des Bundes	22 731
Schulden des Bundes	13 671
Steuereinnahmen	
Umsatzsteuer	4 558
Einkommensteuer	4 202
Gewerbesteuer	1 051

Preise

Index der Einzelhandelspreise (1938 = 100)	681
Einzelhandelspreise ausgewählter Lebensmittel (Juni 1954 in ÖS)	
Vollmilch (1 l)	2,12
Butter (1 kg)	34,20
Margarine (1kg)	14,00
Ei	0,90
Rindfleisch (1 kg)	22,60
Kalbfleisch (1 kg)	26,00
Schweinefleisch (1kg)	27,00
Brot (1 kg)	3,50
Mehl (1kg)	4,30
Kartoffeln (1 kg)	1,70
Kaffee (1kg)	96,00
Bruttosozialprodukt (1953)	77,5 Mrd. ÖS

Löhne und Gehälter

Durchschnittliche Wochenlöhne (ÖS)		
Arbeiter	insgesamt	275,–
	Männer	293,–
	Frauen	243,–

Verkehr

Bundesstraßen in km	8 248
Landesstraßen in km	21 978
Bestand an Kfz (31. 10. 1954)	488 957
Pkw	91 963
Autobusse	3 898
Lkw	53 817
Zugmaschinen	43 354
Krafträder	248 990
Neuzulassungen	89 729
Pkw	20 774
Lkw	8 799
Krafträder	50 955
Eisenbahnnetz in km	7 110
Österreichische Bundesbahnen	5 999
Beförderte Personen (in 1000)	131 922
Beförderte Güter (in 1000 t)	41 275
Seil- und Bergbahnen, Lifte (öffentlich)	280
Privatbahnen	698
Straßenbahnen	413
Wasserstraßen in km	838
Beförderte Personen (in 1000)	
Bodenseeschiffahrt	39 146
Beförderte Güter (in 1000 t)	
Donauschiffahrt	2558
Luftverkehr	
Fluggäste Ankunft	45 309
Fluggäste Abflug	45 581

Die größten Städte

Ort	Einw. (in 1000)	Ort	Einw. (in 1000)
Wien	1 616	Klagenfurt	63
Graz	226	Sankt Pölten	40
Linz	185	Wels	38
Salzburg	103	Steyr	36
Innsbruck	95	Leoben	36

Landtagswahlen (17. 10. 1954)

Mandate	SPÖ	ÖVP	VO[1]	WdU[2]
Niederösterreich	23	30	3	–
Salzburg	13	15	–	4
Vorarlberg	7	16	–	3
Wien	59	35	6	–

[1] VO = Volksopposition
[2] WdU = Wahlgemeinschaft der Unabhängigen

Schweiz

Fläche (in km²) **und Wohnbevölkerung** (in 1000; Stand 1950)

Kanton	Fläche	Einw. je km²	Einw. insges.	männlich	weiblich	Haushalte	Ausländer
Schweizerische Eidgenossenschaft	41 288	114	4715	2 272	2 443	1 312 204	285 446
Zürich	1729	449	777	366	411	227 611	51 589
Bern	6 887	116	802	393	409	219 154	21 437
Luzern	1 494	149	223	110	113	51 568	6 649
Uri	1 075	27	28	14	14	6 538	813
Schwyz	908	78	72	36	36	16 652	2 666
Obwalden	492	45	22	11	11	5 013	675
Nidwalden	274	71	19	10	9	4 366	557
Glarus	684	55	38	18	20	10 821	2 937
Zug	239	177	42	20	22	9 500	2 524
Fribourg	1 670	95	159	81	78	35 137	4 168
Solothurn	791	216	171	84	87	44 893	6 336
Basel-Stadt	37	5 296	196	90	106	65 782	16 353
Basel-Land	428	251	108	53	55	29 343	6 626
Schaffhausen	298	193	58	28	30	16 845	3 565
Appenzell A. Rh.	243	198	48	23	25	14 492	2 125
Appenzell I. Rh.	172	78	13	6	7	3 253	332
St. Gallen	2 016	153	309	147	162	82 267	19 838
Graubünden	7 109	19	137	67	70	34 194	11 136
Aargau	1 404	214	300	147	153	77 359	10 733
Thurgau	1 006	149	150	73	77	39 723	9 748
Ticino (Tessin)	2 811	62	175	81	94	52 910	30 146
Vaud (Waadt)	3 211	118	377	181	196	113 500	27 507
Valais (Wallis)	5 231	30	159	80	79	39 075	4 999
Neuchâtel (Neuenburg)	797	161	128	60	68	41 457	6 795
Genève (Genf)	282	719	202	92	110	70 751	35 192

Familienstand

	insgesamt	männlich	weiblich
Ledige	2 334 347	1 162 202	1 172 145
Verheiratete	2 029 317	1 016 428	1 012 889
Verwitwete	279 470	66 655	212 815
Geschiedene	71 858	26 740	45 118
Lebendgeborene	83 741	42 714	41 027
Gestorbene	49 113	25 218	23 895
Eheschließungen	38 247		
Scheidungen	4 437		

Bildung

	Schüler	Lehrkräfte
Primarschulen	518 050	15 204
Sekundarschulen	59 344	2 462
Untere Mittelschulen	26 133	980
Obere Mittelschulen	13 128	1 208
Studenten	12 413	
davon weiblich	2 096	

Altersgruppen (Personen in 1000; Stand 1950)

	insgesamt	männlich	weiblich
0 – 4 Jahre	412	211	201
5 – 14 Jahre	698	355	343
15 – 19 Jahre	328	164	164
20 – 29 Jahre	708	341	367
30 – 39 Jahre	664	326	338
40 – 49 Jahre	695	334	361
50 – 59 Jahre	548	253	295
60 – 69 Jahre	386	173	212
70 und mehr	277	115	162

Religionszugehörigkeit

Kanton	protestantisch	röm.-kath.	christ-kath.	jüdisch	sonstige
Schweizerische Eidgenossenschaft	2655375	1959046	28568	19048	52955
Zürich	560080	193120	5158	6532	12112
Bern	671817	119715	3256	1403	5752
Luzern	30396	189917	1129	497	1310
Uri	2073	26439	20	–	24
Schwyz	4642	66297	79	15	49
Obwalden	827	21256	18	6	18
Nidwalden	1485	17846	28	17	13
Glarus	24624	12946	28	6	59
Zug	6544	35461	63	24	147
Fribourg	21003	136959	54	179	500
Solothurn	69204	94742	4904	105	1553
Basel-Stadt	124434	61548	2673	2620	5223
Basel-Land	78786	26741	1115	148	759
Schaffhausen	44408	12431	275	57	344
Appenzell A. Rh.	39748	7794	92	44	260
Appenzell I. Rh.	572	12833	5	2	15
St. Gallen	122039	184087	1048	565	1367
Graubünden	69524	66419	122	360	675
Aargau	171296	122172	5096	496	1722
Thurgau	97515	51245	310	169	499
Ticino (Tessin)	10792	160569	206	555	2933
Vaud (Waadt)	294823	75142	810	1814	4996
Valais (Wallis)	5960	152682	13	31	492
Neuchâtel (Neuenburg)	100158	24829	768	506	1891
Genève (Genf)	102625	85856	1298	2897	10242

Erwerbstätigkeit (Personen in 1000; Stand 1950)

	insgesamt	männlich	weiblich
Berufstätige	2155	1515	640
Selbständige	409	341	68
Mithelf. Fam.angehörige	131	98	33
Angestellte, Arbeiter, Lehrlinge	1615	1076	539
Ausländer	175	82	93
Arbeitslose	9	6	3
Berufstätige nach ausgewählten Wirtschaftsbereichen:			
Land- und Forstwirtschaft	355	325	30
Industrie und Handwerk	1004	772	232
Handel, Banken, Versicherungen	253	157	96
Gastgewerbe	90	29	61
Verkehr	98	88	10
Öffentl. Dienste, priv. Dienstleistungen	165	110	55
Hauswirtschaft, Taglöhnerei, Arbeitslose	125	12	113

Betriebe

	Zahl	Beschäftigte
Landwirtschaft	238841	355427
Industrie	11850	564311
Fremdenverkehr, Gastgewerbe	6499	90791

Außenhandel (in 1000 sfr)

Einfuhr	5591597
Ausfuhr	5271518

Gesundheitswesen

Praktizierende Ärzte	4537
Einwohner auf 1 praktizierenden Arzt	1081
Praktizierende Zahnärzte	2020
Praktizierende Tierärzte	693
Krankenanstalten	502
Krankenbetten	69739
Verpflegte Kranke	544438
Apotheken	1020

Sozialleistungen

Mitglieder anerkannter Krankenkassen	3383477
Bezieher von Altersrenten	154722
Bezieher von Arbeitslosengeld	75690
männlich	63510
weiblich	12180

Zahlen des Jahres

Öffentliche Finanzen (in 1000 sfr.)

Einnahmen des Bundes	1 959 201
Ausgaben des Bundes	2 320 213
Fehldeckung	7 795 333
Steuerträge insgesamt	3 763 922
Bund	1 967 952
Kantone	958 970
Gemeinden	837 000
Einkommen-, Vermögensteuer gesamt	2 190 146
Bund	591 865
Kantone	788 281
Gemeinden	810 000
Verbrauch-, Aufwandsteuern gesamt	1 352 091
Bund	1 247 193
Kantone	92 898
Gemeinden	12 000

Preise

Index der Einzelhandelspreise (1939 = 100)	171
Einzelhandelspreise ausgewählter Lebensmittel (in sfr)	
Vollmilch (1 l)	0,52
Butter (1 kg)	10,17
Ei	0,30
Rindfleisch (1 kg)	6,41
Kalbfleisch (1 kg)	8,42
Schweinefleisch (1 kg)	7,55
Brot (1 kg)	0,56
Weizenmehl (1 kg)	1,45
Kartoffeln (1 kg)	0,39
Kaffee	10,75
Index der Lebenshaltungskosten (1950 = 100)	107
Nettosozialprodukt (in Mio. sfr)	23 180

Löhne und Gehälter

Durchschnittlicher Stundenverdienst (in sfr)	
männlicher Arbeiter	2,63
weiblicher Arbeiter	1,48
Durchschnittliche Monatsgehälter (in sfr)	
männlicher Angestellter	836
weiblicher Angestellter	510

Die größten Städte

Ort	Einw. (in 1000)	Ort	Einw. (in 1000)
Zürich	412	St. Gallen	71
Basel	193	Winterthur	70
Genf	156	Luzern	63
Bern	155	Biel (BE)	52
Lausanne	112	La Chaux-de-Fonds	36

Verkehr

Straßennetz in km (1953)	16 936
Bestand an Kfz	483 983
Pkw	237 510
Autobusse	2 432
Lkw	49 130
Traktoren	1 106
Motorräder	193 805
Fahrräder	1 872 583
Neuzulassungen	
Pkw	41 726
Lkw	4 157
Motorräder	22 599
Eisenbahnnetz in km (1953)	5 124
Schweizerische Bundesbahnen	2 977
Beförderte Personen (in 1000)	279 409
Beförderte Güter (in 1000 t)	26 017
Luftseilbahnen in km	95
Beförderte Personen (in 1000)	5 869
Beförderte Güter (t)	5 853
Schiffahrt auf den Seen	
Schiffe	111
Beförderte Personen (in 1000)	8 064
Beförderte Güter (t)	312 218
Luftverkehr (Linie)	
Beförderte Personen	986 629

Nationalrat und Ständerat 1954 nach Fraktionen

Fraktion	Sitze im Nationalrat	Ständerat
Katholisch-Konservative	48	18
Radikaldemokraten	51	12
Sozialdemokraten	49	4
Bauern/ Gewerbe/ Bürger	23	3
Landesring	10	–
Liberaldemokraten	5	3
Demokratische	5	2
Kommunistische	5	–
Fraktionslose	–	2
gesamt	196	44

Kantonale Volksvertretungen nach Parteien (Wahlen 1954)

Parteien	Bern	Zug	St. Gallen	Genf
Katholisch-Konservative	9	42	90	17
Freisinnige	35	22	61	32
Liberale	–	–	–	16
Bauern/ Bürger	81	–	–	–
Sozialdemokraten	73	11	36	12
Demokraten	–	1	1	–
Landesring Unabhängige	1	1	5	–
Partei der Arbeit	–	–	–	16
Sonstige/ Parteilose	1	–	–	7
gesamt	200	77	193	100

Staatsoberhäupter und Regierungen in Deutschland, Österreich und der Schweiz

Bundesrepublik Deutschland

Bundespräsident:	Theodor Heuss (FDP)
Bundeskanzler:	Konrad Adenauer (CDU)
Stellvertreter des Bundeskanzlers:	Franz Blücher (FDP)
Außenminister:	Konrad Adenauer (CDU)
Innenminister:	Gerhard Schröder (CDU)
Justizminister:	Fritz Neumayer (FDP)
Finanzminister:	Fritz Schäffer (CSU)
Wirtschaftsminister:	Ludwig Erhard (CDU)
Landwirtschaftsminister:	Heinrich Lübke (CDU)
Arbeitsminister:	Anton Storch (CDU)
Verkehrsminister:	Hans-Christoph Seebohm (DP)
Postminister:	Hans Schuberth (bis 9. 12. 1953; CSU) Siegfried Balke (ab 10. 12. 1953; parteilos → CSU)
Wohnungsbauminister:	Viktor-Emanuel Preusker (FDP)
Vertriebenenminister:	Theodor Oberländer (GB/BHE → CDU)
Bundesminister für gesamtdeutsche Fragen:	Jakob Kaiser (CDU)
Bundesminister für Angelegenheiten des Bundesrates:	Heinrich Hellwege (DP)
Familienminister:	Franz-Josef Wuermeling (CDU)
Bundesminister für wirtschaftliche Zusammenarbeit:	Franz Blücher (FDP)
Bundesminister für besondere Aufgaben:	Robert Tillmanns (CDU) Hermann Schäfer (FDP) Waldemar Kraft (GB/BHE → CDU) Franz Josef Strauß (CSU)
Beauftragter des Bundeskanzlers für die mit der Vermehrung der alliierten Truppen zusammenhängenden Fragen (später: Verteidigungsminister):	Theodor Blank (CDU)

Deutsche Demokratische Republik

Staatspräsident:	Wilhelm Pieck (SED)
Ministerpräsident:	Otto Grotewohl (SED)
Stellvertretende Ministerpräsidenten:	Walter Ulbricht (SED) Heinrich Rau (SED) Otto Nuschke (CDU) Hans Loch (LDP) Lothar Bolz (NDP) Paul Scholz (Bauernpartei) Willi Stoph (SED; ab 19. 11. 1954)
Außenminister:	Lothar Bolz (NDP)
Innenminister:	Willi Stoph (SED)
Minister für Staatssicherheit:	Ernst (Friedrich) Wollweber (SED)

Deutsche Demokratische Republik (Fortsetzung)

Finanzminister:	Hans Loch (LDP)
Minister für Volksbildung:	Hans Joachim Laabs (SED; bis 19. 11. 1954) Fritz Lange (SED; ab 19. 11. 1954)
Kulturminister.	Johannes R. Becher (SED)
Gesundheitsminister:	Luitpold Steidle (CDU)
Justizministerin:	Hilde Benjamin (SED)
Postminister:	Friedrich Burmeister (CDU)
Verkehrsminister:	Roman Chwalek (SED; bis 19. 11. 1954) Erwin Kramer (SED; ab 19. 11. 1954)
Landwirtschaftsminister:	Paul Scholz (Bauernpartei)
Leiter der Plankommission:	Bruno Leuschner (SED)

Österreich

Bundespräsident:	Theodor Körner (SPÖ)
Bundeskanzler:	Julius Raab (ÖVP)
Vizekanzler:	Adolf Schärf (SPÖ)
Außenminister:	Leopold Figl (ÖVP)
Innenminister:	Oskar Helmer (SPÖ)
Justizminister:	Josef Gerö (parteilos)
Unterrichtsminister:	Ernst Kolb (bis 21. 10. 1954; ÖVP) Heinrich Drimmel (ab 2. 11. 1954; ÖVP)
Finanzminister:	Reinhard Kamitz (ÖVP)
Minister für Handel und Wiederaufbau:	Udo Illig (ÖVP)
Minister für Verkehr und Verstaatlichte Betriebe:	Karl Waldbrunner (SPÖ)
Minister für Sozialwesen:	Karl Maisel (SPÖ)
Landwirtschaftsminister:	Josef Thoma (ÖVP)

Schweiz

Bundespräsident:	Rodolphe Rubattel (freisinnig)
Chef des Politischen Departements (Äußeres):	Max Petitpierre (freisinnig)
Chef des Innendepartements:	Philipp Etter (kath.-konservativ)
Chef des Departements für Justiz und Polizei:	Markus Feldmann (BGB[1])
Chef des Departements für Finanzen und Zölle:	Max Weber (bis 31. 1. 1954; Sozialdemokrat) Hans Streuli (ab 1. 2. 1954; freisinnig)
Chef des Militär-Departements:	Karl Kobelt (freisinnig)
Chef des Volkswirtschaftlichen Departements:	Rodolphe Rubattel (freisinnig)
Chef des Departements für Post und Eisenbahn:	Joseph Etter (kath.-konservativ)

[1] Bauern-, Gewerbe- und Bürgerpartei

Staatsoberhäupter und Regierungen Europas und der großen Staaten in Übersee

SP = Staatspräsident; MP = Ministerpräsident; AM = Außenminister

Australien

BG:	William Slim	2. 9. 1952 – 1959
MP:	Robert Gordon Menzies	18. 12. 1949 – 1966
AM:	Richard Gardiner Casey	11. 5. 1951 – 4. 2. 1960

BG = Britischer Generalgouverneur

Brasilien

SP:	Getulio Dornelles Vargas	10. 2. 1951 – 24. 8. 1954
	João Café Filho	26. 8. 1954 – 8. 11. 1954
AM:	Vincente Rao	12. 9. 1953 – 24. 8. 1954
	Raul Fernandes	25. 8. 1954 – 1955

Bulgarien

PN:	Georgi Damjanow	27. 5. 1950 – 27. 11. 1958
MP:	Walko Tscherwenkow	1. 2. 1950 – 16. 4. 1956
AM:	Mintscho Naitschew	27. 5. 1950 – 11. 8. 1956

PN = Präsident des Präsidiums des Nationalrats

China

SP:	Mao Zedong	1. 10. 1949 – 27. 4. 1959
MP:	Zhou Enlai[1]	21. 9. 1949 – 1976
AM:	Zhou Enai	1. 10. 1949 – 11. 2. 1958

[1] Vorsitzender des staatlichen Verwaltungsrates

Dänemark

König:	Friedrich IX.	20. 4. 1947 – 14. 1. 1972
MP:	Hans Hedtoft	30. 9. 1953 – 29. 1. 1955
AM:	Hans Christian Hansen	1. 10. 1953 – 7. 10. 1958

Finnland

SP:	Juho Kusti Paasikivi	9. 3. 1946 – 29. 2. 1956
MP:	Sakari Tuomioja	15. 11. 1953 – 1. 4. 1954
	Ralf Törngren	5. 5. 1954 – 14. 10. 1954
	Urho Kekkonen	17. 10. 1954 – 27. 1. 1956
AM:	Ralf Törngren	9. 7. 1953 – 4. 5. 1954
	Urho Kekkonen	5. 5. 1954 – 14. 10. 1954
	Johannes Virolainen	20. 10. 1954 – 1. 3. 1956

Frankreich

SP:	Vincent Auriol	16. 1. 1947 – 16. 10. 1954
	Charles de Gaulle	16. 1. 1954 – 8. 1. 1959
MP:	Joseph Laniel	26./28. 6. 1953 – 12./14. 6. 1954
	Pierre Mendès-France	18./19. 6. 1954 – 5. 2. 1955
AM:	Georges Bidault	26./28. 6. 1953 – 12./14. 6. 1954
	Pierre Mendès-France	19. 6. 1954 – 20. 1 .1955

Griechenland

König:	Paul I.	1. 4. 1947 – 6. 3. 1964
MP:	Alexandros Papágos	19. 11. 1952 – 4. 10. 1955
AM:	Stefanos Stefanopulos	20. 11. 1952 – 5. 10. 1955

Großbritannien und Nordirland

K:	Elisabeth II.	seit 6. 2. 1952
PM:	Winston Churchill	27. 10. 1951 – 5. 4. 1955
AM:	Robert Anthony Eden	27. 10. 1951 – 5. 4. 1955

K = Königin; PM = Premierminister

Indien

SP:	Rajendra Prasad	26. 1. 1950 – 13. 5. 1962
MP und AM:	Jawaharlal Nehru	13. 5. 1952 – 16. 4. 1957

Indonesien

SP:	Ahmed Sukarno	17. 8. 1945 – Februar 1967
OK:	Ali Sastroamidjojo	30. 7. 1953 – 23. 6. 1955

OK = Oberkommissar

Irland

P:	Thomas O'Kelly	25. 6. 1945 – 25. 6. 1959
MP:	Eamon de Valera	13. 6. 1951 – 2. 6. 1954
	Seán Ua Coisdealbha (= John Aloysius Costello)	2. 6. 1954 – 4. 2. 1957
AM:	Proinsias Max Aogáin (= Frank Aiken)	13. 6. 1951 – 2. 6. 1954
	Liam T. Mac Cosgair (= William Cosgrave)	2. 6. 1954 – 20. 3. 1957

P = Präsident

Island

SP:	Asgeir Asgeirsson	29. 6. 1952 – 1968
MP:	Olafur Thors	12. 9. 1953 – 27. 3. 1956

Italien

SP:	Luigi Einaudi	11. 5. 1948 – 11. 5. 1955
MP:	Giuseppe Pella	15. 8. 1953 – 6. 1. 1954
	Amintore Fanfani	18. 1. 1954 – 31. 1. 1954
	Mario Scelba	9. 2. 1954 – 22. 6. 1955
AM:	Giuseppe Pella	15. 8. 1953 – 6. 1. 1954
	Attilio Piccioni	18. 1. 1954 – 17. 4. 1954
	Gaetano Martino	18. 4. 1954 – 22. 6. 1955

Japan

Kaiser (Tenno):	Hirohito	24. 12. 1926 – 7. 1. 1989
MP:	Shigeru Yoshida	19./21. 5. 1953 – 7. 11. 1954
	Ichiro Hatoyama	9. 12. 1954 – 19. 3. 1955
AM:	Shigeru Yoshida	19. 10. 1948 – 10. 12. 1954
	Mamoru Shigemitsu	10. 12. 1954 – 20. 12. 1956

Jugoslawien

SP:	Josip (Broz) Tito	14. 1. 1953 – 1980
MP:	Josip (Broz) Tito	14. 1. 1953 – 30. 6. 1963
AM:	Koča Popović	14. 1. 1953 – 23. 4. 1965

Kanada

BG:	Vincent Massey	28. 2. 1952 – 1959
MP:	Louis Stephen Saint Laurent	15. 11. 1948 – 17. 6. 1957
AM:	Lester Pearson	3. 9. 1948 – 17. 6. 1957

BG = Britischer Generalgouverneur

Liechtenstein

Fürst:	Franz Josef II.	seit 30. 3. 1938

Luxemburg

GH:	Charlotte	14. 1. 1919 – 1964
MP:	Joseph Bech	28. 12. 1953 – 26. 3. 1958
AM:	Joseph Bech (Exil: 10. 5. 1940 – Sept. 1944)	5. 11. 1937 – 10. 12. 1958

GH = Großherzogin

Malta

BG:	Gerald Creasy	30. 6. 1949 – 3. 8. 1954
	Robert E. Laycock	3. 8. 1954 – Juni 1959
MP:	Borg Olivier	20. 12. 1950 – 11. 3. 1955

BG = Britischer Gouverneur

Monaco

Fürst:	Rainier III.	seit 9. 5. 1949

Niederlande

Königin:	Juliana	2. 9. 1948 – 1980
MP:	Willem Drees	2. 9. 1952 – 25. 6. 1956
AM:	Johan Willem Beyen	2. 9. 1952 – 25. 6. 1956

Norwegen

König:	Haakon VII.	7. 11. 1905 – September 1957
MP:	Oscar Torp	13./17. 11. 1951 – 14. 1. 1955
AM:	Halvard Lange	1. 2. 1946 – 23. 8. 1963

Polen

MP:	Boleslaus Bierut	21. 11. 1952 – 19. 3. 1954
	Josef Cyrankiewicz	19. 3. 1954 – 20. 2. 1957
AM:	Stanislaus Skrzeszewski	21. 11. 1952 – 28. 4. 1956

Portugal

SP:	Francisco Higino Craveiro Lopes	9. 8. 1951 – 9. 8. 1958
MP:	António de Oliveira Salazar	18. 1. 1936 – 1968
AM:	Paulo Cunha	1. 8. 1950 – 13. 8. 1958

Rumänien

SP:	Petru Groza	3. 6. 1952 – 7. 1. 1958
MP:	Georghe Gheorghiu-Dej	24. 1. 1953 – 2. 1. 1955
AM:	Simon Bughici	5. 7. 1952 – 4. 10. 1955

Schweden

König:	Gustav VI.	29. 10. 1950 – 1973
MP:	Tage Erlander	10. 10. 1946 – 24. 10. 1957
AM:	Östen Undén	12. 8. 1945 – 15. 9. 1962

Spanien

SP:	Francisco Franco Bahamonde	1. 10. 1936 – 1975
AM:	Alberto Martín Artajo	20. 7. 1945 – 23. 2. 1957

Tschechoslowakei

SP:	Anton Zápotocky	21. 3. 1953 – 13. 11. 1957
MP:	Viliam Široký	15. 9. 1953 – 21. 9. 1963
AM:	Wenzel David	15. 9. 1953 – 21. 9. 1963

Türkei

SP:	Mahmut Celál Bayar	22. 5. 1950 – 27. 5. 1960
MP:	Adnan Menderes	9. 3. 1951 – 30. 11. 1955
AM:	Mehmet Fuat Köprülü	9. 3. 1951 – 15. 5. 1955

UdSSR

SP:	Kliment J. Woroschilow	6. 3. 1953 – Mai 1960
1. S:	Nikita S. Chruschtschow	6. 3. 1953 – 5. 10. 1964
MP:	Georgij M. Malenkow	6. 3. 1953 – 8. 2. 1955
AM:	Wjatscheslaw M. Molotow	6. 3. 1953 – 1. 6. 1956

SP = Vors. des Präsidiums des Obersten Sowjet
1. S = Erster Sekretär des ZK

Ungarn

SP:	Istvan Dobi	14. 8. 1952 – 1967
MP:	Imre Nagy	4. 7. 1953 – 14. 4. 1955
AM:	Johann Boldoczki	4. 7. 1953 – 14. 4. 1955

USA

P:	Dwight D. Eisenhower	20. 1. 1953 – 20. 1. 1961
S:	John Foster Dulles	21. 1. 1953 – 15. 4. 1959

P = Präsident; S = Staatssekretär des Äußeren

Personenregister

Kursive Seitenzahlen verweisen auf Abbildungen.

Personenregister

Bildnachweis

Baumeister Archiv, Stuttgart: 170 (2)

Berger, Peter: König Fußball. Wuppertal: 105 u.

Brockmann, H.M.: Das deutsche Wunder. München 1955: 38 u., 68 o., 191

Deutsche Bibliothek, Leipzig: 123

Deutsche Presse Agentur (dpa), Bildarchiv: 2 (16), 12 li., 16 u., 18 u., 27 re., 34, 40 u., 42, 44, 48, 53 u., 54 Mitte, 58, 62, 66 li., 73 o., 79, 82 re., 83 re., 90, 97 li., 102 (2), 103 (2), 106 u., 108 u., 113, 114 o., 122 li., 129 re., 134 re., 140 li., 141 o., 149, 155 re., 156 li., 157 re., 164 (2), 166 u., 168 o., 176 (2), 185, 195, 199, 202, 208 (3), 210 (2), 211 li., 212 (2), 213 (2), 214, 215 u., 216 li., 217 re.

Deutsche Verlags-Anstalt, Archiv, Stuttgart: 36 re., 72, 142, 162 re., 189, 190, 193, 194, 197 (2), 200

Deutschland im kalten Krieg. Ausstellungskatalog. Berlin 1992: 96 li.

Otto Dix Stiftung, Vaduz: 171 (2)

Eckert, Gerhard: Knaurs Fernsehbuch. München 1961: 162 li.

Fischer, Klaus und Uli Hoeness: Fußball-Weltmeisterschaft 1978 – Argentinien: 98

Germanisches Nationalmuseum, Nürnberg: 167

Geschichte der Bundesrepublik. Band 2: Die Ära Adenauer 1949–1957: 43, 110 u., 122 u., 142 o. (Kolfhaus), 157 li.

Hamm-Brücher, Hildegard und Hermann Rudolph: Theodor Heuss. Eine Bildbiographie. Stuttgart 1983: 115

Harms Erdkunde. Asien. Frankfurt 1954: 128 u.

Heitz, Rudolf und Dietmar Metzger: Die goldenen Fünfziger und ihre Autos. Stuttgart 1987: 24 li.

Hubmann, Hanns: Die Adenauer-Zeit 1949–1967. München 1983: 119

Keystone Pressedienst, Hamburg: 2 (1), 14, 19, 23 li., 24 o. und u., 25 u., 26 o., 39 re., 52 li., 64, 74, 76 u., 81 li., 93, 95 u., 100, 117 u., 119 o., 121, 127 u., 130, 131, 132 (2), 133, 134 u., 137 u., 138 u., 142 u., 148, 151, 163, 169 u.

Koch, Thilo: Deutschland war teilbar. Stuttgart 1972: 17 o., 65, 94 u., 124 o.

Kubisch, Ulrich: Laube auf Rädern. Braunschweig 1989: 120 o.

Landesbildstelle Berlin: 8, 10, 11 u., 54 re.

Lufthansa, Bildstelle, Köln: 33

Mercedes-Benz, Bildarchiv, Stuttgart: 2 (1), 40 o., 114 u.

Musée national d'Art moderne, Paris: 168 u.

Museum Ludwig, Köln: 9

New Look to now – French Haute Couture 1947–1987. New York 1989: 84

Photoreporters: 203

Piatti, Celestino: Plakate. Posters. dtv. München 1992: 116

Portisch, Hugo: Österreich II. Band 1. Wien 1986: 165, 166 li.

Presse- und Informationsamt der Bundesregierung, Bonn: 52 re.

Ramseger, Georg (Hrsg.): Duell mit der Geschichte. Oldenburg 1955: 17 u., 22, 91, 92, 96 re., 175 re.

Ringier, Dokumentation-Bild, Zürich: 11

Roger-Viollet, Paris: 12 Mitte

Roy, Jules: Der Fall von Dien Bien Phu. München 1964: 73 u.

Schiller-Nationalmuseum, Marbach am Neckar: 139

Scholl-Latour, Peter: Der Ritt auf dem Drachen. München 1988: 71, 97 Mitte

Schumann, Uwe-Jens: Geliebte Glotze. München 1991: 160 u.

Stedelijk Museum, Amsterdam: 169 o.

Süddeutscher Verlag, Bilderdienst, München: 13 o., 25 o., 26 u. und re., 32, 35, 46, 47, 54 li., 56, 66 u., 67 re., 68 Mitte und re., 69 o., 75, 76 o., 80, 95 Mitte, 97 re., 99, 101, 104, 108 o., 110 o., 111, 115 re., 120 u., 128 re., 129 li., 137 o., 138 o., 140 o. und u., 144, 154, 161, 164 li., 172 li., 175 li., 177 o., 180 o., 181 re., 183, 186 li., 187 re., 209 re., 211 Mitte

Szewczuk, Mirko: Einsichten und Aussichten. Hamburg 1957: 31, 38 o., 45, 53 o., 95 o., 175, 186 re.

teutopress, Bielefeld: 61

Ufa-Filmkalender 1955: 206 Mitte

Uhse, Beate, Versandhaus, Flensburg: 20

Ullstein Bilderdienst, Berlin: 2 (5), 18 o., 25 Mitte, 29, 36 li., 37, 63, 70, 77, 81 u. und re., 82 li., 83 Mitte, 86 (2), 88 (2), 89, 94 li. und o., 102 u., 105 o., 107, 109, 114 (2), 118 (2), 120 li., 125, 126 u., 127 o., 140 Mitte, 141 re., 143, 145, 152, 155 li., 156 re., 159, 160 o., 172 re., 173 (3), 174, 177 u., 178, 180 u., 181 u., 186 Mitte, 204 Mitte, 205, 212 u., 213 u. (2), 215 Mitte

Votava Pressebilddienst, Wien: 11, 106 li.

ZDF Zentralarchiv, Mainz: 2 (2), 7, 12 re., 21, 23, 27 li., 28, 39 li., 41, 49, 50 (3), 51, 55, 57, 59, 60, 67 o., 78, 85, 86 re., 87, 117 o., 124 u., 126 o., 135, 136, 146 u., 147, 155 u., 158, 179, 182, 184 (3), 206 (2), 207, 210 li., 215 o.

Zentner, Kurt: Illustrierte Geschichte des Dritten Reiches. Band 2. Köln: 204

Über damals im Bilde

Zuletzt, und für viele zum ersten Mal, hat sich am 9. November 1989 gezeigt, daß es wirkliche Wendepunkte, historische Schicksalstage gibt. Martin Wein hat 21 solcher »Schicksalstage« der deutschen Geschichte zu einer Geschichte der Deutschen versammelt. Von 842 und den »Straßburger Eiden« bis zur Maueröffnung 1989 in Berlin spannt sich der Bogen dieses aufregenden und spannenden Lese-Buchs. Es führt den Leser wie an einem Ariadne-Faden durch das Labyrinth der deutschen Geschichte.

544 Seiten mit 70 Abbildungen

»Wir sind dabeigewesen« – dieses säkulare Wort, geschrieben bei der Kanonade von Valmy während der Französischen Revolution, fällt einem wieder ein, wenn man die alten Zeitungsseiten durchblättert, die hier versammelt sind. Vierzig Jahre politisches Weltgeschehen, gespiegelt auf den Titelseiten der F.A.Z.: beginnend mit der ersten Ausgabe vom 1. November 1949 und endend mit dem 21. Dezember 1990, als über den spektakulären Rücktritt des sowjetischen Außenministers Schewardnadse berichtet wurde.

Insgesamt 1516 Seiten

»Spannend zu lesen sind Franca Magnanis Impressionen von der Flutkatastrophe in Florenz; Luc Jochimsens Erlebnisse auf dem Platz des Himmlischen Friedens in Peking und Wolf von Lojewskis Begegnung mit der ›Eisernen Lady‹ anläßlich des Falkland-Krieges. Der Leser spürt, der Beteiligte war nicht nur dabei, er war auch betroffen, und wir wissen Bescheid, wie sich die Menschen an den Brennpunkten des Geschehens fühlen.« 32 Fernsehreporter erzählen in diesem Band von ihrem aufregendsten Erlebnis.

288 Seiten mit 32 Abbildungen

»In seiner sorgfältigen und interessanten Darstellung zeigt der Autor, wie dieses Leben aus den historischen Umständen und politischen Bezügen herauswächst. Diese Biographie gibt uns in der Tat einen Schlüssel zum Verständnis der deutschen historischen Entscheidungen vor und nach 1949.« So urteilte Karl Dietrich Bracher über die große zweibändige Adenauer-Biographie von Hans-Peter Schwarz.

Bd. I: 1024 Seiten mit 96 Abbildungen
Bd. II: 1083 Seiten mit 97 Abbildungen

Sie hat nie aufgehört, bohrende Fragen zu stellen, um davor zu warnen, sich mit der Teilung Deutschlands abzufinden und sich mit defensiven Positionen zu begnügen. Sie haderte zunächst mit dem Verlust der Ostgebiete, unterstützte dann aber nachhaltig Willy Brandts Ostpolitik. Mauer und Stacheldraht quer durch Deutschland indes blieben für sie »die absurdeste aller Grenzen«. Sie setzte auf Veränderungen im Osten und war doch vom plötzlichen Zusammenbruch der DDR überrascht. Ihre Beiträge aus fünf Jahrzehnten spiegeln den langen Weg vom Kalten Krieg bis zur Wiedervereinigung.

304 Seiten

»Gorbatschows Kissinger«, der außenpolitische Berater des sowjetischen Präsidenten, legt einen einzigartigen Insiderbericht über sechs Jahre mit Gorbatschow vor. Er war Zeuge fast aller wichtigen Etappen und Verhandlungen und weiß, wie die Entscheidungen reiften, die unsere Welt verwandelten und Deutschland zur Wiedervereinigung führten. »Die sogenannte Germanistenfraktion ging schon sehr früh von der Lebensunfähigkeit der DDR aus. Das Wunder vom Kaukasus verdankt Kohl vor allem Anatoli Tschernajew, dem Sicherheitsberater des Präsidenten.« (Nikolai Portugalow)

480 Seiten

Deutsche Verlags-Anstalt
Stuttgart

Persönliche Notizen

Persönliche Notizen